Das theosophische Weltbild

dargestellt und herausgegeben

von

BEATRICE FLEMMING

Band 2

Esoterische Wissenschaft,

Forschung und Philosophie

Edition Adyar
im *Aquamarin Verlag*

ISBN 978-3-89427-292-0
4. Auflage 2016
© Aquamarin Verlag GmbH I Voglherd 1 I D-85567 Grafing
www.aquamarin-verlag.de

Der Umschlag zeigt ein Gemälde von Heita Copony
Gedruckt bei Spiegel & Ebner · Ulm

DAS THEOSOPHISCHE WELTBILD
in 3 Bänden

Die 3 Bände einschließlich des kleinen Lexikons mit Stichwortverzeichnis
sind auch im Buchschuber lieferbar.

INHALTSVERZEICHNIS

Liebe Leser,

der zweite Band dieses großen, in 45 Jahren erarbeiteten und erfahrenen „Theoso-phischen Weltbildes" wird ebenso wie die beiden anderen Bände bei vielen Lesern Erstaunen, Verwunderung und ungläubiges Kopfschütteln hervorrufen. In erster Linie bei dem Leserkreis, der sich bisher kaum mit „sinnlich nicht erfaßbaren Vorgängen" auseinandergesetzt hat.

Deshalb möchte ich hier für die Leser, die nur diesen einen Band des Gesamtwerkes besitzen, wiederholen, was ich bereits im Vorwort des ersten Bandes zum Ausdruck brachte.

Auch ich hatte beim ersten Lesen des Manuskripts erhebliche Zweifel. Doch dann dachte ich an einige Dinge, die ich täglich um mich beobachtete: an die geheimnisvol-len Kräfte, die den Baum vor meinem Haus wachsen und den Vogel aus dem Ei schlüpfen lassen, an die Erde, die unbeirrbar um die Sonne kreist, und das totale Weltall, von dem die Wissenschaft noch sehr wenig kennt. Ich weiß auch, daß manches, was zu Beginn als „Wunder" galt, heute alltäglich geworden ist und daß z. B. der Erfinder der drahtlosen Telegraphie bei seiner Behauptung, er könne ohne Draht Worte auf weite Entfernungen durch die Luft senden, für verrückt erklärt und eingesperrt wurde. Diese Überlegungen veranlaßten mich, unmöglich erscheinende Behauptungen nicht einfach zu verwerfen, sondern wenigstens bereit zu sein, sie anzuhören.

Ich nahm mir also aus dem Inhaltsverzeichnis die Themen vor, von denen ich relativ viel wußte. Und mit Erstaunen mußte ich feststellen: Die Autorin kennt mein in jahrelangem Studium erworbenes Spezialwissen mindestens ebensogut wie ich und stellt es in einem einzigen Kapitel auf wenigen Seiten so einfach und klar dar, wie es nur jemandem möglich ist, der die Sache völlig beherrscht. Dadurch wurde ich für das gesamte, grandiose Wissensgebiet der Ur-Theosophie aufgeschlossen — und jetzt bringt mir jedes Lesen in diesem Werk immer wieder neue, faszinierende Erkennt-nisse.

Als Verleger mußte ich mit der Autorin ein technisches Problem lösen. Das große theosophische Wissen wird in diesem Werk von Beatrice Flemming in einem logischen, zusammenfassenden Aufbau dargestellt. Das Gebiet ist jedoch so unge-heuer weit, daß es zum verständnisvollen Studium ratsam ist, sich jeweils nur mit einem begrenzten Thema zu befassen. Also wurden die einzelnen Themen in abgeschlossenen Kapiteln behandelt.

Um auch nicht ständig beim Lesen in anderen Kapiteln nachschlagen und dort geklärte Begriffe mühsam suchen zu müssen, wird allen drei Bänden zur Arbeitser-leichterung ein kleines Lexikon-Register — als Extra-Heft — beigegeben, das die wichtigen, zum Verständnis wesentlichen Ausdrücke und Begriffe in Kurzform erläutert. Hinter diesen Definitionen bringen wir die Seitenzahlen, wo diese Begriffe in den Büchern erscheinen.

Ein Werk wie dieses, mit dem Anspruch, ein Weltbild darzustellen, verlangt aber noch etwas mehr: die Untermauerung, die Möglichkeit für den Leser nachzuforschen und weiterzuarbeiten. Folglich machen wir nach jedem Kapitel umfangreiche Angaben über die zu diesem Thema maßgebende klassisch-theosophische Literatur oder inspirierte Dichtungen.

Bei einem so komplexen Gebiet werden aber auch Fragen auftauchen. Deshalb hat sich die Autorin, die ihr ganzes Leben und ihre ganze Kraft, völlig selbstlos, der Theosophie gewidmet hat, bereit erklärt, Fragenden und Ratsuchenden Antworten zu geben. Da jetzt – bei Erscheinen der 2. Auflage – die Autorin nicht mehr in ihrem physischen Körper weilt, haben wir uns entschlossen, diese Aufgabe, Briefe zu beantworten, selbst zu übernehmen oder zur Beantwortung weiterzugeben.

Für die ungeheure Leistung, welche die Autorin mit diesem Werk erbracht hat, danke ich ihr aus ganzem Herzen.

Der Verleger

21. Die Beziehung des Höheren Okkultismus zur westlichen Psychologie

Noch vor 2 Generationen war niemand sehr interessiert, über diesen Gegenstand zu diskutieren, obwohl das Tun und Lassen der Mitmenschen immer sehr faszinierend war. Heute nennen wir das Problem der menschlichen Verhaltungsweisen Psychologie. Die psychologische Erklärung für die Rätsel menschlichen Handelns wurde so volkstümlich, daß sie wie ein magisches Allheilmittel klingt und überall zur Anwendung in Geschäftsleben, Erziehung, Politik usw. empfohlen wird. Den Studierenden der „Unsichtbaren Seite" in Welt und Menschen bedeutet das nichts Neues. „Erkenne dich selbst!" war das Motto über der Pforte zu religiösen und philosophischen Schulen der Antike und auch stets die erste Forderung an den, der sich den verborgenen Mysterien der NATUR – dem Höheren Okkultismus – zuwenden wollte. Einige der ältesten, heiligen Manuskripte der Welt befassen sich tiefgehend mit diesem Gegenstand und bilden noch heute die klassische Tradition im Studium der Natur des Menschen und seines Verhaltens.

Wie vergleicht sich diese uralte Tradition mit modernen Ansichten und Praktiken? Worin unterscheidet sich die westliche Psychologie von dem uralten Wissen, wo unterstützt sie dasselbe?

Zunächst folgendes: *Der westliche Forscher* sieht den Menschen quasi von unten nach oben. Er betrachtet ihn als ein Wesen, das sich in *allen* Aspekten aus dem Tierreich herausentwickelt hat. Für sein Handeln und Fühlen lassen sich ja Parallelen zu den höheren Tieren finden. Von *hier* aus sieht man im menschlichen Verstand das letzte Entwicklungsergebnis in einem lückenlosen Vorgang.

Die okkulte Tradition gibt ein ganz verschiedenes Bild vom Menschen. Es eröffnet ein viel umfassenderes Forschungsfeld und entspricht seiner inneren Intuition. Denn für den Studierenden der „Uralten Weisheit" ist der Mensch ein unsterblicher Geist! Dieser ist eine Ausstrahlung des Göttlichen Lebensgeistes, der hinter allen Lebenserscheinungen waltenden EWIGEN QUELLE. Daher ist die Basis des menschlichen Bewußtseins das GROSSE GÖTTLICHE LEBEN. So ist der dieser Ur-Quelle entspringende Ewige Geist des Menschen sein Zentrum und wahres Wesen. Das einzige, was für den Menschen wirkliche Bedeutung hat, ist Pflege und Ausdehnung dieses seines tiefen spirituellen Bewußtseins.

Dieses hat also seine permanente Wurzel im Universal-Göttlichen Leben und ist die wahre Heimat des Menschen. Von diesem Zentrum aus sendet jeder Menschengeist in Abständen von Jahrhunderten einen Bewußtseinsstrahl von sich hinab, um notwendige Erfahrungen in den Welten des konkreten Denkens, des Fühlens und Handelns zu gewinnen und durch das Ringen mit der Materie seine latenten Göttlichen Attribute zu aktivieren. Der sichtbare Mensch ist ein mit dreifachen Hüllen (Mental-, Astral- und physischer Körper) umkleideter Geist, der sich *nur* um dieser Zwecke willen immer wieder auf Erden verkörpert. Die drei von ihm benutzten Körper sind langsam in den unteren Naturreichen für ihn entwickelt worden, was sich *hier* mit der empirischen Wissenschaft deckt. Dies erklärt das seltsame Gefühl von Zwiespältigkeit, der „zwei Seelen", das von strebenden Menschen schmerzlich empfunden wird. St. Paulus nannte es den „Streit in seinen Gliedern": „Was ich tun will, das tue ich nicht, und was ich nicht tun will, das tue ich." Der Mensch – ein essentiell-geistiges Wesen – hat die Aufgabe, die aus dem Stoff der unteren Naturreiche erbauten Körper zu seinen Dienern zu erziehen. Er ist aber – aufgrund der schöpferischen Intelligenz, die als eine speziell-menschliche Kraft ganz sein eigen ist – unendlich größer als seine Körper. Wenn also der Studierende des Höheren Okkultismus sich den psychologischen Problemen zuwendet, tut er es aus Interesse am geistig-ewigen Menschen.

Was ist an der modernen Psychologie Nützliches für den spirituell-Strebenden?

Eine Verallgemeinerung ist wegen der vielen Theorien unmöglich, weder bei den östlichen noch bei den westlichen. Im *Osten* haben Hindus und Buddhisten sehr hoch-entwickelte Systeme, mit noch vielen Variationen darin.

Vom *Westen* ist zu sagen, daß zwei Hauptfelder in Theorie und Experiment existieren: das *akademische* und das *analytische* Feld.

Das *akademische* Feld beruht auf dem Laboratoriumsexperiment, hat aber Anhänger, die sich in ihren Gesichtspunkten stark unterscheiden – vom Materialisten und Mathematiker bis zum psychologischen Erzieher und zu Forschern, die im Laboratoriumsversuch die Existenz einiger spiritueller menschlicher Kräfte demonstriert haben.

Auf rein-materialistischen Linien *dieser* experimentellen Psychologie entdeckte Pavlow den „Bedingungsreflex", was bedeutet, daß eine Handlung bei jeder Wiederholung leichter ausgeführt wird, wegen der Tendenz, dabei alle Ideen wieder hervorzurufen, die im ersten Fall damit verbunden waren. Wurde z. B. ein Baby während des Anschlagens eines Gongs gefüttert, wird der Gong immer in ihm die Essen-Erwartung schaffen, denn die beiden Ideen wurden verbunden. Diese Schule betont auch die Tatsache, daß der Mensch wegen dieser automatischen Ideenverbindung, d. h. der Bildung von seelischen und körperlichen Reflexreaktionen, schwer durch seine Vergangenheit belastet wird.

Der okkulte Forscher bestätigt die unaufhörliche Auslösung dieses „Bedingungsreflexes". Patanjali, eine klassische Hindu-Autorität, nennt ihn „die automatischen Modifikationen des Denkprinzips". Doch *er* schreitet dann weiter, um zu zeigen, wie sie bezwungen und entfernt werden können, indem man die schöpferischen Kräfte des geistigen Menschen erweckt und einsetzt. Die schon in prähistorischen Zeiten ausgeübte Wissenschaft des „Raja-Yoga" ist der Name dieses wunderbaren Vorgangs; und sie macht den Menschen vom Sklaven seiner Vergangenheit zu ihrem Beherrscher. (Siehe Kap. 18, 35, 59 und 60)

Die Professoren Aveling und Spearman gelten als zwei große Psychologen der experimentellen Schule. Doch sie arbeiteten auf Linien, die von der Arbeitsmethode von Pavlow, Rivers und deren Anhängern verschieden sind. Aveling und Spearman benutzten ebenfalls Laboratoriumsmethoden, kamen aber dabei bei einem Resultat an, das als ein Beweis für die Existenz höhermenschlicher Fähigkeiten – freie Wahl und schöpferisches Denken – bezeichnet werden kann. Spearman arbeitete ein System aus, das jetzt als Intelligenzprüfungen (Tests) zur Erforschung von Fähigkeiten und auch für praktische Zwecke in Erziehung und Wirtschaft benutzt wird.

Nach langer Zeit geduldiger Arbeit damit demonstrierte er endlich auch das Vorhandensein eines „Universalen geistigen Faktors", der höher als das rationelle Denken steht – also nicht nur Intellekt, sondern eine durchdringende Kraft des Geistes ist, die sich durch Originalität und intuitive Wahrnehmung auszeichnet. Diese Kraft nannte er „innere Sicht" (insight). Professor Aveling entwickelte eine Reihe von Experimenten, welche erforschten, durch welchen Mechanismus die „freie Wahl" im Menschen vor sich geht. Es gibt verschiedene Motive für die Wahl. Die einfachste ist Neigung oder Abneigung. Dann kommt die Wahl, die durch Gewohnheiten oder Ideen-Assoziationen bestimmt wird. Dann, nach einem Gleichgewichtspunkt, wo kein Grund zum Handeln mehr zu bestehen scheint, deckten die Experimentatoren „die reine, unpersönliche Wahl" auf, eine ohne Verlangen – die oft im Gegensatz zur Gewohnheit wie auch zu natürlichen

Wunsch-Instinkten steht –, einen reinen Akt des Willens. So entstand dank der experimentellen Arbeit dieser westlichen Psychologen der wissenschaftliche Beweis für die Existenz zweier höhermenschlicher Kräfte, die schon vor Zeitaltern von *okkulten* Forschern untersucht wurden – und zwar „Innere Sicht" und „Wille". Die Theosophie sagt: Kausales Denken und Atmische Willenskraft.

Der Höhere Okkultismus kennt viele Tatsachen über höhermenschliche Kräfte. Der Menschengeist besitzt viele solcher noch teils latenter Funktionen – gruppiert in 1) die höhermentalen, 2) die des reinen Willens, und 3) die sozialen oder Mitleidsfunktionen. Die höhermentalen Kräfte (das Kausaldenken) schließen Spearmans „insight" ein. In den Yoga-Sutras des Patanjali ist ein System von Übungen, welches diese und andere Mentalfähigkeiten erweckt. Dort werden sehr eigenartige, ungewöhnliche Kräfte beschrieben. Der Wille ist die uns vertrauteste und mächtigste geistige Kraft des Menschen. Der westliche Psychologe Hadfield nannte sie „Das Selbst im Handeln", womit der Okkultist übereinstimmt.
Die von Aveling umrissenen vier Schichten der Wahl widersprechen den uralten Lehren nicht und bestätigen sie zum Teil.
Das Höhere Leben weicht aber konkreten Nachforschungen oft aus, und so konnte die *dritte* höhermenschliche Fähigkeit nicht im Laboratoriumsversuch gefangen und demonstriert werden. Es wäre auch absurd, daß jener Inbegriff von höchstem allvereinendem Mitgefühl – Buddhi genannt – in einem wissenschaftlichen Experiment gefunden werden könnte. Jedoch die beiden anderen spirituellen Kräfte *sind* auf diese Weise entdeckt worden.

In den Entdeckungen der *analytischen* Tiefenpsychologie ist vieles, womit der okkulte Schüler übereinstimmt, weil sie viele Tatsachen über das automatische Fühlen und Denken enthüllten. Professor C. G. *Jung* hat den Menschen auch als ein spirituelles Wesen angenommen und seine geistigen Kräfte der Regeneration erkannt. *Adler* zeigte, daß der „soziale Sinn" – die Anerkennung, die Menschen lebten ja nicht nur für sich, sondern gehörten einem Ganzen zu – von heilender Wirkung ist; und er konzentrierte sich meist darauf, die Patienten sich als nötige Bestandteile der Menschheits-Familie erkennen zu lassen. Die *Freud'sche* Schule erreichte die größte Volkstümlichkeit. Man muß auch ihm Tribut zollen, denn die moderne Tiefenpsychologie hat seiner Initiative viel zu danken. Er arbeitete zuerst mit

14

Mesmerismus, Hypnose u. a. und benutzte die letztere zu Heilungen. Bald entdeckte er, daß er seinen Patienten helfen könnte, wenn er sie dazu brachte, offen und frei über frühere Lebensepochen zu sprechen und kam dann auch zur Erklärung von Traumsymbolen. Ein unermüdliches Studium des automatischen Denkens und Fühlens im Traum-Material offenbarte ihm gewisse verborgene Ursprünge von Konflikten, Wünschen und unterdrückten Gefühlen, deren sich die meisten Menschen unbewußt sein. Aber Freud sah leider den Menschen von unten nach oben und behauptete, an der Wurzel jeder Neurose läge eine abnorme sexuelle Verdrängung. Er baute eine sorgsame Theorie von den Ursachen mentaler und seelischer Störungen auf, die jede Gemütskrankheit einer Verzerrung der physischen Lebenskraft zuschrieb. Diese nannte er Libido und betrachtete sie als wesentlich-sexuell. Viele Zeitgenossen trennten sich von seinen Ansichten, und sein System gilt heute weniger als andere psychoanalytische Schulen, weil die Rückverfolgung sämtlicher Schwierigkeiten auf einen sexuellen Ursprung stagnierend wirkt und nicht zu wissenschaftlichem Fortschritt führt. Sie bringt meist keine echte Heilung, auch kann sie kein verwirrtes Gemüt harmonisieren. Vom Gesichtspunkt des spirituellen Forschers war diese Methode von vornherein zum Versagen bestimmt, denn der Mensch ist in seiner wahren Natur geistig, nicht körperlich!

Ein hochstehender theosophischer Forscher schrieb darüber Folgendes: „Das höchste Ziel der Alchemie war die Transmutation der Schöpferkraft im Menschen. Wenn wir dort lesen, daß der Mensch die Quintessenz aus den niederen Metallen ziehen und mit ihrer Hilfe das Silber in Gold transmutieren solle, so bedeuten dort niedere Metalle die irdischen menschlichen Begierden; und die Quintessenz aus diesen unedlen „Metallen" ziehen heißt, die schöpferische Energie unserer Natur aus den Verstrickungen in der Sinnenwelt befreien. Die Alchemisten kannten die verborgene Schöpferkraft im Menschen (Kundalini; siehe Kap. 37) In einem Werk des deutschen Mystikers Johann Gichtel, einem Schüler Jakob Böhmes, das den Titel „Theosophica Practica" trägt, ist eine Zeichnung, die den Körper mit der „Kundalini", die in Schlangenform am Grund des Rückgrats eingerollt liegt, darstellt, sowie die Chakrasa (okkulte Kraftzentren), durch die dieses Schlangenfeuer geleitet werden muß. Dieses Nachinnenwenden der in ihrer unteren Erscheinung als Sexualtrieb nach außen gerichteten Schöpferenergie im Menschen ist das „Magnum Opus", die Göttliche Transmutation – das Ziel der *wahren* Alchemisten. Entsprechend der geistigen Entwicklung des Menschen erweckt er diesen Impuls auf immer höheren Ebenen, so daß er in der Welt der Gefühle, des Intellekts und dann in der Welt des Ewigen Geistes schöpferisch wird. Die sich zuerst nur als sexuelle Schöpferkraft offenbarende Energie inspiriert nun das Kunstwerk, befähigt Philosophen und Forscher zur Menschheits-Förderung und feuert Sozial-Reformer an. Aber nur durch Transmutation, nicht durch Begierdenverdrängung kann man auf höheren Ebenen schöpferisch werden. Eine tiefe Wahrheit liegt in der alchemistischen Formel, welche lehrt, die niederen Metalle nicht zu zerstören, sondern die Quintessenz aus ihnen zu ziehen und mit ihrer Hilfe – d. h. mit Hilfe der in den Leidenschaften verborgenen Schöpfer-Energie – unsere Menschlichkeit in die Göttlichkeit zu transmutieren."

Auch sexuelle Vereinigung kann einem Mysterium gleichen, wenn sie inniger Liebe entspringt *und* zur Anrufung an die Menschenseele wird, für die ein irdisches Körper-Tabernakel bereitet wird. Nur so wird eine edlere, vollkommenere Rasse entstehen. (Siehe Kap. 3) So kann Kundalini auch als irdisch-zeugende Kraft sakral wirken. Doch viel größere Möglichkeiten öffnen sich dem Menschen, der im Lauf seiner Entwicklung diese Kraft in ihre *höheren* schöpferischen Formen transmutiert! Weit entfernt, vor den sich in uns regenden Leidenschaften zu erschrecken, sollten wir ihnen furchtlos entgegentreten und erkennen, daß in dieser Energie für uns die Möglichkeit zu voller Aktivität auf *höheren* Ebenen liegt. Jemand *ohne* irgendwelche Leidenschaft wird ebensowenig im höheren Sinn schöpferisch werden können wie der, welcher seine Begierden ihn beherrschen läßt; sondern nur der mit einer starken, unter Disziplin gehaltenen schöpferischen Spannung begabte Mensch ist fähig, die Quintessenz aus den niederen „Metallen" zu ziehen, d. h. diese Energie aus ihren Verstrickungen zu befreien und aufwärts zu leiten, so daß sie in hohen Sphären wirken kann. Die Freudsche Psychologie kam vom materiellen Standpunkt her zu ähnlichen Schlüssen. Auch sie erkennt nur *eine* Schöpfer-Energie im Menschen an und sieht seine Bestrebungen nur als verschiedene Erscheinungsformen *dieser* Kraft an. Als Grundoffenbarung dieses zentralen Dranges (Libido) nimmt sie den Geschlechtstrieb an. Auch sie hält eine Transmutierung der Libido in höhere Formen für nötig, doch gelingt es ihr kaum, je diese Sublimierung echt zu vollbringen, *weil* diese Schule den Sexualtrieb als die fundamentale Schöpferkraft ansieht und alle höheren Bemühungen für Erscheinungsweisen dieser Libido hält.
Der Höhere Okkultismus betrachtet die sexuelle Zeugungskraft nur als

16

eine physische Manifestation, ein Nachaußenrichten der *Göttlichen* Schöpferkraft im Menschen. Für ihn bedeutet deren Transmutation die Rückkehr zu jener Sphäre, der sie *angehört*. Während die Freudschen Psychoanalytiker alle höheren Schaffensformen nur als Sublimierungen einer Energie ansehen, die ihre Ursphäre im Irdischen hat, also in dem, was man Sexualtrieb nennt. Dies ist ein *diametraler* Unterschied! Die Theosophie betrachtet die Geschlechtskraft als zeitweilige untere Variante einer Göttlich-Geistigen Kraft, während der Freudianer alle höheren Energien für zeitliche Offenbarungen einer Kraft hält, die ihre Heimat in der physischen Geschlechtsfähigkeit hat. Diese Form der Psychoanalyse ist die materialistische, auf den Kopf gestellte Darstellung der uralten Weisheitslehre von der *Göttlichen* Schöpferkraft und der „Alchemie", die diese Kraft freisetzen kann.

Das „Magnum Opus" kann niemals vollendet werden, solange wir nicht erfassen, daß unsere Körpertriebe nur zeitweilige Auswirkungen der Göttlichen Schöpferenergien sind. *Erst dann* können wir diese eingekerkerte Energie freisetzen, so daß sie auf den ihr ewig zugehörenden Ebenen wirken kann. Zumindest die Freudschen Psychologen werden die wahre Umwandlung nie vollbringen können. Denn die letzte Transmutation, das „Magnum Opus" der Alchemisten und Rosenkreuzer erfordert die Gewißheit, daß die spirituellen Dinge primär und die stofflichen sekundär sind, daß das Untere stets eine begrenzte Erscheinungsform des Höheren ist und *nie umgekehrt!*

Wir müssen fest in den geistigen Realitäten verankert sein, um die in uns gefesselten Kräfte zu jenen hohen Ebenen erheben zu können. Solange der Analytiker nicht auf *dieser* Höhe steht, vermag er seinen Patienten nicht beim Werk der Sublimierung zu helfen. Er kann sogar zu einer wirklichen Gefahr für sie werden, wenn er ihre verborgenen Komplexe ans Licht fördert, ohne ihnen bei ihrer Transmutation in die höher-schöpferische Energie beistehen zu können. Der Weg dieser Analytiker ist daher mit den Wracks jener Unglücklichen besät, in denen die Libido erweckt, aber nicht transmutiert werden konnte.

Der einzige, der das Werk, das der Psychoanalytiker meist ungeschickt-unwissend anfaßt, *sicher* vollenden kann, ist ein „Meister der Weisheit" bei der Instruktion eines „Schülers". Er allein *weiß*, wie viele der Komplexe er ohne Gefahr für den Schüler an die Bewußtseins-Oberfläche bringen kann. Er allein kann den Fortschritt seines Schützlings überwachen und sehen, was er ihm vom Transmutationswerk zumuten darf. Er allein kann auch die Energie des Kundalini-Feuers gefahrlos freisetzen und aufwärts durch die Chakras leiten, so daß der betreffende Mensch ein *geistiger* Schöpfer werden kann. So weit die Psychoanalyse diese Transmutation versucht, ist sie meist nur eine materielle Karikatur des „Okkulten Pfades". Sie ist von Wert in Fällen von abnormer Psyche, aber völlig unfähig, jene herrliche Vollendung der menschlichen Evolution zu fördern, welche die Alchemisten des „Magnum Opus" nannten.

Ein anderer Aspekt: Viele Wiederherstellungen gestörter Gemüter zu normaler Tätigkeit haben Analytiker zu verzeichnen, die als Psychotherapeuten bekannt sind. Sie trachten nicht, den Menschen bis hinab zu seinen tierischen Instinkten zu analysieren, sondern eher, ihm eine schöpferische Aufgabe im sozialen Leben zu weisen, damit er seine Interessen neu-ordnen und ein harmonisches Weltbild aufbauen kann. Die Psychoanalyse klärt *hier* Schwierigkeiten wie Fixe Ideen, Unwissenheiten, wilde Wünsche oder Abneigungen, was alles zu Einbildungen, Selbstüberschätzung oder zu dem tiefen Gefühl von Unsicherheit führt, das oft dem rasenden Klammern an die persönliche Existenz entspringt.
Der Studierende der *östlichen* Psychologie wird in diesen Nöten die „Hindernisse" sehen, die Patanjali auf dem Pfad der Erleuchtung" aufzählt. Der neurotische Patient hat stets solche Dinge so stark überentwickelt, daß er sein Leben nicht mehr meistern kann. Der Psychologe bringt ihn geduldig zum Überschauen seiner Kindheit, um sich der Tage zu erinnern, wo seine Schwierigkeiten sich durch unglückliche Umstände aufbauten, mit denen er es nicht aufnehmen konnte, eben weil er ein Kind war! Das Wichtigste ist hier, daß der Patient dem Psychologen alles objektiv erzählt, ohne das Erlebnismaterial im Moment persönlich zu werten. Er muß entschlossen alles und jedes sagen, was ihm in den Sinn kommt, ohne Hemmung und zeitliche Anordnung. Dies geht nicht sogleich, weil die schmerzlichen Dinge lange verschlossen, eingemauert waren. Der Patient ist schon beim Denken daran von Furcht geschlagen, solche unterdrückten und oft vergessenen Dinge anzuschauen, sodaß die Erinnerungen sehr langsam zurückkommen. Oft dauert es Monate, bis jemand das tiefere Erlebnismaterial enthüllen kann, dem seine jetzigen Schwierigkeiten zu entspringen *scheinen.*

Die Wissenschaft des Höheren Okkultismus erkennt die Wurzel *vieler* Probleme in *vorigen* Inkarnationen. *Dann* leiden die Menschen stark an unerklärlichem, panischem Schrecken oder Furcht vor besonderen

Tieren; und noch andere *angeborene,* unerklärliche Reaktionen sind zu beobachten. Zuweilen ergibt die Analyse, daß ein Patient sich eines sehr lebendigen, vollständigen „Traumes" erinnert – in Form eines symbolischen oder dramatischen Bildes oder eines anderen konkreten Erlebnisses, das *keine* Erklärung durch das jetzige Leben findet. Das ist eine Erinnerung an „Früher"! Doch das Zurückleben *jener* Ereignisse oder die Erkenntnis vom Sinn jenes Symbols schafft eine befreiendere Haltung, als wenn der Patient die Bedeutung von Begebenheiten im frühen *jetzigen* Leben verstehen lernt. Auf Grund dieser bekannten Erfahrung neigen westliche Psychologen immer mehr dazu, frühere Inkarnationen in Betracht zu ziehen. Mit dem Reinkarnationswissen ist es dann nicht überraschend, daß die Analyse von tief-verwurzelten, unerklärlichen Ängsten zuweilen eine schwache Erinnerung von *dem* Leben weckt, wo die Furcht entstand, also am intensivsten war.

Der buddhistische Mönch wird bei seiner Vorbereitung zur Meditation und zu jedem Fortschritt auf dem „Pfad der Erleuchtung" in einer Weise unterrichtet, die dem eben erwähnten analytischen Behandlungsweg ähnelt. Selbstanalyse wird auch in anderen okkulten Schulen verlangt. Tatsächlich gleicht die erste „analytische" Stufe dem ersten Schritt auf dem „Erleuchtungspfad". Es ist eine furchtlose Konfrontation mit sich selber, wie man im Augenblick ist. C. G. Jung nannte es „Bekenntnis". Er baute vier Behandlungsstufen auf. Die erste ist Bekenntnis, dann kommt Verständnis, drittens Erziehung und viertens Umwandlung. Man kann sie mit den vier Qualifikationen für die okkulte „Schülerschaft" vergleichen. Sri Sankaracharya nannte sie Unterscheidungskraft, Leidenschaftslosigkeit, Beherrschung der Lebensweise und Erleuchtung. (In „Zu Füßen des Meisters" erscheint das letzte als „Liebe".) Diese Bedingungen sind in vielen religiösen Klassikern zu finden, einschließlich des mystischen Christentums.
C. G. Jung kommt der okkulten Ansicht vom Menschen und den inneren Wandlungsvorgängen am nächsten. In „Der moderne Mensch im Suchen nach einer Seele" stellte er eine Versuchsreihe zusammen, die einen guten Zyklus von erfolgreicher analytischer Behandlung darstellt. Die erste Stufe – Bekenntnis – ist Bloßlegen und Befreiung des Gemüts von alten Fesseln. Dies ist auch die erste Qualifikation für das höherokkulte Studium, überhaupt für jede geistige Beschleunigung – die Unterscheidung zwischen dem Wirklichen und dem, was keine echte Realität hat. Es ist eine geistige Inventur und bedeutet, den Tatsachen über sich mutig ins Gesicht zu sehen. Es erfordert Einsicht und

Tapferkeit, weil der Psychologe ein erbarmungsloser Freund ist. Er läßt den Patienten nicht entfliehen. Während man zu jemandem anders sagen kann „Ich möchte nicht über diese Sache sprechen" und dann in Ruhe gelassen wird, fordert der Analytiker, wenn er merkt, daß der Patient etwas zurückhält, dann gerade „Sagen Sie *alles*, was in Ihrem Gemüt ist!" Hat der Patient den Mut dazu, kommt eine Geschichte des Jammers oder der Schande heraus, oder vielleicht auch nur eine Bagatelle, die zu einem berghohen Popanz gemacht wurde. Der Psychologe treibt seinen Schützling bis zum entscheidenden Zeitpunkt zurück; und ist er weise, wird er dann sagen: „Ja, so war es, aber Sie waren ein Kind! Sie verstanden nichts davon. Es war damals ganz natürlich für Sie, so zu empfinden."

So wird der Patient zur nächsten Stufe geleitet: Verständnis. Wenn die alten Kümmernisse wirklich ursachenmäßig verstanden sind, hören sie zu beschämen auf und können gemeistert werden. Es gibt kein Tun, das nicht zur betreffenden Zeit einen normalen Grund gehabt hätte. Aber es gehört sorgfältiges Zurückleben im Bewußtsein dazu, um eine echte Heilung herbeizuführen. Wichtig ist: Gleichgültig, wie töricht eine Sache war – ob man einen Jähzornsausbruch hatte oder zu töten wünschte, sich heimlich in einer beschämenden Weise benahm oder kleine Geschwister haßte oder seine Eltern verachtete – wenn die Situation einmal verstanden ist, wird es klar, daß damals in der Umgebung Strömungen und Fakten wirkten, die solche seltsamen Reaktionen ganz natürlich machten – besonders im Fall eines unwissenden Kindes oder sehr junger Menschen. Die damalige Begebenheit erweist sich als gar nicht so schlimm, wenn man all die Umstände in Betracht zieht und den gegenwärtigen Gesichtspunkt daransetzt. So kann der Patient allmählich lernen, die alte Beschwerde zu verarbeiten und noch vorhandene Wünsche nach so niederen, verkehrten Dingen zu verbannen.

Er tritt nun in die nächste Stufe ein – Erziehung; und gerade hier würde die Kenntnis einiger höher-okkulter Lehren den praktizierenden Psychologen äußerst wertvoll sein. Denn um die Behandlung zum erfolgreichen Ende zu führen, ist folgendes nötig: Wenn die Patienten einmal ihrem Elend und ihren Mängeln wirklich ins Gesicht gesehen und etwas Verständnis für deren Grund erlangt haben, sollte man sie nicht immer noch weiter von diesen schmerzlichen Dingen erzählen lassen! Stattdessen sollte man sie dahin führen, die entgegengesetzte positive Eigenschaft sorgfältig-bewußt in ihr Leben einzubauen und zu diesem Zweck die Kräfte des Unsterblichen Geistes zu beschwören.

Die Methoden sind heute auch im Westen weit bekannt und in der Literatur des Höheren Okkultismus beschrieben. (Siehe z. B. „Zu Füßen des Meisters" und „Licht auf den Pfad") Aber sie werden von den Berufs-Psychologen noch nicht recht verstanden und in ihrem kostbaren Wert gewürdigt. Sie fürchten Wahnvorstellungen und Täuschungen der Einbildungskraft. Jedoch es existiert in Wahrheit von Anbeginn der Zeiten ein Typus von Meditation und disziplinierter Lebensschulung, der eine *echte* und *nur segensreiche* Veränderung der gesamten Natur des Strebenden bewirkt. Dazu gehört die Enthaltung von Tierfleisch, Alkohol, Tabak usw. Diese Lebensdisziplin sollte viel mehr in Verbindung mit analytischen Behandlungen angewendet werden.

Durch den Raja-Yoga, der auch die Schulungsmethode in der Theosophischen Bewegung ist, wird es dem Strebenden möglich, langsam die Fähigkeit zur Erweckung seiner schöpferischen, geistigen Kräfte auszubilden und durch sie alle Schwierigkeiten zu meistern.

Dadurch wird die vierte Stufe, die Umwandlung, erreicht. Sie kann im edelsten Sinn nur erlangt werden, wenn eine stärkere Brücke zwischen dem Unsterblichen Menschengeist und der vergänglichen Person erbaut wird. Dies führt zur Anpassung der Ichnatur an den Willen des Geistes. Der Mensch entwickelt dann stärkere Macht, sich zu regieren. Hier leistet die Raja-Yoga-Meditation den Beistand, um das Band zwischen der persönlichen Natur und dem Ewigen Geist unaufhörlich zu stärken. (Siehe Kap. 59 und 60) Wenn dann Augenblicke von Not, Depression oder Überreiztheit kommen oder Zustände gefährlicher Schwankung, einer alten schlechten Gewohnheit zu widerstehen, wird der Mensch durch ein blitzartiges Erinnern an seine Würde als ein Göttlicher Geist imstande, in sein wahres Zentrum zurückzutauchen und zieht daraus die Kräfte zur Meisterung der Verführungs-Situation.

Wenn jemand sich nur als ein sehr beschränktes, vergängliches Wesen ansieht, kann er mit Recht sagen: „Ich bin eben leider so und kann nichts dagegen tun." Er fühlt sich an die Vergangenheit gekettet und bleibt es auch oft. Aber wenn die Erkenntnis von unserer inneren Natur erwacht ist, ja, wenn – nach Plato – auch nur eine unklare Erinnerung an das königliche Reich, unsere Heimat, erweckt werden kann, besteht Hoffnung. Denn wir ahnen dann freudig, daß wir „Götter in der Verbannung" sind; und daß in uns eine Quelle Göttlicher Kraft existiert, aus der wir schöpfen können – so daß wir durch allmähliche Umwandlung unserer ganzen Natur endlich die Situation meistern und Freiheit von allen unwürdigen und schädlichen Gebundenheiten erlangen.

So hat also die wesentliche Art der Jungschen Schule manches mit den Methoden des Höheren Okkultismus gemeinsam, betreffs der Erziehung des persönlichen Ichs, den Geboten der Ewigen Seele nachzukommen. Wir verdanken den westlichen Psychologen viel, weil sie eine Terminologie aufbauten, die den westlichen Menschen verständlicher ist, auch exakter und weniger moralisierend als die der christlichen Kirchen.

Westliche Psychologen ermutigen öfters ihre Anhänger, schwierige Situationen tapfer und schöpferisch zu behandeln, das heißt das in ihnen verborgene Gute dankbar zu entdecken. Das Leben wird viel glücklicher, wenn man jeden neuen Tag freudig wegen seiner Gelegenheit zu neuen, schönen Taten begrüßt und nicht immer wieder die ermüdenden, alten Fehler wiederholt. Die mutige Annahme von Schwierigkeiten ist ungeheuer bedeutungsvoll, sowohl im Höheren Okkultismus wie in der analytischen Behandlung. Im okkulten Sinn bedeutet sie eine intelligente Anerkennung des Karmagesetzes, welches nach der „Uralten Weisheit" den Sinn hat, daß alles, was wir jetzt erleben, in irgendeiner Vergangenheit durch eigene Gedanken, Gefühle und Handlungen verursacht worden ist. Nur wir selber sind imstande, dieses Schicksal glücklich zu ändern. So ist es stets am weisesten, die eigene Einstellung zu unseren Lebensumständen zu ändern, statt zu erwarten, daß andere Menschen sich zuerst umwandeln. Wenn wir trachten, uns so zu verändern, rufen wir unseren Willen an und beschwören damit eine der erhabensten Kräfte des wahren Ewigen Menschen.

An Stelle des traurig-verstümmelten westlichen Menschenbildes – mit dem physischen Körper als wichtigstem Komponenten, welchem Verstand, Gefühle und evtl. „Seele" irgendwie angeheftet sind – bieten die Forschungen des Höheren Okkultismus einen vollständigen, stufenförmigen Umriß des menschlichen Wesens – zuoberst die Ewige Natur und ihre Kräfte.

Im Westen gilt der Verstand meist als die höchste Errungenschaft des Menschen. Jedoch der Höhere Okkultismus sieht in ihm nur die *anfänglichste menschliche* Fähigkeit, die ihn zuerst über seine „jüngeren Brüder", die Tiere, hinaushebt; und er fügt ihr zumindest drei *höhere* Kräfte dazu: Schöpferisches Denken, schöpferischen Willen und schöpferisches Mitleiden. Dieses uralte, okkulte Wissen hat einen hochmachtvollen sozialen wie auch persönlichen Wert.

Die neue Kultur einer sogenannten „Freien Welt" kann nur errungen werden, wenn die Menschen etwas vom Mysterium des schöpferischen Denkens und Willens entdecken. Werden aber die alten Fehler im politischen und sozialen Leben immer weiter praktiziert, ist nicht viel Hoffnung vorhanden! Doch wenn auch nur ein kleiner Prozentsatz der Menschheit verstehen lernt, daß solche traurige Wiederholungen nicht weiter nötig sind und daß es durch eine entschlossene Erhebung wirkliche Befreiung aus der dunklen, leiderfüllten Vergangenheit zu einer glücklichen, friedvollen Lebens-Art gibt – mittels des richtigen Gebrauchs des höheren Willens und Denkens – kann und wird sich die Welt umgestalten. Ein dauernder, echter Friede ist auf unserem Planeten möglich, wenn eine kraftvolle, menschliche Minderheit etwas über das schöpferische Leben im wahren, hohen Sinn des Wortes *weiß*. Dafür zu arbeiten, ist einer der Hauptzwecke der Theosophischen Bewegung, wofür sie von ihren Adepten-Gründern ins Leben gerufen wurde. Schöpferisches Mitleid ist ein anderer Name für die hohe Erfahrung der EINHEIT alles LEBENS, wodurch die Welt-Bruderschaft – das Hauptziel der Theosophischen Bewegung – wahrhaft *erlebt* und nicht nur besprochen wird.

Die uralten, esoterischen Weisheitslehren geben so einen ganz *wesentlichen* Beitrag zu der kommenden globalen Psychologie, die weder östlich noch westlich ist. Er besteht aus dem klaren, konstruktiven Verständnis vom Spirituellen Menschen und seinen Göttlichen Fähigkeiten. Diese Lehren müssen – um wirksam zu werden – als erlebtes Wissen mit unserem ganzen Wesen verschmolzen werden und nicht nur schöne Belehrungen bleiben. Man kann nicht andere Menschen von der Existenz dieser Kräfte überzeugen, indem man nur immer Zitate aus den kostbaren theosophischen Werken wiederholt. Die Verkünder der Uralten Weisheit müssen *zuerst selbst* den richtigen Gebrauch der drei höheren Bewußtseinskräfte herausfinden und sie dann mit konzentrierter Hingabe ausüben.

Der Spirituelle W i l l e ist nicht ein durch Wunsch und Verlangen entstehendes Getriebenwerden, jetzt diesen Weg einzuschlagen und dann einen anderen. Er ist eine sehr ruhige innere Entschlossenheit, welche bei wahrer Einsicht eine tiefe, durchgreifende Veränderung der gesamten Natur des strebenden Menschen zustandebringt und ihn von innen nach außen umwandelt. Er ist die echte Schöpferfähigkeit im Besitz des Menschen. Er ist der Punkt, wo der menschliche Geist die All-Macht GOTTES berührt. So wie GOTT – die Erste Ursache – aus Seinem Inneren heraus – indem er den Rhythmus Seiner Natur veränderte – ein Universum ausstrahlte, kann jedes menschliche Wesen kraft seiner Gottessohnschaft – nicht aus persönlichen Motiven, sondern aus seinem freien Willensentschluß – die schwierige Aufgabe erwählen, sich heitere Ruhe trotz vieler Trübsale zu bewahren und ein Reich von Schönheit und Frieden schaffen. Das tut er, indem er Schönheit und Frieden in sich pflanzt, zum Blühen bringt und dann alles freudig nach außen ausstrahlt. Dies ist ein erstaunliches und wunderbares Erlebnis, das jeder durch bewußte Ausübung des Spirituellen *Willens* erlangen kann. Denn wenn wir von der Macht dieser Göttlichen Kraft überzeugt worden sind, können wir sie der Welt tatsächlich beweisen!

Um das schöpferische D e n k e n auszubilden, ist es ebenfalls nötig, ernstlich mit ihm zu experimentieren, um die Wahrheit des in der theosophischen Literatur darüber Gesagten zu erweisen. Es muß quasi ununterbrochen praktiziert werden, so daß es ein praktisches Instrument für den täglichen Gebrauch wird. Dazu ist ein eifriges Studium der Denk-Gesetze und der menschlichen Denkgewohnheiten nötig – zusammen mit der Ausübung regelmäßiger meditativer Übungen. (Siehe Kap. 59 und 60) In einer relativ kurzen Zeit wird es möglich, selbst die Wahrheit von der höherokkulten Lehre bezeugen zu können, daß durch die Umwandlung der Denkgewohnheiten und bewußtes Einbauen (oder Stärken) gewisser edler Eigenschaften in den Charakter der gesamte ethische Standard unseres Lebens in sehr hohem Maß segensvoll für uns und andere verändert werden kann.

Die dritte spirituelle Kraft, M i t l e i d oder schöpferische Sympathie, wächst auf wunderbare Weise unaufhörlich mit ihrer Ausübung. Durch sie können wir uns – ebenfalls mit meditativer Hilfe – auch liebevoll denen nähern, die uns unähnlich sind, und schließlich einmal in die bewußte, beglückende Einheit mit allem Lebendigen eintreten. Dies bringt Befreiung von der persönlichen Ichnatur mit ihren unwürdigen Beschränkungen und seliges Einswerden mit dem Göttlichen UR-GRUND Selbst. Es wird vielleicht noch manche Verkörperungen hingebungsvoller Mühen benötigen, bevor die innige All-Sympathie und das lebendige Gefühl der Einheit mit allen Wesen dem Strebenden gewohnheitsmäßig und völlig natürlich geworden ist. Jedoch diejenigen, welche beharrlich standhielten, und die sich nun in diesem glückseligen Zustand befinden, leben zu allen Zeiten und unter allen Umständen in einer segensvollen Harmonie mit ihrer Umgebung.
Der Schlüssel zu einem gefahrlosen, raschen Wachstum in *dieser* Richtung ist der schon vorherige richtige Gebrauch schöpferischen *Denkens*

und *Willens.* Die, welche diese Kräfte unentwegt und mit Sanftmut anwenden, werden zu einer sich unaufhörlich steigernden Vollkommenheit an Kraft, Liebe, Weisheit und Schönheit gelangen und gleichzeitig zu einer ebenso unaufhörlichen Zunahme von überirdischen Erkenntnissen und Fähigkeiten von unfaßbarer und herrlicher Art.
Aus solchen Menschen werden in fernen Zeiten „Heilande" der Menschheit.

Literaturnachweis:
J. van der Leeuw „Das Feuer der Schöpfung"
Patanjali „Yoga Sutras"
D. Stephen „Patanjali for Western Readers"
C. G. Jung „Der moderne Mensch im Suchen nach einer Seele"
Dr. A. Besant „Eine Studie über das Bewußtsein"

22. Die „Sieben Strahlen" (Das Mysterium des Kosmischen Grund-Tons im Menschen)

Die „Sieben Strahlen" bedeuten eines der faszinierendsten Gebiete der Uralten Esoterischen Philosophie, welche jetzt als Theosophie weltweit bekannt ist und den gemeinsamen geistigen Wesenskern aller großen Religionen und Philosophien enthüllt.
Durch die Theosophische Bewegung setzte erstmalig eine *öffentliche* Bekanntgabe jenes okkulten Urwissens sein, das bis dahin nur in den höchsten antiken Mysterienschulen, sowie später vorbereiteten Schülern des „Heiligen Pfades" in Geheimbünden oder von Mund zu Mund durch ihre Lehrer mitgeteilt wurde. Wir sehen z. B. in manchen großen Mystikern, Rosenkreuzern oder Alchemisten „Eingeweihte" des alten Mysterienwissens.
Das heute frei gelehrte Weltbild der Theosophie enthält jedoch außer der antiken Weisheits-Tradition noch wunderbare Ergänzungen in Gestalt neuer Offenbarungen, welche einige Adepten bei der theosophischen Gründung ihren ersten Schülern gaben. Dazu gehört auch das hoch-interessante Wissen von den „Sieben Strahlen".
Weiterhin haben initiierte theosophische Autoren der ersten Jahrzehnte im Verlauf ihrer Schulung disziplinierte, eigene hellsichtige For-

schungen über Kosmische Evolutionsvorgänge, überphysische Bewußt-seinsreiche, die Deva-Hierarchie, okkulte Krankheitsursachen u. a. un-ternommen und dadurch dem theosophischen Wissensschatz sehr wert-volle Hinzufügungen gegeben. Zwar wurde durch die Verkündung des theosophischen Weltbilds nur „ein Zipfel des Schleiers" für den Okzi-dent gehoben, wie ein Adept sagte. Jedoch genügt dieser vollauf, um uns ein neues zauberhaftes, unendlich ausgedehntes Bewußtseinsreich zu erschließen, wodurch unser Leben von Grund auf tief beglückend umgestaltet und die Lösung der Daseinsrätsel erreicht werden kann. Jede dafür erwachte Seele mit ernstem Streben fühlt ein großes Ent-zücken und die Kraft zur Überwindung irdischer Leiden.

Was ist mit den „Sieben Strahlen"?
Es sind die sieben ursprünglichen Haupt-Kraftströme, durch die das „Logos"-Leben sich in Seine Welten ergießt. (Hinzuzufügen ist, daß diese sieben Ströme im gesamten Universum walten.) Wenn ein schöp-ferischer LOGOS ein Sonnensystem „erschafft", dient Ihm zur Aus-führung Seines planenden Willens eine ungeheure Heerschar von Devas vieler Arten und Grade, welche die wirklichen Erbauer des Systems sind und alle Naturprozesse leiten. (Siehe Kap. 48)
An der Spitze dieser Himmlischen Hierarchie unseres Sonnensystems steht eine Gruppe von hoch erhabenen, glorreichen Wesenheiten, die in der esoterischen Terminologie als die „Sieben Dhyan-Chohans" und in der Bibel als „Die Sieben Geister vor dem Thron Gottes" erscheinen. Dies sind die sieben „Hauptminister" unseres Schöpfer-Logos, und jeder verwaltet ein Haupt-Entwicklungsressort. Diese „Ressorts" sind die Wirkungsgebiete für die Sieben Fundamentalen Gotteskräfte – mit anderen Worten: „Die ‚Sieben Strahlen'." Jeder dieser Großen Ster-nen-Erz-Engel verkörpert einen dieser „Sieben Strahlen". Sie wurden vom Sonnen-Logos aus versunkenen Weltsystemen in Seine neue Schöpfung herübergebracht und sind so wunderbar mit Seinem Be-wußtsein verschmolzen, daß sie wie Energiezentren in Ihm erscheinen, wie Stromwege, durch die sich Sein Leben ergießt.

Die Zahl Sieben spielt im Gesamt-Universum eine hoch-bedeutende Rolle. Alle Entwicklungs-Zyklen, Ketten, Runden, Weltperioden, Menschenrassen usw. treten im Sieben-Rhythmus auf. Ebenso gibt es sieben Haupt-Planeten und sieben Bewußtseinsebenen, auf denen sich die Evolution vollzieht. Es gibt auch sieben Wochentage, sieben Far-ben, sieben Töne usw. Sowohl die sieben Haupt-Planeten wie die sieben Weltebenen stehen zu den Sieben Strahlen in einer tiefen, engen Entsprechung. Die Sieben Dhyan-Chohans, welche auch „Planetarische Logoi" oder „Höchste Erz-Engel" genannt werden (man kennt sie als Michael, Gabriel, Raphael, Uriel usw.), sind als die beseelenden Lebenskräfte der sieben Haupt-Planeten direkt mit ihnen verbunden.

Obwohl alle bewußten Wesen im Weltall – Menschen wie Engel – in erster Linie im Sonnen-Logos Selber „leben, weben und ihr Dasein haben", so daß also in jedem etwas von allen Sieben Strahlen vertreten ist, geht doch jeder Gottesfunke (Monade) in sekundärer Weise am Uranfang aus *einem* dieser Sieben Kraft-Ströme in der ABSOLUTEN GOTTHEIT hervor. Jeder Mensch hat also von Urbeginn und für alle Zeit-Äonen eine bestimmte Haupt-Note, seinen „Strahl", den er bereits als Monade mitbringt, wenn diese zu Evolutionszwecken von einem Logos in dessen neues System aufgenommen wird. Der „Strahl" begleitet ihn durch alle Verkörperungen als sein Grund-Ton. Aber wir stehen in indirekter Weise auch zu den anderen „Tönen", die durch die übrigen sechs Erz-Engel erklingen, in Beziehung und werden durch die in ihnen vorgehenden Bewegungen, Tätigkeiten und periodisch-zyklischen Veränderungen beeinflußt. Diese Tatsachen bilden die wirkliche Grundlage der astrologischen Wissenschaft, welche heute meist verflacht mißverstanden und mißbraucht wird.

Nach dem Urwissen wird unsere Erde durch eine Erhabene Körperschaft von „Adepten" regiert, welche „Die Okkulte Hierarchie" oder „Die Innere Regierung der Welt" genannt wird. (Siehe Kap. 55) (Im Christentum ist sie die eigentliche Bedeutung von der „Gemeinschaft der Heiligen".) Sie fördern mit unfaßbarer Macht, Weisheit und Liebe unsere Entwicklung und sind auch die Hüter des „Uralten Heiligen Wissens". Ab und zu wird einer dieser Gott-Menschen in die äußere Welt ausgesendet, um als Gründer einer großen Religion oder Philosophie aufzutreten und jeweils einen speziellen Aspekt der Ur-Wahrheit zu betonen, welcher dieser Gründung sein Gepräge verleiht – je nach Zeitalter, nationalen Eigenarten und Entwicklungsstand der Völker, wo ein solcher „Heiland" erscheint. Erst durch die Theosophische Bewegung wurde der grandiose Versuch gemacht, die esoterischen Wesenskerne *aller* großer Religionen und Philosophien in *einem* gigantischen Ideengebäude zusammenzufassen; und daher sind an diesem Unternehmen Adepten aller Sieben Strahlen beteiligt, obwohl Zwei von ihnen die spezielle Verantwortung dafür übernehmen. Die Sieben

Dhyan-Chohans – die wirklichen Himmlischen Repräsentanten der Sieben Strahlen – werden auf Erden durch Sieben große Adepten (Chohans) vertreten, welche die Ressorts der Sieben Strahlen auf unserem Planeten leiten. Jeder verkörpert *seinen* Strahl auf die vollkommenste Art. Sie sind auf unfaßbare Art mit dem Bewußtsein und der Natur der *Himmlischen* Herrscher der Sieben Strahlen vereint, und zwar jeder mit seinem eigenen.

(Es kann hier noch nichts über die „Bruderschaft der Adepten" ausgeführt werden, da dies der Gegenstand von Kap. 55 dieses Werkes ist.)

Da die Sieben Strahlen sich aus den drei Göttlichen Haupt-Aspekten – Kraft, Liebe, Weisheit – zusammensetzen, sind sie in drei Gruppen gegliedert:
Dem Kraft-Aspekt entsprechen der 1., 4. und 7. Strahl
Dem Liebes-Aspekt entsprechen der 2. und der 6. Strahl
Dem Intelligenz-Aspekt entsprechen der 3. und 5. Strahl

Der Erste Strahl steht in Verbindung mit der Atmischen (Nirvanischen) Ebene und heißt auch der herrschende oder königliche Strahl. In den Menschen mit seiner Grundnote waltet Willenskraft vor, und zwar die Ur-Erschaffungskraft GOTTES DES VATERS. Alle Menschen, die echte starke Fähigkeiten zum Führen und Regieren haben, gehören zu ihm. Solche Naturen sind durch ein leidenschaftliches Verlangen nach Freiheit und Unabhängigkeit gekennzeichnet. Sie wollen keinen Zwang ertragen, weil sie ein intensives Gefühl für den Kosmischen Rang des Menschen haben, so daß die Würde des Selbstes ihnen das Kostbarste im Leben ist. Sie leben völlig von innen heraus und sind tief im Ruhepunkt des Selbstes verankert, woraus sie Kraft, Glück und Weisheit schöpfen. Sie bieten dem Leben als einem kühnen Abenteuer die Stirn und lassen sich kaum durch äußere Dinge und Ereignisse erschüttern. Ihre rasch gefaßten Entschlüsse werden mit starker Festigkeit durchgeführt. Selbstbeherrschung und Strenge gegen sich selbst sind ihre Fortschrittsmethoden. Die Yoga-Schule des Patanjali enthält gute Regeln für diese Menschen des Willens. Bei den Griechen und Römern hat dieser Strahl die Schule der Stoiker hervorgebracht. Unentwickelte 1. Strahl -Menschen fallen leicht in Herrschsucht, auch achten sie ihre Persönlichkeit sehr hoch. Ihr größter Schrecken ist, verächtlich oder unwürdig behandelt zu werden. Denn solange sie noch nicht das Ewige Ego in sich empfinden, ist die Persönlichkeit das einzige Ich, das sie kennen. Doch achten sie meist diese Würde auch bei ihren Mitmenschen.

Das Oberhaupt des Ersten Strahles ist der „MEISTER MORYA". Er lebt (gewiß auch jetzt noch) in einem abgeschiedenen Tal Tibets. Die Meister und Initiierten dieses Strahles steuern (im Rahmen des Karmagesetzes) große Weltgeschehnisse, deren üble Folgen sie zum Positiven hinzulenken suchen, sie leiten Entstehen und Vergehen von Rassen und Nationen und auch die Formenentwicklung.

Der Zweite Strahl steht in Verbindung mit der Buddhischen (Intuitions-) Ebene. Er ist der Strahl des Priestertums, der religiösen Erziehung und Philanthropie. Aus den zu ihm gehörenden Menschen leuchtet vorrangig gütige Hilfsbereitschaft sowie Weisheit des Herzens hervor. Es ist die Liebe GOTTES DES SOHNES. Diese Menschen erkennen am leichtesten die Einheit allen Lebens, denn die Bruderschaft der Geschöpfe ist ihnen kein Verstandeswissen, sondern eine tief-gefühlte Selbstverständlichkeit, aus der die Motive ihres Denkens und Handelns strömen.

Der Mensch des 2. Strahles schließt so in seinem Herzen die natürliche Lösung aller sozialen Übel ein – die Kraft der UR-LIEBE, mit einem so universalen Gepräge, daß sie ohne weiteres auch Wesen umfaßt, die sich in Stufe oder Wesensart von ihm unterscheiden. Die Sphäre seiner Sympathien erweitert sich fortwährend. Man sagt von diesen Leuten, daß sie „immer umhergehen, um Gutes zu tun". Sie identifizieren sich mit allen Hilfsbedürftigen in ihrer Reichweite, sodaß ihre Liebe sie mit einer Energie erfüllt, die alle Fähigkeiten zur Entfaltung bringt. Dieser Pfad wird in Indien „Karma-Yoga" genannt, tätige Hingabe an die Menschen insgesamt – zum Unterschied vom „Bhakta-Yoga" des 6. Strahles. Angehörige des 2. Strahles sind natürlich in allen Verhältnissen und Berufen zu finden und tragen überall ihre typischen Arbeitsmethoden hinein. (Das letztere gilt auch für die anderen Strahlen.)

Die Gefahr unentwickelter 2. Strahl -Typen ist eine überschwengliche, undisziplinierte und wahllose Verschwendung ihrer Liebeskräfte und Güter, wodurch oft mehr Schaden als Nutzen entsteht.

Das Oberhaupt des 2. Strahles ist der „MEISTER KOOT HOOMI", von brahmanischer Herkunft – welcher ebenfalls (gewiß auch jetzt noch) in Tibet lebt. Die Initiierten dieses Strahles lenken die religiöse und moralische Erziehung aller menschlichen Geister.

Der Dritte Strahl steht in Verbindung mit der Kausal-Ebene, also mit der Welt der Ur-Typen – und mit allem schöpferischen, abstrakten Denken. Er gehört zu GOTT DEM HEILIGEN GEIST und ist der rein-philosophische Strahl. Seine Vertreter sind sehr oft metaphysische Grübler, deren höchstes Verlangen nach reiner Erkenntnis, nach Verständnis der verborgenen Ursachen der sich in Zeit und Raum offenbarenden Dinge geht. Darum steht die Astrologie – wegen der damit verknüpften Karmaforschung – in besonderer Beziehung zu diesem Strahl. Seine Kraft gibt eine sehr ausgedehnte Denkungsart und tiefes Unterscheidungsvermögen für das Wesentliche. Diesem Typus ist alles wesentlich, was ihn zu tieferem Verständnis für die Rätsel des Lebens gelangen läßt. Er weiß von Natur, daß alle widerwärtigen Dinge zu Segensspendern umgewandelt werden können, wenn sie philosophisch aufgefaßt werden; und er wird am leichtesten mit der uralten Frage fertig „Warum gibt es Böses in der Welt?" Weil er es versteht, Wert und Bedeutung aller Dinge, auch der scheinbar bösen (mit Ausnahme *bewußter* Grausamkeit) für die menschliche Entwicklung sicheren Blikkes aufzuspüren und kontemplativ erkennt, daß Gut und Böse allermeist nur relative Begriffe sind. Seine Yoga-Art ist der Inana. Durch seine philosophische Grund-Einstellung ist dieser Mensch sehr anpassungsfähig und tolerant.

Bei dem unentwickelten Typ kann diese Tugend sich leicht in einen Fehler verkehren, indem er vor lauter Anpassung überhaupt zu keiner festen Meinung kommt. Eine andere Gefahr ist, daß er aus übergroßer Vorsicht oft solange über etwas nachdenkt, bis die Gelegenheit zum Handeln vorbei ist.

Im Tierreich gehört die Gruppengemeinschaft der Elefanten zum 3. Strahl, was einleuchtet, wenn man diese philosophischen Tiere beobachtet. (Die Tier-Arten des 1. und 2. Strahls sind gegenwärtig nicht zum Übergang ins Menschenreich bereit.)

Das Oberhaupt des 3. Strahles ist der „VENETIANISCHE CHOHAN". Er leitet die gesamte kulturelle Entwicklung, wirkt unablässig auf menschliches Verstehen füreinander hin und inspiriert die großen Weisen aller Zeiten.

Der Vierte Strahl steht in Verbindung mit Antha-Karana – der Brücke zwischen den drei Egowelten (Atma-, Buddhi- und Kausalebene) und den drei Persönlichkeitsregionen (konkrete Mentalebene, Astralreich und physische Welt). Der 4. Strahl bedeutet im Wesentlichen Harmonie und ist ein spezifisch-künstlerischer Strahl. Seine Vertreter streben glühend nach harmonischem Ausgleich zwischen den inneren und äußeren Welten. Der 4. Strahl ist der geheimnisvollste, denn dieser Menschentypus lebt in beiden Sphären zugleich und benutzt die Kraft seines schöpferischen Willens dazu, den Glanz der Höheren Ebenen in den unteren Welten widerspiegeln zu lassen. Er tut das in Ausdrucksformen, die frei im Äther schweben und keine materielle Beständigkeit haben wie die Künste des 7. Strahles. Tätigkeiten des 4. Strahles – des schwebenden Punktes, in dem quasi Himmel und Erde sich berühren – sind Poesie, Musik, Schauspiel, Tanz und Magie, und zwar beruflich wie auch als Laie. Der typische 4. Strahl -Mensch ist solange unglücklich, bis er einer Idee konkreten Ausdruck gegeben hat. Daher das ungebärdige, zwischen Höhen und Tiefen schwankende Temperament vieler Künstler, ehe sie zu der Gesamtreife und der wunderbaren Harmonie gelangt sind, die das Hauptkennzeichen des 4. Strahles ist und worin die Widerspiegelung des Inneren im Äußeren und umgekehrt vollkommen geworden ist. Dichter und Literaten auf diesem Strahl zeigen großen Reichtum an bildhaft-lebendiger Schilderung, erstaunliche Fähigkeit der Synthese und gewaltige Flüge der Phantasie – z. B. Goethe, Shakespeare und Richard Wagner. Denn ein Hauptzug dieses Strahles ist schöpferische Imagination; darum gibt er sehr gute Schauspieler ab, denn sie erzeugen leicht in sich die Gefühlsstimmung, die sie darstellen sollen, und dann folgen die Gesten und Handlungen von selbst.

Eine negative Erscheinung unentwickelter Typen ist die unangenehme Sucht, Stufen vortäuschen zu wollen, die sie noch nicht besitzen.

Die dem 4. Strahl gemäßeste Yoga-Art ist der Mantra-Yoga.

Diesem Strahl entspricht der Affenstamm – mit viel-wechselnden Stimmungen und der bekannten Nachäfferei.

Das Oberhaupt des 4. Strahles ist der „MEISTER SERAPIS", von griechischer Geburt – welcher mit seinen initiierten Mitarbeitern unaufhörlich auf die Förderung und Läuterung der genannten Kunstformen hinwirkt.

(Er, wie alle anderen Strahls-Oberhäupter, kann natürlich seinen segensreichen Einfluß *nur* in den Grenzen der Ur-Gesetze von Karma und des freien menschlichen Willens ausüben. *Jeder* hätte die Macht, innerhalb seines Ressorts rasch vollkommene Zustände zu schaffen, doch ist es nicht gestattet.)

Der Fünfte Strahl steht in Verbindung mit der Mental-Ebene, also mit allen bewundernswerten Tätigkeiten des konkreten Verstandes. Seine entwickelteren Vertreter suchen intensiv nach Wahrheit durch exakte (empirische oder okkulte) Forschung. Mit systematischer Genauigkeit untersuchen und klassifizieren sie alle Formen und Gesetze in den Erscheinungswelten und kommen durch solche Entdeckungen auf umgekehrten Weg zum Verständnis der zugrundeliegenden geistigen Ursachen und Wirklichkeiten, das ihrem Parallelstrahl – dem 3. – eigen ist. Ebenso wie der letztere oft seine Erkenntniskraft durch wissenschaftliche Methoden fundiert. Je vorgeschrittener beide Typen, desto williger und wirksamer verwenden sie auch die Fähigkeiten ihres Parallelstrahles. Die Tätigkeiten des 5. Strahles umfassen die „Naturwissenschaften" mit ihren Erfindungen und Entdeckungen. Aber auch Parapsychologen, geschulte Okkultisten, theosophisch-Lehrende – alle solche, die die Gesetze des überphysischen Lebens studieren und verbreiten, leisten die Arbeit des 5. Strahles. Ebenso alle Menschen, deren glühendes Verlangen nach Wahrheit und der Wille zu deren Weitergabe sie zu vielen Opfern bereit macht. (Das ist *ihre* Form der Liebe.) Auch Gelehrte des Mittelalters, die kühn ihre Stimme erhoben, um gegen Bigotterie und Aberglauben ihr klares Wahrheitslicht zu stellen und von der Inquisition getötet wurden, gehören zum 5. Haupt- oder Unterstrahl. Der Mensch des 5. Strahles verehrt hingebungsvoll die inneren und äußeren Gesetze der All-Natur. Ihre unbeirrbare Gesetzmäßigkeit schließt sein Interesse auf; und immer sieht er in der Natur seinen großen Lehrmeister, von dem er alle Anregungen erhält.

Eine entsprechende Yoga-Form ist ein intelligent-ausgeführter, nationalbedingter Hatha-Yoga.

Gefahren bei unentwickelten Typen kommen durch die Möglichkeit, bei Erforschung der phänomenalen Lebens-Seite ganz darin zu versinken und in der Materie das primäre, erzeugende Prinzip zu sehen, obwohl sie ja nur das Werkzeug des Geistes ist. Noch schlimmer ist es, durch ungezähmten Forschungsdrang zu rücksichtslos-grausamen Methoden zu greifen.

Unter den Tieren stellt das Pferd den 5. Strahl dar, das im Dienst des Menschen noch vielerorts ein von Regeln und Gesetzen erfülltes Leben führt. (Ein sehr aktiver 5. Strahls-Mensch gleicht oft einem solchen „Arbeitspferd".)

Das Oberhaupt des 5. Strahles ist der „MEISTER HILARION", aus Kreta stammend, meist auf Zypern lebend. Da dieser Strahl vorwiegend in den Naturprozessen wirkt, steht dieser hohe Adept in einer speziellen Beziehung zu deren Engel- und Naturgeisterscharen, die er u. a. in ihren Aufgaben leitet.

Der Sechste Strahl steht in Verbindung mit der Astral-Ebene. Er umfaßt alle hingebend-frommen Naturen, deren Stärke in ihrer Gläubigkeit liegt. Die Gefühle dieser Menschen strömen stets über in Verehrung GOTTES und Seiner Werke. Menschen des 6. Strahles sind in allen Religionen zu finden und heben sich durch Devotion und Glaubenskraft hervor. Aus ihnen können Mystiker, Heilige und Märtyrer werden. Die Gebete der Vorgeschritteneren verströmen sich in steter Dankbarkeit zu den Füßen ihrer Gottheit oder des Gottmenschen-Gründers ihrer Religion. Sie verlangen nicht irdisches Glück, nicht einmal inneren Fortschritt dabei. Ihre Grundeinstellung ist Anbetung. Sie beugen sich dem im Christentum gepredigten „Unerforschlichen Ratschluß Gottes" in Gehorsam und froher Bereitschaft, was dieser auch an guten oder schmerzlichen Dingen über sie verhängen mag. Sie fühlen unmittelbar, daß alle Lebenserfahrungen Gewinn bringen – eben weil sie aus der Hand GOTTES kommen. Sie glauben schrankenlos-vertrauend an die Göttliche Güte und lassen sich durch keine Lebens-Schreckbilder darin beirren. Im letzten Sinn ist dieser Glaube weise, denn die Güte GOTTES *ist* ja die Eine Große Wahrheit, die das A und O der Schöpfung ist. Ein Hauptmerkmal des 6. Strahles ist also neben reiner Einzieligkeit ein sicheres Wissen, daß alles Geschehen g u t ist, selbst ohne zu wissen, wofür – und das ist kein Fatalismus. Darum ist die Christenheit im vergangenen Fische-Zeitalter so relativ gut ohne die philosophischen Wahrheiten von Karma und Reinkarnation ausgekommen. Denn das Christentum ist, als eine Religion des 6. Strahles, von so speziell-devoter Tendenz. Die Angehörigen des 6. Strahles dienen aber nicht nur ihrem Gott oder Göttlichen Lehrer mit starker Hingabe, sondern oft auch einzelnen Menschen. Solche Naturen widmen mit beispielloser Hingabe einer geliebten Person ihr ganzes Leben. Ihr Yoga ist der Bhakta.
Negatives entsteht, wenn der Gläubige nicht reif genug ist, um auch Toleranz für Andersgläubige zu zeigen, indem er erkennt, daß ihre Wege ebenso zu GOTT führen wie der seine.
Unter den Tieren ist der Hund mit seiner sprichwörtlichen Treue und Ergebenheit der Vertreter des 6. Strahles.
Das Oberhaupt des 6. Strahles ist der „MEISTER JESUS", welcher in seiner jetzigen Verkörperung im Libanon lebt. (Siehe Kap. 55)

Der Siebente Strahl steht in Verbindung mit der physischen Ebene; und er lenkt deren schöpferische Energien. Dieser Strahl ist heute von besonderer Wichtigkeit, denn das anbrechende Wassermannzeitalter

wird sein Gepräge tragen, so wie das Fische-Zeitalter das des 6. Strahles trug. Der 7. Strahl ist äußerst vielseitig, doch alle seine Tätigkeiten zielen darauf hin, die physische Ebene – das letzte und dichteste der Gewänder GOTTES – zu einer Widerspiegelung Seiner Ewigen Schönheit zu machen. Alle Künste, worin physischer Stoff geknetet werden muß und deren Werke materiell-beständig sind, also Malerei, Bildhauerei, Architektur etc. unterstehen diesem Zeichen. Aber auch die Schönheit durch Gepränge, prächtige Feiern und Schaustellungen ist typisch für diesen Strahl. Darum heißt er auch der Zeremonielle Strahl; und mystische Orden, die auf Zeremoniell und Ritus basieren, z. B. Freimaurerei und Rosenkreuzertum, tragen sein Zeichen. Ein „Zeremoniell des Alltags", das sich in einem höflichen und würdevollen Betragen äußert, ist auch eine Offenbarung des 7. Strahles. Und so sieht man bei diesen Typen ein liebenswürdiges, geschmeidiges Wesen – verbunden mit Anmut und Leichtigkeit in Haltung und Bewegung. Sie legen Wert auf aristokratische Lebensformen, und viele gute Diplomaten gehören dazu. Der Natur ihres Strahles – Schönheit im Physischen – entsprechend lieben sie Prachtentfaltung. Bei Andachtshandlungen werden sie durch die kostbare Schönheit von Priestergewändern, Edelsteinen, Mosaikfenstern, Kerzen und dem Weihrauchduft unmittelbar in feierliche mystische Stimmung versetzt.
Eine negative Erscheinung unentwickelter 7. Strahlstypen besteht darin, in ihrer Sucht nach Prachtentfaltung wilde Verschwendung zu treiben.
Ein echtes symbolisches Ritual ist auch als eine *Yoga*-Form anzusehen. Das Tier des 7. Strahles ist die Katze, denn sie ist von einer beispiellosen Anmut und stets schön in Ruhe und Bewegung.
Das Oberhaupt des 7. Strahles ist der ungarische „MEISTER RACOCZY". Da die Verteilung der sakralen Energie im Physischen sich durch Devas vollzieht, ist auch die Arbeit dieses Adepten sehr eng mit dem Devareich verknüpft, denn die engste Zusammenarbeit zwischen Menschen und Engeln geht in Ritualen vor sich. (Siehe Kap 49).

Diese Charakteristik der Sieben Strahlen ist keineswegs erschöpfend, nur die wesentlichen Dinge wurden aufgezeichnet. Nun noch eine *Zusammenstellung* – nach den *drei Hauptgruppen* geordnet:

Der Mensch des 1. Strahles – der Willenskraft – sucht *Freiheit* durch Bemeisterung seines Ichs und seiner Umgebung – als Herrscher. Diese Willenskraft wird in den Regionen des 4. und 7. Strahles reflektiert.

Der Mensch des 4. Strahles – der schöpferischen Imagination – sucht *Harmonie* – vorwiegend als Musiker, Dichter, Schauspieler und Tänzer. Der Mensch des 7. Strahles sucht die *Schönheit* GOTTES im physischen Stoff darzustellen – als gestaltender Künstler und Zeremonialist.

Der Mensch des 2. Strahles – der Liebe – sucht *Vereinigung* mit seinen Mitmenschen durch hilfsbereite Sympathie – als Philanthrop. Diese Liebe wird im 6. Strahl widergespiegelt. Der Mensch des 6. Strahles sucht und verehrt GOTTES allwaltende Güte – als hingebungsvoll-Anbetender.

Der Mensch des 3. Strahles – der Weisheit – sucht *Verständnis* durch das Studium abstrakter Gesetze – als Philosoph. Diese Weisheit wird im 5. Strahl reflektiert. Der Mensch des 5. Strahles – der konkreten Intelligenz – sucht die *Wahrheit* durch Erforschung der Natur-Gesetze – als empirischer oder okkulter Wissenschaftler. Auch als Laie.

Drei wichtige Umstände sind hier noch zu erwähnen:
1) Wie geschildert, geht jeder Gottesfunke (Monade) aus einem der Sieben Göttlichen Lebensströme hervor. Um aber eine Modifizierung des Haupt-Charakters zu erreichen, gliedert die Monade sich vor ihrem Ur-Abstieg in die Materie nach eigener Wahl eine zweite Grundnote an, welche sie ebenfalls durch alle Inkarnationen begleitet – wenn auch von schwächerem Einfluß als die Haupt-Note. Diese Angliederung gehört zu den tiefsten Mysterien der Höher-Okkulten Wissenschaft. So hat also jeder Mensch einen Hauptstrahl und einen Unter- oder Nebenstrahl, woraus sich viele Kombinationen ergeben können. Z. B. hat C. W. Leadbeater den 2. Hauptstrahl und den 5. Nebenstrahl. An diesem großen Initiierten ist deutlich zu beobachten, daß in seiner Natur ein liebevoller theosophischer Lehrer (2. Strahl) mit einem exakten okkulten Wissenschaftler (5. Strahl) vereint ist. Denn seine hellsichtigen Forschungen übertreffen alles bisher auf diesen Gebieten Geleistete. (Übrigens wird es kaum je vorkommen, daß Haupt- und Nebenstrahl aus Parallelstrahlen bestehen.)
2) Damit der menschliche Geist eine ausgeglichene Universalität erhält, ist es notwendig, daß er auch abwechselnd mit den übrigen 5 Strahlen in intensive Berührung kommt und in jedem zeitweilig untertaucht. Das geschieht dadurch, daß er in jeder Verkörperung unter einem anderen Haupt-Planeten geboren wird. Da die Haupt-Planeten zu den Sieben Strahlen in enger Beziehung stehen (z. B. Merkur zum 2., Saturn zum 5., Venus zum 7. usw.) kommen wir in jedem

Leben unter die direkten Auspizien eines anderen Strahles. Da den Planeten gewisse Tierkreiszeichen unterstehen, und da das Horoskop noch zahllose andere, in jedem Leben wechselnde Modulationsfähigkeiten besitzt, sind den Entwicklungsmöglichkeiten praktisch keine Grenzen gesetzt.

3) Daraus ergibt sich, daß es zunächst schwierig ist, den eigenen Hauptstrahl zu erkennen. Jeder, der von den „Strahlen" hört und spontan die Frage stellt „Zu welchem Strahl gehöre ich?", muß die Vielfalt der Einflüsse in Betracht ziehen. Er hat einen Haupt-Strahl – sein stärkstes Prinzip – er hat einen Unterstrahl – sein zweitstärkstes Prinzip – und er wird in jedem Leben durch sein wechselndes Horoskop von einem anderen Strahl stark beeinflußt – so daß er also von mindestens drei Qualifikationen geprägt wird, von denen einmal diese, einmal jene mehr in Erscheinung tritt. Beim Durchschnittsmenschen ist es fast unmöglich, seinen Haupt-Strahl zu erkennen, denn dieser geht rettungslos unter in den vielen anderen Einflüssen, die er durch sein Karma erzeugte und die in seinen astrologischen Konstellationen erscheinen. Später kann während ganzer Inkarnationen der Unterstrahl eine starke Rolle spielen. Erst wenn ein Mensch sich zielbewußt dem Uralten Okkulten PFAD nähert, indem er *heute* die spirituell-theosophischen Lehren als Lebenslenker annimmt, zeigt sich bald ein bestimmter treibender Impuls – alles andere gebieterisch übertönend –, der ihn zu einem der sieben Tätigkeits-Ressorts hinzieht. Das ist die Eigenschaft des Strahles, aus dem er einst hervorkam. Diese Kraft wird beständig immer intensiver, je mehr er aus dem Schlinggewirr der horoskopischen Einflüsse herauswächst. Das heißt, je mehr er aus dem EWIGEN heraus denkt, fühlt und handelt, anstatt aus der vergänglichen, ichsüchtigen Persönlichkeit. An *einer* Phase seines Pilgerweges kommt der Tag, wo er dem führenden Adepten seines Strahles zugeführt wird. Erst dann hat er (falls Letzterer zu der Zeit „Schüler" annimmt, und falls dieses Ereignis gleich seinem Gehirnbewußtsein bekannt wird) Gewißheit über seinen Haupt-Strahl. Es ist z. B. auch möglich, daß jemand in einem Leben starke Neigungen für etwas Menschheitsdienst, Kunst oder Studium hat, doch sie können evtl. ein vorübergehendes Interesse sein, das durch Umgebung und Erziehung angeregt wurde.

Sie können verschiedene Methoden anwenden, um hinter das Geheimnis Ihres Haupt-Strahles zu kommen. *Eine* ist die, sich ganz unpersönlich zu fragen, wodurch Sie sich beim Bekanntwerden mit der Theosophie am tiefsten angeregt und entzückt fühlten. Schien die Theosophie

Ihnen einen endlosen Siegespfad für den Fortschritt der enthusiasti-
schen Seele zu eröffnen? (1. Strahl). Waren Sie am hingerissensten von
der Lehre der allumfassenden Einheit aller Wesen, die eine schranken-
lose Entfaltung der Liebesfähigkeit einschließt? (2. Strahl) Wurde
Ihnen höchste Befriedigung durch das Wissen von Karma und Reinkarnation, weil es den Durst nach dem Verständnis der Lebensrätsel
stillte? (3. Strahl) Waren Sie sehr glücklich, daß das theosophische
Weltbild Ihnen rechte Wege wies, endlich zu der ersehnten künstlerischen Harmonie zwischen Oben und Unten, Geist und Materie, Ideal
und Wirklichkeit zu gelangen? (4. Strahl) Versprach die Theosophie
Ihnen großartige Gelegenheiten, Vollkommenheit und eine viel tiefere
Durchdringung in allen Zweigen erstrebenswerten Wissens zu erreichen? (5. Strahl) Haben die mystischen theosophischen Lehren über
GOTTHEIT und „Götter" durch die unendliche Ausdehnung des Gottesbegriffes die Flamme Ihrer Anbetung aufs stärkste entfacht?
(6. Strahl) Waren Sie am meisten beglückt, durch die theosophische
Forschung eine viel tiefere Erkenntnis vom Wesen der bildenden Kunst
und für die innere Bedeutung der Rituale zu gewinnen? (7. Strahl)
Ein *anderer* Weg: Wir können genau beobachten, in welcher Weise
unser Einfluß auf unsere Mitmenschen wirkt – welche Wesensseite wir
durch unseren Umgang (bewußt oder unbewußt) wirklich stärken.
Weiter: Wir können auch durch unsere Unterlassungen zu Schlußfolgerungen kommen: Da es drei Haupt-Bewußtseinskräfte gibt: Wille,
Liebe und Weisheit, werden wir oft eines dieser Prinzipien um eines
anderen willen opfern. Man frage sich nun: Neige ich dazu, im kühnen
Vorwärtsstürmen es zuweilen mit der Wahrheit und der Liebe nicht
genau zu nehmen? Oder neige ich dazu, manchmal, um gütig zu sein,
zur Unwahrheit zu greifen? Oder neige ich dazu, manchmal – aus
Treue zur Wahrheit – andere zu verletzten? Das bevorzugte Prinzip
kann den Hauptstrahl anzeigen. (Man beachte dabei jedoch auch die
Komplementär-Strahlen!)
Ein *vierter* Weg: Welche Werke der theosophischen Literatur (oder
ähnlicher) erzielten den tiefsten und bleibendsten Eindruck auf uns und
haben unser geistiges Streben *entscheidend* gefördert? Die „Strahlen"
der betreffenden Autoren (falls bekannt) können frappante Aufschlüsse geben.
Jedoch die eigentliche Erkenntnis muß von Innen kommen. Man frage
sich in einer tief-meditativen Stimmung und völliger Gemütsruhe:
„Was will ich im tiefsten Grund meines Herzens am meisten?"
Dabei achte man streng darauf, jeden Wunsch auszuschalten, zu

irgendeinem Strahl zu gehören. Man darf bei solchem Forschen auch keine Vergleiche mit anderen, uns ungleichen Leuten, anstellen. Denn ein sehr hochentwickelter Mensch besitzt z. B. viel mehr Willenskraft als Sie, und dennoch können Sie zum 1. Strahl gehören und er nicht. Denn wegen seiner höheren Stufe sind *alle* seine Prinzipien stärker als die Ihren, auch natürlich stärker als ihr Hauptstrahl. Das Umgekehrte tritt ein, wenn Sie sich mit jemandem vergleichen, der weniger entwickelt ist. Dann werden *Sie* ihn in allen Prinzipien überragen, auch natürlich in dem, der sein Hauptstrahl ist.

Der *große ethische Wert des Wissens von den „Sieben Strahlen"* ist der, daß man seinen Strahl herausfinden und seine intensive Kraft empfinden soll, *um* diese Hauptfähigkeit dann bewußt zur Entfaltung der anderen – relativ schwächeren – Charakteristiken in sich zu benutzen! Denn die Gefahr ist immer akut, daß der Mensch nur *seinen* Strahl kraftvoll fühlt, quasi auf der „Linie des geringsten Widerstandes" auf *diesem* Weg vorwärtsstürmt und die schwächeren Prinzipien vernachlässigt. (Siehe auch Kap. 59) Dann wird nicht nur sein Fortschritt gehemmt, sondern es können auch leicht Katastrophen entstehen. Wenn z. B. jemand auf dem 5. Strahl die Wahrheit sucht, aber wenig Liebe und Mitgefühl entwickelt, wird er bald imstande sein, an Tieren *und* Menschen grausame Versuche anzustellen. Oder wenn jemand große Menschenliebe hat und diese töricht oder rebellisch mächtig auswirkt, doch wenig intelligent ist, kann er um des Wohlergehens der Menschheit willen vieles anrichten, was *gegenteilig* wirkt.
Der Hauptzweck unserer vielen Inkarnationen ist, unseren Charakter in *allen* Göttlichen Prinzipien zur Vollendung zu bringen. Wenn daher ein Mensch einen bestimmten Mangel in sich entdeckt, darf er nun nicht seinen starken Aspekt unterdrücken wollen und törichterweise etwa sagen: „Ich habe zu viel Energie oder zu viel Gefühl usw." Er sage stattdessen (im ersten Fall): „Ich habe viel Willenskraft, aber leider zu wenig Gefühl. Darum muß ich meine Willenskraft benutzen, mich zu menschlicher Teilnahme zu erziehen, damit meine guten Gefühle einen höheren Stand erreichen!" In diesem Fall gewinnt der Mensch viel und verliert nichts. Denn er entwickelt in seinem Bemühen um Entfaltung von hilfreicher Liebe seine Willenskraft ebenso, als wenn er sie für selbstsüchtige Zwecke verwendete.

Das Wissen von den „Sieben Strahlen" spornt uns auch zu wirklicher, großer Toleranz beim Beurteilen unserer Mitmenschen an. Denn wenn wir wissen, daß jeder „Strahl" den gleichen Göttlichen Ursprung hat und keiner mehr oder weniger wertvoll ist als ein anderer, so können wir niemals mehr verächtlich, herablassend oder ungeduldig auf einen Menschen blicken, der – außer vielleicht einer anderen Entwicklungsstufe – auch nicht unsere speziellen Fähigkeiten hat, sondern *andere!* Das Wissen von den „Sieben Strahlen" dient uns – wie alle anderen Zweige der theosophischen Urwahrheit – als ein sicheres Geleit auf dem Uralten Heiligen PFAD, welcher den unermüdlich-Strebenden zu Vollendung und höchster Glückseligkeit führt.

Literaturnachweis:
Prof. Ernest Wood „The Seven Rays"
C. W. Leadbeater „Die Meister und der Pfad"
Dr. A. Besant „Eine Studie über das Bewußtsein"
C. Jinarajadasa „Die okkulte Entwicklung der Menschheit"
J. van der Leeuw „Das Feuer der Schöpfung"
Geoffrey Hodson „The Seven Human Temperaments"

23. Die Freiheit des Bewußtseins durch Intuition (Ihr Wesen, ihre Entfaltung und ihre Seligkeiten)

Die großen, trennenden Konflikte, welche die Zivilisation bedrohen, stammen von den widerstreitenden Begriffen über die Freiheit des Einzelmenschen und der Menschheit selbst. Aber wir wissen nicht, was Freiheit ist, ohne die wirkliche Natur des Menschen zu kennen. Unsere Zivilisation steht vor einer „Sphinx des Lebens", die verlangt, daß wir die uralte Frage „Was ist der Mensch?" tief beantworten. Man versucht zuweilen, die Antwort mit der Formulierung „Was ist Freiheit?" zu finden.

Zunächst: Der „Himmel" liegt stets um und in uns! Nur eine Bewußtseinsveränderung steht zwischen uns und ihm. Obwohl diese nur das Durchstoßen eines hauchdünnen Schleiers ist, ein Wechsel der Bewußtseins-Ebene, bildet dieser Schleier doch eine undurchdringliche

Schranke, weil er nicht erkannt wird! Nur selten weiß ein Mensch, daß der Weg zu den Höheren Welten zielbewußt innerhalb seines Bewußtseines freigelegt werden kann. In alten, ruhigen Kulturen widmeten weise Menschen diesen transzendenten Erforschungen ein ganzes Leben voll tiefsten Bemühens; und auch heute berichten Strebende, daß sie den als Nirvana bekannten Zustand erreichten. In der westlichen Psychologie gibt es keine vergleichbare Erfahrung, Hinweise darüber werden kaum beachtet.

Die *antiken* Wissenschaften gründeten sich auf spirituelle Offenbarungs-Philosophien. In der „Bhagavad-Gita" heißt es, daß die Materie das Arbeitsfeld des Menschen und der Geist der „Erkennende" desselben ist. Die Göttliche Weisheit – Theosophie – erklärt dieses Tätigkeitsfeld *und* die es bewegenden Gesetze und ist deshalb die wahrste Wissenschaft. Beim empirischen Durchforschen der Sinneswelten wurden ungeheure Tatsachen-Kategorien über die Materie angesammelt. Aber woher kommt der „Erkennende?" Welches sind *seine* Kräfte? Darüber waltet Schweigen! Die Begriffsordnungen über Materie und Form müssen deshalb durch ein Wissen über das von Zeit und Raum unberührte Leben ergänzt werden, ein Wissen, das der Strebende durch Erfahrungen auf höheren Bewußtseinsebenen erwerben kann, – was jedoch mit den prüfbaren, physischen Tatsachen im Einklang steht und ihnen erst ihre universale Bedeutung gibt. Der harte Lauf der Ereignisse nötigt dem Menschen die Forderung auf, über die Grundlagen für ein System allgemeingültiger Ethik zu entscheiden.

Nehmen wir einmal an, anerkannte Gelehrte suchten zu diesem Zweck eine Zusammenfassung alles Wissens zu erreichen. Sie würden alte und moderne Religionen, Philosophien und Wissenschaften erforschen müssen. Danach müßten aus diesem riesigen Schatz alle wesentlichen Ur-Bestandteile ausgesucht und mit transzendentem Blick auf ihre universale Bedeutung geprüft werden. Würde das sich daraus ergebende Ideengebäude als Basis einer edlen Lebensführung klar dargestellt, so *könnte* es große Einflüsse ausüben. Man hätte dann eine „Weisheit der Götter". Solche Bemühungen *sind* jedoch *immer* geschehen! Große Denker und Seher in verborgenen Einsiedeleien und esoterischen Orden verrichten dieses Werk zeitalterlang, wenn auch meist anonym.

Eine zusammenfassende Kenntnis von den universalen Prinzipien und zeitlosen Ur-Wahrheiten *wurde* 1875 unter dem Namen THEOSO-

PHIE erstmalig *veröffentlicht!* Sie ist nicht das vollständige Wissen, gibt jedoch einen grandiosen Überblick, der intuitiven Denkern die Richtung für das Suchen nach Wahrheit weist, sodaß sie klare Vorstellungen von der Menschennatur und den Entwicklungsgesetzen gewinnen. So können die moralischen Imperative für unser Zeitalter und die der Menschheit drohenden Gefahren ersichtlich werden. Um den hohen Wert der Theosophie für das moderne Denken — besonders im Problem der Freiheit — zu illustrieren, beleuchten wir die Folgerungen *einer* Ur-Wahrheit — des EINEN LEBENS. Moderne Gelehrte haben die Einheit des Lebens im Physischen erforscht. Diesem immens beschränkten Gesichtspunkt fügt die Theosophie das allumfassende Panorama hinzu. Sie beweist mit großer Klarheit, daß es nur *eine* und zwar *geistige* LEBENSQUELLE gibt, welche stets und überall als der E I N E   G O T T anerkannt wurde. Während eines äonenlangen Prozesses strömen die Göttlichen Lebensfunken in ihre aktive Manifestation hinaus, wodurch sehr große Vielfältigkeit der Formen entsteht. *Dann* kehren sie während nochmalig langer Äonen zu der EINEN QUELLE zurück, wobei sie *voll-bewußt* die Ernte ihrer Erfahrungen — Vollkommene Macht, Liebe, Weisheit und Schönheit — mitbringen. Aus dieser Wahrheit folgt, daß wir in einem Universum der Ordnung leben und kein einziges Wesen auf seinem Weg verletzen können, ohne durch Ewige Gesetze das GESAMT-LEBEN zu schädigen. Darauf beruht das prinzipielle Ideal der Universalen Bruderschaft, der allumfassenden Ethik und alle spirituelle Entwicklung. Daraus stammt das heute oft töricht verleugnete Prinzip, daß alles Leben von *Innen* entsteht. Das Auftauchen jedes physischen Wesens ist nur durch sein vorheriges Vorhandensein auf feineren Ebenen möglich.

Ein Schöpfungssystem beginnt, wenn ein Logos-Schöpfergeist in die Urstoff-Sphäre hineinblitzt, welche sein Schauplatz werden soll. Dadurch werden die Kraftwirbel geschaffen, die in Myriaden von Schwingungsreihen die Atome der sieben Energie-Ebenen bilden. Der Göttliche Geist durchströmt sie, bis zur dichtesten Welt. Dies ist die *Involution.* Sie verläuft äonenlang, bis endlich die Lebens-Flut ihren untersten Zustand erreicht und ihre Richtung umkehrt. Dann beginnt die *Evolution.* In jeder Bewußtseinseinheit ruht verborgen das archetypische Bild ihrer Vollendung. Der Eichbaum ruht latent in der Eichel, doch sie muß zuerst in die materielle Erde sinken zur Erwekkung ihrer inneren Kräfte, um eine Eiche erstehen zu lassen.
Das wahre Wesen des Baumes entwickelt sich nicht etwa aus dem Erd-

schlamm. Jedes *Samenkorn* ist Brennpunkt für eine geheime Energie, die schon vorher im Universalen Bewußtsein existiert hat und nun ihr archetpyisches Modell ausarbeiten will. Und so ist jedes Wesen, so unzulänglich es auch sein mag, bewußt oder unbewußt fortwährend bemüht, immer bessere Darstellungen des ihm bestimmten Vollkommenheits-Ideales hervorzubringen und in ihnen zu wirken.

Die theosophische Forschung erklärt, wie die Sieben Daseins-Ebenen als unser Evolutionsfeld in Erscheinung traten – die *„Erste Lebenswelle"*. Ihr folgte eine *„Zweite Lebenswelle"*, *die* unzählige Monaden aus der Göttlichen QUELLE hervorsprühte. (Die lange, leid- und freudvolle Entwicklung in den sieben Ebenen aller Reiche erzeugt schließlich das menschliche Eigenbewußtsein.) Im Mineralreich gipfelt die Entwicklung in den Juwelen, bei den Pflanzen in majestätischen Bäumen und im Tierreich in Haustieren. In *ihnen* wird das Bewußtsein für jene große Wandlung vorbereitet, die sie ins Menschenreich emporhebt – ein gewaltiger Höhepunkt! Denn durch zahllose Erfahrungen in den Naturreichen wurde schließlich ein Bewußtseinskelch bereit, das Herabströmen der *„Dritten Lebenswelle"* zu empfangen, die auf ein spezielles Bewußtsein hinausläuft, das eines individuellen Ichs! In einem feierlichen, mächtigen Augenblick erhabenster Anstrengung blitzt aus den höchsten Ebenen – der QUELLE DES LEBENS – ein (schon immer durch die „permanenten Atome" vertretener) monadischer Gottes-Geist herab, der sich nun *direkt* mit dem Tier-Bewußtsein verschmilzt. So wird die menschliche „Seele" als Schauplatz für ein zeitalterlanges Ringen „geboren". Dieses Geschöpf wird bei der nächsten Geburt (oder nach einem Zwischenzustand) ein menschliches Wesen, das *dann* sehr langsam lernt, sich bewußt aus der menschlichen in die Göttliche Sphäte zu erheben. (Siehe Kap. 2 und 24) Die menschliche Einzigartigkeit ist seine Fähigkeit des Kontaktes mit den *unter*bewußten und *über*bewußten Regionen.

Aus den unteren Reichen kommt ein instinktives Wissen von den dort erfahrenen Lebensgesetzen. Doch in der über-bewußten Welt tastet er sich an Wahrnehmungen heran, die einmal zur All-Gegenwart werden, an Erkenntnisse, die zur All-Wissenheit, und an Fähigkeiten, die zur All-Macht werden sollen.

Die Erfahrungen der niederen Reiche bleiben als Extrakt im Unterbewußtsein. Dies ist eine unergründliche Schatzkammer, welcher (außer Instinktkenntnissen) auch unerklärliche Triebe entspringen, die ihn oft überwältigen. Die Theosophie bringt die herrliche Botschaft,

daß er nicht nur mit seinem Unterbewußtsein verbunden ist, sondern auch mit seinem überbewußten Göttlichen Selbst. (Siehe Kap. 21, 56 und 57). Er kann diese Kosmische Wesenheit durch sehnendes Streben nach dem UNENDLICHEN beschwören. Aus diesem Ewigen Glanz kommt mit jeder Bemühung zum Gestalten einer Göttlichen Inspiration eine neue Vision. Aus ihr erscheint das als „Weisheit" bekannte höhere Wissen. In jedem Menschen wartet dieser gefangene hohe „Lehrer". Das Gefängnistor wird durch die Intuition erblickt, es wird geöffnet durch Meditation *und* eine mit der erblickten Ewigen Wirklichkeit *übereinstimmenden* Lebensführung!
Jeder Mensch ist ein viel wunderbareres Wesen als er meint.

Da der Mensch sich in sieben Ebenen entwickelt, muß er aus sieben (teils aktiven, teils embryonischen) Prinzipien bestehen, die in den sieben Ebenen wirken. Ihre Entfaltung beginnt mit dem dichten Erdenkörper und endet mit den Göttlichen Wesensaspekten. Die letzteren entwickeln sich langsamer als die niederen und brauchen viele Lebenskreisläufe. Sie sind das sich stets aufs neue inkarnierende „Höhere Selbst" oder Ego des Menschen. Wenn eine Verkörperung für die weitere Entwicklung des Höheren Bewußtseins zu beschränkt wird, greift der „Tod" ein. Der beschränkende Körper verschwindet; und es verbleiben die beiden anderen – astralen und mentalen – Bestandteile der vergänglichen Persönlichkeit. Doch auch diese vergehen nacheinander, wenn das Ego in seine eigentliche Heimat eingeht, und erscheinen unter dem Karma-Gesetz wieder im gleichen Zustand bei der neuen Geburt. Obwohl nun das Menschenleben sich nach dem „Tod" aus den physischen, astralen und mentalen Daseinsebenen nacheinander zurückzieht, wird auf jeder Ebene ein Bewußtseinsbrennpunkt beibehalten – ein „Permanentes Atom" – und um dieses herum wird später jeder dieser drei künftigen Körper durch magnetische Anziehung erbaut. Jene Wesenszentren im Menschen halten die Essenz aller seiner Erfahrungen (auch schon im Tierreich) für immer fest. In seinem Höheren Bewußtsein jedoch sind auch schon die Keime aller je zu erreichenden Göttlichen Kräfte potentiell enthalten. Dieses Ur-Wissen über den Menschen und sein Bewußtsein gibt Herzensfrieden und Gleichgewicht. Auf jeder Station unserer langen Pilgerreise begegnen wir den Wolken der Finsternis mutig mit dem Wissen, daß wir GOTT entgegenwandern, und daß unsere künftige Seligkeit und Macht uns schon jetzt angehört. Obgleich wir zeitweilig durch getrübten Blick den Weg verlieren, bleibt doch die wunderbare Wahrheit, daß wir immer wieder den die Höheren Welten ausschließenden Schleier wegschieben können, um dem Ewigen Ego in seine Herrlichkeit zu folgen.

Ein echtes Wissen von der menschlichen Natur muß Licht über das *rechte Handeln* verbreiten, das zur letzten Freiheit des Bewußtseins führt. Die untermenschlichen Geschöpfe handeln nach rasch und sicher wirkenden Instinkten. Aber der Mensch lernt verstehen, *warum* er etwas tut! Hier trat das Verstandeselement dazu und kompliziert das Handeln durch Unentschiedenheit bei widerstreitenden Motiven. Manchmal kann ein Instinkt ihn richtig leiten, aber in anderen Situationen wäre das gefahrvoll. Wenn dann kein konkretes Wissen verfügbar ist, braucht er eine Motivleitung aus einer anderen Quelle, und diese besteht auf der Buddhi-Ebene. *Die Intuition ist der „Spirituelle Instinkt" der Menschheit und ein kommendes Reife-Ziel!*

Viele haben faszinierende Intuitions-Erfahrungen. Z. B.: Wenn wir in Augenblicken eines Schaffens die „Ewige Wirklichkeit" berühren, erleben wir eine unvergeßliche Glückseligkeit. Es ist, als ob unser Leben sonst in einer dunklen Höhle verbracht würde, und als öffneten diese schöpferischen Augenblicke die Fenster zu neuen Welten von Schönheit und Freude. Dieses Glück ist so eindringlich, weil es offenbart, daß im Herzen eines jeden eine unausrottbare Empfindung von der Seligkeit als unserem *wahren Zustand* wohnt. Jedes Wesen weiß irgendwie, daß es durch Freude einen höheren Zustand gewinnt.
Obwohl das Suchen nach Glück ein Hauptbestreben des freien Menschen ist, wird es doch oft als eine Art von mythischem Zustand betrachtet, der stets hinter einem wegversperrenden Hindernis liegt. Die Aufmerksamkeit richtet sich auf diese Hindernisse; und das Streben nach Glück wandelt sich in einen Kampf zu deren Entfernung. Wir würden (demnach) z. B. glücklich sein, wenn wir jemandes Zuneigung errängen, eine bestimmte Stellung erlangten usw. usw. Ist hier nicht etwas verkehrt? Das Glück ist vielmehr ein Daseinszustand, der aus einem freudigen, schöpferischen Einwirken auf die hemmenden Faktoren besteht, die zwischen uns und dem gesuchten Glück zu stehen scheinen. Dadurch wird Intuition entwickelt. Das Glück besteht nicht daraus, frei von Hindernissen zu sein. Wir werden auf Erden niemals frei davon sein können!

Ein anderer Wink über die Intuition liegt in der Bedeutung von „Freiheit". In einem Lexikon steht: „Freiheit ist der Zustand, wo man nicht einer äußeren Autorität unterworfen ist". Das heißt „Freiheit ist das Recht, zu tun, *was* ich wünsche, *wann* ich das will". Doch da taucht gleich die Frage über die Natur des Menschen auf. Was ist mit „ich" gemeint? Das ist nicht einfach! Schaue ich in den Spiegel, so ist dort mehr als *ein* Ich zurückgestrahlt. Sieben Ichs wären vorhanden. Zuerst der physische Mensch. Etwas hellsichtig, würde ich den ätherischen Vitalleib sehen. Tiefer schauend, könnte ich den Menschen der astralen Gefühle erblicken. Viertens, den Menschen des konkreten Denkens, zusammen die vergängliche Persönlichkeit — bestehend aus Denken, Fühlen, Lebenskraft und Körper. Darüber erscheint die Ego-Intelligenz, das unsterbliche, archetypische Wesen, dessen Kräfte sich langsam in vielen Erfahrungsleben entfalten. Darüber leuchtet ein sechster Mensch mit seiner meist noch latenten Herrlichkeit. Es ist der Buddhische „Christus-Mensch", der in uns „geboren" werden soll. Durch ihn gewinnen wir einmal die Seligkeit der Universal-LIEBE und verschmelzen unser Bewußtsein mit der Ewigen EINHEIT. Ganz Oben thront Atma, der monadische Mensch, welcher ein unvergänglicher Wesensstrahl der GOTTHEIT selber ist und dessen Kräfte uns unablässig zur gesamten Erfüllung seines archetypischen Ur-Bildes hinziehen.

Man muß also fragen, welches „Ich" gemeint ist, wenn Freiheit als das Recht gälte, „zu tun, was und wann ich es wünsche". Denn der Mensch ist ein auf sieben Energie-Ebenen schwingendes Bewußtseinsfeld, das aber in einem einzigen Mechanismus wirkt. Jede Ebene hat ihr Eigenleben. Nur bei genauer Abstimmung des gesamten Mechanismus auf die Höheren Prinzipien kann ein harmonisch-glücklicher Freiheitszustand erreicht werden. Was ich in einer Situation tue, wird größtenteils davon bestimmt, welches Vehikel gerade zu beherrschender Aktivität veranlaßt wird. Ein physischer Schock z. B. bannt abrupt-instinkthaft das Bewußtsein ganz in den Körper und bewirkt eine eilige Flucht, wo Standhaftigkeit das *rechte* Handeln wäre. Aber — *da laufe ich, mit allen meinen sieben Vehikeln!* Ist das nun mein „Ich"? Oder der Astralkörper wird zum Zentrum und tobt sich in einem wilden Ausbruch aus. Ist diese pathetische Schaustellung mein „Ich"? Oder mein Mentalkörper beherrscht das Feld und bewirkt etwa durch schädigendes Sinnieren, daß ich überhaupt nichts tue. Ist er mein „Ich"? Wenn jedoch in einem entscheidenden Augenblick *alle* Körper sich in einem großen Moment der Inspiration an die hohe Ebene des Spirituellen „Egos" anschließen, wird das Handeln von dorther motiviert. Das Ego übernimmt das Kommando und gibt dem Handeln eine weise, sichere, intuitive Führung. Die Direktiven zu jeder Handlung gehen also meist von *einem* der verschiedenen Bewußtseinsträger aus. Daher können wir nicht das „Tun, was ich wünsche, wann ich es will" als wirkliche Freiheit definieren – so lange wir nicht den Zustand gewinnen, wo das Bewußtsein in seinem Ewigen, Höheren Selbst befestigt ist, das seine mentalen, astralen und physischen Träger in souveräner Weise lenkt.

Wesentlich hierbei ist die Spontaneität. Ein klassisches Beispiel ist das eines wirklichen Künstlers. Hält sein Werk ihn ganz gefangen, so ist er intensiv angespannt – lebendig, lauschend. Seine physisch-astral-mentalen Vehikel sind zu einem einzigen großen Zweck vereint. Konzentriert wachsam erwartet er eine Inspiration, die blitzschnell aus den Buddhi-Ebenen auftaucht. Die Botschaft durchfliegt Mental- und Astralkörper bis zum Gehirn-Mechanismus, und der Künstler erschafft eine lang-währende Schönheits-Form. Dies ist ein Beispiel von spontaner Handlung, die das ganze Wesen wunderbar durchdringt und auf die alle Träger abgestimmt sind. Sie blitzte aus dem Intuitionsbereich auf, weil die nötige, sehnende Anstrengung vom Künstler geschehen war. Ein wahrhaft spontaner Akt ist durch diese erstaunliche Einheit auf allen Ebenen von einer Impulshandlung zu unterscheiden. Eine *letztere* erhält ihren Antrieb nur in *einem* Vehikel und stürzt uns unberechenbar-heftig in die Tat. Doch der *echt-spontane* Akt wird immer von OBEN geleitet. Ein Intuitionsblitz wird von einem wachen Verstand mit klarer Einsicht erfaßt, die Gefühle durchdringen ihn mit Liebe oder Begeisterung, und diese vereinten Motive bestimmen dann die physische Handlung. Ein „spontaner Akt" ist also eine einmütig geschlossene Kombination von Inspiration, Denken, Fühlen und Tun – der ganzen Wesenheit. Sein Ausdruck ist wahre Freiheit und daher von tiefstem Glück begleitet. Der echte Künstler zeigt die Freiheit durch Intuition in seinen höchsten Schöpfer-Augenblicken. Wären alle Taten diesem ebenbürtig, so müßte sein Leben meisterhaft-vollendet sein. Doch gewöhnlich ist das nur in Offenbarungs-Momenten der Fall, wenn die Intuition strömt und er ihr ganz folgt. Allgemein folgen die Handlungen äußeren, aus einem vergänglichen, grob-unrein ernährten Körper kommenden Antrieben und sind daher wertarm und zerrissen, was viel Unheil bringt. Meist gelingt es den kostbaren Eingebungen der Intuiton nicht, Denken und Handeln zu leiten. Die von ererbten Vorurteilen und Fixierungen der Umwelt besessenen Astral- und Mentalkörper beachten die Intuition nur schwach. So werden die tieferen Absichten des Eogs hintertrieben. Bemerkt jemand eine intuitive Führung, die mit eingewurzelten Ideen kollidiert, entsteht eine Spaltung, die im Astralkörper Spannungen und daher verwirrtes, voreiliges Tun hervorruft. Diese Durchkreuzung der Intuition mittels der unteren Körper wirkt sich dann in zerrissenen Taten, Enttäuschungen und Komplexen aus.

Wahre Handlungsfreiheit ist also nur möglich, wenn die unteren Körper sich den Pulsschlägen aus den Bewußtseinsschichten der Intuition anschließen. Dazu müssen wir uns erziehen! Es beginnt mit dem Wissen vom wahren Wesen des Menschen, von der genialen Ordnung im Universum und seinen leitenden Prinzipien – besonders von dem, daß „das Leben sich von innen her entwickelt“. Das freie, schöpferische Handeln beginnt im Menschen mit der täglichen Meditation, es gewinnt durch starkes Streben weitere Kraft im Astralen, und dann folgt die physische Tat. Das heißt, *wenn* wir durch entschlossenes Bemühen die Triebkräfte früheren Denkens überwunden haben! *Dies* wird durch Anwendung eines *anderen* Naturgesetzes erreicht. Alles, was wir denken und fühlen, zieht in Mental- und Astralkörper nur die *darauf* abgestimmten Atome hinein. Unsere Mental- und Astralkörper werden also neu aufgebaut, wenn wir im Denken, Fühlen und in reiner Lebensweise die Ideale des Höheren Selbstes ausdrücken. Dieser Pfad zur Freiheit verlangt entschiedene Anstrengung, uns von Vorurteilen und vererbten Begrenzungen zu lösen, die den Intuitionsstrom hindern. So müssen wir also aus unseren verschiedenen „Ichs“ eine einheitliche, unveränderliche Wesenheit schaffen, um zum unzerrissenen Handeln zu kommen und durch die Intuition jenen Zustand des „Vereinten Bewußtseins“ zu erlangen, welcher glückselige, bleibende *Freiheit* ist. Weiter: Was wir benötigen, sind keine neuen Gebote, sondern neue Menschen, die sich allen Problemen in *dieser* Weise nähern und den neuen „Menschheitstyp der Intuition“ darstellen. Schon nach Spinoza gibt es drei Erkenntnisstufen. Die erste ist das aus unserer Sinnen-Erfahrung gewonnene empirische Wissen. In der zweiten Stufe prüft, analysiert und beurteilt der Verstand. Aber es gibt noch eine Dritte! Wenn alles Denk-Material gesammelt und intellektuell verbunden wurde und wenn jemand dann tief über die in einen gemeinsamen Rahmen gebrachten Tatsachen nachsinnt, kann ihm intuitives Wissen aufleuchten. Das Bewußtsein versteht dann blitzschnell die wahre, innere Natur des gesammelten Ideenkomplexes. Denn es gibt ja überall geheime Zwecke im Leben, denen der Verstand nicht folgen kann, wohl aber die Intuition.

Theosopische Forscher sagen, die Intuition erhalte ihr Wissen durch

Einswerden mit einem Objekt, also nicht durch Analyse, sondern durch Identifizierung. Prüft der Verstand einen Menschen, so muß er Material über ihn sammeln: Tatsachen über seine physische, Gefühls- und Denknatur, sowie seinen Lebensverlauf. Aber die Intution geht anders vor. Auf geheimnisvolle Weise identifiziert sich der intuitive Mensch mit dem anderen. Er vereinigt sich mit dessen Denken und Fühlen, geht in seine Hoffnungen und Träume ein und erkennt so den verborgenen, einer nur mentalen Prüfung nicht offenliegenden Menschen.

Um die Intuition zu erwecken, gibt es einige *Methoden. Eine* davon ist die schon erwähnte Erwägung eines Ideenkomplexes, wo dann die Intuition blitzschnell eine große Wahrheit darüber zeigt und die Ideen zu einem lebendig-dynamischen Ganzen werden. Eine *zweite* Art ist, sie durch Liebe und Güte zu entfalten. Je liebender, mitfühlender und vorurteilsfreier man wird, desto leichter erwacht die Intuition. Unsere vom Astralen kommenden Gefühle *können* unsere Intuition aus zwei Welten darüber widerspiegeln. Aber dafür müssen sie rein und aufrichtig sein! Wie ein klarer, ganz stiller Teich den so weit entfernten Mond widerspiegelt, wird eine ehrliche, liebevolle Gefühlsnatur oft zum Spiegelbild großer Ego-Intuitionen. Eine *dritte* Art ist Umgang mit der Natur. Berge, Seen, Wasserfälle, Wälder, Felder, Wolken und Ozean – dies sind keine nur-materiellen Dinge. Jeder trägt als Heiligtum ein Leben in sich, einen Teil des unermeßlichen UNIVERSAL-Lebens. Ein *vierter* Weg ist die Kunst. Sie ist stets Neuschöpfung, eine stets wiederholte Darstellung vom Sinn des LEBENS. Reagiert man poetisch, malerisch, musikalisch auf das LEBEN, so wächst die Intuition. Auch die herrlichen Lehrer der Religion gehören zu den großen Künstlern der Welt, denn sie überschauen das Leben intuitiv vom Einheitszentrum aus. Wir müssen die neue „Menschheit der Intuition" schaffen; sie wird die gut organisierte Welt hervorbringen, wo alle Menschen nicht nur ihre physischen Notwendigkeiten haben, sondern auch viel Gelegenheit zur Ego-Entfaltung, für ein Leben in Schönheit und Würde. Diese Welt unserer Träume ist nicht so fern, wenn wir nur mit den Kindern anfangen. Ihr Lern-Material muß geringer an Menge, aber sorgfältig ausgewählt sein. Alle Dinge müssen in einem Schönheitsrahmen stehen. Man lasse das Kind die Schönheit in allem erfühlen, und – die Intuition erwacht! Ein die Vision vom „Neuen Kind der Intuition" in sich tragender begeisterter Lehrer wird seine Methoden ändern, und das übrige erfolgt von selbst. Später werden sie eine neue Welt des Glückes für alle erbauen. Viele Menschen wissen theoretisch um die Intuition, betrachten aber die Möglichkeiten von Erfahrungen damit als weit-entfernt. Das gilt zwar für die *vollständige* Entwicklung des Buddhi-Bewußtseinsträgers, denn sie gehört zur Arhat-Initiation. Jedoch Ernst-Strebende können schon jetzt Kontakte mit jenem wunderbaren Zustand erleben.

Der *allgemeine* Weg der raschen Höherentwicklung wurde oft von dem theosophischen Autor und überragenden okkulten Forscher C. W. Leadbeater geschildet, der diesen selber ging. Dabei muß der Strebende sich seinen Aufwärtspfad systematisch erkämpfen. Er erringt eine Unterebene nach der anderen: zuerst im Astralen, dann im Mentalen und zuletzt in der Buddhi-Region. Er befindet sich bereits im vollen Gebrauch der astralen, mentalen und kausalen Vehikel *vor* dem buddhischen Erlebnis. Diese Methode ist langsam und mühevoll, jedoch von wertvoller Genauigkeit, weil kein Schritt vor gründlicher Auswertung des vorigen getan wird. Für sehr viele ist das der einzig-mögliche Weg, doch andere Menschen-Typen können andere Möglichkeiten haben und mit glücklichen Erfolgen anwenden.

C. W. Leadbeater kannte viele okkulte Schüler und wurde oft überrascht von der wunderbaren Vielseitigkeit der von den Adepten inspirierten Methoden. Die Schulung wird so individuell angepaßt, daß sie nicht in zwei Fällen gleich ist. Jeder Meister hat nicht nur seine eigenen, sondern wendet auch für jeden Schüler eine andere Abart an, sodaß jeder auf der *ihm* eigenen Linie direkt gefördert wird. Leadbeater beschreibt einmal ein wunderbares Beispiel:

„Ein gewisser Schüler-Aspirant mit einer tiefen Liebes-Natur fühlte eine intensive Zuneigung für den theosophischen Lehrer, der vom Meister dazu bestimmt war, ihm in der vorbereitenden Schulung zu helfen. Er machte sich in täglicher Übung ein starkes Mentalbild von diesem Lehrer und ergoß mit aller Kraft seine Liebe hinein. Sein Astralkörper wurde dabei mit Karmesinrot überflutet und nahm an Umfang zu. Er nannte das „Erweiterung seiner Aura". Er zeigte darin eine so seltene Befähigung, daß ihm ein weiterer Versuch geraten wurde. Er sollte – während er das Gedankenbild festhielt und so stark wie immer seine Liebeskraft aussandte – sein Bewußtsein auf eine *höhere* Ebene heben und es *dort* mit dem seines Lehrers vereinen. Sein Versuch war erfolgreich. Er schilderte das Gefühl eines tatsächlichen Hinaufklimmens durch den Raum. Zwar war da eine versperrende Wand, aber seine Willenskraft formte in ihr einen Kegel, der zu einem Rohr wurde, wo er hindurch-glitt. Dann tauchte er in einer Region von blendendem Licht unter – gleichzeitig ein Meer von starker Seligkeit. Das Gefühl glich keinem vorherigen, es packte ihn unmittelbar-mächtig und durchdrang augenblicklich seine ganze Natur. Es war realer als alles Physische und doch völlig spirituell.

Allmählich konnte er in diesem Zustand erkennen, daß sein Bewußtsein nicht mehr so begrenzt war wie früher, daß er irgendwie gleichzeitig an jedem Punkt des wunderbaren Licht-Meeres vorhanden war, daß er in unerklärlicher Weise selbst jener Ozean war. Er tastete nach Worten, um *das* Bewußtsein auszudrücken, welches nach H. P. Blavatsky „sein Zentrum überall und seinen Kreisumfang nirgends hat". Er war nun auch wirklich mit seinem Lehrer eins geworden. Er begriff und teilte dessen Gefühle und besaß eine viel umfassendere und höhere Lebensauffassung als vorher. Stark beeindruckte ihn sein eigenes Bild, durch des Lehrers Augen gesehen. Es erfüllte ihn mit einer Empfindung von Unwürdigkeit *und* einem großen Entschluß, ihm ähnlicher zu werden. Er empfand nun auch eine ihm sonst nie erreichbare Tiefe von Hingabe und Verehrung und wußte plötzlich, daß er durch die Vereinigung mit seinem irdischen Lehrer auch den Bewußtseins-Saum seines *wahren Meisters* berührt hatte, mit dem sein Lehrer bereits vereint war. Er bebte unter dieser Berührung mit einem Bewußtsein von unermeßlichem Glanz. Hier versagte seine Kraft, er schien hinabzugleiten und öffnete seine Augen.

Dieses transzendente Erlebnis des Schülers war zweifellos ein Eintreten in die Buddhische Welt und zwar nicht durch die vielen Mentalstufen, sondern durch ein direktes Übergehen aus der höchsten Astralabteilung zur untersten Buddhi-Region. Da er aber bei guter Gesundheit blieb, durfte er die Anstrengungen wiederholen, sich ehrerbietig noch weiter emporzuringen, um vielleicht ganz in jenes erhabene Adepten-Bewußtsein einzutreten. Denn eine solche Liebe, die so selten ist auf unserem dunklen Stern und keine Hindernisse anerkennt, kann Liebende zu den Füßen GOTTES SELBST tragen. Der Schüler war *auch hier* erfolgreich und betrat jenes gewaltige Bewußtseins. Es war, als schwämme er in einen unermeßlichen Ozean hinaus. Vieles davon Zurückgebrachte konnte er selbst nicht begreifen – Fetzen von unvorstellbaren Glorien, Wahrnehmungsbruchstücke so gewaltig und glänzend, daß niemand sie ganz fassen kann. Jedoch er erhielt eine ganz neue Vorstellung von Liebes- und Hingabemöglichkeit, ein Ideal, nach dem er für sein übriges Leben zu streben hatte.

Er wiederholte nun täglich seine Bemühungen, drang immer tiefer in jenen großen Liebes-Ozean ein und fand kein Ende! Aber allmählich gewahrte er irgendwie, daß der unbeschreibliche Glanz von einer *noch* strahlenderen, *noch* unfaßbareren Herrlichkeit durchflutet war und versuchte, auch diese zu berühren. Als es ihm endlich gelang, wußte er aus gewissen Merkmalen, daß *dieses* das Bewußtsein des WELT-LEH-RERS (CHRISTUS) war. Durch das Einswerden mit seinem irdischen Lehrer hatte er auch das Bewußtsein seines Adepten-Meisters betreten, mit welchem sein Lehrer schon vereinigt war; und in seiner neuen, herrlichen Erfahrung berührte er nun die enge Verbindung zwischen dem Adepten und dem WELT-LEHRER. In diesen grenzen- und uferlosen Ozean von Liebe und Barmherzigkeit stürzte er sich nun täglich in seiner Meditation; und es war für ihn mit einer unvorstellbaren Stärkung und einem intensiven Aufschwung in jeder Beziehung verbunden. Aber nie konnte er Grenzen erreichen, denn kein Sterblicher kann einen solchen Himmels-Ozean ergründen.

Bei seinem Bestreben, immer tiefer in dieses wunderbare Reich einzudringen, gelang es ihm eines Tages, wieder einen *ganz neuen* höheren Zustand zu erlangen, eine noch viel stärkere Seligkeit. Und er sagte: „Wenn ich nicht wüßte, daß es mir noch unmöglich ist, konnte ich meinen, das müsse Nirvana sein". In Wirklichkeit war es nur die nächsthöhere Unterebene von Buddhi. Hieraus ist erkennbar, daß bei diesen Bewußtseinsausdehnungen die Aufstiegsgeschwindigkeit quasi in geometrischen Reihen steigt. Dieser Schüler erreichte nun jene höhere buddhische Unterebene jeden Tag und arbeitete beharrlich, noch weiter vorzudringen. Das Gleichgewicht, die Kraft und Sicherheit, womit das alles sein physisches Leben erfüllte, war erstaunlich anzusehen. Die intensive Seligkeit jener höheren Welt wurde zunehmend ein Teil seines Lebens und blieb über die Meditationszeit hinaus bestehen. Zuerst nur 20 Minuten, dann eine Stunde, dann 2 Stunden, und er schaute zuversichtlich der Zeit entgegen, wo sie ihn nie mehr verlassen würde. Bedeutungsvoll war, daß diesen ungeheuren Entzückungen keine ungünstige Reaktion, etwa von Niedergeschlagenheit, folgte, sondern daß sie stattdessen eine immer wachsende, strahlende Sonnigkeit in seinem Wesen hervorbrachte.

Als er bewußter in *dieser* herrlichen Welt wurde, begann er um sich zu schauen und konnte sich sogleich mit vielen Menschenseelen identifizieren. Er sah diese als lebendige Punkte in seinem ausgedehnten Bewußtsein und entdeckte, daß er bei der Konzentration auf *einen* sofort die höchsten Eigenschaften und spirituellen Bestrebungen des Betreffenden schaute. Er nahm auch wahr, daß diese Bewußtseinspunkte eine Art Antennen waren, durch die er mit den unteren Persönlichkeiten der

Menschen, die er kannte und liebte, in nahe Berührung kommen konnte und dadurch mit *den* Aspekten ihres Lebens und Denkens, die keinen Ausdruck auf der Intuitions-Ebene finden. Dies gab ihm eine sonst unerreichbare Sympathie, ein völliges Verständnis für ihren Charakter und ihre Schwächen – was eine höchst wertvolle Fähigkeit für seine künftige Arbeit als ein „Schüler" war.

Die wunderbare Einheit der Buddhi-Ebene offenbarte sich ihm noch in anderen unvermuteten Beispielen. Als er einmal einen schönen, kleinen Gegenstand in der Hand hielt, geriet er in entzückte Bewunderung seiner anmutigen Form und weißer Tönung. Plötzlich sah er stattdessen eine Landschaft vor sich ausgebreitet, so als ob der Gegenstand ein winziges Fenster geworden wäre. Die Landschaft kannte und liebte er, warum aber tauchte sie jetzt auf? Durch dieses unerwartete Phänomen beeindruckt, suchte er sein Bewußtsein zu erheben. Wieder hatte er das Gefühl, durch eine widerstrebende Stoffschicht in eine höhere Region zu gelangen; und dabei hatte das Bild sich zu einem ihm fremden, aber viel schöneren Panorama verwandelt. (Ein seltsamer Zug des *vorigen* Bildes bestand darin, daß der weiße Gegenstand durch ungeheure Wolkenhaufen am Bildrand in der Landschaft vertreten war.) *Jetzt* aber waren die weißen Wolkenhaufen zu einem hochgetürmten, schneebedeckten Gebirge geworden, dessen zackige Front sich bis hinab zu einem See von herrlicher Farbe erstreckte. Die felsigen Buchten, die Gebäude, die Vegetation, alles war ihm fremd, *jedoch* seinem irdischen Lehrer wohlbekannt! Und dieser stellte mühelos fest, daß die von seinem Schüler erblickte Landschaft eine physische Wirklichkeit war, jedoch viele tausend Meilen entfernt. Da dieser weihevolle Himalaya-Platz oft in des Lehrers Gemüt war – obwohl er in diesem Moment nicht daran dachte – war das Ganze offenbar eine Gedankenform des Lehrers. Bis zu diesem Punkt ist alles einfach zu erklären: Das Gemüt des Schülers war durch Bewunderung erregt, und die so erzeugten Schwingungen aktivierten seine astralen Sinne, wodurch er eine Landschaft sehen konnte, die nicht in physischer, wohl aber in seiner astralen Sehweite war. Noch weitere Anstrengung öffneten das mentale Sehvermögen, und dadurch sah er die herrliche Gedankenform im Geist des Lehrers.

Bald machte er einen weiteren Versuch, in die wirkliche Bedeutung von all dem einzudringen. Wieder mußte er einen feineren Stoffzustand durchbrechen, und dieses Mal lohnte keine *irdische* Szene sein Bemühen! Denn der Vordergrund tat sich auf zu einem schrankenlosen Panorama, das in herrlichen Farben von unendlicher Fülle leuchtete und von glorreichem Leben durchpulst war. Die Schnee-Berge wurden zu einem gigantischen Weißen Thron, gewaltiger als jedes Gebirge und in blendend-goldenes Licht eingehüllt. Seltsam hierbei war, daß dieser Schüler unbekannt mit der christlichen Bibel war und nicht wußte, daß ein Bibeltext zu dem Gesehenen in Beziehung stand. Später wiederholte er das Experiment und drang wieder durch die gleichen Stufen vor; und dieses Mal flüsterte der ehrfurchtsvolle Seher, mitten im blitzenden Licht die Umrisse einer auf dem Weißen Thron sitzenden übermächtigen Gestalt erblickt zu haben. Das könnte wohl die Gedankenform eines Christen von lebendiger Imagination gewesen sein. Aber als später ein großer Weiser nach der Bedeutung der Vision gefragt wurde, erwiderte er: „Siehst du nicht, daß ebenso wie *eine* LIEBE, so auch nur *eine* SCHÖNHEIT existiert? Was immer schön auf einer Ebene erscheint, ist nur so, weil es ein Teil von jener UR-SCHÖNHEIT ist; und wenn man weit genug zurückgeht, schaut man diese Beziehung. Alle Schönheit ist von G O T T , so wie alle Liebe von G O T T ist; und durch diese seine Attribute kann der Herzensreine I H N immer erreichen.“

Wir sollten diese Worten erwägen. Alle Schönheit in Natur, in Menschenwerk, in Kunstleistungen ist nur ein Ausdruck der *einen* GÖTTLICHEN SCHÖNHEIT, daher ist im kleinsten schönen Ding stillschweigend *alle* Schönheit enthalten. Und E R, Welcher die SCHÖNHEIT Selber ist, kann symbolisch dadurch erreicht werden. Zu diesem ganzen Verstehen ist das buddhische Bewußtsein erforderlich, mit welchem unser Schüler diese großartige Erfahrung machte – aber auch hier unten ist diese Idee sehr segensreich! – Dieser Schüler besaß allerdings Willensenergie, Liebeskraft, Herzensreinheit und Selbstlosigkeit von immenser Stärke. Außerdem war er Inder, nicht in hektischem Großstadt-Berufsleben eingespannt und hatte einen initiierten Lehrer zur Seite! Dennoch kann das Wunderbare bei großen Bemühen gewiß auch von anderen Strebenden zumindest teilweise errungen werden.

Er hatte sein Bewußtsein auf der Buddhi-Ebene erweckt und baute sich dort rasch ein fähiges, wertvolles Vehikel. Dies bewies sich durch das zunehmend-bleibende Gefühl von Seligkeit und Kraft. Daß dies eine bestimmte Fortschrittslinie war und nicht ein einzelnes Erlebnis, zeigt sich durch die Tatsache, daß diese Entwicklung ihre Wirkung alsbald auch auf die anscheinend vernachlässigten Kausal- und Metal-

53

körper ausübte und sie *von Oben her* zur Entfaltung trieb – statt umgekehrt, wie vorhin geschildert.

Kein Schaden kann einem Menschen geschehen aus dem starken Bemühen, seine Liebeskraft, Hingebung und Schönheitsliebe zu vermehren. Durch solches Streben wird es ihm schließlich möglich, einen nie erträumten Fortschritt zu erlangen. Allerdings bedenke man stets: Selbstvergessenheit, Hingabe und heißes Verlangen, anderen zu helfen, waren die hervorragendsten Merkmale des Jünglings, dessen innere Geschichte hier berichtet wurde. Diese Eigenschaften müssen ebenso in jedem, der seinem Beispiel folgen möchte, sehr stark vorherrschen – sonst ist diese Vollendung auch nicht annähernd möglich! Wie sprach Christus? „Gehe hin und tue desgleichen!"

Literaturnachweis:
J. S. Perkins „Freedom through Intuition"
C. Jinarajadasa „The new Humanity of the Intuition"
C. W. Leadbeater „The Monad"
Ernest Wood „The Intuition of the Will"
Rohit Mehta „Intuitive Philosophy"
C. Jinarajadasa „In seinem Namen"
A. E. Powell „The Etheric Double"
A. E. Powell „The Astral Body"
A. E. Powell „The Mental Body"

24. Theosophische Forschungen über die Monade oder den „Göttlichen Funken" im Menschen

Das Wissen über das geheimnisvolle Problem der menschlichen „Monade" ist noch sehr unvollkommen. Doch die bereits verfügbaren Enthüllungen können suchenden Menschen viele Mißverständnisse ersparen. Darum hier der Versuch, einen Überblick über dieses Gebiet zu geben, das jeden unmittelbar-brennend angeht. Daß viele falsche Vorstellungen über diesen überirdischen Gegenstand kursieren, ist unvermeidlich, weil wir mit dem physischen Gehirn etwas erfassen wollen, was in einer ihm vertrauten Sprache nicht auszudrücken ist.

Die Monade, ein „Göttlicher Funke", residiert in Gruppe Zwei (von Oben) der sieben Bewußtseinsebenen unseres Sonnensystems: Paranirvana oder Anupadaka. Eine definitive Bedeutung des Wortes „Ebene" auf dieser gewaltigen Höhe ist schwierig auszusprechen, weil jeder Versuch, diese Regionen zu erklären, eine Überforderung der Verstandeskraft ist.

Wir versuchen zuerst, einen Begriff von unserem Sonnen-Logos zu bilden. Dabei können wir nur vage an ein unermeßlich transzendentes, doch alldurchdringendes Bewußtsein denken, wofür der „Raum" in unserem Sinn nicht existiert; und dem jedes Wesen und Geschehen in seinem System gleichzeitig „gegenwärtig" ist – nicht nur im jetzigen, sondern in *jedem* Entwicklungsstadium, vom „Anfang" bis zum relativen Ende. Jenes Bewußtsein „erschuf" diese sieben Ebenen aus vielen Materietypen und verhüllte sich dabei in einer unvorstellbar-begrenzenden Weise. Schon wenn „Es" zuerst eine Stoffhülle der höchsten Welt annahm, legte es sich eine enorme Beschränkung auf; und diese muß sich mit jedem weiteren „Stoffgewand" verstärken, während es sich immer tiefer in der Materie verkleidet. Nach theosophischer Forschung gibt es eine fast unendliche Zahl von Dimensionen. Jeder Abstieg nach „unten" muß das Bewußtsein *einer* Dimension auslöschen – bis in der Mentalwelt nur noch fünf blieben. Der Abstieg zum Astralen entfernt eine weitere, und das letzte Niedersteigen zum Physischen läßt nur die drei uns vertrauten Dimensionen zurück.

Um einen schwachen Begriff von solchen Verlusten zu gewinnen, nehmen wir einmal die Existenz eines Wesens an, das nur zwei Dimensionen aufnehmen kann und stellen uns vor, wie sein Bewußtsein sich von uns unterscheiden müßte. Diese Imaginationsübung überzeugt rasch, daß dieses zweidimensionale Wesen nie eine Ahnung von *unserem* Leben erlangen könnte, denn es wären sich ihm nur Flächen bewußt, weil ihm die Höhen-Dimension abgeht; und selbst das ist ganz unzutreffend. Das zeigt, wie unzulänglich allein unsere Vorstellung von der uns dimensional am nächsten liegenden Astralwelt sein muß! Wie ist dann die Monade zu erfassen, welche durch viele Ebenen über *dem* Punkt thront, von dem aus wir sie zu betrachten suchen?

Wir können hier intensiv an die Methode denken, mit der unser Sonnen-Logos diese Ebenen erbaute. Wir sind uns ehrerbietig bewußt, bestenfalls ein Bruchstück seiner Arbeit begreifen zu können, und daß wir dieses von unten sehen und Er von Oben! Jedoch ist (aus Adepten-Mitteilung) bekannt, daß er zuerst eine Kraft-Woge aus seinem *Dritten* Aspekt aussandte, welche die prä-existente Ur-Materie (Mulaprakriti) in – Atome genannte – Formen goß. In diese Welt strömte eine Zweite Göttliche Lebenswoge aus seinem *Zweiten* Aspekt, die baute aus den Atomen beseelte Formen, welche sie bewohnt. Inzwischen kam die Erste Flutwelle zurück, rauschte durch die erstgeformte Ebene hindurch und schuf darunter eine niedrigere Ebene mit Atom-*Kombinationen,* deren Stoff dichter ist. Dann strömte auch in diese Welt die Zweite Ausgießung und baute lebendige Formen in ihr. Dieser Prozeß ward immer wiederholt, und die Materie wurde mit jeder Ebene dichter – bis zu unserer physischen Welt. Dieses Beseelen von Formen aus verschiedener belebter Materie wird (nach wissenschaftlicher Aussage) heute noch in den Mineral-, Pflanzen- und Tierreichen fortgesetzt.

Aber im Augenblick der „Individualisierung" – durch den *Ersten* Gottes-Aspekt – welche die höchste Tiergattung vom niedersten Menschenwesen trennt, findet ein seltsamer Wandel statt. Die „Gruppenseele" – das zusammen-haltende Lebenselement gleichartiger Tiere, die zuletzt aufgrund deren immer intensiverer Eigenentwicklung nur noch *ein* sehr hochstehendes Tier umfaßt, baut aus sich eine „Hülle" (den Kausalkörper) – symbolisch der „Heilige Gral" – in den, als Ausgießung des Ersten Gottes-Aspektes, das „Ego", ein Bewußtseinsstrahl der dazugehörigen Monade, eintritt. Dieses Ego zieht fortan alle Erfahrungen in sich ein, die der wachsende Kausalkörper gewinnt, sodaß nichts unserer *aufstrebenden* Wünsche und Taten je verlorengeht. Er trägt die Erfahrungen aller Zeitalter mittels der „Permanenten Atome" (siehe Kap. 2 und 23) mit sich. Das Ego fährt nun immer fort, in einer Verkörperung nach der anderen sich mentale, astrale und physische Körper zu bauen. Eines fernen Tages erreicht das Ego ein so hohes Stadium, daß der Kausalkörper sein niedrigster Bewußtseinsträger wird. Viel später wird dann auch das Ego, das so viele Körper beseelt hat, selbst zu einem Vehikel, um von der dann völlig aktiven Monade beseelt zu werden. Doch auch hier geht aus der Ökonomie der NATUR nichts verloren. Alle Erfahrungen des Egos, all die kostbaren, in ihm entwickelten Fähigkeiten gehen in die Monade über, um sich dort viel vollkommener auszuwirken.
Verkörperungen in den dichten Welten sind dann unnötig, weil alles dort Verfügbare gelernt wurde. Es sei denn, dieser „Vollendete" (Adept) inkarnierte sich freiwillig zu selbstlosen Dienstzwecken weiter.

Vom Bewußtsein eines Sonnen-Logos außerhalb seines Systems (im ABSOLUTEN) ist keine Vorstellung möglich. E S gilt als das GÖTT-LICHE FEUER, und jener Symbolismus zeigt, daß aus jener ABSO-LUTEN UR-FLAMME jeweils eine Anzahl von „Funken" in ein neues Sonnensystem gesprüht werden, die der jeweilige Logos in sich reifen läßt. (Von den Engel-Monaden ist hier nicht zu sprechen.) Die Analogie hinkt, weil alle sonst bekannten Funken nach Ausschleude-rung aus ihrem Vaterfeuer verlöschen, während *diese* Funken durch äonenlange Entwicklung in den unteren, menschlichen und über-menschlichen Reichen ebenfalls zu „Flammen", d. h. zu machtvoll-schöpferischen Individualitäten werden. Dies sind die glorreichen Zwecke, für welche die „Funken" ehemals (und allezeit) hinaus-sprühten.

Der Monadische Funke kann in seiner erhabenen Ganzheit nicht bis unter Anupadaka – die zweite Welt-Ebene – herabsinken. Noch kein theosophischer Forscher konnte sein Bewußtsein bis dorthin erheben. Sie heißt auch – als permanente Residenz der Monade – „Monadi-sche Ebene". Doch niemand konnte die Monade *dort* erfassen. Man „sah" sie nur, wenn sie einen Strahl in die nächst-untere Ebene – Atma-Nirvana – herabgesenkt hatte, wo sie sich als der „Dreifache Geist" zeigt. Dieser Monadische Strahl in seinem ersten Aspekt kann nicht unter die Atma-Nirvanische Welt absteigen, doch im zweiten Aspekt senkt er sich in die nächste Welt (Intuitions- oder Buddhi-Welt) herab. Wir nennen ihn die Göttliche Weisheit (Intuition) im Menschen. Dann bewegt sich der Monadische Strahl in seinem dritten Aspekt nochmals abwärts, kleidet sich in Kausal-Materie und ist der Höhere Intellekt des Menschen. Wenn diese dreifache Offenbarungs-form sich so als der Geist, die Intuition und der Intellekt zeigt, gibt man ihr den Namen „Ego". Dieses nimmt (wie vorhin erwähnt) einen aus Kausalstoff erbauten Bewußtseinsträger an – den Kausal-körper. Das im Kausalkörper wirkende Ego heißt auch „Das Hö-here Selbst" oder die „Seele", die sich nun in vielen aufeinanderfol-genden Persönlichkeiten verkörpert.

Das Ego ist, als eine Manifestation der Monade auf der Kausalebene, dort weit von ihrer vollen Offenbarung entfernt. Jeder Abstieg von Ebene zu Ebene bedeutet nicht nur eine Verschleierung des Ewigen Geistes, sondern auch eine wirkliche „Umfang-Abnahme". Nur ein Teil der Monade wird also in der Nirvana-Ebene sichtbar und kann sich auch nur in drei Aspekten zeigen, statt in der glorreichen Ganzheit ihrer eigenen Welt. Wenn dann der zweite Aspekt des Dreifachen Geistes weiter herabkommt und sich als Intuition offenbart, ist das nicht der gesamte Aspekt, sondern nur ein Bruchstück. Wenn wiederum der dritte Aspekt zwei Ebenen herabsteigt und sich als Intellekt manifestiert, ist das auch nur ein Bruchstück vom wirklichen Intelligenz-Aspekt der Monade. Deshalb ist das Ego nur ein verschleiertes Fragment von ihr.

Wie oben, so unten. Was das Ego für die Monade ist, bedeutet die irdische Persönlichkeit für das Ego; und hier ist dann die Verminderung so weit gekommen, daß die Persönlichkeit überhaupt kein direktes Verhältnis zu der hohen Monadischen Wirklichkeit besitzt, deren einzigen Vertreter sie dennoch *jetzt und hier* darstellt.

Schon der Ego-Begriff ist schwierig genug. In der theosophischen Frühzeit diskutierte man viel über die Beziehung zwischen Höherem und niederem Selbst. Die Begriffe waren noch nicht geklärt, besonders unter Europäern, wegen der Traditionen, die das Christentum mit dem Wort „Seele" verknüpft. Der Durchschnitts-Christ identifiziert sich ja nicht mit seiner „Seele", sondern betrachtet sie vage als ein Wesen, für dessen „Rettung" er verantwortlich ist. Er schildert sie im besten Fall unklar als seinen unsterblichen Wesensteil. Doch meist spricht er von ihr als einem getrennten, undefinierbaren Etwas. Im „Preislied Mariä" (Lucas 1) werden der Heiligen Jungfrau die Worte beigelegt „Meine Seele erhebet den Herrn und mein Geist freut sich Gottes, meines Heilandes". Auch hier wird (sehr ungenau) von Besitztümern, nicht vom *wirklichen* Selbst, gesprochen. Diese Theorie lag in Europa in der Luft. Die ersten Theosophie-Schüler ersetzten dann die „Seele" durch „Das Höhere Selbst". Sie sagten „Zum Höheren Selbst aufschauen" oder „den Eingebungen des Höheren Selbstes lauschen". Einer der ersten Autoren (A. P. Sinnett) sprach sogar etwas respektlos vom Höheren Selbst, indem er äußerte, dieses solle mehr Interesse an der unglücklichen Person nehmen, die sich hier unten zu seinem Besten abplagt. Erst allmählich wuchsen die Europäer in die Gewißheit hinein, daß dieses „Höhere Selbst" der eigentliche Mensch ist! Und daß alles *hier* von ihm Sichtbare nur ein kleines Fragment von ihm sei. Sie erfaßten die wundervolle Wahrheit von dem EINEN Bewußtsein, und daß das untere Bewußtsein – obwohl ein sehr unvollkommener Vertreter des Höheren – *nicht* von Jenem getrennt ist. Sie dachten zuerst: „Wir erheben ‚uns' langsam, bis wir ‚uns' mit jenem verklärten Wesen vereinen können", ohne zu wissen, daß das Höhere Selbst das *Wahre* ist. Denn die Vereinigung beider bedeutet ja nur, daß das Niedere sich erschließt, um das Höhere in ihm wirken zu lassen.

Es braucht stets viel Zeit, um die theosophischen Lehren *tief* aufzunehmen. Nicht nur sorgfältiges Studium gehört dazu, sondern auch (meist) eine längere Zeit bis zu ihrer buchstäblichen Durchdringung. Dies ist beständig bei „Neulingen" der Fall. Oft schließen sich Menschen von Intelligenz und Hingabe an, die der Theosophie ihr Bestes geben wollen. Dennoch können sie nicht sogleich in einen wirklich vergeistigten Zustand eintreten und zeigen das durch überraschende, ehrgeizig-zerstörerische Handlungen, die ganz disharmonisch zur Theosophie sind und deren Verbreitung sehr schädigen. Jedoch *allein* die längere Zeitperiode kann diese höhere Einstellung keineswegs hervorbringen. Denn jemand, der die Theosophie nicht *ernstlich* studiert und praktiziert, kann nach 30 Jahren kaum weiser und gütiger sein als am Anfang. Aber ein Mensch, der unermüdlich studiert und verwirklicht, tritt (auch durch Umgang mit Reiferen) allmählich fest in den „Geist der Theosophie" ein. Die Adepten wissen unfaßlich viel mehr als ihre höchsten Schüler, und so lernen diese stetig von ihnen. Die, welche bereits jahrzehntelang diesen Idealen strebend dienen, wissen viel weniger als jene Initiierten, die den Uralten PFAD lange vorher betraten. Darum lernen sie freudig-dankbar von ihnen; und sie können ihrerseits den Neu-Beginnenden helfen.

Die irdische Persönlichkeit ist also ein Bruchstück des Egos, das sich *hier* unter sehr drückenden Schwierigkeiten ausdrücken möchte. Wir sagen etwa von einem Menschen, ihn zu kennen. Jedoch kennen wir nur einen winzigen Teil von ihm. Wenn jemand auch nur das *astrale* Sehen entwickelt, wird er – überrascht wie die Königin von Saba von den herrlichen Schätzen des Salomo – sagen: „Hier umgibt mich nun all die Herrlichkeit, die köstliche Schönheit, und sie erscheint mir ganz natürlich. Es wird mir sicher leicht sein, eine bessere Schilderung als meine hellsichtigen Vorgänger davon zu geben." Doch kehrt er dann in seinen Körper zurück und versucht, es in Worten zu beschreiben, wird er die gleichen Schwierigkeiten entdecken wie jene anderen. Sogar wenn jemand mit *mentalem* Sehen den Kausalkörper eines anderen wahrnimmt, ist er weit entfernt, den *wirklichen* Menschen zu sehen. Es ist ja nicht das Ego, was er schaut, sondern ein Abglanz des die Ego-Charakteristiken ausdrückenden Kausalkörpers. Jene hohen

Eigenschaften wirken auf diese Substanz ein, lassen sie in verschiedenen Graden schwingen und erzeugen damit Farben; und durch diese kann etwas von der Natur dieses Menschen erkannt werden.

Diese Wesens-Natur bedeutet auf *jener* Ebene nur die vom Menschen schon entwickelten *edlen* Charakter-Eigenschaften. Denn in einer so feinen Substanz kann sich nichts Häßliches ausdrücken. Wenn also ein geschulter Hellseher einen Kausalkörper beobachtet, weiß er, daß dieser zwar im Keim alle Göttlichen Attribute besitzt, jedoch sie sind noch nicht alle entfaltet! An den unentwickelten Stellen des Kausalkörpers ist dieser einfach farblos und leer. Ein schlechter Wesenszug in der *Person* zeigt sich im Kausalkörper nur durch diese Farblosigkeit, welche bedeutet, daß die konträre Eigenschaft noch unentfaltet, inaktiv ist. Sobald sie aktiv wurde, wirken ihre intensiven Schwingungen immer mehr auf die unteren Körper ein; und dieses Übel kann dann allmählich keinen Platz mehr in ihr finden.

Betrachten wir das Ego als den *wirklichen* Menschen auf seiner eigenen Ebene, so sehen wir ein wahrhaft herrliches Wesen. (Siehe Kap. 29) Jedoch der Ausdruck dieser wundervollen Wesenheit im Physischen als eine irdische Person bleibt weit hinter jener Wirklichkeit zurück, weil sie ja nur ein kleines Bruchstück des Egos und durch ihre Lebensbedingungen katastrophal eingeengt ist. Wenn jemand einen Finger durch ein Loch in der Wand steckt, wie wenig könnte der Mensch durch diesen Finger darstellen! Etwas ähnlich ist das Schicksal jenes Ego-Fragmentes, das als eine Persönlichkeit in unseren dichten Körper gesteckt wird. Es kann als ein eingekerbtes Bruchstück das erhabene Ganze kaum repräsentieren. Angenommen, der „Finger" vergäße nun wegen seines Abgetrenntseins vom Körper zeitweilig, daß er ein Teil von diesem ist. Dann vergißt er auch die große Freiheit des umfassenden Lebens und versucht, sich seinem „Loch" anzupassen und dessen Seiten zu vergolden – durch Erwerb von Besitztümern, Geld, Macht, Ruhm usw. Ziehen wir uns in der Nacht aus dem physischen Leib zurück, um in unserem Astralkörper zu leben (was sich je nach Reife und Lebensumständen in klaren oder verworrenen „Träumen" zeigt) sind wir schon weniger beschränkt und unserem wahren Selbst näher gerückt, obwohl wir noch zwei Schleierhüllen tragen, den astralen und den mentalen Körper. Dennoch sind wir dort viel freier, ewige Wirklichkeiten zu begreifen, denn der physische Körper ist der hemmendste und beschränkendste von allen.

Ein geschulter Forscher kann sich im Astralkörper bewußt und sehr rasch durch den Raum bewegen – zwar nicht augenblicklich, aber in etwa drei Minuten rund um den Erdball. Denn er muß immer noch den Zwischenraum durchqueren. Er kann durch Erwerb der betreffenden okkulten Kraft in bewußte Berührung mit Menschen in Astralkörpern treten. Ihre Gefühle liegen offen vor ihm und können nicht täuschen. Er sieht in jener Welt viel mehr Bewohner der Erde, also auch die, welche wir „tot" nennen. Er sieht auch gewisse Naturgeister, Astral-Engel und viele andere Wesen. Ebenso ist es ihm möglich, durch die „Vierte Dimension" (siehe Kap. 38) die Innenseite jedes Gegenstandes zu sehen und in das Innere der Erde zu blicken. Wenn er später lernt, die Kräfte des Mentalkörpers zu gebrauchen, gelangt er mit Gedankenschnelle von Ort zu Ort und kann klar die Gedanken seiner Mitmenschen sehen. Auch höhere Engel-Ordnungen werden sichtbar, sowie die riesigen Menschenscharen, die nach ihrem Astralleben Bewohner der unteren Himmelswelt (Devachan) sind.
Nach einem noch größeren Schritt, der die Sinne des Kausalkörpers aktiviert, entstehen noch grandiosere Möglichkeiten. Schaut er *dann* einen Mitmenschen an, so ist das Haupt-Vehikel, das er sogleich in seiner ovalen Umhüllung sieht, der vollständige Kausalkörper (Augoeides), der in sich die Essenz alles dessen enthält, was alle Inkarnationen an edelsten, kostbarsten Errungenschaften hervorgebracht haben – ein Vehikel, das in dem Maß, wie es durch erzieherische Erfahrungen seiner Persönlichkeiten bewußt und stark wird, immer mehr das anzeigt, wozu GOTT den Menschen bestimmt hat. Bei Beobachtung dieses erhabenen Bewußtseinsträgers – in dessen Mitte dann das Ego selbst wahrnehmbar wird – ist zu sehen, was der betreffende Mensch schon erreicht hat – auch seine Vergangenheit und etwas Zukunft. (Siehe Kap. 36)
Theosophie-Studierende wundern sich manchmal, warum die schlechten Eigenschaften eines Menschen auch in den späteren Verkörperungen erscheinen. Die Ursache ist, daß der Mensch gewisse „Permanente Atome" seiner unteren Körper immer wieder auf die vier neuen überträgt, und daß sie dahin tendieren, jene Eigenschaften wiederzuerzeugen. Warum das alles? Weil es für die Entwicklungsvorgänge notwendig ist! Weil der voll-entwickelte Gott-Mensch Meister *aller* Ebenen sein muß. Er könnte sonst auf höheren Ebenen ein höchst-glorreiches Wesen werden, wäre aber nutz- und machtlos in den eigentlichen Evolutionswelten. Denn er würde die entscheidende wunderbare Kraft des menschlichen Denkens und Fühlens ausgeschaltet haben

und könnte keine bewußt-schöpferische Logos-Wesenheit werden. So müssen wir die „Permanenten Atome", welche die Quintessenz aller Persönlichkeitserfahrungen enthalten, immer mehr läutern und erhöhen, statt eines törichten Wunsches, sie fallen zu lassen.

Unsere Aufgabe ist *jetzt*, das Ego als den wahren Menschen zu erkennen und es wirken zu lassen, anstatt des persönlichen Ichs, mit dem wir uns oft identifizieren. Wir sagen leichthin: „Ich bin zornig", „ich bin eifersüchtig", während aber alles, was uns dahin treibt, nur das astrale „Wunsch-Elemental" ist, das nach groben Schwingungen lechzt. Halten wir uns vor Augen, daß der wahre Mensch nie so töricht sein kann, so grobe Schwingungen zu wünschen, daß er nichts ersehnt als alles, was seinem Höhersteigen förderlich und für andere Menschen hilfreich ist. Jemand sagt z. B., er fühle eine unwiderstehliche Leidenschaft. Er sollte aber fragen: „Bin ich das wirklich?" und entdeckt bald, daß etwas anderes, Undefinierbares sich seiner zu bemächtigen sucht. Er sollte seine Unabhängigkeit von der Elementaressenz behaupten und sich als den freien Menschen erklären, indem er *seinen* eigenen Entwicklungsweg verfolgt!

Wohl noch für einige Leben werden wir bestrebt sein, uns völlig als das Ego zu empfinden. – Aber wenn eines Tages die Fühl- und Denk-Elemente nichts mehr sind als vollkommene Instrumente des Egos, entsteht die noch herrlichere Erkenntnis, daß sogar das Ego nicht das wahre Selbst ist. Denn es hatte einen „Anfang" – es kam im Moment der Individualisierung zum Dasein – und muß daher auch ein „Ende" haben. So ist auch das Ego, welches seit unserem Verlassen des Tierreiches existierte, impermanent. Gibt es nun nichts Ewigdauerndes in uns? Ja! Es ist die Monade, der „Göttliche Funke", ein Bewußtseinsstrahl der GOTTHEIT. Zwar erscheint sie zeitweilig von IHM getrennt, während sie äonenlang in die verstrickenden Schleier der Materie eingekerkert ist, *um* durch das Ringen mit ihr bewußt und starkschöpferisch zu werden. Dennoch kann die Monade *nie* von IHM geschieden sein, denn auch die Materie ist eine Göttliche Manifestation. Uns scheint sie oft als schlecht, weil sie uns herabdrückt und unsere Fähigkeiten hemmt – aber doch nur, weil wir sie noch nicht richtig zu beherrschen lernten. Auch sie ist essentiell Göttlich, da es nichts außer GOTT gibt; nur, wir benutzen sie noch falsch. Das ist die EWIGE WAHRHEIT! Alles kommt von IHM und wird einmal bewußt und machtvoll zu IHM „zurückkehren". Wir finden es schwer verständlich, daß *jetzt und hier alles* in IHM lebt und webt. Aber alles ist

GOTT. Und unendliche „Lebenswogen" strömen aus IHM hervor; zuerst in den dichten Stoff hinab und dann, durch die Erfahrungen darin bereichert, wieder aufwärts. *Wir* gehören zu einer viel früheren „Lebenswoge" und sind – als unvergleichlich-vollkommenere Ausdrucksformen – IHM bewußtseinsmäßig unfaßbar viel näher als die Lebensessenz, aus der das „Wunsch-Elemental" in unseren Vehikeln besteht.

Immer ist die Gefahr vorhanden, uns mit dem, was gerade am bewußtesten in uns ist, zu identifizieren. Die meisten Menschen sind jetzt am bewußtesten in ihren Gefühlen und Leidenschaften. So sucht das „Wunsch-Elemental" den Menschen quasi zu „verleiten", sich mit jenen Gefühlen zu identifizieren. Ebenso die nächste Gefahr: Wenn er – emporsteigend – in der Haupttätigkeit mental wird, identifiziert er sich leicht mit dem konkreten Verstand. Erst wenn er sich als das „Ego" erkennt und *dieses* zum Bewußtseinsherrscher macht, kann er die geläuterte Persönlichkeit ganz im Ego aufgehen lassen. *Dann* ist dieses Anstrengungsziel gewonnen.

Aber bald muß er die *ganze* Wahrheit seiner eigenartigen Situation wahrnehmen: Daß die Persönlichkeit zum Ego im gleichen Verhältnis steht wie das Ego zur Monade. In einer fernen Zukunft müssen wir gewisse Schritte tun, um ein Vollkommener Ausdruck der Monade zu werden und *neue* Bewußtseinsstufen durchschreiten. Nach der alten Regel „Das Untere spiegelt stets das Höhere wider" müssen die Stufen auf einer höheren Ebene in etwa Wiederholungen von den früheren Bemühungen sein.

Faszinierend ist Folgendes: Leben wir später endgültig in der Monade, als dem wahren Menschen, entdecken wir dahinter eine noch ausgedehntere, herrlichere Perspektive. Die Monade war nie vom GÖTTLICHEN URFEUER getrennt. Denn so wie das Ego hinter der Person und die Monade hinter dem Ego steht, thront ein Planetarischer Erz-Engel (siehe Kap. 48) – wenn auch hier nicht als die gleiche Individualität – hinter der Monade, und der Sonnen-Logos hinter jenem Erz-Engel. Weiter steht ein unfaßbar größerer Logos hinter dem Sonnen-Logos; und dahinter muß nach unbegreiflichen Stufen endlich der KOSMISCHE UR-LOGOS Selbst, und dahinter der A B S O - L U T E   U R G R U N D ruhen. Hier versagt allerdings schon längst jedes Denken und Forschen.

Für noch lange ist die Monade unser persönlicher „Gott", der uns als Bewußtseinsposten hier unten hervorbrachte. Das monadische Bewußt-

sein läßt sich nicht ahnen. Es läßt sich auch dann nur dämmerhaft begreifen, wenn es den ersten Schleier annahm und Atma-Buddhi-Manas
wurde. Die einzige Möglichkeit ist, sich durch spirituelles Leben zur
Ego-Höhe zu erheben und dann alles „begreifen", wenn auch nicht
erklären zu können.
Initiierte Forscher „sehen" also die Monade nur als das „Höhere
Selbst", ein dreifaches Licht von blendender Herrlichkeit, doch mit
deutlichen Eigenheiten, wodurch eine Monade von anderen unter-
scheidbar ist.

Was haben nun *wir* mit dieser so hoch thronenden Glorie zu tun, während wir hier unten leben? Dies ist falsch gefragt, denn der wahre
Mensch *ist* die Monade! Wir sollten sagen: „Was kann ich, die Monade, mit meinem Ego und durch dieses mit meiner jetzigen Persönlichkeit tun?" Dies sind die echten, gewaltigen Tatsachen! Wir können weiter sprechen: „Ich weiß, daß ich die Monade bin! Ich weiß,
daß ich das Ego als ein Bruchstück der Monade bin, welches jedoch
unfaßbar größer als meine untere Persönlichkeit ist. Ich will mich
immer stärker als dieses mächtigere Wesen erkennen. Ich will dieses
niedere Ich immer bereiter machen, den leisesten Wink von Oben aufzunehmen und den Ego-Intuitionen – der „Stimme der Stille" zu folgen."
Die „Stimme der Stille" wandelt sich so, wie wir sie entwickeln. Im
letzten Sinn ist sie stets dasselbe, und zwar die Stimme GOTTES;
doch sie kommt aus immer höheren Ebenen. Jetzt ist sie für uns die
zur Persönlichkeit sprechende Stimme des Egos'. Relativ bald wird sie
die zum Ego sprechende Stimme der Monade sein; und noch später
wird sie die zur Monade sprechende Stimme des Sonnen-Logos sein.
Zwischen diesen beiden Stadien ist noch ein anderes, in welchem die
Stimme eines der gewaltigen Göttlichen „Minister", der „Sieben Geister vor dem Thron" zur Monade spricht.

Tut die Monade eines Durchschnittsmenschen je etwas zur Beeinflussung ihrer Person? So etwas ist ungewöhnlich. Das *Ego* – als ihre
Ausstrahlung – versucht, eine immer bessere Beherrschung der Persönlichkeit zu gewinnen, um sie als Werkzeug zu benutzen. Weil aber
dieses Ziel noch längst nicht erreicht ist, „empfindet" jene Monade
wohl, daß die Zeit noch nicht da ist, aus ihrer eigenen hohen Ebene
mit ganzer Kraft einzugreifen, wenn ihr schon aktiver Teil, das Ego,
für den erforderten Zweck noch mehr als genügt. Jedoch wenn das

Ego in seinem Bemühen, seine Person zu veredeln, schon gute Erfolge hatte, wird die Monade oft selbst in Erscheinung treten.

Einige hoch-geschulte theosophische Forscher haben viele Menschen okkult untersucht, aber sie fanden nur bei Wenigen Spuren einer monadischen Einmischung. Ein hervorragendes Beispiel ist in einem Forschungswerk gegeben, wo berichtet wird, daß jemand das Gelübde leistete, sich in künftigen Verkörperungen dem Gewinnen der Buddhaschaft zu widmen, um der Menschheit intensiv zu dienen. Dies erschien den Forschern so erstaunlich, daß sie viel Mühe an diese Untersuchung wandten. Es war ein fester Vorsatz für eine weit-entfernte Zukunft, und die jetzige Persönlichkeit konnte es keineswegs richtig erfassen. Als die Forscher weiter aufstiegen, um die Rolle des Egos' dabei zu finden, entdeckten sie, daß dieses Ego – obwohl von Begeisterung für die Idee erfüllt – durch eine noch machtvollere Energie von Innen her angetrieben wurde; und sie fanden dann heraus, daß jene Kraft unmißverständlich aus der Monade kam. *Sie* hatte entschieden, und das Ego registrierte den Entschluß, so daß *ihr* durch das Ego wirkender Wille die künftigen Persönlichkeiten auf dieses Ziel hin einstimmen würde.

Diese Forscher fanden bei Untersuchungen über die Anfänge der Sechsten Wurzelrasse noch andere Beispiele: Als sie mit ihren Hellsehkräften in das Leben jener kommenden kalifornischen Kolonie sahen, erkannten sie einige ihnen bekannte Egos; und die Frage erhob sich: „Da der Mensch freien Willen hat, können wir dann sicher sein, daß diese alle dort sein werden, so wie wir es hier vorausschauen?" Spätere Forschungen zeigten, daß hier das Gleiche galt wie im ersten Fall. Gewisse Monaden hatten damals schon auf den Ruf *ihrer* höheren Autoritäten entschieden, daß ihre späteren Persönlichkeiten bei jenem wunderbaren Beginn der Sechsten Wurzelrasse mitwirken sollten.

Niemand wird je von außen genötigt, dies oder jenes zu tun. Die gebietende Macht ist die Monade – das wirkliche Selbst! Niemand sonst kann ihn zu etwas verpflichten. Die Person aber sollte sich – zu ihrem Segen – bereitwillig hingeben, wenn sie die Obere Stimme vernimmt und freudig mitarbeiten, denn sonst legt sie sich viel nutzloses Leiden auf. Der Mensch als Person muß tief erkennen, daß das Ego *er selber* ist, und daß die Monade es *noch viel mehr* ist – als sein vollkommenster und grandiosester Ausdruck in allen Ewigkeiten!

Diese wunderbare Tatsache bedeutet die herrliche Ermutigung für uns ringende Menschen, dieses Wissen, daß wir unfaßbar glorreichere Wesen sind als wir scheinen, und daß die Monade bereits – wenn auch noch *latent* – diese majestätische Hoheit besitzt, die wir als Personen *aktiv* für sie erreichen sollen; und daß alles, was wir hier unten zu tun haben, in dem unaufhörlichen Bemühen besteht, uns zu einem direkten Stromweg für dieses wirkliche Höchste Selbst zu machen, sein Werk auszuführen und anderen „Erwachenden" dabei behilflich zu sein. Damit dann jeder ein Faktor wird, die Gesamt-Evolution segensvoll zu fördern – damit deren Monaden durch ihre Persönlichkeiten sehr stark, lebendig-bewußt und schöpferisch werden können. Eine „Errettung" der Seele gibt es niemals. Der wahre, ewige Mensch benötigt so etwas nicht, sondern nur, daß sein niederes Ich ihn anerkennt und verkörpert! *Er* ist bereits Göttlich; und alles, was er braucht, ist, in *allen* Welten aktiv lebendig, also stark individuell-schöpferisch zu werden, was während langer Zeitalter durch seine vielen Personen erreicht wird.

Er enthält alles, was in diesem Sonnensystem und in allen anderen Welten existiert und in allen Ewigkeiten existieren *wird, potentiell* in sich. Der Mensch ist in seiner monadischen, kausalen, psychischen und physischen Natur ein Miniatur-Ebenbild des totalen Weltalls. Sogar seine Physis ist ein Mikrokosmos. Atma wird durch das Skelett repräsentiert, das Buddhi-Astrale durch Gewebe und Flüssigkeiten, und Manas durch das zerebro-spinale Nervensystem. Diese Fakten bilden (zusammen mit vielen anatomischen Einzelheiten) die Basis der „Psychosomatischen Medizin".

Im Evangelium personifiziert der „Engel der Verkündigung" symbolisch die Monade. In seinen Worten liegt die befruchtende, feurige, monadische Energie, die in einem bestimmten Stadium in das Ego strömt und das Keimen von latenten Saaten, besonders der Intuition (Christuskraft) im Menschen verursacht. Das Ego im Kausalkörper ist hier die Jungfrau Maria, von der Christus (das Buddhi-Bewußtsein) geboren wird. Der Vorgang heißt mit Recht die „Unbefleckte Empfängnis", weil geistig im Ego geschehend. Von höchster Bedeutung ist, daß solche monadische Inspiration möglichst gewissenhaft im persönlichen Leben verwirklicht wird. Ein Rückfall zum Verhalten früherer Phasen würde die Monade verhängnisvoll hemmen. Die Gefahr ist groß, denn der „Alte Adam" stirbt sehr schwer. Besonders der niedere Manas mit seinen ehrgeizigen, gewinnsüchtigen Eigenschaften sucht die neue Einstellung, das „Christuskind" zu vernichten. Auch die Körperzellen widerstreben instinktiv der Ego-Zügelung. Beide Elemente „wissen", daß, wenn dieser junge „König" der selbstlosen

66

Reinheit den Thron besteigt, ihre Herrschaft beendet ist. So entsteht ein wahrhaft königlicher Kampf, der so hart ist, weil der Aspirant quasi *gegen sich selbst* streitet.

Siehe auch die Bhagavad-Gita: Sri Krishna personifiziert als Wagenführer die Monade. Arjuna, das erleuchtete Ego, erscheint in seiner Persönlichkeit, dem Kriegswagen mit den Rossen seiner gelenkten Wünsche. Arjuna ruft verzweifelt aus: „Diese meine Feinde sind Teile meiner Familie, ich kann sie nicht töten!" und wirft den Bogen weg. Da ertönt die Stimme Sri Krishnas (der Monade) und enthüllt ihm den wahren Konflikt. So erleuchtet, bekämpft er auf seinem Wagen siegreich *das Böse in sich* und der Welt. Alle spirituell-Strebenden sind „Arjunas". Der Wagenführer, die glorreiche Monade, treibt den Wagen ihres Lebens vorwärts, und sie dürfen nicht „zurückschauen". Dies tat Lots Weib in der Legende. Sie hatte Sodom und Gomorrha (Symbole der unreinen Vorphasen) hinter sich gelassen, aber sie schaute sich um und wurde in eine „Salzsäule" verwandelt. Das heißt, sie kehrte zu früheren niederen Handlungen zurück, und ihre spirituellen Kräfte gerieten in Versteinerung, die Monadische Inspiration erstarrte.

Sobald die Monade die Evolution des Egos befruchtet, wodurch auch die Persönlichkeit stark beeinflußt wird, bringt sie altruistischen Idealismus hervor und spontanes Streben, heroisch höherzuklimmen. Es wird „Göttliche Unzufriedenheit" und „das unaussprechliche Sehnen nach dem Unendlichen" genannt. Das ganze Verhalten – wozu natürlich eine unblutige Lebensweise gehört – wird im erfolgreichen Besiegen des „Alten Adam" immer reiner, edler, gütiger und kraftvoller. Ein Adept beobachtet die in Monade, Ego und Persönlichkeit geschehenen Veränderungen, so wie symbolisch die „Hirten auf dem Felde" zur Geburt Christi in Bethlehem kamen. Denn jedes Ego auf Erden steht unter dem Blick eines großen Adepten-„Hirten", des „Strahlen"-Oberhauptes. Niemand ist jemals in seinem Ringen allein! Jeder wird liebevoll beobachtet, keiner ist ungeleitet. Denn die vergeistigende Kraft der Monade senkt sich unaufhörlich auf uns herab; und *zudem* umfaßt uns die beständige, liebende Teilnahme eines der mächtigen „Hirten" der menschlichen Seelen. Er speist – mystisch – das Öl der „Lampe", die nun entzündet wurde. Er hilft – immer innerhalb der karmischen Grenzen – mit begeisternden Einflüssen und pflanzt kühne Ideen ins Herz. Er kann auch mitunter die äußeren

Lebensumstände des Betreffenden verändern, so daß dieser das Suchen nach dem LICHT etwas leichter empfindet. Der Aspirant kommt zu irgendeiner Zeit (wie durch „Zufall") in Berührung mit der Uralten Weisheit in einer ihm entsprechenden Form. Er wird zu einem Menschen oder einer Gruppe geführt, wo die Theosophie verkündet wird, und dann auch manchmal zu schon höherstehenden Kameraden.

Dieses sichere Fortschreiten hat seinen wahren Ursprung in der innersten Tiefe des Neophyten. Denn es gibt nur einen, gänzlich sicheren Führer im Inneren Leben. Das ist die M o n a d e – der bisher „umflorte Stern" in uns. In einem Leben nach dem anderen wird das Monadische Feuer das Ego stärken und auch den persönlichen Menschen mit einem unwiderstehlichen Willen zum Sieg und zur Hingabe an das Göttliche erfüllen.

Ein uralter okkulter Spruch lautet: „Wenn der Schüler bereit ist, erscheint der Meister." Dann also tritt der Adept-Meister auf die „Bühne", auf welcher dieser Akt des grandiosen Dramas der menschlichen Evolution „gespielt" wird. Er, der alles lange beobachtet hat, beginnt nun, seine Rolle zu spielen. Eine seiner Funktionen ist, das Band zwischen Monade und Ego des Kandidaten zu kräftigen und zuzeiten den gewaltigen Einfluß seines eigenen Atma-Buddhi-Manas auf seinen Schützling ausströmen zu lassen.

Dieses wunderbare Wissen von dem Monadischen Erwachen als dem Quell der Entscheidung, den PFAD zu betreten, sowie des Meisters Beistand, hilft jedem, die in ihm vorgehenden hoch-erregenden spirituellen Aufrüttelungen deutlich zu verstehen. (Siehe Kap. 53) Auch intelligente Freundeshilfe ist wichtig, denn dieser Fortschritt erfordert von Beginn an eine direkte Kenntnis von dieser kühnsten aller Unternehmungen; und dann hört bald jeder Widerstand auf. Von der noch un-erwachten Menschheitsmasse wird der sich langsam windende Weg verfolgt, der in leichtem Steigen ganz allmählich aufwärts führt.

Doch der Schüler-Aspirant wählt den steilen, geraden und engen Weg, von dem auch Christus sprach, welcher direkt und daher rascher zu der herrlichen Höhe führt, wo die Königlichen Adepten stehen.

Viele „erwachende" Menschen können dieses aufdämmernde Erleben des Inneren LICHTES noch nicht voll und richtig auswerten, weil oft niemand zur Hand ist, der ihnen die Vorgänge erklärt. Die okkulten Aspekte des theosophischen, ewig-alten Weltbildes enthalten dieses Wissen vollkommen; und jeder „Erwachte" ist verpflichtet, sich zu ihrem Sprecher zu machen, wobei er stets weise und individuell-angepaßt vorgehen muß. Die Betonung des blinden Glaubens im Christentum und die Anweisung an die Gläubigen, ihr geistiges Geschick in die Hände von Priestern zu legen, erweist sich als äußerst schädlich. Die Theosophie – als die Ur-Religion – ist so unvergleichlich kostbar, weil sie die mystisch-okkulten Möglichkeiten und Erfahrungen vernunftgemäß und beglückend erklärt.

Weil heute immer mehr Menschen sich einer Entwicklungsstufe nähern, die sie rasch zu wunderbaren Höhen hinaufführen kann und es dadurch allen Nachfolgenden erleichtert, ist die Verbreitung der Kenntnis vom PFAD, den Adepten und der „Schülerschaft" bei ihnen in unserer Zeit von höchster, dringendster Bedeutung!

Literaturnachweis:
C. W. Leadbeater „The Monad"
C. W. Leadbeater „Die Meister und der Pfad"
Clara Codd „The Way of a Disciple"
Geoffrey Hodson „Man the triune God"
Geoffrey Hodson „Destiny"
A. E. Powell „The Causal Body"

25. Unsere grandiose Ewigkeits-Zukunft (aus archaischem Wissen)

Der Grund-Faktor für wahrhaftes Glück ist ein erlebtes Wissen von den metaphysischen Ur-Prinzipien des LEBENS; und das erschreckende Fehlen dieser Kenntnis ist die Wurzel-Ursache des gegenwärtigen, weltweiten Unglücks der Menschheit. Zwar sind wissenschaftliche Entdeckungen, welche die früheren Zeitalter weit übersteigen, überreich vorhanden und werden auch genutzt, aber die Menschen sind vom Geheimnis des *Glückes* weiter entfernt als ihre weniger unterrichteten Ahnen. Diese beiden Tatsachen widersprechen einander nicht, denn es existiert immer Wissen von *zweierlei* Art – das über äußere Gegebenheiten und das über die ewigen Ur-Prinzipien des ALLS. Ersteres ist an Umfang und Präzision so angewachsen, daß es früheren Geschlechtern unfaßbar, ja unheimlich erscheinen müßte. Jedoch ein sehr bitteres Vakuum herrscht in dem zweiten. Ein indischer Weiser sagte kürzlich: „Wir haben gelernt, wie die Vögel in der Luft zu fliegen und wie die Fische im Meer zu schwimmen, aber wie wir als Menschen vernünftig auf der Erde leben sollen, wissen wir noch nicht!" Das äußere Wissen hat u. a. Unterseeboote, Bombenflugzeuge und Atomwaffen auf den Plan gerufen, aber allein eine Kenntnis von den Ur-Prinzipien kann den Menschen ein wirklich-glückliches Leben weisen.

Darum muß an den Beginn aller philosophischen und metaphysischen Erwägungen die primäre Frage gestellt werden: „Was ist der Zweck und die Bestimmung des Lebens überhaupt?" Die Unfähigkeit zur Beantwortung ist der eigentliche Ursprung alles menschlichen Leides. Die echte Kenntnis von Zweck und Bedeutung des großen Mysteriums LEBEN ist das alleinige Fundament, auf dem ein vernünftiges, freudiges Leben errichtet werden kann. Der schrecklich gefährliche Mangel an solchem Wissen ist ein seltsames Phänomen im modernen Leben. Denn die betreffenden Mitteilungen waren immer vorhanden. Sie sind stets von gewissen, darin qualifizierten Menschengeistern aus unmittelbarem Erleben ausgesprochen worden. Jedoch das Gros der Menschheit will heute weder dem metaphysischen Philosophen noch dem geschulten Seher Aufmerksamkeit gewähren, obwohl solche von jeher ihren Mitmenschen den Schlüssel echten Glückes dargeboten haben.

Schon ein allgemeines Studium der Religionen und Philosophien offenbart: „Zweck und Bedeutung des Lebens ist ‚WACHSTUM'." Das vorliegende Essay dient der Erklärung dieses Axioms. Seine Quelle ist jene archaische Ur-Weisheit, welche allen Welt-Religionen und -Philosophien zugrundeliegt und ihre vollkommene Synthese darstellt.

Der erwähnte Grundsatz ist von tiefster Wichtigkeit. „Wachstum" ist Zweck und Bedeutung des Lebens. Wachstum bringt immer intensivere Vollendung. Es stellt dem Menschen in unendlichem Fortschreiten immer höhere Ziele vor Augen. Der Ausblick auf die Ewigkeitsbestimmung des Menschen muß – um unmittelbaren Gewinn zu sichern – eine direkte Beziehung zu seinen gegenwärtigen, drängenden Problemen haben und eine unfehlbare Lösung dafür darstellen. Diese kann es nicht geben ohne Kenntnis von den ewigen, das Menschengeschick bestimmenden Ur-Prinzipien.

Der Schlüssel zu den Lebens-Mysterien beruht auf *spirituellen Wahrheiten*. Die sichtbaren und unsichtbaren Welten des ALLS bilden Teile einer gigantischen, ineinander verschlungenen Gesamtheit; und die gleichen Gesetze wirken in beiden. Das Negieren der *geistigen* Ur-Wirklichkeiten macht ein Verständnis der physischen Vorgänge ganz unmöglich; und diese katastrophale Fahrlässigkeit ist die eigentliche Ursache sämtlicher chaotischer Schwierigkeiten im Bereich von Welt und Einzelleben. Die kosmischen Schöpfungs-Prinzipien müssen tief in ihrer metaphysischen Bedeutung erfaßt werden, um ein Begreifen des Lebens-Mysteriums zu gewinnen und einen sicheren, zur Erfüllung des ewigen Menschen-Zieles führenden Pfad zu entdecken.

Dieses Ziel besteht *zunächst* aus der Erreichung eines gewissen Vollkommenheitszustandes, worin jede Fähigkeit zu einem genialen Niveau erhoben und (für menschliche Begriffe) sämtliches irdisches und überirdisches Wissen erworben ist – wo jede Kraft unbeschränkt-souverän gehandhabt und alles von universal-selbstloser Liebe gelenkt wird, was dann unstörbaren Frieden und schattenlose Glückseligkeit zur Folge hat. Dieses hochfaszinierende Ziel wurde bereits von einer Anzahl auf Erden lebender „Übermenschen" gewonnen, welche durch spirituelle Schulung meditativ gefunden werden können und den geschilderten Zustand ganz ideal verkörpern. Natürlich ist der „normale" Mensch mehr den Problemen seines jetzigen Daseins zugeneigt als einer fernen, vollkommenen Zukunft. Jedoch jene Daseinsprobleme sind *nur* durch ein Wissen vom Göttlichen Entwicklungs-Plan lösbar! Denn Glück und Leid, Gesundheit und Krankheit, Friede und Unfriede und alle anderen Gegensätze haben als die beiden Seiten der Straße, worauf der Mensch seinem Ziel zu-wandert, ihren geordneten Platz in der Erfüllung seines Evolutions-Planes. Der unwissende Mensch schwankt hoffnungslos zwischen den Gegensätzen. Er ist das unglückliche Spielzeug äußerer Ereignisse – ahnungslos über die Tatsache, daß in ihm die königliche Macht wohnt, *frei* zu handeln, *Herr* der Umstände zu werden. Um ihm zu dieser herrlichen Erkenntnis zu helfen, haben „Vollkommene Menschen" immer – und *heute öffentlich* unter dem Namen Theosophie – der Erde viele Grundzüge ihres Kosmischen esoterischen Wissens vermittelt.

Der überragende Wert der Theosophie für den modernen Menschen ist, daß sie ihm *tatsächlich* die nötigen Kenntnisse für ein glücklich-zweckvolles Leben bietet. Sie zeigt ihm die echte Ursache und so auch die echte Heilung seiner vielen Leiden, legt ihm die Mittel zu ununterbrochener Freude in die Hände und enthüllt ihm den steilen Pfad zu seinem hohen Königtum!

Theosophie ist die „Wissenschaft der Schöpfung", sie besteht aus den Gesetzen, worauf ein Universum begründet ist.

Das Erste Prinzip besagt, daß am relativen Anfang eines Universums nur „DER EINE" existierte (der schöpferisch-aktive Wesensteil des ABSOLUTEN URGRUNDES) und daß am relativen Ende wieder nur „DER EINE" vorhanden sein wird. Um zu erschaffen, teilte „DER EINE" sich in ZWEI, woraus dann ein Dritter Aspekt entstand, aus welchem alle Wesen hervorgehen. Denn in einer Schöpfungs-Periode sendet „DER EINE" sehr viele Strahlen (oder monadische Funken) aus Seiner Substanz hervor, und sie alle erfüllen besondere Zwecke unter Leitung „DES EINEN". Da der sich so „vervielfältigende" „EINE" nun in den zeitbeherrschten Nacheinanderzustand untertaucht, besteht „Alter" und „Jugend" unter den Geschöpfen. Die „Älteren" sind – weil früher aus dem „EINEN" hervorgegangen – entwickelter; folglich ist das System der Wesen hierarchisch, und die gesamte Schöpfung besteht aus unzähligen Reihen von Wesen in abgestufter Ordnung. Jedoch *alle* Tpyen der Menschen, Tiere, Pflanzen, Minerale, Naturgeister und Engel eines einzelnen Sonnensystems unterstehen immer *einer* gewaltigen Wesenheit – einem Logos, der quasi ihr „Vater" oder ihr „Gott" ist. Denn er verpflanzte sie einst als monadische Funken aus dem „EINEN" in sein neues Planetensystem, um ihnen die Evolutionsmöglichkeiten zu verschaffen. Diese Logos-„Götter" sind nur *zeitlich* viel „älter" als wir Menschen und inkarnierten sich vor Äonen ebenfalls mittels eines Logos aus dem „EINEN" wie wir. (Der Name GOTT gebührt nur dem „EINEN"!) Der aus Myriaden von Zellen erbaute menschliche Körper ist ein Beispiel dieses universalen Prinzips. Jede Zelle besteht aus Myriaden viel kleinerer Lebewesen, für welche die Zelle quasi ein „Gott" ist. So ist dieser Körper eine Synthese der Gesamtschöpfung. Ebenso wie eine Zelle nicht den Gesamtkörper begreifen kann, kann auch der Mensch nicht den „EINEN" begreifen. Er kann zwar seine Adepten-Brüder verehrend wahrnehmen, die ihm fast wie Göttliche Wesen erscheinen. Und auf Grund der ALL-EINHEIT kann er innerlich den „EINEN" erfühlen und meditativ die Seligkeit des Einsseins mit IHM erleben. Jedoch IHN Selbst in seiner allumfassenden Kosmischen Majestät *erkennen* kann der Mensch nicht!

Das Zweite Prinzip ist das des Manvantarischen Mysteriums. Die vielen Energiestrahlen, welche der „EINE" aussendet, werden während langer Zeiträume zu individuellen Menschenwesen und gehen dann zunächst ihres natürlichen Erlebens der Einheit mit dem KOSMOS verlustig. „DER EINE" beschränkt sich unvorstellbar, wenn ER sich zu Beginn eines Universums zuerst in ZWEI teilt, dann in DREI und weiter in SIEBEN. Später steigt der Beschränkungs-Grad im Verhältnis zur Zahl der Einzelwesen-Myraden von Natur-Organismen. Jedoch, was scheinbar verloren wurde, wird am relativen Ende wundervoll, mit überreichen „Zinsen", wiedergewonnen.

Seine vielen Ausstrahlungen treten dann als *bewußte* hochschöpferische Göttliche Wesen wieder in das (ursprünglich *unbewußte*) Einssein mit allem LEBEN ein: und „DER EINE" tritt mit ihnen für ein Großes Pralaya (Universale Weltennacht) wieder in den ABSOLUTEN U R G R U N D ein.

(„DER EINE" wird auch „Der Kosmische Ur-Logos" genannt – siehe Kap. 53.) Zu welchem Nutzen führt dieser ganze Prozeß? Die Antwort: Zu Ausdehnung, Wachstum, Zunahme. Jedoch, wie kann ER, der in sich selber Vollkommene, nach einem „Mehr" verlangen?

Dies führt zu *einem Dritten Prinzip*, dem der zyklischen Bewegung. Alle Dinge bewegen sich in Ewigkeit. Nichts ist statisch, alles lebt, nichts ist tot! Alle Bewegung schafft Leben; und das bringt unvermeidlich Wachstum hervor. Unter dem Bewegungs-Prinzip strömt „DER EINE" sich in viele aus – bis ein Höchstgrad von Bewegung (also Teilung) erreicht ist.

Dies führt *ein Viertes Prinzip* ein, und zwar: Bewegung ist immer von zyklischem Charakter, wie das Schwingen eines Pendels. Als Beispiel: Wenn (als ein Unterzyklus im Universum) der Schöpfer-Logos eines Sonnensystems den Höchstgrad seiner Bewegung und des Aufnehmens von Monaden aus „DEM EINEN" erreicht, kehrt die Kurve des Bewegungs-Zyklus zu ihrem Ausgangspunkt zurück, ähnlich wie ein Pendel zuletzt von seinen weitesten Schwüngen zu einem Gleichgewichtspunkt zurückkehrt. Da die *Kosmische* Bewegung nicht dem gleich ist, kehrt die Logos-Kurve nicht zum gleichen Punkt zurück, um einen Kreis zu vollenden, sondern zu einer korrespondierenden Stelle *über* dem Ausgangspunkt, um einen *spiralischen* Zyklus zu vollenden – also zwar zur gleichen Lage, jedoch nicht zum gleichen Höhepunkt! – So wird dieser Schöpfer-Logos kraft *dieses* zyklischen Fortschreitens verändert und erhöht. Die neue Position wird zum Ausgangspunkt für ein weiteres Fortschreiten, wenn er später mit einem neuen System einen neuen zyklischen Aufstieg beginnt. Und so gewinnt jeder Zyklus – in nie-endenden Reihen – eine höhere „Oktave" als seine Vorgänger. (Das Gleiche gilt für die menschlichen Inkarnationen.)

Woraus besteht der Aufstieg? Die Antwort ist wieder: Aus einem Zunehmen! Von Seligkeit, Macht, Liebe, Schönheit und Intelligenz. Aus allem ergibt sich 1. Die Anzahl der Monaden, die ein Schöpfer-Logos aufzunehmen vermag, nimmt mit jedem Mal zu; und 2. Jedes dieser monadischen Wesen gelangt im äonenlangen Entwicklungsverlauf schließlich zu einer solchen Größe und Fülle, daß es die kosmische Macht und den Rang seines eigenen Schöpfer-Logos erreicht, der es zum Reifen brachte. Und wenn am Ende eines Logos-Zyklus eine Anzahl von früheren Menschen diesen Status erlangt haben, treten sie quasi (wie aus einem Mutterleib) aus ihm hinaus, um *selbst* Schöpfer-Logoi zu werden, *falls* sie *diese* Aufgabe erwählen. Das ist – so weit verständlich – eine Antwort auf die Frage: Warum strömt „DER EINE" sich in Viele aus? Sie ist keineswegs unpraktisch! Denn sie enthält ja die Grund-Wahrheit, daß der Mensch wahrhaft Göttlich ist und seine Körper nur als zeitweilig benötigte Werkzeuge benutzt.

Als ein Göttliches Wesen ist der Mensch unsterblich, trotz der Sterblichkeit seiner vielen Körper. Als „Sohn" seines Logos-„Vaters" liegen dessen Kräfte keimhaft in ihm. Deshalb ruht in ihm auch die latente Fähigkeit, ein neues Weltsystem hervorzubringen und mit *seinem* Leben zu erfüllen. Diese Fähigkeit wirkt schon jetzt: Er kann *physisch* Kinderkörper und *mental* Ideen erschaffen! Das Menschenleben besteht immer aus den Vorgängen, die ihm angeborenen Göttlichen Energien aus Latenz zur Potenz zu erheben. Tief im Menschen verborgen liegt also die Macht, eine von wirbelnden Globen umgebene physische Sonne hervorzubringen – wobei das Ganze von Sonnen-*Licht* erleuchtet, von Sonnen-*Leben* erhalten wird und von Sonnen-*Kraft* Energie bekommt. Denn der Mensch besitzt – ebenso tief verborgen – in seinen *super*physischen Aspekten die Macht, ein *spirituel-ler* Sonnen-Logos zu werden – das alldurchdringende Licht und Leben seines eventuellen Weltsystems. Er *kann* ein physischer *und* überphysischer Sonnen-Herrscher für eine eigene „Schöpfung" werden. Und seine äonenlange Pilgerschaft dient in all ihren Stadien zur Vorbereitung für eine so gewaltige, herrliche Aufgabe.

Das Wissen von der Göttlichkeit und dem kosmischen Ziel des Menschen ist von alles-überragender Bedeutung für die Freiheit von Kummer und Leid. Bei Fehlen dieses Wissens zügelt der Mensch nur äußerst schmerzvoll das tierhafte Element in ihm. Aber *mit* diesem Wissen bewaffnet kann er relativ bald als das Göttliche Wesen leben, das er wirklich ist! Die niederpersönliche Existenz bringt qualvolle Unzufriedenheit. Das spirituelle Leben ist von Glückseligkeit und all-überwindendem Frieden durchleuchtet. Diese Wahrheit ist das souveräne, universale Heilmittel.

Die *Methoden dieses erhabenen Aufstiegs* zu einem Sonnenkönigtum sind von innerlicher und äußerlicher Art:
Innerlich geschieht folgendes: Jeder Sonnen-Logos ersteigt fortwährend große Zyklen seines spiralischen Pfades zu *seiner* Göttlichen Bestimmung. Diese *innere* Entfaltung geht unablässig vor sich; und so ist *diese* Höherentwicklung aller Wesen in allen Sonnenwelten unendlich. Denn der große Zyklus seines Logos-Aufstiegs schließt die kleineren Aufstiegszyklen aller in ihm reifenden Einzel-Monaden indirekt ein! Alle vollenden ihre kleinen Zyklen innerhalb der spiralischen Aufstiege ihres Schöpfer-Logos. Doch auch Kraft, Leben und Bewußtsein des *gesamten* Universums wächst ohne Unterlaß in jedem seiner „Geburten" kraft der unausgesetzten Entfaltung „DES EINEN" von Innen her. An *dieser* Entfaltung nehmen *alle Wesen* teil – Logoi, Devas, Menschen und alle Naturreiche.
Aber gleichzeitig vollzieht sich die *Zweite* Methode: Eine *äußere* Entwicklung durch die zahlreichen Erfahrungen, denen die Einzelwesen ausgesetzt werden. (Und in Gestalt der in ihm reifenden Monaden durchschreitet auch jeder Schöpfer-Logos bereichernde Erfahrungen.) Alles menschliche Erleben bringt Bereicherung. Keine Erfahrung ist im letzten Sinn leidbringend. Denn im HERZEN DES SEINS waltet ewig ein alchemistischer Prozeß, wodurch basischer Urstoff in „reines Gold" transmutiert wird. So entsteht aus scheinbarem Übel zuletzt Gutes, aus Depression Aufschwung, aus irrendem Vergehen Rechtschaffenheit und aus Sorge Freude und Kraft.

So wird durch diese *beiden* Entfaltungen die Göttliche Kraft, das Göttliche Leben und das Göttliche Bewußtsein im Menschen zur Potenz erweckt. So schreitet jeder Mensch während vieler Ären jenem Sonnenkönigtum entgegen, zu dem er berufen ist. Jeder ist am relativen Beginn eine monadische Keimzelle und (falls er das erwählt) am relativen Ende der inkarnierte Herrscher eines Sonnensystems aus einem flammenden Zentrum und schwingenden Globen. Er beginnt als ein verhüllter Geistesfunke und endet vielleicht als ein Logos, der mit seinem spirituellen Feuer eine selbsterschaffene Sonne mit ihren Planeten durchdringen kann.

Der Zweck seines Daseins liegt nun offenbar. Der Mensch ist auf jeder Stufe ein zweifaches Wesen – eine spirituelle Wesenheit *mit* einem siebenfachen Substanzgewand. Im Menschen, der vorläufigen „Krone der Schöpfung" sind schon Geist und Körper (die ewige Wesenheit und ihre physische Verkörperung) durch den Intellekt verbunden. So ist der Mensch bereits quasi ein „vollständiges Wesen". Sein unsterbliches Selbst besteht aus Göttlicher Macht, Liebe und Intelligenz – Widerspiegelungen der aus der Göttlichen Dreieinigkeit strömenden Kosmischen Prinzipien. Der Mensch ist also, als ein „embryonischer" Logos, in ferner Zukunft imstande, in einem eigenen Weltsystem wiederum eine Anzahl solcher „embryonischer" Logoi (Ur-Monaden) aus „DEM EINEN" als Keimzellen *in sich* heranreifen zu lassen. Solches Wesens ist also der Mensch – auch der jetzt noch Geringste.

Der Sonnen-Herr eines Weltensystems und die werdenden Logoi, die *jetzt* menschliche Wesen sind, werden oft unter dem Symbol von Flamme und Funken dargestellt. Eine Flamme von Leben, Licht und Herrlichkeit dient als Symbol eines solchen erhabenen Logos. Die „Funken" in der „Flamme" symbolisieren die in ihm reifenden kindhaften Monaden. Während einer Weltennacht (Pralaya) eines Sonnensystems, die jedesmal der Morgendämmerung eines Weltentages (Manvantara) zuvorgeht, ruht alles körperlos in einem kosmischen Ruhezustand. *Dann* heißt es in den heiligen Schriften: „GOTT sprach", was bedeutet, daß ein schöpferischer Logos dem pralayanischen Schlummer enttaucht und aufs neue ein Weltsystem „erschafft". Jener erste mächtige „Klang" veranlaßt unter den ewigen Schöpfungsgesetzen allmählich den „Jungfräulichen Raum", Form und Gestalt hervorzubringen. Die erste gewaltige Ätherform ist sphärisch – der Umriß des Systems. Das W o r t hallt wider, und in der Mitte der Sphäre erscheint ein Brennpunkt von glutender Energie, umgeben von einem bis zu den Grenzen des geplanten Systems reichenden Kraftfeld, und dann plötzlich ein glorreiches LICHT, was schließlich ein flammender, gigantischer Ball wird, die S o n n e - Vehikel des Logos. Das Widerhallen des Schöpfer- W o r t e s wiederholt sich nun mit stets vermehrten Akkorden. Langsam erscheinen in verschiedenen Entfernungen zur Zentral-Sonne eine Anzahl riesiger Kraft-Brennpunkte. Es sind Strudel, in welche Urstoff des Weltenraumes (Mulaprakriti) gezogen wird.

In beständigem Drehen werden sie zu glühenden Planeten verdichtet. Die Akkorde innerhalb des Schöpfer- W o r t e s haben die Planeten ins Dasein gerufen. Das W o r t erklingt wieder, andere *höhere* Akkorde ertönen! Diese erzeugen nun alle feineren, überphysischen Daseinsebenen, die rings um die planetarischen Feuerkerne entstehen und sie einschließen, wenn die Abkühlung erfolgt ist. Jedoch die Feuer-Natur der *Sonne* selbst kann durch nichts verdunkelt oder abgekühlt werden. Ihre Energie wird unaufhörlich von den ewig-tönenden Flammen-Akkorden im UR-SCHÖPFUNGS-WORT erneuert.

Die *individuelle* Verkörperung der aus „DEM EINEN" in der Logos-Flamme aufgenommenen „Funken" erfolgt dicht nach dem Ertönen der Schöpfer-Akkorde. Ihre Töne wallen innerhalb des Ur-Schöpfer-Wortes auf. Ihre Kraft strömt unaufhaltsam nach außen und gebiert nacheinander unzählige Formen. Jede Monade wird durch einen feurigen „Faden" mit den sieben Welten verkettet, damit das „neugeborene" Weltsystem mit den Gottes-Söhnen bevölkert werden kann. Diese Verkettung geschieht durch die Hilfe von Myriaden von Engelscharen, die der Logos aus früheren Systemen mit-herübergebracht hat und die seinen Willen ausführen. Sie verbinden den feurigen „Faden" von Kraft, Leben und Bewußtsein, der bei Ertönen des W o r t e s aus den „Funken" strömte, mit gewissen *(das Eigenleben bewahrenden)* „Permanenten Atomen" auf jeder Daseinsebene. Sie formen auch durch Weitersenden des Schöpfungs-Klanges die ersten materiellen Vehikel, in denen die „Funken" sich – ihrem Archetypus gemäß – inkarnieren. Dies ist der legendäre „Fall", welcher den Herabstieg aus dem universal-statischen Zustand bedeutet, in dem der monadische „Funke" – seiner Göttlichkeit unbewußt und ohne individuelles Bewußtsein – sich befand. Dieser „Fall" in materielle Vehikel bringt nach und nach ein aktives Bewußtwerden der inneren Kräfte mit sich. Diese nun in getrennten Bewußtseinen wirkende Energie überwindet im Lauf der Äonen äußerst langsam die Trägheit der einkerkernden Materie und befähigt dann das – schließlich zum Menschen gewordene – Wesen endlich, allmählich *im vollen Bewußtsein* zum Status eines Schöpfer-Logos emporzusteigen. So wird der „Funke" ein Mensch, dann ein „Übermensch" und noch später ein Göttliches Wesen. Dieser Vorgang beginnt schon in den *unter*menschlichen Naturreichen durch das un-zählig-wiederholte Untertauschen der Wesen *in* und das Zurückgehen *aus* materiellen Welten und Körpern. Das geschieht durch viele (durch die Permanenten Atome aneinandergereihte) Geburten in unaufhörlichem Rhythmus. Doch auch der Vater-Logos entfaltet sich durch die

Entwicklungsvorgänge der Myriaden in ihm reifenden Wesen. So steigt Göttliche Kraft, Göttliches Leben und Göttliches Bewußtsein – nach dem Gesetz von Ebbe und Flut – während aller Äonen herab und herauf. Denn Entwicklung kann nur durch das ewige Hin- und Herschwingen zwischem dem Höchsten Geist und der untersten Materie vorsichgehen.

Im Leben eines Logos bringt bei Beginn eines Systems jede Bewegung nach außen seinen *immanenten* Aspekt eine Stufe tiefer in die Materie, bis der dichteste Zustand erreicht ist. Die Göttlichkeit ist am tiefsten am äußersten Ende des „Pendelschwingen" – in den physischen Welten – eingekerkert. Dann folgt eine allmähliche Rückkehr, wobei jede Schwingung nach Innen das Göttliche Bewußtsein von der dichten Materie fort und wieder näher zur höchsten Geistes-Region bringt. Dies dauert an, bis zuletzt ein Zyklus dieses Sonnen-Logos mit dem Ende dess Systems vollendet ist. Die menschliche Monade als ein „Funke" in der Göttlichen „Flamme" wiederholt für sich in kleineren Zyklen diesen Vorgang. Sie wurde (wie erwähnt) mit Engel-Hilfe durch die Anheftung eines Lebensfadens an ein „Permanentes Atom" in *jeder* Ebene mit diesen Ebenen verbunden, steigt dann beständig aus den Geistes-Regionen in die Materie herab und kehrt wieder zurück. Ihre erste große Zielerreichung ist das Gewinnen der *individuellen* Existenz. Dies erhebt sie aus dem höheren Tierreich ins Menschendasein, aus dem Instinkt zum beginnenden intelligenten Eigenbewußtsein. In den Tieren ist das monadische Leben zwar wirksam, aber in *gewissem* Sinn werden die Erfahrungen mit anderen geteilt und über (immer kleineren) Gruppen verteilt. Die Tiere werden den Menschen-Status erreichen, wenn sie der Gruppe entwachsen, wenn das mentale Feuer sich in ihnen entzündet und eine Monade sich direkt mit ihrer höchsten Tierperson verschmilzt, um ein geistiges „Ego" zu erzeugen. (Siehe Kap. 2 und 24) In dem heutigen Menschen wurde dieses „Feuer" von fernen Zeitaltern *generell* durch seine geistigen Senioren entzündet. Diese Funktion muß er wiederum für seine jüngeren Brüder, die Tiere, erfüllen. Deshalb führt die ALLNATUR gewisse Typen höherer Tiere als Hauskameraden nahe zum Menschen, damit durch Vertrauen, Hingabe und Verständnis allmählich der Intellekt in ihnen erwacht. Und dann vereint sich eines Tages also die herabsteigende Kraft der Monaden mit den von unten aufsteigenden (zu ihnen gehörenden) Tierpersönlichkeiten, um die Ego-Invidiualitäten der Menschen zu werden. Die ihnen angeborenen Gottes-Attribute werden nun nach und nach durch die menschlichen Erfahrungen *bewußt* gemacht. Zuerst regt sich im Vehikel des „neugeborenen" Egos – dem Kausalkörper – die Intelligenz. Liebe und Wille folgen. Bis die Attribute der Makrokosmischen Dreieinigkeit am Ende der menschlichen Pilgerfahrt endlich voll in der Mikrokosmischen Dreieinigkeit des Menschen offenbar werden. *Dies* ist der hoch-erhabene Zustand des „Vollkommenen Menschen" oder „Adepten".

Das Reifen geschieht also teils kraft des inneren Teilnehmens an dem gewaltigen Vorgang der Logos-Entfaltung und teils durch Einzelerfahrungen in der Reichen des Denkens, Fühlens und Handelns.

Auch hier erfordert das Kosmische Gesetz ein immer wiederholtes Hin- und Herschwingen des *menschlichen* Bewußtseins zwischen den Regionen seiner heimatlichen Kausal- oder Himmelswelt und der physischen Ebene (Reinkarnation). Im Physischen vollzieht sich nur eine kleine Spanne des Zyklus, die, welche mit der Geburt beginnt und mit dem „Tod" endet. Die Geburten und Tode des Menschen bezeichnen nur Stufen im zyklischen Schwung – Eintritt in und Scheiden aus der untersten sichtbaren Welt. Der ewige Bewußtseinsstrahl von Licht, Leben und Macht des spirituellen Egos gleitet so in immer neuen Verkörperungen durch die drei Ebenen des Mentalen, des Astralen und des Physischen. In jedem Zyklus wird als Ernte gewonnen: Neues Wissen, das von kausaler Intelligenz durchleuchtet wird, neue Erfahrung, aus der weisheitsvolle Liebe geboren wird, und neue Stärke, wodurch sich der erwachende Göttliche Wille offenbart. So wird das Dreifältige Innere Selbst erweckt.

Die sich auf einem Planeten bewegende menschliche Person ist stets nur ein sehr unvollkommenes Fragment der Ewigen Wesenheit. Der physische Mensch hat keine Dauer. Er wird als ein Kind geboren, lebt seine Tage nach dem Naturgesetz und verschwindet nach dem Tod. Ähnlich wird ein Schiff erbaut, um Passagiere, Mannschaft und Waren zu befördern. Wenn seine Seesicherheit nachläßt und Reparatur nicht mehr lohnt, wird es abgebrochen – während Reisende und Waren in ein anderes geladen werden. Auch die menschliche Geburt ist das Vomstapellaufen eines „Schiffes", das jeweilige Erdenleben seine Reisen, der Tod sein Abbruch und die Wiederverkörperung die Überführung der Ladung auf ein anderes Fahrzeug. Manchmal scheitert ein Schiff in seiner vollen Stärke, so wie ein noch junger Mensch durch Unfall oder Krankheit vorzeitig sterben kann. Doch es gibt kein „zufälliges" Ausscheiden. So wie ein Schiff durch die Macht eines Naturgesetzes zum Scheitern gebracht wird, kommt auch der menschliche Tod in Kindheit *oder* Alter im Einklang mit unwandelbaren Gesetzen. Das Ur-Gesetz, welches jede zyklische Veränderung von Sonne und Planeten regiert, wie auch die der kleinsten Geschöpfe auf ihnen, bestimmt unfehlbar Geburt und Tod, sowie Zeit und Art aller unendlicher Erfahrungen der Wesen. Nichts geschieht außerhalb dieses GESETZES. Ein Insektenflug, eine Ozeanflut, eine Tag- und Nachtgleiche, ein Planetenwandel um die Sonne – alles regt sich nach dem Ur-Gesetz. Im Menschenleben sichert es als „Karma" die absolute Gerechtigkeit der Geschicke, im kosmischen Leben ist es die Unbeirrbarkeit der Sternenbahnen. Auch jeder Schöpfungs-Zyklus, der ein Weltensystem ins Dasein kommen läßt und es später wieder auflöst, wird vom Ur-Gesetz regiert, welches ihn auch in ewiger Folge mit einem kommenden Zyklus verknüpft.

So auch die Unterzyklen, deren Sichtbarwerden die Geburten und Tode des Menschen sind. Denn die Art jeder menschlichen Inkarnation ist stark von dem zuvorgehenden Leben bestimmt. Jedes Leben wird wiederum an eine künftige Inkarnation geknüpft – *bis* der Status eines Sonnen-Logos gewonnen ist. Dann *können* (nach seiner Wahl) Schöpfungen und Wiederauflösungen von Sonnensystemen den früheren Geburten und Toden entsprechen.

Solcher Art ist wahrlich der Mensch, ein „Gott" im Werden – einen spirituellen Höhenpfad zu immer wachsender Herrlichkeit ersteigend und in ferner Zukunft befähigt, kosmische Herrschaftsgebiete mit immer ausgedehnteren Grenzen zu regieren – doch ewig dem Ur-Gesetz folgend!

Letzteres ist der wahre Lehrer der Menschen, denn durch sein Wirken lernen sie zwei zeitlose Wahrheiten: 1. die Grundtatsache, daß alles Leben *eins* ist, und 2. daß die Kräfte ihrer physischen und unsichtbaren Körper richtig angewendet werden müssen. Wenn der Mensch durch liebloses Denken und Handeln das Prinzip der Lebens-Einheit verletzt, informiert die Reaktion ihn bald durch entsprechenden Schmerz über seinen Irrtum. Entweiht oder mißbraucht er seinen Körper, wird entsprechende Krankheit das erzieherische Resultat sein. Seine Intuition in Form des „Gewissens" warnt ihn dann vor Wiederholungen. Jedoch auch durch Freude wirkt das GESETZ. Gütig-liebevolles Denken und Handeln hat vielerlei Glückszustände zur Folge. Ein edler, weiser Gebrauch der mentalen, astralen und physischen Bewußtseinsträger erzeugt großartigere Fähigkeiten in ihnen, was mit höherer Freude identisch ist. So lernt der Mensch aus den „Paaren der Gegensätze", denn das ist ihr Zweck.

DAS GROSSE GESETZ waltet von Leben zu Leben. Freud- oder leidvolle Wirkungen von früher gelegten Usachen können über mehrere Verkörperungen verzögert werden. Der sich immer aufs neue verkörpernde Ego-Aspekt erlebt klar und tief das Wirken des GESETZES und wächst dadurch an *bewußter* Liebe, Weisheit, Macht, Glückseligkeit und Schönheit. Jedoch das UR-GESETZ ist nicht unwiderruflich. Wie bei menschlichen Gerichtshöfen Berufung eingelegt werden kann, so auch bei dem EWIGEN GESETZ. Aber *hier* wird die „Berufung" nicht bei höheren Behörden versucht und fußt nicht auf der Hoffnung einer richterlichen Milde. *Sie* basiert auf einer klaren Kenntnis von *dem* Ur-Prinzip, worauf die Göttliche Gerechtigkeit mit ihren Urteilssprüchen aufgebaut ist. *Allgemein* wirkt das „Gesetz von Ursache und Wirkung" unpersönlich, quasi automatisch. Jede Übertretung schafft früher oder später das genau entsprechende Leid. Gutes Verhalten schafft ebenso das entsprechende freudige Erleben. *Wenn* jedoch einer Übertretung eine spezielle und bewußte *gute* Handlung folgt, *bevor* der karmische Schmerz erscheint, kann dessen Wirkung abgewandelt oder (in besonderen Fällen) sogar aufgelöst werden. Verletzung der Universalen Einheit als Grausamkeit bedingt spätere karmische Leiden. Wenn aber vorher eine Herzensumkehr eintritt, mit tiefer Anerkennung des Einheitsprinzips und selbstlosen Dienstleistungen, kann die Kraft der Sünde durch solche opfernde Liebeskraft „neutralisiert" werden. Dann ist die notwendige Harmonie auf einer „Höheren Oktave" als durch „Auge um Auge, Zahn um Zahn" wieder hergestellt. Dies wird zunehmend die Karma-Auflösung der Zukunft werden und ist es jetzt schon bei entwickelteren Seelen. Dieses wunderbare Wissen um den echten Sinn des Lebens, um das Ur-Gesetz und um die Methode einer „Berufung" ist der wahre Schlüssel zu Glück und Gesundheit und zu rascherem Gewinnen des grandiosen Höhen-Zieles.

Es gibt immer *zwei* Wege: Der *eine* (allgemeine) besteht aus der natürlichen Aufeinanderfolge von unzählig-wiederholten Geburts- und Todeszyklen. Dieser ist relativ anstrengungsarm, weil langsam, aber sicher, *gegangen*. Der *andere* besteht aus einer *intensiveren* Lebensform, in der durch konzentrierte Absicht das Befolgen des kosmischen Liebesgesetzes stark und freudig vorherrscht und seine Übertretung sehr verringert wird. Dieser Weg erfordert disziplinierte Anstrengung, er wird rasch, doch ebenfalls sicher, *erstiegen!* Als Resultat dieser speziellen Lebensführung – mit den Schlüsselnoten helfender Liebe und hoher Aspiration – überragen bald Freude und Kraft das Leid und die Schwäche. Dieser Weg, ein herrlich-kühnes Abenteuer, der die Entwicklung direkt beschleunigt, führt von einem Berggipfel zum anderen; und durch die starke Konzentration werden viele Inkarnationen erspart. Die Menschen, welche sich von dieser großen Möglichkeit angezogen fühlen, erwählen entschlossen den rascheren Weg. Er wurde in allen Zeiten „DER PFAD" genannt. Wer seine Disziplin befolgt, entflieht relativ rasch, wenn auch unter manchen Leiden, den Beschränkungen seiner sterblichen Körper – in die unfaßbare Freiheit seines unsterblichen Selbstes. Der PFAD führt zu unbeschreiblicher Seligkeit, unerschöpflicher Liebe, allumfassender Weisheit, unerschütterlichem Frieden, transzendenter Schönheit und unwiderstehlicher Macht. Dann ist *dieses* Ziel gewonnen, und das supermenschliche Leben kann beginnen.

Das Bewußtsein der Adepten wohnt immer im Zentrum des SEINS. Denn seine Lebens-Äonen waren eine Pilgerschaft von der Peripherie zum Mittelpunkt des ALLS. Unbewußt ging er einst aus der ZENTRALEN FLAMME hervor – vollbewußt ist er nun zurückgekehrt. Die Energien des ZENTRUMS sind nun die seinen, in dem Maß, wie er sie schon handhaben kann. Er ist eins mit dem ewig aus der GOTTHEIT strömenden LEBEN. Das LICHT der UR-SONNE ist das seine, mit ihm leuchtet er für alle Ewigkeit. Wachstum besteht *jetzt* für ihn in immer stärkerer Identifizierung mit „DEM EINEN", in immer wirksamerer Handhabung Seiner Energie, in immer bewußterer Einheit mit Seinem Licht und Seiner Weisheit. Je näher er zum Herzen des SEINS vorstürmt, desto transparenter wird er für dessen LICHT. Wenn er sich freiwillig weiter inkarniert, ist sein physisches Vehikel nicht den Gesetzen des Zellenverfalls unterworfen. Kraft einer sein Zeitalter übersteigenden atomischen Entwicklungsform werden seinem Körper geheimnisvolle unbekannte Energien übermittelt, die ihn vor Altersprozessen bewahren. Da er auch ein störungs- und kummerfreies Leben führt und alles krankheitserzeugende Karma längst hinter sich ließ, erhält er sich jahrhundertelang in immer gleicher blühender Stärke, und sein wundervolles Aussehen legt die hohe Würde und Schönheit seines vergöttlichten Bewußtseins, so weit wie physisch möglich, an den Tag. So lebt der Adept in geheimer Zurückgezogenheit, wodurch er sich vor den Dissonanzen der Zivilisation schützt, an deren Auflösung er jedoch unablässig arbeitet. Okkult behütet und fast unbekannt, führen die Adepten ihre segensreichen Tätigkeiten aus, können aber von jenen „gefunden" werden, die den PFAD entdeckten und den Mut dazu aufbringen. Die Menschen, die so zu den Refugien von Adepten gelangen – meist außerphysisch während der Nacht – müssen nun entweder in äußerster Treue mit ihnen zusammenarbeiten oder finden später die „TORE" zu ihnen versperrt. Dies ist der Preis dieser wunderbaren Entdeckung und dies die Gemeinschaft mit Adepten regierende Gesetz. Zusammenarbeit mit ihnen bedeutet relativ ein Leben wie das ihre – voll selbstlosen, stetigen Dienstes zur segensreichen Förderung der Evolution.

Der Adept wirkt wiederum mit *seinen* OBEREN zusammen. Diese gesamte glänzende Hierarchie arbeitet geeint mit dem mächtigen Regenten des Globus zusammen und dient unter Ihm. Dieser Heiligste und Gewaltigste lebt in bewußter Vereinigung mit dem Sonnen-Logos und verkörpert Seine Macht auf diesem Planeten. Dieser spirituelle „KÖNIG DER WELT" stellt ein Zentrum von urtyphafter königlicher Herrschaft dar – direkt durch seine Hierarchie und indirekt durch die unvollkommenen menschlichen Regenten.

Die inkarnierten Adepten sind auch die belebenden, stärkenden Mittelpunkte aller weltweiten reformerischen und vergeistigenden Bewegungen. Der physisch-verborgene Adept lebt also im Zentrum der Weltgeschehnisse – ohne aber jemals einen Zwang auszuüben. Der, welcher in die physische Gegenwart eines Adepten zugelassen wird, sieht ihn ein Leben führen, das seiner Arbeit angepaßt ist – äußerlich vielleicht das eines Edelmannes oder auch eines Yogis. Der Adept unterhält in seinem „allgegenwärtigen" Geist fortwährenden Kontakt mit seinen Schülern in der Welt, indem er sie als Bewußtseinsvorposten und Stromwege für seine Macht, Liebe und Inspiration benutzt. Er ist quasi stets bei ihnen anwesend. Durch ihn kann ein Schüler zeitweilig in einen genialen Zustand erhoben werden. Auf allen *super*physischen Ebenen leuchtet der Adept herrlich und sonnenhaft. Machtvoller, inspirativer Segen strömt beständig von ihm aus zu allem, was lebt.

Drei Hauptabteilungen werden in der „Inneren Regierung der Welt" von der Meister-Hierarchie verwaltet und verzweigen sich in die „Sieben Strahlen". Es ist *die*, welche die äußere Entwicklung in der Menschenwelt und den unteren Naturreichen leitet, *die*, welche zur Entfaltung des religiösen Bewußtseins hilft, und *die*, welche den kulturellen Fortschritt mit aller künstlerischen, wissenschaftlichen und sozialen

Erhebung fördert. Die Adepten sind also machtvolle Strahlungs-Mittelpunkte von herrlicher, nie-endender, geordneter Tätigkeit. (Siehe Kap. 55)

Dies alles würde der Besucher eines Adepten entdecken und sich in diesen ungeheuren, weltumfassenden Dienst-Bereich gezogen fühlen. Das Privileg der „Schülerschaft" würde ihm evtl. eröffnet. Er würde *dann* immer enger seines Meisters Arbeit teilen und sich damit auch für seine eigene Adeptschaft vorbereiten. Vollkommenheit ist die Bestimmung des Menschen, Adeptschaft sein *erstes* großes Ziel. Viele vollbrachten schon diese heroische Leistung, alle kommen eines fernen Tages dahin. Jedoch nichts drängt den Menschen bei der Wahl seines Weges. Allerdings: Verzögerung bedeutet, noch für viele Zeitalter auf das „Rad der Geburten und Tode" gebunden sein, das Spiel der Umstände und das Opfer dunkler Begrenzung bleiben. Beschleunigung bedeutet, relativ bald in hohe Seligkeit eintreten und den Weg für die Kommenden leichter machen.

Der mächtige Ruf des „G r a l s" ertönt in aller Ewigkeit. Der „Gral" hütet noch immer sein Mysterium und leuchtet vor den Antlitzen suchender Menschen. Die „Ritter des Grals" (die Adepten) wohnen noch immer auf „Montsalvat". Der GRALS-KÖNIG im Tempel schlägt noch immer alle die zu Rittern, welche sich die heiligen Sporen gewonnen haben.

Literaturnachweis:
Geoffrey Hodson „Destiny"
Mabel Collins „Licht auf den Pfad"
Dr. G. Arundale „The Guardian Wall of Will"
G. W. Leadbeater „Die Meister und der Pfad"
Geoffrey Hodson „First Steps on the Path"

26. Die Gestaltung eines Menschenlebens im künftigen Zeitalter (nach einer höher-okkulten Vorschau)

Diesem Essay sind einige Bemerkungen vorauszuschicken: 1. Es wird sich, obwohl eine Vorschau, im Präsens bewegen. 2. Um nicht beständig „er" oder „sie" sagen zu müssen, heißt es stets nur „er"; „er" gilt also für beide Geschlechter. 3. Es werden keine politischen, technischen und allgemein-kulturellen Zustände behandelt.

Zunächst folgendes: Ein Baby ist Symbol eines „neugeborenen" Universums. Sein erster Atem gleicht dem ersten Göttlichen Schöpferhauch auf die „Wasser des Raumes" und sein erster Schrei dem Beginn der wirkenden Stimme seines Logos. Das Baby kommt direkt aus dem Paradies und ist so dem Göttlichen noch am nächsten. Es kommt aber auch aus vergangenen Zeiten und beschreitet durch den Mutterleib die Zukunft. Bei der Geburt ist es von der Vergangenheit umleuchtet wie von den Tönungen eines Sonnenunterganges und hält die Zukunft in seinen Händen. Bis zum Geburts-Augenblick ist das Baby in der Obhut des Sonnen-Logos, welcher es nun den Händen der Menschen überliefert.

Ähnlich ist es im Großen Kosmischen Spielraum. Der ewige Menschengeist wird ur-anfänglich von der Ewigen GOTTHEIT ausgestrahlt, um sich einer äonenlangen Entwicklung in den materiellen Welten zu unterziehen – und kehrt dereinst in „vollkommener" Herrlichkeit mit Göttlichem Status in Seine Sphäre zurück. (Siehe Kap. 53) Der Unterschied zwischen diesem „Hinausgehen" und „Zurückkehren" ist, daß während des „Hinausgehens" die Kraft seines Logos ihn mächtig stützt und daß während des „Rückkehrens" er sich *selber* aufrechterhält. Er hat die Aufgabe, die in ihm latenten Göttlichen Kräfte so bald wie möglich zu lösen, um allein wandern zu können. Nachdem überliefert er sich *bewußt* den Göttlichen Händen, die ihn bisher unsichtbar leiteten, und füllt sie mit den köstlichen Gaben von „Gold, Weihrauch und Myrrhen", den Symbolen von Wille, Liebe und Weisheit, die er zur Eroberung der materiellen Welten entwickeln lernte und durch die er

nun souverän in diesen Sphären regiert. *Dann* kniet er endlich vor seines „Vaters" Thron, seine dreifachen Kräfte strahlen wie Edelsteine aus der Krone des Vollendeten; und er wird quasi zur rechten Hand des „Vaters" erhoben, als sein Ebenbild. Dies ist im letzten Sinn das vor *jedem* neugeborenen Kind liegende ferne Ziel. In jeder neuen Inkarnation reift der Mensch diesem mehr entgegen. Der Logos greift nur selten schützend ein, denn er weiß, daß dem Inneren Leben keine Schädigung von außen widerfahren kann. Er hilft beständig von Innen durch den rhythmischen Schlag seines Herzens. Nur in gewissen, zyklischen Perioden von Völkern und Menschen läßt er *mehr* Kraft und Licht durch Boten herabströmen, um das Wachstum anzuregen.
So hüten auch die Eltern ihr Kind in der kommenden Ära, indem sie immer seine *Seele* zu erleuchten und stärken suchen. Nur die unvermeidlichen Dienste werden für den Kindeskörper getan, jede Neigung zur Eigenhilfe wird ermutigt und schützende Hilfe so bald wie möglich zurückgezogen. Das Kind wird ungehindert durch zu viel führende Sorgfalt sein. Fällt es hin, läßt man es selbst aufstehen und greift nur bei wirklicher Gefahr ein. Man läßt auch keine Gewohnheiten in ihm großwerden, weil sie einen begrenzenden, engpersönlichen Charakter begünstigen. Die Eltern regen das Kind früh zum sachlichen Beobachten an, so daß es klare Erkenntnisse und Reaktionsfähigkeit erwirbt und der spätere Lehrer schon ein reiches Material vorfindet. Das größte Geschenk der Eltern für das Kind zur Gewinnung der Lebenstechnik in einem neuen Körper ist Freiheit: Freiheit des Körpers, nicht durch drückende Kleidung eingeengt. Freiheit des Fühlens, nicht von einer Besitzerliebe der Eltern eingeengt, welche das Kind ehrfürchtigzärtlich als einen aus Göttlichen Händen kommenden Himmelsbotschafter ansehen. Freiheit des Geistes, sich nach dem *eigenen* Urbild zu entfalten, nicht von vorgefaßten Meinungen der Erwachsenen eingeschränkt. So findet das Ego wenig Hinderung zum Ausdruck seiner aus vielen Geburten mitgebrachten Fähigkeiten; und die Elternschaft ist ein Freudenquell, ein Feld selbstlosen Dienstes und eine tief-bereichernde Erfahrung.

Ein Menschenleben wird in *diesem* Essay durch 10-Jahres-Rhythmen markiert. Während jeder dieser Perioden wird ein ihr entsprechendes Leben geführt.

Die ersten 10 Jahre werden gänzlich dem Wachsen gewidmet, indem alle Erfahrungen zur Ausdehnung der Denk-, Gefühls und Körperfähigkeiten führen. Die Lebenskraft strömt in reicher Fülle in den dreifach werdenden Menschen ein; nichts darf ihren Fluß hindern, so daß jedes Organ, jeder Sinn sich voll entwickelt. In dieser Zeit muß das Kind verkörperte Vitalität darstellen, so wie der Mensch später Denkkraft und noch später Spiritualität verkörpern soll. Dieses Kräfte-Einströmen dominiert in den ersten 10 Jahren, es treibt das Kind zu rastloser Tätigkeit und zur Entwicklung von Muskel- und Sehnenspannkraft. Diese Kindheitsjahre bestehen aus wechselnden Tätigkeits- und Ruhezeiten, deren Länge wenig Regeln hat. Das Kind spielt, bis es müde ist und schläft dann möglichst in der freien Luft, bis es wieder erfrischt ist. Spiel, Ruhe und Ernährung bilden die wesentlichen Faktoren der ersten 10 Jahre. Die Ernährung ist vegetarisch, also die Lebensweise der kommenden Ära. Die Natur ist bis zum 10. Jahr sein großer Lehrer und Spiel seine einzige Arbeit. In der Schule der Natur lernt es Beobachtung und deren Ausdruck. Das Kind wird jetzt noch nicht zum Auswendiglernen gezwungen, denn alle Wiederholungen trüben das Gehirn und begrenzen das Beobachten, Begreifen und Auswerten neuer Erfahrungen. Sie pressen die freifließenden Denk-Energien in Schablonen. Die Regel der ersten zehn Jahre ist, die Lebenskraft auf allen Ebenen ungefesselt wirken zu lassen und nur bei echter Hilflosigkeit einzugreifen. Die Kleidung ist leicht, damit die Vitalkraft Wärme erzeugen kann und die Glieder sich ohne Druck bewegen. Kopf, Hände, Füße, Nacken und Kehle bleiben unbedeckt. Die Kinder fühlen sich mit den Bäumen verwandt, deren Vitalität sie aufnehmen und deren grüne Farbe ihr Wachstum fördert. Das Kind lernt bald, die Bäume als Freunde zu grüßen und zu lieben – die jungen Bäumchen quasi als Spielgefährten und die großen als Pateneltern. Von ihnen lernt es alles, was es in diesem kindlichen Alter erfahren soll über Geburt und Tod, über Stärke, Geradheit, Beschützertum, Gleichgewicht, Samenerzeugung und das Beugen vor einer Sturmesmacht, der man aufrecht nicht standhalten könnte. Es lernt auch viel über die Vögel und Insekten in ihren Zweigen. Das Kind schläft möglichst viel in Hängematten, mitten in den Luft- und Vitalitätsströmen des Kosmos, von den Zweigen der Bäume gewiegt. Es spielt zwischen ihren Stämmen, ihre Blätter schützen es vor Regen. Neben seinen menschlichen Hütern und den Deva-Freunden sind also die Bäume seine wertvollsten Gefährten. Es naht ihnen als lebenden, atmenden Wesen, die durch ihr Wehen und Rauschen zu ihm sprechen. Jedes Kind verbringt seine ersten 10 Jahre auch meist in Gesellschaft von Tieren und einigen Altersgenossen. Keine Grenze wird seiner Vorstellungsgabe gesetzt, jedoch lehrt man es stets, objektive Tatsachen zu beobachten. Namen, Begriffe und Schlußfolgerungen lernt es fast von selbst, das nötige Wissen senkt sich intuitiv in das Gemüt ein. Von Anfang an wird ihm nahegelegt, daß es wie Bäume, Vögel und andere Tiere nur ein Teil des Welt-Ganzen ist, ein Wesen von nicht größerer Bedeutung als jedes andere. Die kostbarste, aus diesen Lebensjahren erblühende Eigenschaft ist Unpersönlichkeit. Die Zuneigung seiner Eltern zeigt sich als weise Fürsorge, niemals wird ihm das Gefühl einer Bevorrechtung vermittelt, auch nicht bei Krankheit. Die einzigen, sein kindliches Leben leitenden Regeln gebieten ihm, stets auf das Wohl aller es umgebenden Wesen zu achten. Es lernt sie rasch, weil ihm ja die Beobachtung beigebracht wurde, wie Tiere und Bäume diese Regeln unbewußt befolgen. Jede Handlung wird als richtig oder falsch nach jener Grundregel beurteilt. So wird das erste Lebensjahrzehnt mit Wachsen, Beobachtung und Unpersönlichwerden verbracht. Dann ist das Kind zum systematischen Lernen gut vorbereitet.

Das zweite Lebensjahrzehnt. Ein nun die Schulung des Kindes regierender Grundsatz besagt, daß alles Wissen ihm verfügbar ist, sobald es dafür reif wurde. So erzieht man es zu der Kraft, allmählich jedes gewünschte Wissen zu gewinnen. Allerdings ist Wissen *an sich nicht* das eigentliche Erziehungsziel. Dieses ist Entfaltung von Geistes- und Seelenkraft und von Weisheit. Die Erziehung wird von Meditationen des Schülers begleitet, wodurch die Stromwege für alles Wissen geöffnet werden. Das Kind wird schon in den frühen Schuljahren mit den Bewußtseinsebenen, den dazu gehörigen Körpern und den Methoden, in ihnen zu wirken, vertraut gemacht. Die Prinzipien der Naturwissenschaften werden studiert und unmittelbar auf das Leben angewendet, damit der Schüler rasch entdeckt, daß seine eigene Natur und die des Planeten von exakten Gesetzen regiert werden. *Prinzipien*, weniger Tatsachen werden studiert. Die Methode, dem Verstand riesige Tatsachenansammlungen zum Auswendiglernen hinzustellen, hemmt die Fähigkeit, wirkliches Wissen zu gewinnen, denn der Verstand wird dadurch abgestumpft. Durch die Entdeckung von Prinzipien aber wird er geschliffen und erleuchtet. Ein Grund-Faktum in all seiner Vollkommenheit erkennen ist von mehr Wert als tausend Tatsachen. Diese fesseln das Denken an die Illusion der Getrenntheit. Prinzipien erheben es zum Erfassen der Einheit. So wie die Beziehungen von Tatsachen zueinander zur Entdeckung eines ewigen Prinzips führen, führen dann die Beziehungen von Prinzipien zueinander zur Entdeckung ihrer Ur-Einheit im KOSMOS, was die höchste einem Menschen mögliche Erleuchtung ist. Die unbedingt zu erfassenden Tatsachen werden weniger schablonisch auswendig gelernt, sondern man meditiert über sie, bis das zugrundeliegende Prinzip erscheint, wobei die Meditationen natürlich immer nach Alter und Bewußtseinsstufe vorschreiten. Nach Entdeckung einer Reihe von Prinzipien wird eine tiefere Meditation ihre wesentliche Einheit enthüllen, worauf ein erstes Begreifen der Ursachenkette im „Ewigen Werden" gewonnen wird. Etwa so: Einer aus wenigen, sich sympathischen Schülern bestehenden Klasse wird allmählich eine Reihe von kongruenten Tatsachen vermittelt, die von historischer, psychologischer, wissenschaftlicher, politischer, mathematischer oder künstlerischer Natur sein können. Die Schüler erheben nun ihr Bewußtsein zur höchsten erreichbaren Ebene und suchen das gemeinsame Prinzip herauszufinden. Der Lehrer beeinflußt sie nicht, sondern steht ihnen bei, aus den höheren Regionen selbst Erleuchtung zu gewinnen. Die Kinder meditieren so lange, bis sie das Grundprinzip gefunden haben. Nach Entdeckung einer Anzahl von Prinzipien werden die, welche nicht das Fassungsvermögen der Schüler übersteigen, gesammelt und zum Gegenstand einer weiteren Meditation gemacht, auch so lange, bis eine erleuchtende Zusammenfassung erzielt ist. Nur in *einer* Richtung wird dem Schüler das Ziel der Schule fühlbar gemacht. Er wird zu äußerster Genauigkeit im Denken erzogen. Daraus entspringt Präzision des Handelns, und beides ist zur Erwerbung von Weisheit und ihrem Ausdruck im Leben notwendig. Das Bemühen des Lehrers ist immer, zur Quelle alles Wissens – zur Weisheit – zu führen. Diese Quelle gleicht einer Enzyklopädie im Schatzhaus der Seele. Sie besteht 1. aus der aufgespeicherten Ernte von Hunderten von Inkarnationen, also aus der Weisheit, die er dem Leben als Frucht seiner langen Pilgerschaft ab-gerungen hat, aus der Essenz, die er aus Schmerz und Freude und den Blüten des Herzens destillierte. Dies ist der kostbare, unzerstörbare Schatz, das Juwel des Ewigen Menschen. 2. aus der Weisheit seines Göttlichen „Vaters", des Sonnen-Logos. So wie die Weisheit des Menschen der Extrakt aller Erfahrungen seines planetarischen Leben ist, so ist die des „Vaters" der Extrakt Seiner Erfahrungen im Leben des Universums. Sie ist der „Nektar der Götter", welcher die Menschenseele aus dem transzendenten Reich her erquickt. So wie der Mensch in vielen Inkarnationen, Welten und Körpern Weisheit gewinnt, gewinnt sein Logos universale Weisheit in vielen Sonnen-Systemen. Er folgt der mächtigen Spirale *Seines* Entwicklungsweges durch die Weltensysteme, die Er hervorbringt, erhält und auflöst – in jenem ungeheuren, unablässigen Vorgang, woraus Sein wunderbares Leben besteht; und die Frucht Seiner vielen Gärten im Weltenraum ist Kosmische Weisheit. Er ist auch gleichsam ein „Baum der Erkenntnis", welcher in dem ewigen „Eden" des Universums wächst. Adam und Eva sind nach dieser Symbolik Sinnbilder der ersten Menschheit. Sie „sündigten" nicht, sie suchten Weisheit! Die Schlange – Sinnbild der Weisheit – ist der geistige Lehrer des Menschen und später sein Initiator in die Weisheit des „Vaters". Meditation über diesen Baum zwischen den Herrlichkeiten von Eden, über Adam, Eva und die Schlange sind weisheitsfördernd.

Die Jahre von zehn bis zwanzig werden also unter Führung der Lehrer mit dem Suchen nach Weisheit verbracht. Es ist das Alter des jungen Vogels im Menschen, wo er lernt, seine Flügel auszubreiten und sich in die unbregrenzten Höhen der reinen Vernunft aufzuschwingen. In dieser Zeit soll er noch keine Leidenschaftsberührung kennenlernen, das schöpferische Drängen steigt noch nicht ins Fleisch herab. Er studiert die Schöpfungs-Gesetze, aber erlebt sie nicht. Seine gespeicherte Eroskraft gibt ihm intensive Elastizität von Geist und Körper. Er ist stark und rein in dieser idealen Zeit, wo die Seele zuerst ihre Flügel anwendet. Auch der Körper ist vogelhaft – wendig, geschickt, leicht und energiegeladen, weniger an grober Muskelkraft als an reicher Fülle von Vital- und Nervenenergie; und er wird erzogen, blitzschnell den Willensimpulsen zu gehorchen. Der junge Mensch entwickelt Geschicklichkeit, exakte Beurteilung von Ferne, Höhe, Bewegung, Gewicht; und es gibt dafür keinen besseren Spiel- und Turnplatz als einen großen Wald von hohen, alten Bäumen. Der junge Mensch entwickelt also Geschicklichkeit, er eifert dem Vogel nach an Schnelle, Grazie und Orientierungsvermögen. Gleichzeitig aber entwickelt er den *inneren* Flug, gelangt meditativ von Tatsachen zum Prinzip, dann zur Weisheit und gewinnt Unterscheidung zwischen dem Vergänglich-Unwirklichen und dem Ewigen; und ein Verlangen nach dem Ewig-Wirklichen erwächst in ihm. Sobald er genügend mit seinen physischen, astralen und mentalen Seelengewändern vertraut ist und lernte, sich als ihren Herrscher zu erkennen, versucht er das freie Betreten der übersinnlichen Welten. Er hat die Basis des späteren Tempels gelegt und kostbare Grundfähigkeiten erworben. Er kennt den Zweck seines Daseins und hat die Samen der Weisheit im Herzen gepflanzt. Obwohl er nun bald seine Flügel zusammenfalten wird, um sich auf andere Lebensaspekte – menschliche Liebe, Familie und Berufsarbeit – zu konzentrieren, werden die Saaten doch in der Stille keimen. In späteren Jahrzehnten werden die Flügel sich wieder entfalten und stark genug geworden sein, den Menschen in der Vollreife zu tragen. Dann wachsen die Samen der Weisheit zu einem mächtigen, früchtetragenden Baum. Seine Lebensfrüchte hängen aber meist von der Art und Weise ab, mit der er in den ersten zwanzig Jahren geleitet wurde; das ist die große, hohe Aufgabe der Erzieher.

Der junge Mensch tritt nun in *seine dritte Lebens-Periode* ein. Jetzt wird die äußere Welt seine Schule, worin er geprüft wird. Und nur eine sehr gereifte Seele kann während der kommenden Zeit die Beschwingtheit der Jugend aufrechterhalten. Er betritt das Reich der erwachsenen Menschen. Diese Zeit bringt auch den bewußten Kontakt mit dem Ausdruck fordernden, schöpferischen Feuer in ihm, welches Konflikte entstehen läßt. Daraus wird Willenskraft geboren, je nachdem er Niederlagen erleidet oder über ein Begehren siegt. Je häufiger das letztere, desto geschwinder wird sein Willenswachstum. Sein früheres Lernen von Tier, Vogel, Blume und Baum macht ihn zu Parallelen bereit. Die Aufgabe seiner Lehrer ist zunächst, ihn vor diesem Konflikt zu warnen, dessen Natur und Zweck zu erklären, so daß der junge Mensch noch möglichst abseits stehen bleibt und eine wissenschaftlich-unpersönliche Haltung zu dem Problem einnimmt. Er lernt das schöpferische Feuer als das heiligste in den Natursphären anzuerkennen. Er wird erzogen, sich ihm mit Ehrfurcht zu nähern und die Zeugung in allen Naturreichen als ein mikrokosmisches Drama der makrokosmischen Genesis zu betrachten. Nach Erfassung der Schöpfungsgesetze wird seine Aufmerksamkeit auf deren geistigen Ausdruck gelenkt. Er lernt, die Eros-Energie als eine Kraftquelle zu benutzen, die er willentlich anzapft und lenkt. Er sondiert ihre Stromwege, damit er in den Welten des Denkens und Fühlens schöpferisch wirken kann, wobei er ihre zeugende Form im Physischen, die er aufnehmen und zu gegebener Zeit wieder beiseitelegen wird, nicht zu wichtig nimmt. Er lernt, die richtigen *Ventile* für sie zu benutzen, und deren Gebrauch entscheidet, ob er ein nervenstumpfer Sklave der Leidenschaft wird oder ein feuriger, willensstarker Sieger. Sie sind: Das Herz, durch welches die Schöpferkraft sich als ein immer tieferes Mitgefühl für leidende Wesen auswirkt, die Kehle, wodurch die Stimme eine unwiderstehliche Macht erhält, die Augen, wodurch die Schau des Sehers zustandekommt, und die Zirbeldrüse, wodurch die Fähigkeit zum Bereisen der „Unsichtbaren Welten" erwächst. Den fünften, den physischen Kanal, reserviert er noch für dessen kommenden Zweck der Kindererzeugung. Entweder versengt und verhärtet das Erosfeuer die Seele oder erleuchtet und stärkt sie mit hoher Willensenergie. Es gibt keinen Mittelweg, obwohl immer Kompromisse gesucht werden. Jedesmal, wenn der junge Mensch dem Verlangen nachgibt, befleckt und belastet er die Schwingen seiner Seele, so daß sie erst in ferner Zukunft sich wieder ausbreiten und ihn zu den spirituellen Regionen tragen können.

Nur eines kann ihn vor Mißbrauch der Göttlichen Kraft befreien – die echte Liebe! Denn wenn er sich dem anderen Geschlecht mit verehrender, hilfsbereiter Liebe nähert, ist er gerettet. Die Liebe führt ihn zwischen zwanzig und dreißig durch seine Schwierigkeiten – die aber wegen der fleisch- und alkohollosen Lebensweise sehr viel geringer sind als im *jetzigen* (dem 20. Jahrhundert). Darum sucht er ab zwanzig seinen Lebenspartner – einen gleich ihm erzogenen jungen Menschen, einen Studiengefährten, der ebenfalls die Freude des „Fliegens" erfuhr und gemeinsam mit ihm dafür sorgt, daß die Schwingen ihrer Seelen, obwohl sie jetzt ruhen müssen, doch von Befleckung frei bleiben. In Liebe vereint, führt jeder den anderen durch das dunkle Labyrinth des irdischen Lebens, dessen Schlüssel sie von ihren Lehrern erhielten. Letztere ziehen sich nun zurück, denn normalerweise findet der junge Mensch ja jetzt seinen Gefährten, der gleichzeitig sein „Lehrer" wird. Denn dies ist der wahre Zweck der Ehe, jeder lehrt den anderen und wächst dadurch. So ist das Ziel Vervollkommnung und Verschönerung der Seele, mit dem Zeugen von Nachkommen als nötigem Begleitfaktor.

Die Jahre *von zwanzig bis vierzig* werden auch einer geregelten, freudigen Berufsarbeit für das Wohl der Gemeinschaft gewidmet, die aber höchstens fünf Stunden täglich dauert. Denn eine hochentwickelte Technik, die ihre zerstörerischen und hektischen Kinderschuhe abgelegt hat, dient leicht und unauffällig einer geläuterten Menschheit. Ferner walten Liebe, Ehe und Elternschaft. Durch diese Jahre ziehen sich wie Silberfäden die Erfahrungsessenzen seines vorigen Jahrzehntes. Dieser Ariadne-Faden führt ihn dann später zum Erfüllen der Verheißung seiner Jugend. Sein Leben wird *jetzt* durch die hohe Mission der Elternschaft bereichert, zu der er von seinem Göttlichen „Vater", der ihm seine Schöpferkraft verlieh, berufen ist. Er umgibt seine Kinder mit Harmonie und Schönheit, den äußeren Ausdrucksformen der Weisheit. Er betrachtet sie wie GOTT Sein Weltall – als etwas, was er hervorbrachte und bis zur Reife hegen muß.

Nach vierzig ergibt er sich dem Zölibat, falls er wiederum die Flügel entfalten will, die er in seiner keuschen Jugend gebrauchte. Wieder besteigt er dann den „Großen Vogel" und setzt den Flug seiner früheren Jahre fort. Der Schwan, der früher mit ihm über den Wassern schwebte, wurde jetzt zu einem Adler, der ihn zur Sonne tragen soll. Jede Kraft von Geist und Körper wird benötigt, wenn er sich zu jenem großen Flug von der Erde zum Himmel und vom Himmel zum Thron Gottes anschickt. Und er wird durch Gottesdienste unter Leitung von hohen Devas darin unterstützt. (Siehe Kap. 54)

Acht Zehn-Jahres-Rhythmen machen (nach *dieser* Version) das normale Menschenleben aus; in jeder Dekade muß er alles in ihr Nötige verarbeiten. Mit vierzig ist die erste Hauptaufgabe beendet, und in der zweiten, mehr spirituellen Lebenshälfte erntet er die geistigen Früchte seiner Saaten aus der stofflicheren Lebenszeit. Nach Vierzig soll er in neue Welten des Transzendenten Bewußtseins „wiedergeboren" werden.

Mit Fünfzig sollte sein bemeisterter Körper ihn nicht mehr viel hindern, sodaß er ihn ab und zu beiseitelegen kann, um auf den Schwingen des „Großen Vogels" in die Unsterblichkeitsreiche zu fliegen. Der Abgrund zwischen GOTT und Mensch wurde in ihm überbrückt. Der Mensch ist nun ein die große Brücke stützender Pfeiler, der tief und fest in der Erde ruht und mit unermüdlicher Stärke das Gewicht der Brücke und derer, für die sie gebaut wurde, tragen hilft. Er ist wie ein Atlas, dessen gebeugte Schultern die Welt mit-tragen. Er ist wie ein Berg, an dessen Hängen Weinberge gedeihen, jedoch dessen Gipfel sich über den Wolken verliert. Dessen ferne, geheimnisvolle Höhen inspirieren die unten Arbeitenden ständig, ebenfalls die Wolken zu durchbrechen und das freie Sonnenlicht der Oberen Welt zu finden.

Ab Sechzig beginnen seine Flügel ihn noch weiter von den Interessen des Nur-Irdischen und näher zu spirituellen Sphären zu tragen. Seine gewöhnliche Menschlichkeit nimmt ab in dem Maß, wie seine Vergöttlichung zunimmt. Jedoch er bleibt auf der Erde als ein Mensch für die, welche nichts anderes erblicken können. Doch in Wirklichkeit ist er schon etwas mehr.

Mit Siebzig ist er so weit gekommen, daß er den Reichtum seiner inneren Natur nach außen verhüllt und ihn nur selten zeigt, um nicht mißverstanden zu werden. Seine eigensüchtige Persönlichkeit hat großenteils zu bestehen aufgehört und wurde durch sein Werk ersetzt.

Mit Achtzig sollten, wenn alles gut ging und sein Karma ausgeglichen ist, die drei Persönlichkeitswelten ihn nicht mehr beanspruchen. Nach seinem physischen Tod beschreitet er *nach* den Jenseitswelten – neu verkörpert – einen neuen Zyklus der mächtigen unendlichen Spirale, auf der er nach Oben klimmt, durch unermeßliche Regionen, dem Herzen des Ewigen „Vaters" entgegen.

Nun noch Einzelheiten: Um nach vielen vorherigen Leben dieses gewaltige Endziel zu gewinnen, muß der geistig-erwachte Mensch *zwischen dem vierzigsten und fünfzigsten Jahr* ernstlich seine Befreiung von der zeitalterlangen Täuschung der Getrenntheit anstreben. Er erkennt tief, daß die aus dem EINEN LICHT hervorblitzenden Strahlen so zahllos wie die Sandkörner der Küste erscheinen und das Licht selber doch *eins* ist. In jenes Licht erhebt er sich, um sich von der Identifizierung mit den Schattenwelten zu erlösen, in denen er sich entwickelte. Er lernt, „aus dem Unwirklichen zum Wirklichen, aus der Finsternis zum Licht, vom Tod zur Unsterblichkeit" zu gelangen. So übt er beständig die hohe Kunst der Vereinigung. Er muß lernen, sich in jedem Wesen zu sehen, das GÖTTLICHE LICHT hinter jedem Schatten zu entdecken, den es auf den ewigwechselnden Strand von Raum und Zeit wirft. Er kann mit Menschen beginnen oder mit Tieren, Felsen, Bäumen, Blumen; mit einem Kind seiner oder einer anderen Rasse, mit einem Sünder, einem Heiligen. Während seiner langen Pilgerschaft fand er bereits eine innige Verwandtschaft mit Natur und Menschen, von der aus er die Wandlung zur Identifizierung mit *allen* Wesen unternehmen kann. Er sucht sich zunächst Meditationsgegenstände, zu denen er sich am meisten hingezogen fühlt. Meditierend sucht er den Rhythmus eines anderen Wesens einzufangen und sich mit ihm zu verschmelzen. Er lauscht dessen Musik und fühlt seinen Pulsschlag. Das Leben wird ihm so zu einem erhabenen Experiment und die Welt zu einem Studio. Er fragt nicht mehr, was sein Bruder im *einzelnen* denkt oder fühlt und verweilt nicht mehr auf Farben oder Formen einer Landschaft, er sucht die innere Seele aller Wesen. Dazu muß er quasi Edelstein, Blüte, Adler oder Katze *werden*. Er muß sein Brudermensch *werden* und klar dessen Lebensbestimmung schauen – sozusagen in die Tiefe der anderen Seele fallen wie ein Kiesel in einen Brunnen.

Beim Nahen geheimer Anzeichen zieht er sich zuweilen in die Natur zurück. Unter den ausgebreiteten Zweigen eines alten Baumes sitzend, sucht er in dessen Wesen einzugehen. Er fühlt die mächtigen Kräfte, die von der Wurzel zum Stamm heraufbrausen, in Zweige und Blätter gehen und in strahlenden, magnetischen Strömen zur Luft entweichen. Er schwingt mit dem schönen Baum unter dem Druck der Winde und fühlt die ihn aufrecht haltende Hebelkraft. Er fühlt, wie das keimhafte Bewußtsein sich an den wachstumslenkenden Kraftlinien emporreckt und wie der Göttliche Willensimpuls durch seine Zellen pulsiert. So meditiert er täglich und erhebt sich allmählich zu jener Ebene, wo das innere Leben des Baumes und des Menschen als eins zu erkennen ist. Bisheriges Sehnen nach begehrenswerten Dingen und nach Besitz von Liebesobjekten wird umgewandelt und mit flammendem, entschlossenem Streben auf die Vereinigung mit dem Ozean des EINEN GÖTTLICHEN LEBENS selbst gerichtet. Aus dieser Erhebung kehrt er wieder zurück und vermittelt seinem Gehirn das Wissen von dem EINEN.

Er wird sich auch in einen Vogel gleiten lassen. Eins mit dem Vogel auf dem Zweig, erlebt er das Gefiederputzen, das Schnabelwetzen an der Rinde, den immerwährenden Instinkt, der ihn jeden Ton, jeden Schatten am Himmel wahrnehmen läßt. Er fühlt den Ruf des Weibchens, die Richtung des Nestes und das Haften der Krällchen des leichten Körperchens auf dem wehenden Zweig. Ebenso das Glück ausgebreiteter Flügel, das Jagen des Windes, die Tragkraft der Luft und das Herabsausen zum Nest.

Er wendet sich auch zu Felsen, Berg oder Edelstein und lauscht ihrem geheimnisvollen Lebensrhythmus, oder taucht, wie die Engel, in einer Landschaft unter. Er tritt auch in das Lasttier ein und fühlt seine gespannten Muskeln, sein schlagendes Herz, seine Geduld und Dienensbereitschaft. Er empfindet das Gleichgewicht eines schweren, vierfüßigen Wesens, seine Stärke, seine dumpfe Denktätigkeit, die Fliegenqual, den Druck des Geschirrs, die glückliche Freiheit der Weide, die Erfrischung des Regens, das verständnislose Grausen vor menschlicher Brutalität und das Glück, wenn ihm Güte erwiesen wird.

Und nicht zuletzt wendet der Strebende sich zum Menschen und sucht, Bedeutung, Ideale und Lektionen eines anderen mitzufühlen. Er lernt, über dessen jetzigen Zustand hinaus seine herrliche Zukunft vorauszuschauen. Jeden ihm begegnenden Menschen, auch einen im „Schlamm" Versunkenen, sieht er als seinen Bruder. Nur dann kann er heilen, helfen, inspirieren – weniger mit äußerer Kraft als durch das Teilen des inneren Lebens des anderen und das Übertragen der eigenen, neuen Stärke und Weisheit auf ihn. So findet er Eingang in das Herz aller Menschen in jeder Rasse, jeder Religion, jedem Stand, ob ihre Augen von Torheit und Laster getrübt sind oder im Glanz von Heiligkeit und Genius strahlen. In allen sieht er das Leuchten des EINEN GÖTTLICHEN LEBENS, das er über alles liebt und in dem er aufgehen möchte. Er wird auch überall Schönheit entdecken, trotz der Häßlichkeiten der Welt. Für ihn schmelzen dann viele trennende Barrieren dahin, weil er die lebendige Verkörperung der Einheit des Lebens zu werden beginnt. Erscheinen Engel vor seinem entzückten Blick, so fühlt er sich auch mit ihnen eins und teilt ihre herrliche Freiheit von dichten Körpern und ihr ermüdungsloses, unaufhörliches Wirken im Dienst des PLANES.

So wird speziell zwischen Vierzig und Fünfzig der Weg zu Wissen, Liebe und Macht und nie endender Begeisterung beschritten, die nicht kommt und geht, sondern dauernd ist, nur an Intensität zunehmend, den wachsenden Fähigkeiten gemäß, welche die Seele am nahenden Ende ihrer äonenlangen Pilgerschaft erwirbt. *Der* hochstehende Mensch, den wir in diesem Essay begleiteten, ist nun imstande, sich wenigstens zeitweise in die klaren Höhen der Ewigen Wonne aufzuschwingen, von wo er dann Leben, Licht und Kraft auf Nachfolgende überträgt, die noch stärker in der Dunkelheit der niederen Welten gefangen sind.

In jenes Land des unerschütterlichen Friedens und Glückes ladet GOTT Seine Kinder und ruft sie heim, von einem Zeitalter zum anderen. Aus jenem Land treten auch die „Vollkommenen Menschen", die Erlöser, die Meister der Weisheit hervor, welche wie gute Hirten immer die in Dickichten verirrten, durch Dornen verwundeten und in den tiefen Schluchten des irdischen Lebens verschlagenen Menschenseelen suchen. Ihr liebendes Bestreben ist es, die Wandernden zu retten und sie zu der spirituellen Heimat zurückzugeleiten (wobei ihre Schüler ihnen nach Kräften beistehen). Sie sind die großen Botschafter GOTTES. Sie leben auf Erden, um eine Gesandtschaft des Himmels zu bilden, durch welche sie die Herrlichkeit des glückseligen „Landes", in dem sie beheimatet sind, repräsentieren. Als Besieger der Materie, erleuchtet von der Vision des HÖCHSTEN, halten sie die Flamme des Idealismus in der Menschheit wach und lassen sie nie ohne ein klar strahlendes Licht, das sie durch die dunkle Nacht von Raum und Zeit geleitet. Sie und ihre wunderbaren Engel-Helfer leben *nur* zu diesem Zweck freiwillig auf Erden.

In der durch *diese* Schilderung vorbeschworenen Ära eines kommenden Zeitalters liegt der große *Wendepunkt schon zurück*. Die Tiefen sind gelotet, und ein großer Prozentsatz der Menschheit hat den zur Ewigen Heimat rückführenden Weg bereits beschritten.

Die Engel-Brüder des Menschen empfehlen ihm *heute* beständig Eile, rufen ihn auf den Pfad der raschen Entwicklung, fordern ihn auf, sich von der Sklaverei äußerer Umstände zu befreien, damit er sein Geschick in eigene Hände nehmen, die Kräfte seines Unsterblichen Selbstes lösen und sich als einen unbesiegbaren geistigen König erkennen kann.

Von Fünfzig bis Sechzig befestigt *der* Mensch, den wir hier begleiten, sich in der wunderbaren inneren Welt, in die er Eingang gewann. Er lernt, darin zu leben und doch völlige Ordnung und Präzision in seinen weltlichen Tätigkeiten beizubehalten. Das innere Licht erhellt seine Worte und Taten. Er wird ein inspirierender Interpret der Ewigen Gesetze, ein Ratgeber derer, die nach Beobachtung seines „Fluges" ihm eifrig zu folgen bemüht sind. Er wird ihnen das, was ein Lehrer für die Jugend bedeutet, lehrt jedoch in anderer Weise. Schon die Tatsache seiner Reife wirkt begeisternd. Seine Schüler trinken frei am Brunnen seines Wissens, seine Anwesenheit ist noch wichtiger als seine Lehren. Bald treten dann (und oft auch noch im nächsten Jahrzehnt) – stärker als bei früheren ähnlichen Wendepunkten – die Kräfte von Mißverstehen, Mißgunst, Neid und Spaltung auf und suchen sein Vorwärtsschreiten, seine Arbeit zu schädigen, die Herzen gegen ihn zu verblenden, Vertrauen in Mißtrauen zu verkehren, bis endlich viele ein Zerrbild von dem, was sie einst schätzten, zu erblicken glauben. Seine nächsten Freunde werden zu Gegnern, sein Herz wird von Verrat und Arglist durchbohrt. Doch er muß weiter arbeiten – mit blutendem Herzen, auf dunkler Straße und innerlich unbewegt – bis er dann endlich eine Kraft in sich vibrieren fühlt, die ihm die Sicherheit gibt, daß nichts seinen Weg aufhalten kann. Dann wundern die Menschen sich über seine Festigkeit und seinen Glauben. Sie sehen nicht das überirdische Licht, an dem die Fackel seines unerschütterlichen Mutes immer wieder entzündet wird, sondern nur seine Kämpfe und Tränen, die das irdische Wirken des ja noch keineswegs Vollkommenen verzögern, doch nicht stoppen können. Oft kommen noch restliche Karmaauslösungen, besonders die als chronische Krankheiten, mit Verschärfung hinzu. Durch alle diese Stärkeerprobungen gewinnt er sich mehr Heimatrecht in den Spirituellen Welten. Nach einer unbestimmbaren Zeit von nicht mehr sehr vielen Inkarnationen wird dann eines Tages sein Geschick erfüllt sein, was ihn der irdischen Sicht entzieht, falls er nicht freiwillig „unten" bleibt.

Der hier geschilderte Weg erstreckt sich aus der Unendlichkeit in die Unendlichkeit. Jeder Mensch gelangt auf ihm in die ewige Herrlichkeit. Dann ist der Zweck der vielen Geburten und Tode, der vielen Freuden und Schmerzen enthüllt. Die letzteren sind äußerst wirksame Lehrer, da sie seine latenten Göttlichen Energien lösen. Wenn einmal alle Wesen diesen Pfad zu Ende gewandert sind, wird jeder bewohnte Planet ein von den hellen Strömen des Interstellaren RAUMES bewässertes, blühendes Beet im Garten des Universums sein. Dies ist der Schöpfertraum des Logos, an dem der Mensch dereinst selbst teilnehmen kann, um neue Sterne und Planeten aus Nebelflecken hervorzurufen.

Während aller Zeitalter – auch heute – rufen Adepten und Initiierte, Engel und Erz-Engel den Menschen (dem Sinn nach) zu:
„Es gibt nirgends auf Erden und im Himmel ein Hindernis, das euren Fortschritt hemmen kann, wenn ihr einmal auf dem Weg seid. Werft eure Trägheit nieder und erweckt die Energien eurer Seele durch Meditation und Gebet! Aktiviert eure Stärke, die sich als unbesiegbare Macht offenbaren will! Beherrscht und reinigt eure Gedanken, befreit euch von eigennützigen Wünschen! Ruft die Bitte um Führung und Inspiration hinaus! Weiht euch einem ‚Meister der Weisheit‘, um unter ihm, einem Repräsentanten GOTTES, GOTT und euren Brüdern zu dienen! Dann erschließt sich eine Kraft, die euch über die Fesseln der irdischen Umstände erhebt, euch zum Herrscher eures Geschickes macht und in das Ebenbild Dessen, Der euch aussendete, umwandelt! Tausende eurer Rasse erreichten bereits das wunderbare Ziel, andere mühen sich darum. Schon ist die ‚Straße‘ von strebenden Menschen bevölkert, die sich ihrem kleinen, eigennützigen Ich entwunden haben und darum in einer meßbaren Entfernung zum ZIEL stehen. Sie reichen euch helfende, bewillkommnende Hände entgegen. Es gibt kein anderes Mittel, die Wahrheit des Verheißenen zu erproben und zu wagen! Dann erfahrt ihr das Glück, jede Kraft und Fähigkeit von Geist und Herz in ihrer vollkommenen Herrlichkeit zu gebrauchen, und zwar gewollt und bewußt!

Erwachet, denn während ihr schlaft, wißt ihr nicht, was Leben bedeutet! Gehirne und Augen sind stumpf und trübe, die Herzen sind verschlossene Schatzkästen, wenn das armselige, persönliche Ich geliebt wird. Wenn ihr nur eure Hände ausstrecken wollt, erwartet euch ein Leben, so lebendig, so reich, so voller Entzücken, Begeisterung und Macht, daß euer gegenwärtiges Dasein nur wie ein lebender Tod erscheint."

Zur kraftvollen Unterstützung in diesem *einzigen der Mühe werten Ringen* wird im *heutigen Zeitalter* allen kompromißlos-Strebenden die kostbare Gabe der URALTEN WEISHEIT in ihrem modernen Gewand dargeboten!

Literaturnachweis:
Geoffrey Hodson „Be Ye Perfect!"
Dr. A. Besant u. G. W. Leadbeater „Der Mensch, Wer? Wie? und Wohin?"
G. W. Leadbeater „Hellsehen"
Maria Montessori „Education for a New World"

27. Theosophische Forschungsergebnisse über das Leben nach dem Tod (Astralwelt und Paradies)

Das Todes-Problem ist für alle Menschen tief-faszinierend, da ihre einzige Zukunftsgewißheit das Sterben ist und da der Tod ihnen meist schon geliebte Wesen entrissen hat. Trotz dieses universalen Interesses kursieren hierüber ganz falsche, abenteuerliche Begriffe. Unvorstellbar viel Betrübnis entsteht fortwährend durch Unwissenheit über den „Tod". Die Korrektur dieses verkehrten Denkens wäre, besonders im Abendland, eine der höchsten Segnungen. Sie bietet sich heute durch die theosophische Wissenschaft dar. Deren Erforschung des Todes verscheucht seinen Schrecken und läßt seine Erlösergestalt im Evolutionsplan aufleuchten. Viele Menschen meinen, sie würden die Wahrheit früh genug erfahren. Während aber der Mensch nach dem Tod seine diesbezüglichen Irrtümer lange *nicht* erkennt, wodurch ihm große Leiden entstehen, besonders durch die Angst vor der angedrohten „Hölle". Viele absurde Vorstellungen entstammen den Verfälschungen des Ur-Christentums.

Der schlimmste Irrtum ist, daß der Tod das Ende des LEBENS bedeute. Diese gröbste Form des Materialismus trat im vorigen Jahrhundert als eine mentale Seuche auf und verlosch noch nicht. Die Kirchen-Christen erhalten einige vage Informationen, doch die relativwahre Lehre vom „Fegfeuer" wird durch die blasphemische Idee von einer „Ewigen Verdammnis" verfinstert, der – wie allen Dogmen – eine mißverstandene Wahrheit zugrundeliegt.

Zunächst muß auf die Kosmische Tatsache von der beständigen Wiederverkörperung zum Erreichen einer Vollkommenheit verwiesen werden. Dieses Wissen – schon im frühen Christentum verbannt – bildete stets die Basis aller östlichen Religionen. Die Theosophische Bewegung will es uns wieder erschließen, weil es die Erlösung von Unwissenheit, Leid, Sünde und besonders Todesfurcht einschließt. Ebenso lehrt sie das Zwillingsgesetz von „Karma", durch dessen Wirken jeder mittels guten und bösen Denkens und Handelns sich sein Geschick im Jenseits und künftigen Inkarnationen *selbst* erschafft. Ebenso wird das Wissen von den sieben Kosmischen Ebenen gelehrt, in denen der Mensch sich entwickelt:

1. die physische Welt,
2. die Ätherregion,
3. das Astralreich,
4. die konkrete Mentalebene.
(In diesen vier Welten bewegt sich die vergängliche irdische Persönlichkeit des Menschen.)

5. die abstrakte Mental- oder Kausalebene,
6. die Buddhische Region der Göttlichen Liebesweisheit (Intuition),
7. die atmische oder Nirvana-Ebene, mit höchster Macht, Freiheit, Seligkeit und Schönheit.
(In diesen drei Sphären ist das höhere „Ego" beheimatet. (Siehe Kap. 2 und 29)

Diesen Ebenen entspricht die Zusammensetzung unserer Natur. Der Mensch *hat* nicht eine Seele, sondern *ist* ein unsterblicher Göttlicher Geist – ein Strahl der UR-KRAFT im EWIGEN LICHT. Er benutzt den physischen Körper als niederstes Werkzeug, um im Ringen mit der Materie seine latenten Kräfte zu entfalten. Er verkörpert sich so immer wieder hier unten; und die gewonnenen Erfahrungen werden im Kausalkörper (Sitz des Egos) gelagert. Diese vielen irdischen Leben reihen sich um den Kausalkörper wie Perlen an eine Schnur.

Nach archaischem Wissen geht der Mensch nach jedem „Tod" auf die Astral-Ebene über, um nach einer Läuterungszeit die Himmels-Welt zu betreten, wo er jahrhundertelang in seliger Freude lebt – bis zu einer neuen Verkörperung. Zur christlichen Höllenlehre sagt die okkulte Forschung: „Es wird in Jahrmillionen eine Art ‚Jüngstes Gericht‘ für die Erde kommen, wo eine Zahl von Menschen, die sich inkarnationenlang starr gegen das Fortschreiten stemmten, vorläufig aus der Evolution herausfallen – nicht in eine grausige ‚Hölle‘, sondern in einen traumlosen Schlaf; und sie erwachen, zu weiterem Fortschritt, später auf einem anderen Weltensystem. Sie gleichen Schulkindern, die das Klassenpensum nicht ganz bewältigen und ‚sitzen bleiben‘, um im nächsten Schuljahr von neuem (mit anderen Kameraden) zu beginnen. Statt der schlimmen Unwahrheit der ‚Ewigen Verdammnis‘ besteht die gütige Wahrheit einer sehr langen Suspendierung.“

Ein edler Mensch gleitet nach dem Tod fast unberührt durch die Astralwelt und erwacht erst im herrlichen Devachan (Himmel). Doch der Durchschnittsmensch voll akut-starker Leidenschaften muß im Astralen leben, bis alles Begehren ausgebrannt ist. Dieses Leiden ist das „Fegefeuer“. Wenn z. B. ein notorischer Trinker stirbt, ist seine Gier noch stärker, weil die Wunschschwingung nicht erst den physischen Stoff bewegen muß. Doch ohne den physischen Leib als Befriedigungsmittel bleibt das Verlangen schmerzlich unbefriedigt. Er erlebt einfach das Ausbrennen seines Verlangens. Erst bei dessen Erschöpfung wird Höhersteigen möglich. Trotz der *jetzt* toten Begierde bleibt die Charakterschwäche bestehen. So wird er beim nächsten Mal mit einem Astralkörper geboren, der strukturell zu jenen Fehlern neigt. Aber die Wiederholung *muß nicht* geschehen. Wenn er durch ein anderes *gutes* Karma sorgsame Eltern bekommt, die ihn zur Überwindung des schlechten Triebes leiten, werden jene Elemente unbelebt bleiben und durch feinere, nicht auf die groben Schwingungen reagierende Substanzen ersetzt. Wenn der Mensch in *diesem* Leben dieses Laster bereits beherrschen lernt, wird er es „künftig“ nicht mehr wiederholen.

Menschen meinen oft, es sei nicht gestattet, etwas von überphysischen Jenseitswelten zu erfahren, da dies ein Mysterium sei. Doch kein „Sehender“ ist zur Blindheit verpflichtet! Viele große Weise, Dichter und Heilige beschrieben ehrlich solche Zustände. Heutige Seher sind – bei gewisser Entwicklungsreife – zur *geschulten* Wahrnehmung innerer Welten fähig. Hellsehen in Zeit und Raum ist eine Evolutionsphase. (Siehe Kap. 36)

Weil dieses *geschulte* Wissen hier und „drüben" großes Bangen entfernt, ist es äußerst segensvoll. Die Erkenntnis, daß in den höheren Welten die gleiche Gesetzmäßigkeit waltet wie im Physischen, macht uns jene Regionen froh-vertraut. Wir befinden uns in allen SEINS-Bereichen in liebender Obhut der gleichen GÖTTLICHEN MACHT. Noch ist die volkstümliche Idee, „der Tod sei ein unentdecktes Land, aus dem kein Wanderer zurückkehrt", verbreitet. Die falschen Todesvorstellungen entstammen unserer noch sehr unreifen Zivilisation. Im Altertum gab es überall Tempelschulen, wo Jenseitsgeheimnisse enthüllt wurden, sie existieren heute noch im Orient. „Wanderer" kehren beständig zurück als „Erscheinungen". Noch vor kurzem wurde jeder lächerlich gemacht, der einen solchen „Wanderer" sah, deshalb schwieg man darüber. Doch wer *heute* psychische Phänomene bespöttelt, gilt eher als anmaßend. Weil es *jetzt* Gesellschaften für Psychische Forschung mit großer wissenschaftlicher Literatur gibt, ist der alte Papageienruf vom „Aberglauben" nicht mehr ratsam. Es gibt viele unparteiische Zeugnisse von Wiederkehr der „Toten", wenn sie auch (ohne Medien) wenig über ihre Welt berichten können. Doch *daß* der Mensch den „Tod" überlebt, wurde längst objektiv erwiesen. Oft zeigen sich Phänomene direkt nach dem Tod jemandes, der es fernen Freunden mitteilen will. Auch wenn Menschen mit drängenden Sorgen für Hinterbliebene scheiden, machen sie sich später bemerkbar. Die starke Erregung verdichtet den Astralkörper so, daß er kurz als „Erscheinung" sichtbar wird. Solche Wiederkehr ist nicht natürlich und legal. Niemand sollte Sterbende versprechen lassen, ihm zu „erscheinen", da er sie „erdgebunden" machen kann. Wir sollten den Jenseitsweg unserer Geliebten durch Gebete erleichtern. Sehr viel ist den christlichen Orden mit ihren Totengebeten zu danken. Die Toten-Rituale aller Religionen beruhen auf dem okkulten Wissen, daß durch bestimmte wiederholte Worte eine magische Mantram-Kraft entsteht. Dadurch werden Gedankenformen geschaffen, die die Auflösung des Astralkörpers beschleunigen, was den „Toten" früher für den Himmel befreit. Niemand sollte seine „Toten" unbegleitet von emporhelfenden Wünschen ihren Weg wandern lassen.

Ein anderes „Zurückkehren" bietet der Spiritismus. Hier ist viel Betrug durch Medien und viel Selbsttäuschung. Oft entstehen physikalische Phänomene durch Ätherschwingungen der Teilnehmer, oder foppende Naturgeister spielen die Rolle von Toten, oder deren abgelegte Astralkörper werden unbewußt von den Teilnehmern „galvanisiert" und für den schon im Paradies lebenden Menschen gehalten. Beim Auftreten „echter" Toter sind es sehr oft geltungssüchtige Verstorbene, die irrige, okkulte Phantastereien, gemischt mit früher gelesenen Wahrheitselementen, von sich geben. Diese Linie ist voller Fallen, in die man leicht stolpert, und woraus Siechtum, Geistesstörung und Besessenheit der Medien entsteht. Das zu „Materialisationen" benötigte Ätherfluid wird von Medien *und* Anwesenden geliefert! Viele werden verderblich-abhängig von solchen fragwürdigen Kundgebungen. Die Toten wenden sich wieder der Erde zu, was ihren Aufstieg hindert – im bösen Gegensatz zu Totengebeten. Der Spiritismus ist keine theosophische Forschungsart, doch seine Erfolge im Brechen des Unglaubens über nachtodliche Zustände werden anerkannt. (Siehe Kap. 5, 18, 28)

Ein ungefährlicher Umgang mit Toten geschieht nachts. Denn wir trennen uns vom physischen Leib auch beim Einschlafen, obwohl jener dann mit dem Astralkörper durch die „silberne Schnur" verbunden bleibt. Die meisten Schläfer werden sich ihrer astralen Umgebung kaum bewußt und verharren nachts mehr in versunkenem Sinnen über Alltagsprobleme. Liebe zu ihren Toten erhebt sie oft aus ihrem Dämmerzustand, und sie werden magnetisch zu ihnen versetzt. Die „Toten" sind „drüben" viel lebendiger als die „Lebenden". Je vergeistigter ein „Lebender", um so wacher ist er im Astralen, und sein Umgang mit „Toten" wird unmißverständlich. Fast alle Menschen verkehren nachts mit ihren „Toten", doch ohne klare Erinnerung, die erst bei Entfaltung der überphysischen Sinne kommt. Die über den Körper hinausragenden höheren Vehikel bilden die farbenprächtige „Aura", die ein Seher oft zuerst erblickt. So wie wir durch unsere Sinne das physische All erkennen, schaut er durch die „Sinne" seiner höheren Körper die Welten aus feinerer Substanz.

Die exakteste Methode, sich mit dem Jenseits vertraut zu machen, ist die echte theosophische Forschung. *Hier* geht ein „Lebender" bewußt in jene Welten, verkehrt mit ihren Bewohnern und gibt nach Rückkehr alles genau wieder. Auch St. Paulus unterschied zwischen dem natürlichen, dem verklärten und dem geistigen Leib. Er berichtete von einem Menschen, der „entzückt ward bis in den Dritten Himmel und unaussprechliche Worte hörte". Mit dem bezeichnenden Nachsatz „Ob er *in* oder *außer* dem Leibe war, das weiß ich nicht".

Zukünftig wird allmählich bei allen Menschen der astrale „Schleier" zerreißen. Ein *ungeschulter* Seher bringt nur sporadische, unzuverlässige Wahrnehmungen aus dieser phantastischen Welt mit. Das liegt 1) an der verwirrenden Fülle ihrer Bewohner: der Toten, Schläfer, Devas und Gedankenformen. Auch verändern die nichtmenschlichen Wesen oft blitzhaft ihre Formen. 2) Es regiert im Astralen die „Vierte Dimension", man sieht die Dinge von allen Seiten zugleich, und auch ihr Inneres ist transparent. (Kap. 38)

Die „Meister der Weisheit" geben geeigneten Schülern sorgsamen Unterricht zum Durchdringen des Nebels. Das ist, weil von spiritueller Lebensführung begleitet, ungefährlich. Doch erzwingt sich jemand (auch mittels okkulter Scharlatane) untere Astralregionen, kommt er in Gefahr, die erworbenen Fähigkeiten zu dunkler Magie zu mißbrauchen, oder durch fremde, überlegene Energien vor Furcht zerschmettert zu werden. Darum bestehen die Adepten auf sehr hoher ethischer Stufe. Wurde ein solcher Schüler im Astralen vertraut, so kann er noch nicht gleich seine Erlebnisse ins Wache übertragen. Doch später – bei „Ununterbrochenem Bewußtsein" – verläßt er bewußt den Körper, geht in die inneren Reiche und kehrt mit voller Erinnerung wieder. Er benutzt Sinne und Kräfte der astralen und mentalen Welten im „Wachen und Schlafen". Er kann Ereignisse hellsichtig rückverfolgen (okkulte Geschichtsforschung treiben), er sieht die „Toten" und beobachtet ihre Lebenszustände. So kommen von solchen Forschern die zuverlässigsten Auskünfte. Ihre Forschungen stimmen bis auf Details stets überein.

Ausgezeichnet haben sich u. a. Dr. Besant, C. W. Leadbeater, C. Jinarajadasa und auch G. Hodson. Religiöse Lehren und psychische Phänomene werden hier logisch erklärt. Das exakte Jenseitswissen ist uralt, wenn auch neu für *uns*. Für die in „anderen Welten" Arbeitenden sind diese Dinge alltägliche Erfahrungen. Dieses Wissen ist äußerst beruhigend. Es zeigt den Tod als einen stets wiederkehrenden Zwischenfall im Unsterblichen LEBEN, der als Durchgang zu glücklicheren Zuständen immer freudig zu begrüßen ist.

Wenn ein durchschnittlicher Mensch „drüben" erwacht, sieht er zunächst noch die astralen Gegenstände des Zimmers, seine Leiche und die Anwesenden. Doch beim Sprechen und Berühren bleibt das ohne Eindruck auf sie. Anfangs meint er zu „träumen", bis er entdeckt, daß er „gestorben" ist und derselbe blieb wie zuvor. Doch Schmerz und Ermüdung sind verschwunden. Er kann sich frei und rasch überallhin bewegen, denn sein Denken trägt ihn. Er kann schöne Weltgegenden besuchen und sich künstlerischen und immateriellen Freuden hingeben. Wohnung, Nahrung, Kleidung sind unnötig. Der „Tote" braucht keinen Schutz gegen Frost und Hitze und kleidet sich durch Gedankenkraft nach eigenem Wunsch.

Jemand schilderte das wie folgt: „Wie wunderbar fühle ich mich jetzt! So leicht und stark! Alle Schwäche ist weg, und ich erlebe ein herrliches, niegekanntes Gefühl von Stärke und Frische! Das Leben durchdringt mich wonnevoll. Ich glühe in neuer Kraft und einer Empfindung unbeschreiblicher Freiheit. Zum ersten Mal weiß ich, was es heißt zu leben!"

Mauern, Wasser, Feuer hindern nicht. Im Neuen Testament steht, daß Jesus unter seinen „bei verschlossenen Türen" versammelten Jüngern erscheint. Ein Adept schildert die Todesstunde: „Wenn das Leben aus dem Gehirn scheidet, treten alle vergangenen Vorgänge wieder lebhaft hervor. Bild auf Bild entrollt sich intensiv vor dem Bewußtsein, und der Mensch durchlebt sein Leben mit allen Ereignissen noch einmal. Auch Ertrinkende schildern oft ungenau diesen Zustand. Niemand stirbt bewußtlos. Selbst Irrsinnige erwachen kurz zum klaren Bewußtsein. Anwesende sollten den Sterbenden in dieser feierlichen Zeit nicht durch Schmerzausbrüche stören. Sie sollten den Vorgang, wo die Seele die Folgen des Vergangenen sieht und den Grund für die Zukunft legt, durch Gebete begleiten."

Kurz danach fällt auch der Ätherkörper ab, der dann als „Friedhofsgespenst" in langsamer Auflösung über dem Grab schwebt. Dann beginnt die läuternde Astralzeit. Diese Ebene hat ebenfalls 7 Aggregate oder Unterebenen. Ihr Name stammt von dem sternhaften Licht ihrer höheren Stufen. Sie reicht bis zur Mitte zwischen Erde und Mond. Sehr lasterhafte Menschen müssen all ihre Zustände bewußt durchlaufen, doch höhere Typen durchfliegen die unteren Regionen im Traumzustand, um erst an *der* Stätte zu erwachen, die ihrem Wesen entspricht, so daß jeder an *seinen* Ort gelangt. Im Erdenleben sind die Astralbestandteile vermengt. *Nun* werden sie nach Dichtigkeitsgraden in 7 konzentrische Schalen geordnet. Die gröbsten kommen nach außen und verriegeln hermetisch feinere Einflüsse. So ist der Mensch in einem siebenschaligen Gehäuse eingeschlossen, wovon er sich nur durch successive Auflösung der „Schalen" befreit. Er wird überall so lange festgehalten, bis das spezifische Begehren erschöpft und die dazu gehörige Schale aufgelöst ist. So ist er sich auf *einer* Unterebene aller anderen unbewußt und sieht daher auch seine Gefährten nur ungünstig verzerrt. Darum haben unentwickelte „Geister" in Séancen nur Unerfreuliches zu erzählen, denn sie halten ja den Ort ihrer jeweiligen Einkerkerung für das ganze Jenseits. Darum teilen höhere Typen oft mit, sie könnten nicht mehr erscheinen, weil sie in „Höhere Sphären" kämen.

Aus all dem geht die riesige Wichtigkeit der Veredelung *vor* dem Tod hervor, weil dadurch ein langes Verweilen in den trost- und hoffnungslos scheinenden untersten Astralregionen entfällt. Ein Unfalltod ist meist karmisch nachteilig, obwohl der Betreffende auch hier von gütigen Wesen sanft hindurchgeleitet wird. Dies tun „Unsichtbare Helfer" („Tote" und geschulte „Lebende"), die im Astralen unwissend-Leidenden beistehen. Manche Menschen klammern sich so verzweifelt an das physische Dasein, daß ihr Astralkörper sich lange nicht vom Ätherleib löst. So treiben sie zwischen zwei Welten, einsam-stumm in einer düsteren Nebelnacht umher und hängen sich an dieses elende Halbbewußtsein, aus Furcht, sie könnten *ganz* sterben oder in die „Hölle" geraten, wenn sie sich fallenlassen. „Unsichtbare Helfer" suchen diese Unglücklichen auf, doch weisen diese sie oft ab und suchen unnatürliche, physische Kontakte. Z. B. bemächtigen sie sich medialer Personen; so entsteht Besessenheit. Um Menschen vor so schlimmer Erdgebundenheit zu schützen, ist das Wissen vom Tod dringend überall notwendig!

Nun *die sieben astralen Orte:* Die erste von unten ist die schaurige „*Hölle*", die in Dantes „Göttliche Komödie" beschrieben ist. Hierher gelangen nur Personen mit kriminellen Leidenschaften. Diese treten hier als gigantisch-gräßliche Gedankenformen auf und bedrängen fortwährend ihre Erzeuger. Mörder z. B. werden hier beständig entsetzt von den Gedankenbildern ihrer Opfer verfolgt, die ihnen wie *wirklich* vorkommen. So lebt auch der Vivisektor unter seinen verstümmelten, hassenden Tier-Opfern und muß selbst-quälerisch stets scheinbar seine Greuel wiederholen. Auch niedrig-motivierte Selbstmörder bleiben hier lange und müssen verzweifelt ihre Tat immer wieder begehen. Die Schrecklichkeit wird vervielfältigt, indem der Umherirrende *nur* Wesen seinesgleichen vorfindet, die sich bekämpfen und, weil der plastische Astralstoff jede Regung in Formen gießt, abstoßend häßlich sind. Im Astralen sieht *jeder* so aus, wie er innerlich *ist* und kann nichts verbergen. Die Bewohner dieser selbstgeschaffenen „Hölle" durchstreifen oft gräßliche Erdenorte, z. B. Schlachthäuser, Kneipen, Bordelle und suchen Besitz von Anwesenden zu ergreifen. Hingerichtete Mörder stacheln Menschen mit verbrecherischem Denken zur Tat an. So ist es sinnlos, Sünder hinzurichten, sie bekommen dadurch nur mehr Macht zur Beeinflussung schwacher Seelen.

Jedoch alle Leiden auch dieser Unglücklichen hören einmal auf, nachdem das wilde Verlangen ausbrannte und sie zur *Zweiten Region* gelangen.
Diese ist das astrale Gegenstück der physischen Welt. Die meisten kommen nach dem Tod direkt hierher. Da sie in Trivialitäten und physischen Genüssen aufgingen, langweilen sie sich hier schrecklich und erleiden „Tantalusqualen". Oft suchen sie durch Medien wieder Kontakt mit dem brennend-begehrten Erdendasein, von ihnen stammt das unbedeutende Geschwätz in „Séancen". Von hier kommen viele „Erscheinungen"; und ein geschulter „Unsichtbarer Helfer" kann sich oft eines solchen Wesens annehmen. Oft werden sie durch leidenschaftliches Jammern von Zurückbleibenden unheilvoll am Aufstieg gehindert.

Auf die *Dritte* und *Vierte Unterebene* kommen meist zivilisierte, wohlmeinende, doch weltlich denkende Personen, die hier ein relativ angenehmes Dasein führen. Sie verkehren mit ihresgleichen, erfreuen sich der Freiheit, des Fehlens irdischer Nöte und sind zufrieden - *so weit* nicht auch sie von unerfüllbaren Wünschen geplagt werden. Diese beiden Regionen sind feinere Kopien der zweiten und haben noch die physische Welt als Umgebungsbasis.

Jedoch die *Fünfte Abteilung* hat eine abenteuerliche Szenerie. Hier ist die Heimstätte der dogmatischen Gläubigen, deren Frömmigkeit sich oft im Erhoffen einer Himmelsbelohnung betätigt hatte. Sie erbauen sich hier buchstabengläubig viele Luftschlösser, z. B. die materiellen „Himmel" volkstümlicher Religionen: Die indianischen Weidegründe, das nordische Walhall, das Moslim-Huri-Paradies, das juwelengezierte christliche Neu-Jerusalem. Sie bauen sich phantastische Bilder aus ihren heiligen Schriften, wie Baum-Edelsteine oder indische „Götter" mit hundert Köpfen und Armen. Obwohl diese, wie auch ihre Kirchen, Schulen, Tempel und Häuser, meist grotesk und nur scheinbar real sind, fühlen sie sich glücklich und leben jahrzehntelang in diesen imaginären „Himmeln". Sie bilden Gemeinschaften und werden in Séancen meist die „Kontrollgeister".

In der *Sechsten Abteilung* leben talentierte Menschen mit künstlerischen, technischen und denkerischen Gaben – so lange, bis die Schale von Eitelkeit und Gewinnsucht, womit sie ihre schönen Fähigkeiten trübten, zerbrochen ist. Sie bauen aus dem leuchtenden Material entzückende Umgebungen mit Landschaften, Schneebergen und brausenden Meeren – das „Sommerland" der Spiritisten.

In der *Siebenten* höchsten *Region* sind Menschen von genialer Intelligenz, die aber – bei noch materieller Denkweise – vor ihrem Devachan lange hier verweilen, weil sie schwer von ihrer verwurzelten Mentalität loskommen. H. P. Blavatsky berichtete, daß große Wissenschaftler hier jahrhundertelang in astralen Bibliotheken studieren. Ein theosophischer Forscher entdeckte dort einmal einen befreundeten Gelehrten. Er war von seinen Wälzern umgeben und gab zu, seine Theorien über den Tod seien ja nun durch die Tatsachen widerlegt, doch war er dem Übersinnlichen noch so abgeneigt, daß er sich nicht über die bevorstehende Himmelswelt belehren lassen wollte.

Für fast alle kommt einmal die Zeit, wo alle astralen Hüllen abfallen und sie in ihren Mentalkörpern leben. Es entsteht eine kurze Bewußtlosigkeit *(der zweite Tod);* die Gefühls-Erfahrungsessenzen werden durch „permanente Atome" im Mentalkörper gelagert, und – sie erwachen in der intensiven, unerträumten Seligkeit der *Himmelswelt.* Je stärker ihre idealen Denk- und Fühlrichtungen, desto länger und glücklicher ihr Himmelsleben. Das Wort „Devachan" bedeutet: „Das leuchtende oder Götterland". Hier sind alle Sorgen, Disharmonien und Übel (wegen der Auflösung des sie tragenden Astralkörpers) ausgeschaltet. Die Seelen können durch keine Sehnsuchtsrufe oder Séancen mehr erreicht werden. Sie ruhen, geborgen von Mühen und Leiden, und sinken in die stärkste, tiefste Wonne, deren sie *fähig* sind. Der ergreifendste Eindruck ist für jeden „Neuen" das faszinierende Gefühl unbeschreiblicher Freude! Geliebte Verstorbene begrüßen ihn, die – von keinen irdischen Trübungen mehr entstellt – in großer, geistiger Schönheit erscheinen. Er wird von starkem Glück und mächtiger Kraft durchdrungen und lebt in einem Ozean von lebendigem, unermeßlichem LICHT, mit wechselnden Farben, Formen und Tönen. Auch *seine* Gedanken nehmen sofort strahlende Formen und Farben an, so daß er seine Ideen, samt ihren Folgen, panoramaähnlich überschaut. Hier wird es klar, daß Gedanken wirkliche Dinge und Kräfte sind. Sie sind es schon auf Erden, nur – er wußte es nicht. Beim Betrachten seiner Umwelt erkennt er die Gedankenbilder seiner Gefährten; und stellt er auch diese ab, funkelt eine noch viel reichere Pracht vor ihm: die Farbensprache der Devas, die ihn belehren wollen. Er kann auch die glorreiche „Musik der Sphären" hören, und Schöpfungsgeheimnisse entzücken seinen Blick. Nur edle Gedanken können hier entstehen, daher die makellose Schönheit.

Das Devachan-Leben hat zwei Stufen. *Die erste* wird auf einer von 4 Sphären zugebracht. In dieser erntet jeder die Früchte aller edlen Regungen. Die Voraussetzung zu Devachan ist, daß man sich auf Erden selbstlosen Motiven oder abstraktem und künstlerischem Denken hingab. In Devachan ist die WIRKLICHKEIT um 2 Grade näher; und man schaut auf das Erdenleben wie auf ein trauriges Gefängnis voll trügerischer Begriffe.

Dieses erste „untere Devachan" ist eine Welt des Denkens. Dort können keine neuen Ausgangspunkte für Ideen und Entwicklungen gebildet werden, aber alle auf Erden gelegten Keime erblühen. Daher ist es enorm wichtig, auf Erden so viel wie möglich neue Interessengebiete anzubahnen und so ein reiches, vielseitiges Bewußtsein zu schaffen, um viele Ausgangspunkte für das Paradies zu gewinnen. Auch sollten wir unser Denken zu großer Genauigkeit erziehen, damit wir nicht gefärbte, ungenaue Ideen hinübernehmen und das Devachan an Wert vermindern. Ein hochstehender Mensch schafft auf Erden viele geistige Interessenlinien, auf denen er „drüben" arbeitet. Darum wird sein Devachan und Fortschritt lang und wunderbar. Denn Devachan ist nicht nur ein glückliches Ausruhen, sondern es werden auch alle höheren Erfahrungen assimiliert und in Fähigkeiten verwandelt, die er bei der nächsten Geburt als angeborene Talente und Fähigkeiten mitbringt. So ist *keine* vereitelte Bemühung vergebens. Viele aus uns strömende höhere Energien können sich überhaupt erst im Devachan auswirken.

Nochmals: *Alle Seligkeit und Entwicklung im Devachan bewegt sich fast nur in den Grenzen des auf Erden Gesäten.* Der Mensch führt ein freudiges, fruchtbares Leben, das sich aber auf seine Denkrichtungen beschränkt. Da er sich dessen nicht bewußt ist, bleibt sein Glück unbeeinträchtigt. So schafft *jeder* sich *seinen eigenen Himmel, der für ihn* vollkommen schön ist.

Die menschliche Gemeinschaft ist dort unvergleichlich inniger als auf Erden. Es gibt keine Schranken von Seele zu Seele. Da wir es mit der entzückenden Himmels-Natur unserer Gefährten zu tun haben, ist der Umgang eine Quelle unerschöpflicher Bereicherung. Devachan ist die Blütezeit aller Liebes-Knospen, jede gestörte Liebe kommt dort zu ungetrübter Kraft und Schönheit. Wir treffen unsere Gefährten in ihrer verklärten Gestalt, mit vollem Bewußtsein unserer Beziehungen. Die Zurückgelassenen können des „Toten" himmlischen Aufenthalt nicht betreten, aber er entbehrt nicht ihren Umgang. Seine Liebe schafft plastisch-klare Gedankenbilder von ihnen; und so mächtig ist die Liebe in *dieser* Welt, daß sie das Ego des Freundes anrührt und eine wunderbare Antwort erhält. Dieses Ego gewahrt das Mentalbild und taucht entzückt hinein, denn es bietet auch ihm eine neue Reife-Chance. Jemand, der viel Liebe erwarb, mit vielen echten Freunden „hier" und „drüben", schreitet rascher vor als andere. Jenes Ego beseelt nun ständig das vom Freund gebildete Gedankenbild und stattet es mit den herrlichen Zügen seiner Natur aus. Er kann *nur die* beleben und glorifizieren, die der Freund von ihm kannte und jetzt in das Bild hineinlegte. Dennoch ist die Freundesgestalt, die der Devachani nun um sich hat, viel vollendeter und anziehender als die irdische. Da er es mit der Unsterblichen Seele des Freundes zu tun hat, erfährt er viel Schönes über ihn, und die gegenseitige Liebe wird wunderbar vertieft. Darum empfinden viele Menschen nach dem Tod eines Geliebten oft lange die beglückende Nähe des anderen und wissen unbeirrt, daß er sie vom „Paradies" her weiter liebt. Sie fühlen die innige Verbindung, ohne den Vorgang zu kennen. Erst bei höher-okkulter Entwicklung kann jemand mit Vorausgegangenen *direkt* verkehren.

Nun im einzelnen die *Vier „unteren" Himmel:* Es gibt *hier nicht* ein Vorrücken von einer Unterebene zur anderen. Das war im Astralen nötig, um die verschiedenen Begierden nacheinander auszumerzen. Am Schluß steht der Mensch für die Zeitdauer des Himmelslebens befreit da. Nur was selbstlos und rein-geistig in ihm war, bleibt übrig. Das erhält im mentalen (unteren) Devachan seine herrliche Auswirkung. Durch die Art des Materials wird der Ort und durch die Menge die Verweilenszeit bestimmt.

In die *Erste Region* kommen die Unreifsten, die noch keine höherreligiösen, mentalen und künstlerischen Elemente entfalten und sich ihren Himmel nur durch echte Liebe für Familie und Freunde oder

Verehrung für Größere erwarben. Hier findet die Sehnsucht aller Liebenden – deren höchste Regung diese hingebungsvolle Liebe war, in der sie starben – die glückliche Erfüllung eines langen, trübungslosen Beisammenseins. Alle finden die ihnen gemäße höchste Wunscherfüllung. Alles Gute und Schöne, wofür sie schon aufgeschlossen waren, wird hier gepflegt und genährt, so daß sie mit höheren Empfindungen wiedergeboren werden.

In der *Zweiten Abteilung* sind meist Menschen, deren dominierendes Gefühl eine innige Gottesanbetung war. Deren egoistische Motive wurden – wie erwähnt – in der fünften Astralsphäre ausgewirkt, und die *reinen* Elemente bringen sie in den Zweiten Himmel. Hier betet die Seele verzückt das Göttliche in der auf Erden vorgestellten Gestalt an. GOTT setzt sich Schranken um des Menschen Unwissenheit willen und offenbart sich ihm mittels dieses Gedankenbildes, indem Er Seine Liebe und Herrlichkeit durch das Bild auf ihn ergießt. So wurden Hindus gesehen, die in ekstatischer Verehrung vor dem verklärten Bild Vishnus lagen. Ein irischer Bauer wurde beobachtet, in tiefe Verehrung der Jungfrau Maria versunken, die, auf der Mondsichel stehend, zu ihm sprach. Einen mittelalterlichen Mönch fand man in großer Verehrung des gekreuzigten Christus, das Wundenblut stigmatisierte sich auf seinem Mentalkörper. Jeder beginnt bereichert und erhöht seine neue Geburt.

Der *Dritte Himmel* enthält meist Menschen, deren Hingabe stark durch Tätigkeiten für die leidende Menschheit zum Ausdruck kam. Hierher gehören z. B. Monsieur Vincent und Albert Schweitzer, die in glühendem Mitleid den Worten folgten „Alles, was ihr getan habt an einem geringsten meiner Brüder, das habt ihr mir getan". Auch „atheistische" Philanthropen sind hier. Alle arbeiten ihre teils mißlungenen Pläne hier freudig aus. Diese nehmen gleich die beglückende Form in plastischer Lebendigkeit an. Sie denken sich ein Universum der Güte aus bis zum großartigen Gelingen und entwickeln sich so intensiv, daß sie als wirksame Menschheitswohltäter wieder auf Erden erscheinen.

Die *Vierte Region* ist am vielseitigsten, denn hier leben höchstentwikkelte Menschen, die noch *dieses* Devachans bedürfen. (Später verzichten sie darauf [falls gestattet] oder werden per se dieser Phase enthoben.)
Im Vierten Himmel leben also die spirituellen Fürsten der Kunst, Wissenschaft und Philosophie. Die materiellen Elemente ließen sie (wie erwähnt) in der Sechsten Astral-Unterebene zurück. Auch ihre Ver-

ehrer sind hier, die mit diesen Lehrern, ohne sie auf Erden zu sehen, eine seelische Verbindung schufen, die sie nun glücklich mit ihnen vereint. Aber auch von ihren noch „lebenden" Lehrern erhalten sie kostbare Belehrungen. Denn das Ego eines „lebenden" Lehrers benutzt (wie oben geschildert) das Gedankenbild, das sein Jünger von ihm schuf und erfüllt es mit intensiver Kraft. Der Lehrer auf Erden ist ihm ebenso wirklich wie der devachanische. Die „Meister der Weisheit" arbeiten in dieser Weise stark an ihren devachanischen Schülern. Denn hier sind auch alle ernsten Aspiranten des Höheren Okkultismus, die nun von den Adepten direktes esoterisches Wissen erhalten, so daß ihnen später der „Pfad der Einweihung" eher möglich wird. Hier betätigen Künstler ihre früher unrealisierbaren Schönheits-Visionen mit voller Wunscherfüllung, weil die Mentalmaterie unter ihren Impulsen gleich die vollkommene Form annimmt. Große Maler und Bildhauer schaffen unerträumte Kunstwerke, zur Freude ihrer Gefährten. Solche Gebilde werden oft inspirativ von irdischen Künstlern verwendet. Forscher lauschen der Natur ihre Geheimnisse ab, und vor ihnen entrollen sich Weltensysteme. Sie werden später als geniale, intuitive Entdecker wiederkehren. Einmal wurde ein Astronom beobachtet, der ungeahntes Wissen von hohen Devas empfing, die ihm die zyklischen Bewegungen der mächtigen Sternen-Einflüsse in funkelnden Blitzen offenbarten. Er vernahm auch die glorreichen Rhythmen, die in klingenden Chören von den Sternenbahnen herüberfluteten. Große Musiker strömen sich in Tönen aus, die alles auf Erden Geschaffene in tiefen Schatten stellen.

Alle diese Menschen haben *auch* die persönliche Liebe, die religiöse Andacht und die Philanthropie der ersten drei Himmel in ihrer Natur, verbringen aber ihr Dasein in der Vierten Abteilung – weil jeder an *dem* Ort erwacht, der seinen höchsten Regungen entspricht! Jede höhere Region enthält die Eigenschaften der Vorigen mit in sich – nicht aber umgekehrt.

Der zweite Teil des Lebens nach dem Tod zog an uns vorüber. Es kommt der „*Dritte Tod*". Der Kausalkörper nimmt nun alle astralen *und* mentalen Erfahrungsessenzen als „Permanente Atome" in sich auf, wo sie bis zur nächsten Geburt ruhen. Dann läßt der Mensch auch seinen Mentalkörper – die letzte vergängliche Hülle – fallen und vereint sich mit dem Ego auf der *Kausal-Ebene*. Hier lebt er noch eine Zeit in dieser „Welt der Ewigen Wirklichkeit", der Region der Archetypen, die vom Licht der Buddhi- und Nirvana-Ebenen durchleuchtet ist. Hier ist er über die Illusionen der unteren Welten und über das strahlenbrechende „Medium" des niederen Ichs erhaben und wohnt in seiner „Heimat". Er nimmt auch nicht die Gedankenbilder des „mentalen (unteren) Devachan" mit hinüber. Die meisten verweilen hier nur kurz, weil noch zu unentwickelt, um in dieser Welt des Ewig-Wahren voll-bewußt zu werden. Doch ein aufblitzender Fernblick beleuchtet hier ihre gesamte Vergangenheit.

Wer sich aber auf Erden durch sehr edles Leben und tiefe Kontemplation ein *bewußtes* Leben in dieser Ersten Abteilung des „Höheren Devachan" – dem *Fünften Himmel* – bereitet hat, erhält hier eine gigantische Belohnung. Ihm erschließen sich die erhabenen Menschenziele. Er schaut direkt Grund-Ursachen himmlischer und irdischer Dinge. Durch tiefes Erkennen der Natur-Gesetze sammelt er ein Reservoir unwandelbarer Überzeugungen, die sich in kommenden Erdenleben als intuitive Gewißheiten zeigen. Er ergründet seine ewige Vergangenheit, indem er den von ihm gelegten Ursachen nachgeht, ihre Wirkungen sieht und die Richtung künftiger Leben hellsichtig wahrnimmt.

Noch tiefere Einsicht erhalten die Geister, die sich durch ihren souveränen Entwicklungsstand einen Platz im *Sechsten Himmel* bereitet haben. Sie hatten sich kompromißlos den höchsten spirituellen und ethischen Bestrebungen gewidmet. Im Sechsten Himmel stehen sie nun da in der Majestät ihres erwachten hohen Menschentums und schaffen für ihr nächstes Erdenleben neue gewaltige Energien, die dann schon das Kind der Wiege zu einem mächtigen Menschheits-Pionier stempeln. Ihre Vergangenheit liegt kristallklar vor ihnen; und sie fassen definitive Entschlüsse, welche sie dann ihren Körpern der nächsten Persönlichkeit aufprägen – so daß unvermeidlich alle von der „Inneren Stimme" geforderten Taten vollbracht werden müssen. Der Mensch im Sechsten Himmel schaut die schöpferische Tätigkeit Gottes vor sich und studiert die Archetypen. So badet er im unergründlichen Ozean der Göttlichen Weisheit und enträtselt mit seinen Geistesgefährten viele auf Erden unlösbare Probleme und Göttliche Wege. Hier steht er auch in unmittelbarem Verkehr mit den Adepten und Initiierten unserer Menschheit und nimmt ihre machtvollen Energien auf.

Am herrlichsten erstrahlt der *Siebente Himmel*, das *mentale* Reich der Adepten und ihrer initiierten Schüler. Nur der tritt hier ein, welcher in seinem letzten Erdenleben die Pforte zu den Großen Einweihungen durchschritten hat. Vergeblich wäre jede Schilderung. Ihre Bewohner sind herrliche, sphärische Gestalten. Sie leben im „Ewigen Jetzt", und kein Schleier verhüllt mehr ihre Augen. Sie ergießen aus dieser erhabensten Region unaufhörlich Ströme von begeisternder Kraft auf die menschlichen Seelen, die deren spirituelles Wachstum beleben, ihren Intellekt erleuchten und ihre Gefühle läutern. Von hier empfangen große Genies ihre Inspirationen. Mit stärkster Energie strömen die erhabenen Impulse von hier in die unteren Welten.

In dieser höchsten Himmels-Welt ist die größte Seligkeit die des unterschiedslosen Dienens.

Wir sind am Ende unserer Wanderung durch das Jenseits, der Kreislauf ist vollendet. Wenn ein Sterblicher das Ende seines Paradies-Lebens erreicht hat, erwacht ein gebieterisches Drängen in ihm, sich wieder zu neuem Fortschritt in das Tätigkeits- und Kampfgetriebe der Erde zu stürzen. Die tiefen Weiten und strahlenden Fernen von Devachan versinken. Er erhält eine Vorschau über sein künftiges Erdenleben, wofür den Höherentwickelten eine weitgehende Wahl eingeräumt wird, und – die neue Geburt erfolgt.

Ein „erwachter" Mensch, welcher sich schon auf Erden dem allgemeinen, trägen Entwicklungsstrom entrissen und mit echter Arbeit an sich und für andere begonnen hat, führt auch im *gesamten* Jenseits ein bewußtes und aktives Leben. Er hat dort viel grandiosere Möglichkeiten als auf Erden, seine Liebeskraft und seine geistigen Erkenntnisse in jenen (für irdische Sicht) ungeheuer langen Zeiträumen helfend zu verwenden.

Wir sahen: „Diesseits" und „Jenseits" sind keine getrennten Dinge, sondern nur scheinbar verschiedene, ineinander verschlungene Wesens-Aspekte

DES EINEN GROSSEN LEBENS.

Alle, die auf den Höheren Okkultismus inklinieren, haben, aus Gründen der Barmherzigkeit, die dringende Pflicht, das verfügbare Wissen vom „Tod" mit großem Ernst zu studieren, um es immer intensiver zum wundervollen Segen aller hierüber Unwissenden überall zu verbreiten. Dann wird jeder so Wirkende später auch in den jenseitigen Welten als ein wahrer Licht-Bringer erscheinen, wenn er den irdischen Körper verlassen hat. Möge das Studium der Esoterischen Weisheit immer mehr Menschen fähig machen, immer mehr helles, erlösendes LICHT zu verbreiten – auf der Erde, in der Zwischenwelt und im Paradies!

Literaturnachweis:
C. W. Leadbeater „The Devachanic Plane"
C. W. Leadbeater „The other Side of Things"
C. W. Leadbeater „Das Leben nach dem Tod"
C. W. Leadbeater „Die Astral-Ebene"
C. W. Leadbeater „Unsichtbare Helfer"
Dr. Annie Besant „Die Uralte Weisheit"
Dr. Annie Besant „Devachan — a World of Thought"
Dr. Annie Besant „Der Tod — und was dann?"
Geoffrey Hodson „The Gateway of Death"

28. Devachan - Darstellungen von Adepten über Jenseits-Zustände

(Dieses Kapitel ist keine systematische Wanderung durch die Jenseitszustände, wie Kap. 27, sondern beinhaltet einige Spezial-Mitteilungen über dieses Thema.)

Obwohl die Menschheit seit vielen Jahrmillionen existiert, schafft der „Tod" als grimmiger „Sensenmann" noch immer schlimme Furcht- und Leidensgefühle in der westlichen Hemisphäre. Aber wir alle haben den eigenen „Tod" schon unzählige Male erlebt. Die noch fehlende Erinnerung dieser früheren Geburten und Tode ist kein Kriterium gegen ihre Existenz. Die ALL-NATUR verhüllt dem Menschen gnädig seine vergangenen Missetaten, um seine unbeschwerte Weiterentwicklung nicht zu stören. Für philosophische Geister enthält der „Tod" keine Schrecken, er ist ja immer eine hochwillkommene Rast zwischen zwei mühevollen physischen Pilgerfahrten. *Alle* Menschen unterstehen diesem Natur-Gesetz, welches den

Zyklus seiner stets wiederkehrenden Rückkehr ins Erdenleben regiert – so lange, bis sie „Vollkommene Seelen" geworden sind. Ob jemand als ein Idealist oder „Sünder" stirbt, seine Wiederkehr ins Erdenleben ist ihm von der ALL-NATUR garantiert.

Der Mensch ist selbst der Beweis seiner vergangenen Inkarnationen. Er stellt immer eine lebendige Synthese seiner Verkörperungserfahrungen dar und kann sich im tiefsten Inneren nicht vorstellen, daß sein Bewußtsein je zerstört werden könnte. Die Todes-Art unterliegt dem Karmagesetz. So werden z. B. die, welche andere willentlich umbrachten, jetzt oder in einem künftigen Leben einen ähnlichen Tod zu erwarten haben. Die, welche einen friedlichen, natürlichen Tod am Ende einer irdischen Existenz verdienten, sind glücklich zu preisen.

Westliche Religionen und Wissenschaften können den durch Todesfälle unglücklichen Menschen kaum einen Trost geben. Doch sie brandmarken die logischen Lehren anderer Völker als Aberglauben und Heidentum. So führen „Blinde" die „Blinden". Unwissenheit erzeugt weitere Unwissenheit. So ist es kein Wunder, daß die Menschen den „Tod" fürchten, da sie doch zeitalterlang *selbst* soviel beunruhigende Verwirrung darüber schufen! Todesfurcht braucht aber niemanden zu quälen; denn die Uralte Esoterische Weisheit lehrt und beweist die beglückenderen Bewußtseinszustände in allen überphysischen Reichen. Eine vollständigere „Hölle" als die, welche der Mensch sich mit seinen rohen, törichten Ansichten und Gewohnheiten allezeit und allerorts geschaffen hat, kann es kaum geben. Die theologische Lehre von ewigem Himmel und ewiger Hölle ist die jämmerlichste aller Erdichtungen – die unlogischste und grausamste Idee, welche je aufgestellt wurde – eine unfaßbare Beschimpfung der menschlichen Intelligenz!
Der „Tod" des Menschen ist jedoch immer eine Geburt in das *ihm entsprechende* überirdische Reich, so wie die Wiedergeburt ein „Tod" aus der überirdischen Region ist. Diese Geburten und Tode folgen einander wie eine Radspeiche der anderen.

Im *Augenblick des „Todes"* überschaut der Mensch seine Handlungen bis zur Geburt, so daß jede in seine Seelenstruktur eingebaut wird. Diese Rückschau des Sterbenden geschieht, wenn er schon tot erscheint, denn das Gehirn ist das letzte sterbende Organ. In wenigen Momenten wird sein ganzes Leben im Gedächtnis reflektiert. Es strömt aus allen vergessenen Winkeln hervor – ein Bild nach dem anderen. Das sterbende Gehirn lenkt das Gedächtnis mit einem starken, erhabenen

116

Impuls, so daß dieses jeden Eindruck wieder herstellt, der ihm je anvertraut wurde. Die idealistischen Eindrücke werden natürlich die lebendigsten sein und überleben alle übrigen. Und nur *sie* erwachen wieder im Devachan. Kein Mensch stirbt im Wahn oder unbewußt, wie Psychologen behaupten. Sogar ein Irrsinniger oder jemand im Delirium tremens hat in der Todesstunde jenen Augenblick voller Helligkeit – was er aber den Anwesenden nicht sagen kann. Vom letzten Herzschlag an, bis der letzte Lebensfunke den Körper verlassen hat, denkt das Gehirn noch immer weiter, und das Wunder dieser grandiosen Rückschau vollzieht sich. Jeder, der an einem Sterbebett steht – in der feierlichen Gegenwart des Todes-Engels – spreche flüsternd, um nicht das ruhige Rieseln der Gedanken des Sterbenden zu stören und nicht das eifrige Werk der Vergangenheit zu hindern, die jetzt ihre Widerspiegelung auf den Schleier der Zukunft breitet.

Die volle Erinnerung der *gesamten* Leben wird erst an der Schwelle des NIRVANA erstehen. Aber auch jedesmal nach dem Ende eines Devachan – vor einem neuen physischen Abenteuer – erscheint ein Augenblick, wo der Mensch seine früheren Leben kurz in wahrer Perspektive sieht. Erfolge, Fehlschläge, Glück, Elend, Höhen und Tiefen, alles wird dann als notwendig erkannt, nichts *an sich* ist gut oder böse, sondern es ist nur dementsprechend geworden, wie oder wann es angewendet wurde!

Im Zusammenhang mit diesem Rückblick kommt eine flüchtige *Vorschau* auf die Arbeit der kommenden Inkarnation und ein Umriß *der* wichtigen Ereignisse, die geschehen müssen, wenn die Zeit reif ist. Zuweilen kommt eine schwache Erinnerung, wenn man empfindet, daß dieses oder jenes Ereignis unvermeidlich war. Doch das ist keine Art von Fatalismus, denn obwohl gewisse Dinge karmisch geschehen müssen, ist die Art, wie wir unserem Schicksal begegnen und in unvermeidlichen Situationen handeln, *nicht* vorausbestimmt. Aber gerade dadurch lernt der Mensch, die Kraft des Freien Willens zu gebrauchen!

Nach der Vorschau kommt die Reise durch den „*Lethe-Fluß*", die Dunkelheit des Mutterleibes, und – alles ist vergessen. Dann wird offenbar, daß manche Menschen prachtvolle Körper verdienten und andere nicht, und manche sogar angeborenes Siechtum oder Krüppelhaftigkeit. Das Gesetz des Ausgleichs kennt keine Ausnahme, bis endlich jeder einmal das Göttliche Wissen erlangt, das Befreiung von physischem Leben und Leiden bringt.

Nach dem „Tod" wird der Mensch zunächst bewußtlos. Die Körpertätigkeiten verlöschen für immer und die mentalen für eine gewisse Zeit. Zwar wird dann oft noch sein Astralkörper gesehen, wie in Fällen von „Erscheinungen" nach dem Tod. Aber wenn diese nicht einem direkten Mitteilungsverlangen des „Verstorbenen" entstammen, ist ihr Auftreten rein-automatisch.

Betreffs des *Jenseitslebens im Astralen,* des sogenannten „Fegefeuers", bilden Selbstmörder und Unfallsopfer eine Ausnahme. Ein eines natürlichen Todes Gestorbener verbringt einige Stunden bis viele Jahre in einer quasi-irdischen Anziehung, d. h. in „seinen" Astralwelten, um dort durch das Ausbrennen seiner mehr oder weniger niederen Neigungen – was durch den Verlust des dafür nötigen physischen Körpers geschieht – geläutert zu werden. Aber im Fall *jener* Ausnahmen muß ein Ego, dem karmisch 80 Jahre für dieses Leben bestimmt waren – dessen Leben jedoch durch Selbstmord oder einen nicht direkt im Karma liegenden Unfall schon als Zwanzigjähriger beendet wurde – etwa 60 Jahre im Astralen verweilen. Er bleibt in der astralen Erd-Atmosphäre bis zu der Zeit, die seine natürliche Lebensperiode gewesen wäre. Denn auch diese Lebenswelle muß bis zu ihrem Strand laufen.

Im Fall des Selbstmords gilt kein Unterschied, ob ein Mensch sich erschießt oder vergiftet, sich zu Tode trinkt oder durch überanstrengendes Studium sein Leben verkürzt. In *jedem* Fall wurde die natürliche Lebenszeit vorweggenommen. Welcher Unterschied besteht aber, ob einer als Mörder hingerichtet wurde oder durch Verkehrsunglück oder durch Kugeln und Bomben fällt? In den seltenen Fällen, wo der plötzliche Tod nicht im *direkten* Karma verankert lag, wird die natürliche Todeszeit ebenfalls vorweggenommen, mit den Konsequenzen des längeren Astrallebens, wenn auch in sehr *verschiedenen Umständen!* Manche spiritistischen Phänomene stammen von *diesen* menschlichen Geistern. Weitere stammen von Bewußtseinsreflexen der abgelegten, seelenlosen Astralkörper von Verstorbenen; und ein noch weiterer Teil von mutwilligen Naturgeistern, welche die Rolle von Verstorbenen spielen. Nur ein kleiner Teil stammt von Menschen, die eines natürlichen Todes starben und ihr kurzes Astralleben verbringen, von wo auch sie zuweilen zu Séancen herabgezogen werden – was ihnen wegen der Störung ihrer Jenseitsentwicklung fast immer stark schadet! Die „Geister" der „Lebenden" können viel gefahrloser und leichter zu ihnen aufsteigen – etwa in „Träumen" – als umgekehrt.

Nur ganz selten treten Geister von höherer Entwicklung in „Zirkeln"
auf, um edle moralische oder künstlerische Lehren zu künden; und
noch seltener würden sie einen genügend reinen Teilnehmerkreis finden. Selbstmörder und manche Unfallopfer können also – wegen ihrer
langen Astralzeit – zu spiritistischen Sitzungen angezogen werden,
müssen jedoch teuer für solche Besuche zahlen. Es ist ein verhängnis-
volles Vergehen, sie durch solche Séancen in die offenen Tore der
Medien zu ziehen, ihr Gedächtnis zu beleben und ihr Leiden zu verstärken, indem ihnen Gelegenheit zu einem künstlichen, abnormen
Leben gegeben wird, wodurch sie ihr Karma überladen. Der *Selbstmörder*, der einem schwierigen Leben zu entfliehen hoffte, findet sich
weiter lebendig, mit großen Leiden vor sich, die aus der intensiven Erinnerung an alles böse Vorhergegangene *und* der trostlosen Absper-
rung von lichten Einflüssen bestehen. Er irrt in traurigem Dunkel
umher, mit *nur* Leidensgenossen als Gefährten. Noch schlimmer: Er
hat durch seine waghalsige Tat vorläufig sein Buddhi- und Atma-
Prinzip verloren. Obwohl im Sitzungsraum scheinbar aktiv
erscheinend, ist er doch *bis zu dem Tag*, wo er seines natürlichen Todes
gestorben wäre, durch einen Abgrund von seinen höheren Prinzipien
getrennt, sie bleiben passiv! Anstatt Möglichkeiten zur Sühne wahrzunehmen, wird er durch spiritistische Machinationen dazu gebracht,
das physische Leben schmerzlich zu vermissen und verführt, durch
illegale Mittel wieder einen Halt darin zu gewinnen, indem er sensitive Personen besessen macht. Dann kann er seine Begierden gründlich
befriedigen, aber *nur* vermittels eines „lebenden" Mediums.

Doch bei *Unfall-Toten* bleiben die höheren und niederen Prinzipien
wie bisher verbunden. Bei diesen relativ „unschuldigen" Menschen
tritt ein von glücklichen Träumen durchzogener Schlummer ein oder
tiefer, traumloser Schlaf, bis die natürliche Stunde schlägt. Das
Unfall-Opfer ist ja für seinen Tod nicht verantwortlich. Auch wenn
dieser (wie meist) aufgrund einer Vor-Inkarnationstat erfolgte, war
er doch nicht das direkte Resultat einer von der Person *dieses* Lebens
begangenen Handlung. Die Schicksalsmächte beschützen darum das
hilflose Opfer, wenn es gewaltsam aus seinem Element in ein neues
geworfen wurde, bevor es dafür vorbereitet war.

Verbrecher können nie ihrer Sühne entgehen, aber es wird mehr das
Motiv vergolten als die oft unvorhergesehene Wirkung. Ein
Selbstmörder kann ja ein Mensch sein, der sich ertränkte oder jemand,
der sich durch übertriebenes Studium tötete. Denn Wasser hat die

Eigenschaft, Menschen zu ertränken und zuviel Gehirnarbeit die, Gehirnerweichung zu schaffen. Aber: Das Motiv wirkt entscheidend. Der Mensch wird stets nach seiner direkten Verantwortlichkeit behandelt. Jemand, der seinen Tod z. B. in geistiger Umnachtung verursachte oder sich für andere zum Opfer brachte, fällt in Schlummer wie ein Unfallsopfer. Ein böswilliger, hingerichteter Mörder fällt in einen Zustand, in dem er immer wieder seine grausige Tat vollbringt und die damit verbundenen Leiden erlebt, indem er immer wieder Versuchung, Tat und Hinrichtung erduldet – eingehüllt in seine letzten Gedanken, besonders derer, die ihn auf der Richtstätte quälten. Opfer von Krankheits-Epidemien hätten diesen nicht unterliegen können, wenn sie nicht karmisch die Keime zu solchen Leiden in sich getragen hätten. Die Opfer eines gewaltsamen Todes werden also – wegen langen Astrallebens – oft von Medien zur Erschaffung neuen, üblen Karmas verleitet. Wurden sie triebhaft, im Rausch grober Leidenschaften vom Leben abgeschnitten, lassen sie sich leicht aus ihrem Traumbewußtsein reißen und werden durch Medien verlockt, alles nochmals auf unnatürlichem Umweg zu genießen. Sie werden zu „Dämonen" der Alkoholsucht, Gefräßigkeit, Wollust und Habgier. Als psychische Vampyre reizen sie ihre Opfer zu Verbrechen an und schwelgen an ihrerstatt. Relativ gute Menschen werden nach einem gewaltsamen Tod in jenen friedlichen Schlummer getragen, wo sie – ohne Erinnerung an ihren schrecklichen Tod – inmitten ihrer vertrauten Umgebung dahinträumen, bis ihre natürliche Lebenszeit vorbei ist und ihr *normales* Astralleben beginnt und sie später im Devachan erwachen. Aber wehe denen, deren Genußgier sie zu Medien hinzieht, und wehe denen, die sie zu ihrer Rückkehr verleiten! Denn indem das Medium ihren Durst befriedigt, trägt es bei, ihnen einen künftigen Körper mit sehr schlechten Begierden zu schaffen. Denn der neue Körper wird dann nicht nur durch das letzte Lebens-Karma erbaut, sondern auch durch dieses elende Zwischendasein. Wüßten viele Spiritisten, daß sie mit jedem entzückt bewillkommneten „Geistführer" diesen zu einer Rückkehr verlocken, die unzählige Leiden für das Ego erzeugt, das dann unter diesem trüben Schatten wiedergeboren wird; und daß sie (besonders mit jeder Materialisationssitzung) diese Leidensursachen vervielfältigen, welche die unglückliche Seele zu einer schlechteren Inkarnation führt als je zuvor – dann wären sie mit ihrer „Gastfreundschaft" weniger verschwenderisch. – Darum stellen wahre MEISTER und Weise (und auch die Theosophie-Schüler) sich entschieden dem Spiritismus und seinem Medienwesen entgegen.

120

Nach dem Eingehen eines Menschen in die Himmelswelt geschieht etwas Geheimnisvolles. Hier unten haben vielleicht die Stunden, die jemand völlig seinen Idealen lebte, zusammen nur mehrere Jahre betragen. Aber er kann nachher enorm lange im Devachan verbringen. Woher die zeitliche Diskrepanz? Ein unendliches Göttliches Bewußtsein wartet stetig, um die unendliche Fülle von Liebe und Glückseligkeit auf seine Welt auszustrahlen. Aber seine Wirksamkeit ist im Physischen und Astralen sehr beschränkt. Denn wir, seine „Kinder", leben wie in einem dunklen Haus mit einigen Fenstern, die wir ab und zu dem Sonnenlicht öffnen. *Das* geschieht in unseren *echt*-liebenden künstlerischen und philanthropischen Phasen. Mit diesen Sehnsuchtsbildern leben wir dann in der Himmelswelt. Aber in diese Imaginationen von unseren Geliebten, in diese Gottesanbetung, diese künstlerischen Träume und philanthropischen Pläne ergießt sich dann immer Gott, unser „Vater". Und so viel hat er uns zu geben, daß es Jahrhunderte braucht. Dies ist *ein* Grund für das lange Devachanleben.

Daß aber eine relativ kurze Zeit hoher Gefühle auf Erden über Äonen hin verewigt wird, bedeutet keineswegs, daß Devachan ein „monotoner" Zustand sei. Es gibt zwei Felder des Kausalgeschehens. Die gröberen, in den schweren Materie-Zuständen wirkenden Energien manifestieren sich im physischen Leben und ihr Ergebnis ist die neuerscheinende Person. Doch die ethischen und spirituellen Tätigkeiten finden ihre Hauptauswirkung im Devachan. Zum Beispiel: Eventuelle physische Laster und Anziehungen eines Philosophen können zur Geburt eines reichen „Epikuräers" führen. Oder ein sehr geiziger Weiser kann „später" als eifriger „money-maker" mit starker Intelligenz wiedererscheinen. Doch ihre moralischen und spirituellen Charakteristiken müßten *auch* ein Feld zur *völligen* Auswirkung finden. Devachan ist dieses Feld! Daher kämen all ihre großen Pläne von moralischen Reformen, von Erforschung der Naturgesetze, alle edlen Bestrebungen im Devachan zur vollen Frucht; und die Seele würde in dieser selbstgeschaffenen Welt ein glückliches Leben führen. Verglichen mit einem Traumzustand, wäre er so realistisch, daß keine irdischen Realitäten es an Lebendigkeit mit ihm aufnehmen könnten. Und dieser wundervolle Zustand hält an, bis Karma *auch hier* befriedigt ist – bis die zyklische Kraftwoge ihren Strand erreicht und die Seele in die nächste ursacheerzeugende Erdenzeit eintritt.

Ein dominierender Charakterzug wird zu einer Art Schlüsselnote für Devachan. Er rangierte quasi vom Anfang bis zum Ende des beendeten Lebens als ein bestimmter „Ton", um welchen sich variierend all die Wünsche, Hoffnungen und Träume scharten, die je in Verbindung mit jenem Schlüsselton in diesem Menschen lebten, ohne auf Erden annähernd Erfüllung gefunden zu haben – die er aber in lebendiger Herrlichkeit im Devachan verwirklicht findet. Jener Grundton, der auch am intensivsten in den Gedanken des sterbenden Gehirns lebte, hat stets alle anderen Ideen beherrschend durchstrahlt, die ihren Platz in diesem schwebenden Reigen vergangener Visionen hatten. Kein Mensch lebt, der nicht irgendeine tiefe Zuneigung oder einen dominierenden edlen Wunsch hätte, keiner, der sich nicht zuweilen immateriellen Sehnsuchtsträumen hingäbe, die als Variationen ad infinitum um ein Haupt-Thema kreisen und von ihm Farbe und Form bekommen. Jeder Mensch, der sich bemüht, im Devachan etwas von den Mysterien der ALL-NATUR zu erfassen, beginnt sein neues Leben in einem höheren Geisteszustand als ihm durch seine irdischen Taten möglich wäre. Jedoch nichts könnte den Unterschied zwischen dem geistigen Zustand eines Menschen auf *Erden* und dem seiner *himmlischen* Tätigkeitsperiode schildern.

Ferner: Je mehr Verdienste, desto längeres Devachan. Allerdings gibt es dort fast kein Gefühl vom Verfließen der Zeit. Es gibt keine Zeitmesser im Devachan – obgleich in *einem* Sinn der gesamte KOSMOS ein gigantischer Chronometer ist. Auch auf Erden werden wir uns in Glückszuständen nur wenig der Zeit bewußt und finden sie immer zu kurz! Was aber niemanden hindert, sie voll zu genießen. Weil der Seligkeitskelch des „Devachani" bis zum Rand gefüllt ist, verliert er das Gefühl vom Zerrinnen der Zeit. Diese ist selbstgeschaffen. Sogar auf Erden erscheint eine Minute intensiver Qual wie eine Ewigkeit, während glückliche Stunden, Tage und Jahre wie ein Augenblick „vorüberfliegen". Raum und Zeit betreffen nur unsere Gefühlseindrücke auf Erden, nicht aber die im Devachan. Dort finden wir nicht a priori Vorstellungen von Raum und Zeit vor, sondern der Devachanbewohner selbst kann beides schaffen und es gleichzeitig annullieren. So können die Jenseitszustände nie vom Verstand her beurteilt werden, da dieser nur in der Sphäre physischer Ursachen wirkt. Aber die ALL-NATUR versieht den Menschen dort mit sehr viel mehr Glückseligkeit als *hier* möglich, wo all die Nöte physischer Übel und des Schicksals gegen ihn sind. Seine hier bestehende Hilflosigkeit, die ihn durch jeden rauhen Wind hin und her treibt, macht Glückseligkeit auf dieser Erde unmöglich; man könnte dieses Leben einen Alpdrucktraum nennen.

Auch für den Menschen im Devachan gibt es (ähnlich wie im Erdenleben) ein erstes Aufflackern jenes glücklichen, psychischen Lebens, dann lange Vollkraft und zuletzt die Energieerschöpfung bis in allmähliches Vergessen. Danach erfolgt die Geburt in eine andere Person und Wiederaufnahme irdischer Tätigkeiten, welche täglich neue Ursachen erzeugen, die in einem anderen Devachan und einer anderen Neugeburt ausgewirkt werden müssen. Welcher Art das Leben im Devachan und das auf Erden jeweils ist, wird vom Karma bestimmt. Dieser beschwerliche Kreislauf wird immer wieder durchlaufen, bis der Mensch die Adeptschaft erlangt hat.

Betrachten wir nun den Fall eines Durchschnittsmenschen, der kaum einen Eindruck in der Welt hinterließ. Was dann? Sein Devachanzustand wird logischerweise, obwohl selig, farblos wie seine Persönlichkeit sein. Nehmen wir aber den Fall eines sehr grausamen, ehrgeizigen, habsüchtigen, hochmütigen Menschen, der dennoch zuweilen ein Aufblitzen seiner höheren Natur gezeigt hat. Dieser unter vielem Schmutz schwelende „Funke" wird dann der Anziehung der „Achten Sphäre" entgegenwirken. In jener „Grube der Vernichtung" versinken nur die absoluten Fehlschläge der NATUR, deren Monaden sich während der letzten Erdenleben von ihnen trennten und die als schwarzmagisch-„seelenlose" Wesen lebten. Doch der oben erwähnte Mensch ist kein solches, er wird nicht ausgelöscht, sondern „bestraft". In ihm ist eine stark-schädliche Energie, die oft durch Lebensumstände entwickelt und genährt wurde, von denen manche kaum unter seiner Kontrolle standen. Für eine solche Natur gibt es einen dem Devachan entsprechenden Zustand: „Avitschi" genannt – eine Antithese von Devachan, oft als „Hölle" vulgarisiert und von Dante und Milton seherisch beschrieben. Doch eine solche Apotheose des Bösen wird nur selten erreicht! Es gibt sehr viel mehr scheinbare und relative als tatsächliche Schlechtigkeit auf Erden (z. B. bei Gemütskranken).

Im Devachan waltet ein unaufhörlicher Wechsel von Eindrücken und Tätigkeiten wie auf Erden – doch mit dem entscheidenden Unterschied, daß für den „Devachani" *alles* freudenvoll verläuft und sein Leben mit ununterbrochenem Entzücken erfüllt. Devachan ist die Frucht- und Erntezeit aller hellschimmernden Saatkörner, die während unserer edlen Hoffnungen, Träume und Phantasien vom Baum der physischen Existenz gefallen sind, die in einem undankbaren irdischen Boden erstickten und in der herrlichen

Morgendämmerung von Devachan erblühen und unter seinem ewig-befruchtenden Himmel reifen. Sie werden durch Assimilierungsvorgänge in Tugenden und Kräfte umgewandelt, die bei der nächsten Geburt als angeborene Charakteristiken „mitgebracht" werden. Keine Fehlschläge gibt es in diesem Paradies, keine Enttäuschungen! Selbst wenn ein Mensch nur wenige Stunden ideal-spirituellen Glückes erlebt hätte, so würde sein Devachan nicht aus einer unbeschränkten Verlängerung jener Stunden bestehen, sondern aus den zahllosen Variationen innerer Erlebnisse, die jenen Augenblicken entsprangen. Eine auf der Harfe des Lebens angeschlagene Note bildet dort den Schlüsselton von unzähligen Tönen und Obertönen eines psychischen Melodienreigens. Alle unverwirklichten Hoffnungen, alle nicht-materiellen Wünsche und Sehnsüchte werden dort völlig realisiert. Die Visionen der Erdenexistenz werden zu den Wirklichkeiten von Devachan. Und dort, hinter dem „Schleier der Maja", werden deren täuschend-schwankende Erscheinungen von den Weisheits-Schülern, die das Mysterium des SEINS durchdringen konnten, nach ihrem wirklichen Wert erkannt. Die vollständige Erinnerung aller irdischen und devachanischen Erlebnisse kommt für jeden an der Schwelle von NIRVANA. (Siehe Kap. 8)

Einander liebende und verwandte Seelen leben zwar ihre eigenen Devachan-Empfindungen aus, machen aber ihre Freunde zu Teilhabenden. (Devachan ist mehr ein Zustand als eine Lokalität).

Die Astralwelt als Läuterungsort, die untere und die obere Himmelswelt stellen die drei Aufstiegssphären im Jenseits dar. In den obersten Astralregionen befindet sich auch das glorreiche „Sommerland" der Spiritisten. Auf dessen Horizont sind ihre besten Seher beschränkt; und sie halten es oft für das echte Paradies. Diese Schau ist höchst unvollständig, weil ungeschult und nicht von esoterischer Weisheit geleitet.

Die *Verweilenszeit* im Devachan richtet sich nach den höher-psychischen Impulsen des Erdenlebens oder auch nach zwingenden anderen Gegebenheiten. (Siehe Kap. 13) Die Menschen, deren Anziehungspunkte vorwiegend materiell waren, kehren (grundsätzlich) rascher zur Wiedergeburt zurück. Die „Belohnung" aber, welche die ALLNATUR für Menschen bereit hält, die in einer *universalen* Weise wohlwollend, liebevoll und gütig wirkten, die also ihre Neigungen nicht auf einzelne begrenzten, ist die, daß sie rasch durch die Astral- und auch die untere Himmelswelt in die höhere Devachansphäre

gelangen. Hier erfüllen die Bildung kosmisch-abstrakter Ideen und die Kontemplation der Ewigen Göttlichen Prinzipien ihr tiefentzücktes Denken. (Jedoch auch der höchste Devachan-Grad ist nicht jenem vollkommen-spirituellen Zustand vergleichbar, aus dem die Monade bei ihrem Ur-Abstieg auftauchte und zu dem sie nach Vollendung des gigantischen Zyklus – im Status eines Logos – zurückkehrt.)
Je beschränkter die Vorstellungen eines Menschen, desto länger hängt er den unteren Sphären an. Devachan hat wenig Ähnlichkeit mit den Paradies-Illusionen der exoterischen Religionen. Auch kann der „Devachani" nicht besuchsweise zur Erde zurückkehren.
Reine, sensitive Seelen meinen oft, ihre Geliebten kämen während ihrer Visionen zu ihnen auf die Erde zurück, doch in Wirklichkeit wurden *ihre* Geister zu denen im Devachan emporgehoben.

Nach dem „Tod" wird der Mensch durch das astrale „Purgatorium" gereinigt. Der Astralkörper löst sich während dieser Vorgänge stückweise auf. Jeder, der danach im Devachan „geboren" wird, ist so „unschuldig" wie ein neugeborenes Kind. Während das üble Karma jetzt beiseitetritt, um ihm erst in seinen künftigen Geburten wieder zu folgen, bringt er *nur* das glückliche Karma seiner edlen Taten, Worte und Gedanken mit ins Devachan. Darum kommen alle nicht im Sumpf schlimmster Sünden Versunkenen hierher. Sie werden später für ihre Missetaten zahlen müssen, aber *jetzt* werden sie für alle guten Ansätze wunderbar „belohnt". Es ist ein Zustand, in dem der Mensch die Folgen seiner selbstlosen Momente auf Erden erntet. Er ist von der seligen Erfüllung all seiner aufstrebenden Neigungen und Träume durchdrungen und sammelt quasi die Frucht aller verdienstlichen Handlungen ein. Kein Schmerz, kein Kummer, keine Sorge oder Enttäuschung naht, um den strahlenden Horizont seiner berückenden Seligkeit zu verdunkeln. Alles Freudenvolle ist mächtig verstärkt. So übergroß, daß der Glückliche nicht durch den Schleier von Übeln und Leiden schauen kann, denen seine Geliebten auf Erden ausgesetzt sind. Er lebt in einem unbeschreiblich-entrückten Seelenzustand mit seinen Geliebten, mit denen, die gleich ihm entkörpert sind, aber auch mit den noch auf Erden Lebenden. Er hat *auch sie* in ihrer Himmelgestalt nahe bei sich – ebenso glücklich und unschuldig wie er selbst. (Siehe Näheres Kap. 27)
Es gibt unbegrenzte Variationen der devachanischen Zustände, für jeden so viele, wie seine Imagination es zuläßt.
(Aus dieser herrlichen Eindrucksfülle heraus wird der Mensch dann

später in den Strom geleitet, der ihn wieder zu einer exakt für ihn passenden Geburt führt. Es ist alles absolut harmonisch in der ALL-NATUR eingerichtet, besonders auch im menschlichen Schicksalsbereich; und kein Fehler kann von den Karma-Gottheiten begangen werden.)

Man könnte nun sagen: „Angesichts dieser Ideen würde ein rein-spiritueller Zustand doch nur für hoch-geistige Wesen erfreulich sein. Doch was ist mit den Myriaden von anständigen Menschen, die aber überhaupt nicht „vergeistigt" sind? Wie sollen sie aus dem Materiellen heraus zu einem geistigen Daseinszustand geeignet gemacht werden?" Nun, es ist ein geistiger Zustand nur im Kontrast zum materiell-*irdischen* Leben. Die vielen Geistigkeitsgrade unter den Menschen bestimmen die enormen Variationsmöglichkeiten der Devachanzustände. Z. B. eine Mutter aus einem primitiven Stamm ist nicht weniger glücklich als die Frau aus einem Palast – mit ihrem verlorenen Kind im Arm. Die Freude eines „Wilden" in jenem Land seiner Träume ist *für ihn* ebenso intensiv wie die Ekstase eines Musikliebenden, der Jahrhunderte verbringt, um herrlichen Symphonien wirklicher oder imaginärer Engelschöre zu lauschen. Da es nicht die direkte Schuld des Ersteren ist, als Wilder mit dem Instinkt zum Jagen und Töten geboren zu sein, muß er auch seinen Anteil am Glück genießen, wenn er dabei ein guter, sorgender Sohn, Ehemann und Vater war. Der Fall liegt ganz verschieden, wenn die gleichen Taten von einem gebildeten, zivilisierten Menschen aus Jagdbegier und Sucht nach Tierfleisch begangen werden, *ohne* daß er – wie der „Wilde" – dadurch seine Nahrung gewinnen *muß!* Der Wilde wird aufgrund seiner niederen Stufe bei seiner Neu-Inkarnation einfach wieder einen niederen Platz auf der Entwicklungsleiter einnehmen, während das Karma des anderen stark mit moralischer Schuld vergiftet wird.

Beim Sterben des Menschen vergeht auch der Äther- und später der Astralkörper. Die „niedere Triade" verschwindet. Der untere und der obere Manas, das Buddische und das Atmische Prinzip bilden die überlebende „Höhere Quaternität". Nach dem Devachan zieht das Buddische Prinzip die Quintessenzen alles Guten aus dem Höheren Manas in sich hinein – seine edlen Neigungen, sein heiliges Streben, *mit* den vergeistigten Aspekten des unteren Manas. Der untere Mentalkörper bleibt als eine leere Schale zurück, um noch eine Zeit mit vagen, anhaftenden Gedächtnisresten und Instinkten in der Erd-

Atmosphäre umherzuschweifen. Dies ist oft der vernünftig oder
töricht sprechende „Geistführer" der Durchschnittsmedien.

Wenn das Ego aber garnichts aus einer gestorbenen Person verwerten
kann – infolge ihrer völligen Trägheit – wird es erst nach einer langen
Periode unbewußter Ruhe im Grenzenlosen Raum in einer anderen
Persönlichkeit wiedergeboren. Wenn es einst an der Schwelle des
Absoluten Bewußtseins von PARANIRVANA steht, wird *dieses*
verlorene Leben eine schmerzlich ausgelöschte Seite im großen Buch
seiner Inkarnationen sein. Die *Monade* wird sich seiner nie mehr
erinnern. Zur Ehre der Menschheit sei gesagt, daß ein solch gänzliches
Auslöschen aus der Chronik des Universalen SEINS eine große Ausnahme bedeutet.
Buddhi und Atma bilden das ewige, aber zuerst „unbewußte" Monadische Selbst. Um zum *individuellen* Bewußtsein zu erwachen, benötigt die Monade die höchsten Attribute des Höheren Manas; und
dieser ist das „Ego", welches immer, ob verkörpert oder nicht, im
Höheren Devachan lebend, wirksam ist. Das Ego ist nicht imstande,
etwas aufzunehmen, was nicht schön, rein und heilig ist, daher können
keine sinnlichen Aspekte, keine unschönen Erinnerungen seiner gestorbenen Persönlichkeit dem Gedächtnis des Egos in die Region der Seligkeit folgen. Dies ist auch technisch nicht möglich, weil ja der Astralkörper – der alleinige Sitz niederer Gefühle – sich vor dem Eingang in
Devachan aufgelöst hat. Die geistige Individualität bleibt also *immer*
unbefleckt, und Devachan ist so das vollkommen reine Land ohne
Häßlichkeit und Sorge. Und da – in der Gesamtheit des Verkörpe-
rungszyklus – die Zeitspanne der *verkörperten* menschlichen Existenzen im Verhältnis zu seinem unverkörperten Dasein nur gering ist,
schaffen seine guten irdischen Gedanken, Worte und Taten freudenvolle Auswirkungen, die sehr viel mehr Zeit brauchen als die
Ursachen.

Die meisten Kandidaten für Devachan erwachen dort noch mit einer
nur teilweisen Erinnerung. Sie besteht vorwiegend aus einer Reihe von
beglückenden Szenen, in deren Spielraum sie die Personen finden, die
sie am stärksten und unvergänglich geliebt haben. Nur dieses wunderbare Gefühl überlebt; und nicht die leiseste Erinnerung an unerfreu-
liche Ereignisse oder Szenen mit ihnen ist vorhanden. Sie leben im
Devachan zusammen mit denen, die sie so tief liebten – mit all den
vertrauten Szenen als Hintergrund. (Siehe Kap. 47) Jedoch ein

völliges Erinnerungs-Vacuum besteht betreffs ihres früheren sozialen, politischen und Erwerbslebens. Denn es ist eine rein-geistige und rein-fühlende Existenz von ungetrübtem Glück. Aber, haben wir je *hier* in Augenblicken hoher Wonne Monotonie empfunden? Natürlich nicht! Noch viel weniger wird es dort der Fall sein, in jenem Durchgleiten der Ewigkeit, wo der Maßstab für Zeit verschwand. Dort, wo kein Bewußtsein von einer äußeren Welt existiert, kann auch keine Wahrnehmung von Kontrasten sein, etwa von Monotonie oder Vielfältigkeit. Es ist nichts vorhanden außer diesen unsterblichen Gefühlen von Liebe und mentalen oder künstlerischen Wonnen, deren Saaten wir auf Erden pflanzten, und die uns dort mit tiefster Bereicherung erfüllen.

Nochmals: Wir schaffen uns selbst unser Devachan *auf Erden*, und zwar besonders intensiv während der letzten Tage unseres bewußten Lebens. *Das* Gefühl oder Streben, welches am stärksten ist, wenn in jener erhabenen Stunde die Ereignisse des ganzen Lebens im einzelnen und in größter Ordnung visionär vorüberziehen, wird eine Art Grundnote unserer Devachanischen Existenz bilden. Dieses letzte Empfinden wird immer quasi eine Quintessenz *der* Wünsche sein, die in unserem Leben vorherrschten. Wir müssen also in unserer irdischen Laufbahn auf unser Verhalten achten und unser Wünschen edel und weise regieren, damit unser letztes Verlangen sich nicht ungünstig für unsere jenseitige und weitere Zukunft auswirkt. Das ist auch der okkulte Grund für die „Letzte Ölung".
Alle Attribute der Persönlichkeit werden an der Schwelle von Devachan vor dem Ego vorüberziehen und von ihm als Abfall verworfen, wenn sie keine Beziehung zu den auf Erden herbeigeführten Buddhi- und Atma-Regungen haben. Diese letzteren werden im Devachan durch den Höheren Manas, der das „Ego-Bewußtsein darstellt, zementiert". Aber die niederen Aspekte der verstorbenen Personen werden ausgelöscht, so wie eine Flamme den Kerzendocht verläßt. Jedoch bald wird eine andere Lebenskerze entzündet werden, die von den karmischen Substanzen der letzten „Kerze" gespeist wird – nach dieser eine andere – und so fort.

Im Devachan haben die durchschnittlichen Menschen keine direkt-aktive Existenz, sondern leben verzückt in einem Zustand des „Ewigen Jetzt", der aber, wie jede Wirkung einer nicht permanenten Ursache, vergänglich ist und einmal hinschwindet. Aber die Welt, in der sie *hier unten* leben, ist gewiß noch unwirklicher und illusorischer.

Die Illusion ist stets in uns, weil wir nicht klarsichtig genug sind, um all das, was – uns unbewußt – *hinter* unseren Gedanken und Taten steht, zu erkennen, und noch weniger bei unseren Mitmenschen. So leben wir hier wie auf der „anderen Seite" in einer Welt der Illusionen, obwohl wir „drüben" der Wirklichkeit um zwei Grade näherrücken. Später werden wir in *beiden* Welten klar-bewußt sein. Leben die Menschen also im Devachan in einer halb-traumhaften, glücklich-visionären Welt oder fühlen sie sich lebendig und erfüllen freudig geliebte, schöpferische Arbeit? Logischerweise muß die *Art* ihres Himmels von der Person abhängen, die sie *jetzt* sind! Wenn sie hier einen dichten Gedanken-Kokon um sich woben, mit einem kleinen Ereigniskreis, mit Zuneigung nur für nächste Angehörige, wenn sie *nur* an den *sie* berührenden Weltereignissen interessiert waren – lebten sie dann nicht in einem wirklichen Kokon? Sie können also auch „Drüben" nur in *dem* kleinen Kreis glücklich sein, den sie hier durch ihre gedanklichen Neigungen schufen. Es gibt z. B. auch den Typ des sehr intellektuellen, einsamen Gelehrten, der sich – stark unzugänglich – wenig um Mitmenschen und andere Denkrichtungen kümmert. Sein Arbeits-Ergebnis kann sich zwar einmal als nutzbringend für die Menschheit erweisen. Er wird jedoch im Devachan vieles an großer Freude und Segen vermissen, weil auch er sich in einen beschränkenden Gedanken-Kokon, ohne warmen Kontakt mit dem Leben, eingehüllt hatte. So gibt es unzählige Persönlichkeitstypen, die alle in ihrem eigenen Kokon selbstgesponnener Gedanken leben – manche sehr dicht, andere von leichterem Gewebe, durch welches L i c h t einsickert, andere wieder aus zarter „Gaze", so daß ihre Lebensströme sich ungehindert mit den anderen berühren.

Für die Menschen, welche trotz aller Nöte etwas von der unendlichen Schönheit erfaßt haben – die sich *auch* auf *dieser* Erde inkarniert –, welche von Mitteln und Wegen zu ihren idealen Zielen geträumt und hingebungsvoll dafür gearbeitet haben, ist Devachan im wahrsten Sinn des Wortes eine herrliche, positive Wirklichkeit! Hier sind – wie in einer wunderbar-vollkommenen Welt-Universität – alle Förderungen, alle Erleuchtungen zur Hilfe für ihre erwählten Werke zur Verfügung. Hier können sie unbegrenzt Weisheit und Kraft entwickeln, um alles vorhandene Wissen großartig zu erweitern. Hier leben große, initiierte Lehrer der ewigen Hintergründe aller Künste und Wissenschaften. Hier leben auch Mitschüler aller Grade – von beginnenden bis zu hoch-vorgeschrittenen Seelen.

Jeder von uns schafft sich also durch sein *jetziges* Verhalten *genau* seinen Platz im Paradies. Wenn wir folglich wissen möchten, was wir „Drüben" tun werden, so laßt uns ehrlich feststellen, welches die Haupttriebfedern in unserem Denken und Fühlen jetzt und hier sind! Denn *jetzt und hier* ist die Zeit der Entscheidung!

Jedoch *alle* unsere Leben auf Planeten und in Himmeln sind nur Vorbereitungen auf das wundervolle grandiose Z i e l ! An einem relativen Ende erwartet uns die volle Erinnerung und die ADEPT-SCHAFT.

Dann stehen wir auf der großen geheimnisvollen Schwelle zu wieder ganz anderen, neuen Seinszuständen und Tätigkeiten, die wir dann in völliger Vereinigung mit unserem „Himmlischen Vater", dem Sonnen-Logos, erfüllen – bis wir, an einem fernen Tag, I H M unfaßbar und unaussprechlich gleich - Se inen Status erreicht haben werden.

Literaturnachweis:
„The Early Teachings of the Masters" — 1881 bis 1883 Edited by C. Jinarajadasa.

29. Über Bewußtsein und Schönheit
   des menschlichen Egos

In diesem Essay soll einiges über die herrliche Natur unseres Höheren Selbstes mitgeteilt werden, sowie über die Daseinsbedingungen, unter denen es in seiner Welt – der Kausal-Ebene – lebt.

Bei dem Versuch einer solchen Schilderung stehen wir sogleich dem ewigen Prinzip der Dualität gegenüber, dessen Wirken im Weltall und der Menschen-Natur unser größtes Problem darstellt. Denn der Universale Geist und die Universale Materie befinden sich in stetiger, scheinbarer Opposition. In jedem Menschen lebt das innere, unsterblich waltende Ego. Aber sehr eigenständig leben auch seine „Werkzeuge", die von einem Bewußtseinsstrahl des Egos belebten, einander folgenden Persönlichkeiten hier unten, durch welche das Ego einen bedeutenden Teil seiner Evolution zu vollziehen hat. Obgleich das *innerste* Bewußtsein im Menschen ungeteilt ist, bemerken wir doch fortwährend jene Dualität in uns.

Man kann das Ganze mit einer Glühbirne vergleichen. Die intensive Weißglut der Glühfaser kann das Ego darstellen und die von ihr ausgehende Strahlenflut sein glänzendes, sogenanntes Lichtgewand, den Kausalkörper. Der „elektrische Strom" stammt aus der Monade, durch welche F o h a t , die kosmische Elektrizität, spezialisiert wird, um das schöpferische Feuer (Kundalini – siehe Kap. 37) im Menschen zu werden. Ein das Licht umgebender vielfarbiger Lampenschirm kann die Körper unserer jeweiligen, vierfältigen Persönlichkeit symbolisieren.

Wir können das Ego auch mit einer elektromotorischen Kraft vergleichen, die durch Transformatoren – unsere vier Körper – übermittelt werden muß. Obwohl das Ego selbst im Bereich der abstrakten, archetypischen Ideen wohnt, drückt es sich hier unten durch unsere persönliche Natur aus; es besteht also eine Zweiheit. Unser Problem besteht oft darin, daß wir in dieser engen, vergänglichen Person aufgehen, uns mit ihr identifizieren und dadurch das Ego-Bewußtsein mit allem, was es an Einheitsempfindung, ununterbrochenem Licht, Freundschafts- und Liebesentzücken bedeutet, verlieren. Und dieser Verlust veranlaßt uns dann zu dem Glauben, daß wir allein und völlig verlassen seien. Jedoch wir sind es niemals! Könnten wir nur ins „Unsichtbare" schauen!

Zuweilen wird uns ein Schimmer von dieser wundervollen Wahrheit zuteil, ein Aufblitzen von Ego-Erleben, welches, je nach Wesensart, viele Gestalten annehmen kann. In dem berühmten Damaskus-Erlebnis des Apostels Paulus war es ein Licht und eine Stimme, die – über sein Ego-Bewußtsein zu ihm dringende – Stimme des CHRISTUS. Er wurde mit leblosem Körper zu Boden gestreckt, aber sein Denken war erleuchtet, befreit, und seine Lebensführung nachdem grundlegend gewandelt. (Siehe Kap. 54) Jeder würde eine solche überirdische Erfahrung in *seine* eigene Version übertragen sehen.

Geoffrey Hodson bietet in einigen seiner Bücher hoch qualifizierte Schilderungen über das Mysterium des Ego-Bewußtseins, wobei er – anhand der wohlbekannten Dualität von Ego und Person, auf die sich auch Goethe mit seinen berühmten „zwei Seelen" im „Faust" bezieht – durch Gegenüberstellungen das Ego lebendig beschreibt.

Zum Beispiel kann die Persönlichkeit sich allein fühlen. – Aber Einsamkeitsempfinden ist dem Ego unbekannt, denn es lebt in einem unausgesetzten, direkten Wissen von der Einheit alles Lebendigen. Die Persönlichkeit kann den Täuschungen von Trennung, Verlassenheit und Verlusten ausgesetzt sein, nicht aber unsere Ewige, Innere Seele. Zuweilen platzt in einer Meditation die Seifenblase des abgetrennten persönlichen Ichs und ein beseligendes, umfassendes Liebesgefühl durchdringt das Bewußtsein. Aber leider bildet die „Seifenblase" sich bald wieder aufs neue, wenn auch nicht mehr so standhaft wie vorher; und ein Ahnen von unserer wahren Einheit mit der All-Natur bleibt dann zurück. Die Persönlichkeit kann unglücklich sein. Aber das Ego-Bewußtsein ist von tiefstem Glücksgefühl erfüllt, einem heiteren reinen Entzücken, und lebt unbegrenzt in diesem Zustand. Die Persönlichkeit erlebt oft seelische oder mentale Dunkelheit. Doch das Ego wohnt in ewigem Licht, es ist selber helle, wunderbare Klarheit. Die Persönlichkeit kann von Arbeit ermüdet sein. Das Ego kennt kein Handeln im Sinn von Anstrengung, weil sein Tun mühelos in der herrlichen Lebensfülle der Kausalebene vor sich geht. In der obersten Region des Ego-Bewußtseins gibt es gar keine „Tätigkeit", nur wirkendes Da-Sein-Leben in stets zunehmendem, wunderbarem Reichtum. Die Persönlichkeit kann sich beunruhigt, voller Sorgen und Zweifel befinden. Das Ego lebt in völliger Sicherheit und Geborgenheit, einem unstörbaren Frieden. Unser Höheres Selbst kann niemals am Göttlichen Plan zweifeln, denn es kennt durch unmittelbares Erleben Bedeutung und Methode der Lebensvorgänge. Reinkarnation und Karma bedeuten ihm keine Theorien, sie gehören ja zu seinen beständigen Erfahrungen. Das Ego kennt nicht Mangel, Ungewißheit, Besorgnis – nur Kraft, Liebe, Schönheit, Weisheit und spirituelles Wissen. Das ist seine Konstitution. Es ist die menschliche Atma-, Buddhi- und Manas-Natur in ihrem Lichtgewand auf der höheren Mentalebene – dem Kausalkörper.

Eine kurze Erklärung der Sanskritworte: Atma oder Nirvana bedeuten das Ewige Göttliche Selbst des Menschen in seinem ersten Aspekt von Macht und Glückseligkeit. Buddhi bedeutet den Lebens- und Liebes-Aspekt des Egos, die Quelle der Intuition. Manas bedeutet den abstrakten Intellekt, als Auswirkung des Göttlichen GEISTES – zum Unterschied vom konkreten Verstand der irdischen Person.

Der Kausal- oder Ursachenkörper ist der direkte Bewußtseinsträger des reinkarnierenden Egos. Sein Name stammt daher, daß in ihm die „früher" gelegten Ursachen ruhen, welche sich als Wirkungen in den unteren Welten zeigen. Die Ursachen für unser jetziges Verhalten und unsere Geschicke sind die – mittels der „Permanenten Atome" aufgespeicherten – Erfahrungs-Essenzen aller bisherigen Verkörperungen. Der Kausalkörper hat also zwei Funktionen: 1. als Bewußtseinsträger für das Ego zu wirken; 2. als Lagerhaus für den Extrakt unserer unzähligen Erlebnisse zu fungieren (siehe das Schiff des „Fliegenden Holländers"). Alles von echtem, dauernden Wert wird in den Kausalkörper eingewoben; und in ihm liegen die Keime aller Eigenschaften, die in die nächste Inkarnation hinübergenommen werden sollen, aufbewahrt. Er ist der Behälter für alles Edle und Harmonische, alles, was im Einklang mit den Ewigen Gesetzen steht. Denn jeder schöne, große Gedanke, jede gütige oder erhabene Empfindung wird emporgetragen und als Essenz in die Substanz des Kausalkörpers eingebaut. Darum bildet sein jeweiliger Zustand stets ein wahrhaftes Dokument, die einzig-wahre Urkunde über Reife und Entwicklungsstand des Menschen. Hier erntet das Ego die Erfahrungen seiner Pilgergänge und wandelt sie in seinen Tiefen mittels einer geheimnisvollen Alchemie in jenes Konzentrat von Erlebnis und Wissen um, welches WEISHEIT ist.

Gehen wir mit den Vergleichen weiter: Die Persönlichkeit kann oft Mangel an Kraft, Liebe und Weisheit fühlen. Das Ego ist überaus reich an schöpferischen, weitumfassenden Ideen, es wohnt quasi in stets wachsendem Überfluß. Das Göttliche Leben fließt unaufhörlich innerhalb des Höheren Selbstes und durchströmt sein ganzes Wesen mit einem Gefühl von unfaßbarer Süße und Frische. Wenn unsere persönliche Natur manchmal von inniger Zuneigung entflammt wird, kann sie auch hier unten etwas von jenem macht- und wonnevollen Lebensgefühl erfahren. Liebende wollen bekanntlich oft „die ganze Welt umarmen".

Die Persönlichkeit ist schmerzlich durch die Zeit beschränkt. Das Ego ist relativ zeitlos. Es lebt auf der Kausalebene in dem, was unbegrenzte Dauer, Zeit ohne Schranken genannt wird. Irgendwie ist die Zeit vorhanden, doch sie bildet keinen Faktor im Dasein. Sie ist nicht von Belang und braucht nicht erwogen zu werden. (Wenn jedoch das Bewußtseins-Zentrum sich später noch höher, auf die Atma- oder Nirvana-Ebene und schließlich in die Monade auf der Anupadaka-Ebene konzentriert, hört in jenen Regionen die „Zeit" auf und es existiert nur das „Ewige Jetzt". Das Sanskrit-Wort Anupadaka bedeutet ungeboren, ewig-existierend. Es ist die Zweite Welt-Ebene von Oben und auch die zweite der beiden rein-Göttlichen Welt-Regionen. Hier wohnt der Monadische Geist während seiner Inkarnations-Zyklen.) Im *Kausalen* jedoch regiert das, was als eine ungeheure Vielfältigkeit von Bewußtseinseindrücken in jedem Augenblick gelten kann. Das Bewußtsein bewegt sich *hier* mit unvorstellbarer Schnelligkeit von einem Gegenstand, einem Handeln zum anderen. Die Rapidität solcher Bewegung ist so enorm, daß der Eindruck von *gleichzeitigem* Wirken in vielen Richtungen erweckt wird. Geoffrey Hodson beschreibt diesen Zustand durch einen für unser konkretes Denken verständlichen Vergleich: „Man stelle sich vor, das Ego-Bewußtsein sei in viele Abteilungen oder Fächer eingeteilt. Das stimmt natürlich nicht, aber ersetzt man gedanklich die Fächer durch Schwingungs-Frequenzen, ist der Vergleich nicht ganz abwegig. Wir denken uns also einen mit diesen „Fächern" angefüllten großen Raum, und in der Mitte das Ego als den zentralen Herrscher, welcher mit allen Abteilungen durch je einen Bewußtseinsstrahl verbunden ist. Alle Freunde, Verwandte und Gefährten, die wirklich geliebt werden, sind in *einem* Abteil des Egos zu finden. Dann kommen in anderen Fächern all die anderen vertrauten Beziehungen – mit der Menschheit, mit der eigenen Nation, sowie Zugehörigkeiten in Religionen oder geistigen Bewegungen wie der theosophischen, also solchen, die eine archetypische Bedeutung und Quelle haben. Weiter gibt es Bande, die mit dem Volks-Deva unseres Vaterlandes bestehen können, oder – als Ergebnis sakramentaler Riten – mit dem Gründer unserer Religion, oder mit dem ‚Meister der Weisheit', der auf uns wartet oder uns – im Fall einer ‚Schülerschaft' bereits angenommen hat. Weiter mit Christus, dem Welt-Lehrer und schließlich auch mit unserem Sonnen-Logos. Alle diese Beziehungen sind also in ihren entsprechenden „Fächern" oder Bewußtseinsschichten im Kausalkörper vertreten. Das Ego kann tatsächlich so gut wie gleichzeitig in einer dieser Abteilungen wie in einer Anzahl von ihnen tätig sein und schließlich in allen. Denn das Bewußtsein bewegt sich dort (wie erwähnt) so gewaltig rasch, daß ein geschulter hellsichtiger Beobachter den unvermeidlichen Eindruck von gleichzeitigem Wirken in vielen Schichten erhält. Diese erstaunliche Fähigkeit des Egos hat zur Folge, daß es sich auch fortwährend einer Vielzahl von archetypischen Prinzipien und Gleichungen hinter den physischen Tätigkeiten bewußt und in ihnen aktiv ist."

Das Ego entwickelt weiter eine uns als Personen unfaßbare Kraft, die Allgegenwart heißt und in einem Adepten gewaltige Höhen erreicht. Christus z. B. übt diese wunderbare Funktion ununterbrochen aus; und beim Zelebrieren des Heiligsten Sakramentes reden wir Ihn an: „Der Du an diesem Tag auf Tausenden von Altären anwesend bist und doch eins und unteilbar bleibst". Das ist Ego-Bewußtsein. Es spielt – nach der theosophischen Forschung – tatsächlich keine Rolle, ob die Heilige

Eucharistie gleichzeitig in zehntausend Kirchen zelebriert wird. Denn von Christus, unserem Herrn, wird mit vollem Recht geglaubt, daß er in der speziellen Form, die er bei der Gründung der Heiligen Eucharistie einrichtete, auf dem Altar jeder Kirche gegenwärtig ist, wann immer die vorgeschriebenen Worte von einem richtig ordinierten Priester unter den präzisen Bedingungen gesprochen werden. In ähnlicher Weise ist die hohe Wesenheit der „Weltmutter" bei jeder menschlichen Mutter anwesend, wenn eine Kindesgeburt näherrückt. Sie ist bei allen gleichzeitigen Geburten der Erde gegenwärtig und bleibt doch eins und unteilbar.

Die Menschheit entwickelt sehr langsam diese Fähigkeit der Allgegenwart; jedoch sie kann in den Egos bereits teilweise wirkend beobachtet werden. Ein hinkender Vergleich: Von einem Flugzeug aus erblickt der Reisende viele Ortschaften, Flüsse und Berge gleichzeitig, die ein Fußgänger einzeln und hintereinander sieht. Jedes wirkliche Band von Verehrung oder Zuneigung, das wir hier unten empfinden, ist im Kausalkörper aktiv vertreten und bedeutet dort eine unsterbliche, ununterbrochene Vereinigung – ein wundervoller Gesichtspunkt!

Nun erheben wir uns wieder in das *wirkliche* Bewußtsein eines Egos, wo es weder Fächer noch Abteilungen in dem uns bekannten Sinn gibt, sondern nur L i c h t in immerwechselnden, leuchtenden Farben – durchdrungen von herrlichen Ton-Akkorden, welche Grad, Wesen und Frequenz der vielen Gefühlsbeziehungen des Egos auch musikalisch zum Ausdruck bringen. Das Ego ist sich also unaufhörlich aller dieser Beziehungen voll bewußt, was eines Tages zur wirklichen Allgegenwart wird.

Es hat auch ein ununterbrochenes Bewußtsein, was einen starken Gegensatz zu unserem physischen Leben bedeutet, wo jedesmal, wenn wir in Schlaf sinken, eine Bewußtseinsunterbrechung stattfindet. Auch wenn wir sterben – das heißt, wenn zwischen zwei Verkörperungen ein Leben endet – wird das Bewußtsein zunächst wie eine Kerze ausgelöscht. Jedoch das Ego wird nicht davon betroffen, denn es lebt in einem beständigen Kontinuum. Vorige Leben sind für das Ego keine Vergangenheit, sondern einfach ein Teil dieser ewigen Fortdauer, ebenso wie uns noch die letzten fünf Minuten bewußt sind. Als ein hinkender Vergleich: Wenn wir einen Kongreß mit Freunden erleben, fassen wir dieses Ereignis als ein Ganzes auf. Zwar folgen sich die Zusammenkünfte, aber zumindest die, welche das Programm aufstellen, fassen alle als Teile eines Ganzen ins Auge, nicht als Aufeinanderfolge.

Dieses Ganzheitsempfinden ist in einem ganz realen Sinn typisch für das Kausalbewußtsein. Auf die Weise stellen die Hunderte von Verkörperungen sich dem reinkarnaierenden Ego als eine Einheit dar, sie erscheinen ihm eng verwoben, ohne Unterbrechungsgefühl.

Das gleiche gilt für den Raum. Die Persönlichkeit ist ständig durch den Raum beschränkt. Das Ego bleibt unabhängig von der Lage einer Örtlichkeit und ist sich Entfernungen quasi unbewußt. Es spielt keine Rolle, wo der Kausalkörper ist. Ob er sich in der Kausalwelt über Peru, China oder Deutschland befindet, ist ohne Belang, weil das Ego nicht durch den Raum eingeschränkt wird. Das unablässig in ihm aufströmende Göttliche Leben kommt stets in der gleichen Glorie zum Ausdruck, wo es auch sein mag. Zeit, Raum und äußere Umstände hören auf, auch für uns Faktoren zu sein wenn wir – zuerst nur augenblicksweise – das Ego-Bewußtsein betreten. Stattdessen ist dann jetzt und hier alles vereint, vollkommen und harmonisch. Weder Trennung noch Mangel ist dem Ego, in dem diese Zustände nicht existieren, vorstellbar. So wie keine Dunkelheit in die Sonne einbrechen kann, gibt es im Ego-Bewußtseins keine Verneinungen, keine Negativa, was Zeit, Raum, Umstände oder Verbindungen mit anderen Wesen betrifft. Jede echte innere Gemeinschaft besteht dort ununterbrochen. Auch der Göttliche MEISTER, dem man sein Leben weihte, oder Glieder der Engel-Hierarchie, mit denen man Bande schloß – alle sind immer gegenwärtig; und man kann sich jederzeit, einfach durch Einstimmen des Bewußtseins auf sie, intensiv mit ihnen verbinden. Entfernung spielt für diese Gemeinschaft keine Rolle, ebenso wie es gleichgültig ist, wo ein Radiogerät steht, um einen sehr weit entfernten Sender anzustellen. Das gleiche geschieht auch für unsere Beziehung zu den Menschen, die wir wirklich lieben; wir sind stets zusammen. Wir werden nicht immer direkt auf sie eingestimmt bleiben, doch dieses Einstimmen herzustellen, ist ein ganz leichter, augenblicklicher Vorgang. Nichts ist weiter erforderlich – wahrlich ein Mysterium!

Aber der Höhere Okkultismus *besteht* aus Mysterien, so lange wir den Übergang zum Überirdischen noch nicht gefunden haben. Die tiefe Innigkeit des Gefühls- und Gedankenaustausches miteinander ist hier auf Erden unbekannt – außer in den seltenen, ganz engen und (zeitweilig) ungetrübten menschlichen Beziehungen. Im Ego-Bewußtsein ist jedoch diese Innigkeit normal und immer vollkommen bestehend, weil die persönlichen Trübungen und Beschränkungen fehlen!

Stellen wir uns zwei einander liebende Egos vor. Wie verkehren sie miteinander? Zunächst muß nochmals gesagt werden, daß das reine Entzücken, welches menschliche Beziehungen auf der Ego-Ebene durchdringt, unbeschreiblich ist, weil es den okkulten Charakter hat. Stellen wir uns aber vor, um das Unbegreifliche näher zu rücken, daß eins der beiden Egos von zwei erhabenen Ideen inspiriert und verklärt wird – etwa von der Idee der Ewigkeit ihrer engen Beziehung und des Platzes, welche diese innerhalb der allumfassenden Einheit des LE-BENS einnimmt. Sie werden dann *bald beide* im Licht jener Ideen erstrahlen, obwohl sie dieses Licht – ihrem Haupt- und Unterstrahl und anderen Charakteristiken gemäß – verschieden färben. Denn das zweite Ego wird augenblicklich die Ideen des ersten aufnehmen und sie in Vollkommenheit mitempfinden, *wobei* es ihnen die geistige Tönung seiner eigenen Natur hinzufügt. Darauf wird wiederum das erste Ego freudig reagieren und sie werden miteinander an dem Begreifen ihrer gemeinsamen, wunderbaren Ideen zunehmen. Dies wird fortgesetzt, bis eine völlige Verständnisgleichheit gewonnen ist. Natürlich ist ein solches Erleben äußerst erhebend und beseligend, auch weil es zwischen Egos kein Mißverstehen geben kann.

Noch etwas anderes: Ein Aspekt der Seele eines geistig erwachten Menschen ist *immer* nach innen gewendet und strebt fortwährend den Göttlichen Höhen zu, wohin sie durch ihr Erleben der Einheit mit GOTT gezogen wird; und diese kostbarste Wahrheit drängt sie daher beständig dem „Gipfel des Berges" entgegen. So befindet sich also ein Wesensteil des Egos in unaufhörlicher, sehnsuchtsvoller Kontemplation über das „Herz des Universums", welches es eines Tages erreichen wird – jenes allgegenwärtige ZENTRUM ohne einen Kreisumfang. GOTT ist jenes Zentrum des Lebens, das überall ist und nirgendwo einen Kreisumfang hat. Dieses LEBEN quillt ununterbrochen in unerschöpflicher Fülle im Ego auf, wie ein Brunnen, eine Quelle oder eine wahrhafte Sonne, die in uns das Leben und Licht GOTTES ausgießt.

Wenn wir hier unten als Person erschöpft, ermüdet und einsam sind, so kann das nur geschehen, weil wir uns irgendwie und -wann von dem Leben GOTTES abgeschnitten haben, vielleicht durch Selbstsucht oder Sorgen. Der Weg zur Genesung besteht darin, über diese Zustände hinaus in unsere innere Seele zu gelangen. Andere Möglichkeiten, uns schmerzlich zu isolieren, sind Kritiklust und Feindlichkeit gegen andere. Denn wenn wir uns auf die Weise von unseren Mitmenschen trennen, reißen wir einige der Akkorde der Liebe auseinander, durch die unsere Herzen genährt und belebt werden. Verharren wir lange genug in unbegründeter, verletzender Abgetrenntheit, verkümmern wir innerlich und äußerlich. Wir müssen immer aufs neue innerlich vergeben und jeden und alles in unser aufrichtiges Wohlwollen einschließen. Dann entfalten sich Astral- und Mentalkörper in segensvollster Weise, sie werden reich und blühend; und das buddhische Leben kann unsere Vitalitätskraft erreichen und immer wieder herstellen.

Dem Ego ist stets ein wunderbares Wissen über die Ur-Prinzipien, die Wesens-Essenzen aller Dinge, die Formeln hinter der Schöpfung, verfügbar. Das Ego lebt also permanent in der großartigen Fülle von urwesenhaften Kenntnissen; und alle solchen archetypischen Begriffe werden um so rascher und umfassender aufgenommen, je weiter die Evolution fortschreitet. Ein musikalisches Genie z. B. wird auf der Kausalebene in einem gewaltigen, verzückten Offenbarungsblitz eine ganze Symphonie aufnehmen. Zuerst würde das zentrale Hauptmotiv erscheinen und dann all die Variationen. Jedoch hier unten würde der große Komponist Tausende von Noten, viele Musiker und viele Stunden brauchen, um jenen Augenblick der Erleuchtung, der das kausale Erleben künstlerischer Schöpfung darstellt, als Musik zu manifestieren – und dann auch nur (zu seinem tiefen Kummer) sehr unvollkommen.
Und zum Ausarbeiten seiner Inspiration benötigt er Wochen oder Monate.

Das Geheimnis des Glückes besteht darin, den grandiosen Eigenschaften des Egos die Möglichkeit zu geben, sich durch unsere bewußte Einstellung darauf im Gehirn auszuwirken und sich durch eine selbstlose, edle Lebensführung zu offenbaren. Ein reines, starkes, hilfreiches Leben, dessen Handlungsmotive von der unsterblichen Seele geleitet werden, mit dem Hauptbestreben, tatkräftig an der Erfüllung von GOTTES Plan mitzuarbeiten – dies ist der Weg zu Glückseligkeit und Stärke.
Im Bewußtsein eines geistig erwachten Egos existiert keine Trennung zwischen dem Göttlichen Funken in sich und der FLAMME.

Die nächste große Wahrheit ist seine Unsterblichkeit.
Wenn das Ego bei der „Ersten Großen Einweihung" im übertragenen Sinn „stirbt", so tritt es gleich danach umgewandelt und verklärt in

138

seinem inzwischen entstandenen *neuen* Kausalkörper wieder in Erscheinung; und all die Erfahrungsextrakte der Vergangenheit funkeln und leuchten wieder in ihm wie vielfarbiges Licht. Der neue Kausalkörper erfüllt – wie der vorige – die Funktion eines Behälters für die Erfahrungsschätze der vergangenen Inkarnationen. Nur, die bisherige, dünne, transparente Wand – das einschließende Häutchen – ist weggefallen. Das Ego wurde durch seinen Einweihungsstatus so stark, daß es seine gesammelten Schätze kraft seines *Willens* zusammen- und festhalten und auf die Umhüllung verzichten kann, weil diese immer noch eine ganz feine Abschließung von dem L e b e n außer ihm herstellte. Das mit der Ersten Großen Einweihung erfolgte Eingehen in die Buddhische Region vernichtete auch diese letzte Trennungsursache von anderen Wesen.

Wir folgen nun dem Seher – als Fortsetzung des faszinierenden Themas – noch weiter. Welcher Anblick bietet sich? Alle wirklichen Mystiker und Okkultisten stimmen in ihren Berichten überein, daß das erste Erlebnis in dieser Region aus L i c h t besteht, aus dem Eingehen in eine äußerst intensive, glänzende Helligkeit; und daß man selber ein Lichtzentrum in einem schrankenlosen Licht-Ozean darstellt – jenes Lichtes, das nach Wordsworth „nirgends sonst auf Meer oder Land zu sehen und der heiligste Traum des Dichters ist. (Siehe Kap. 23) Oder, nach St. Johannes „das wahre Licht, welches jeden Menschen erleuchtet, der in die Welt kommt". Ein Kirchenlied fragt „Wo findet die Seele die Heimat, die Ruh'?" und endet: „Nein, nein, hier ist sie nicht! Die Heimat der Seele ist droben im Licht!" Das Ego bringt dieses Licht mit in jede Verkörperung herab, so daß es mitten im Herz-Chakra des neugeborenen Babys, einer Flamme gleichend, erscheint. Wir können hier unten – ohne hellsichtige Fähigkeit – dieses Ego-Licht kaum je erblicken. Jedoch dort, im Ego-Bewußtsein, leben wir mitten in ihm und sind damit identisch. Die Spannung (oder die Voltstärke) der Lebensströme ist dort ganz enorm gesteigert. Ein Kennzeichen der Ego-Wesenheit ist äußerste Intensität des Lebensgefühls. Dieses gleicht – übertragen – fast einer fortwährenden herrlichen Kräfte-Entladung. Unsere Imagination reicht nicht aus, uns diesen normalen, wundervollen Zustand des Egos vorzustellen. Er bedeutet eine gewaltig-erhöhte und beschleunigte Schwingungs-Frequenz und jede Bewußtseinsausdehnung bringt ein Erlebnis von vermehrter Intensivierung der im Ego residierenden Gottes-Kraft. Jedoch ist kein Schatten von Druck oder Anspannung damit verbunden, sondern nur Freiheits-Empfinden, selige Gelöstheit. Beim Berühren dieses Bewußtseins hört jeder Konflikt auf, verschwindet jeder Widerstand. Nichts ist da als der volle, reibungslose Ausdruck des all-einen GÖTTLICHEN SEINS im Universum. Auf jenen Ebenen müssen ja keine widerstreitenden Vehikel in Bewegung gesetzt werden.

Geoffrey Hodson sagt, er sei sich immer folgender Tatsache bewußt: Die Ideen, welche er beim Sprechen vermitteln will, müssen vom Ego-Bewußtsein, wo sie empfangen werden, über die Chakras und überphysischen Verbindungswege, durch Verstand und Gefühlssphäre hindurch, bis zum Ätherkörper übertragen werden. Danach müssen sie ins Gehirn gelangen – um endlich als Worte durch die Stimme ausgesprochen zu werden. Die physische Ebene leidet immer unter dieser Dualität des Bewußtseins und seiner vielen Träger. Auf der Kausalebene ist eine solche Zweiheit mit ihren Schwierigkeiten nicht vorhanden. Eine Idee empfangen, heißt dort, sie sogleich mühelos und in großartigster Fülle zum Ausdruck bringen; und daher ist dort nur volle Freiheit und blitzschnelle Verwirklichung aller Inspirationen zu sehen. Wie gesagt: Konflikte, Widerstände gibt es nicht, das Leben ist reibungslos wie das Leuchten der Sonne, und alles ohne Begrenzung. Freundschaften werden dort mit einer hier unvorstellbaren Kraft, Fülle und Beglückung empfunden und erwidert, ohne jemals zu enden oder unterbrochen zu werden. Liebe wird mit einer hier unfaßbaren Absolutheit erlebt, weil sie im tiefsten Inneren als eine unwandelbare Tatsache existiert, statt von außen empfangen und gegeben zu werden wie auf Erden.

Wenn jemand in jener Welt des L i c h t e s ein Bruder-Ego anschaut, stellt er fest: Der Kausalkörper erscheint ihm als eine gigantische, fast kugelförmige Strahlensphäre, und diese glüht und leuchtet in vielen zarten, doch kraftvollen Farbtönungen – ein Anblick, schön jenseits aller Vorstellung. Beim Fortschreiten seiner Evolution nimmt seine Gestalt immer mehr an Ausdehnung zu; und bei hochentwickelten Egos erreicht die Ausstrahlung des Kausalkörpers mindestens 12 Meter nach allen Richtungen. Sie erstreckt sich tief in die Erde hinein und ragt hoch über den physischen Körper empor. Sie dehnt sich weit nach allen Seiten aus – funkelnd, regenbogenartig, schimmernd, opalisierend – mit intensiveren Farben im Herzen. Diese Farben des Kausalkörpers symbolisieren die höheren Formen der Liebe, Hingebung und Sympathie, untersützt von einem vergeistigten Intellekt und von Aspirationen, die sich sehnend dem Göttlichen zuwenden. Viele seiner Farben haben im physischen Spektrum keinen Platz. Die unbegreiflich feine Substanz eines solchen Kausalkörpers pulsiert in einem lebendigen Feuer, das seinen Ursprung in der monadischen Ebene hat, mit der es durch einen vibrierenden Faden aus glühendem Licht verbunden ist. Seine hohen, raschen Schwingungen senden fortwährend Kräuselwellen von wechselnden Farbtönen über seine Oberfläche – Tönungen, von denen die Erde nichts weiß. Aus dem oberen Teil des Kausalkörpers steigt immerwährend eine Krone aus stern-hell glänzenden Funken auf, welche die Aktivität des spirituellen Strebens anzeigt und die Schönheit und Würde dieser königlichen Erscheinung wunderbar steigert.

Ganz gleich, womit der persönliche Mensch gerade beschäftigt ist – diese Funkenflut stürzt unaufhörlich nach Oben. Die Ursache: Wenn das Ego einmal auf seiner eigenen Ebene „erwacht" ist, schaut dieser „Himmlische Mensch" unentwegt nach Oben zu seiner Ur-Quelle, unabhängig von den Tätigkeiten auf den unteren Welten.

Wichtig ist: Auch die edelste Persönlichkeit ist nur ein sehr geringer, bruchstückhafter Ausdruck des wirklichen Menschen, so daß sich dem Höheren Selbst, sobald es bewußt um sich zu schauen beginnt, fast unbegrenzte Möglichkeiten eröffnen, von denen wir uns in diesem eingeengten, physischen Leben keinen Begriff machen können. Dieses beständige Aufwärtsrauschen spiritueller Aspiration, was dem entwickelten Menschen eine so glorreiche „Krone" schafft, bildet auch den Stromweg, wodurch die Göttliche Energie herniedersteigt. Je voller und stärker seine strebenden Bemühungen, desto ausgebreiteter wird das Maß der Gnade aus der Höhe. Ein sehr „junges" Ego – das heißt, mit noch wenigen Inkarnationen – hat natürlich nur einen kleinen und relativ farblosen Kausalkörper.

Besonders intensiv zeigen sich im Kausalkörper der herrschende „Strahl" sowie der „Unterstrahl" in Farben an, ebenso die Eigenschaften und Kräfte, welche in den bisherigen Verkörperungen entwickelt wurden, samt den daraus entstandenen Fähigkeiten. Wir alle leben und bewegen uns innerhalb des Strahlenkreises unserer Göttlichen Seele. Selbst wenn der physische Körper degradiert sein mag, wenn die Person gegenwärtig ein Trunkenbold oder ein scheinbarer Feind der Menschheit ist, der lange sein Höheres Ich verleugnet, leuchtend darüber schwebend, immer sich entwickelnd, auch aus tiefen Sündenfällen lernend, alles verstehend, ruhig und heiter, bleibt wartend das Unsterbliche Selbst.

Ist eine Gestalt vorhanden, woran es erkannt und von anderen unterschieden wird? Ja! In der Mitte der strahlenden Gloriole *hat* das Ego eine Gestalt – wunderbar schön – wahrhaft nach der Bibel das „Göttliche Ebenbild". Manche erinnern etwas an die vollkommensten Statuen der alten Hellenen, die so heldenhaft und harmonisch wirken. Ein Ego wurde als ein strahlender Jüngling beschrieben, wie ein griechischer Apoll aus gleißendem Marmor und doch immateriell erscheinend, mit Inspiration als Schlüsselnote. Ein anderes, kürzlich beobachtetes Ego glich dem „Hermes" des Praxiteles. Ein anderes Ego ähnelte entfernt einem würdigen Gesandten voller Weisheit und Güte, ein anderes glich einer Engel-Wesenheit, ein anderes der Skulptur der Demeter im Britischen Museum – eine liebevolle, heiter-friedliche Gestalt; sie schien über der Erde, die sie behüten half, zu meditieren. So hat jedes Ego seine eigene, überirdisch-schöne Erscheinungsform, die seine spezielle Mission, seinen Genius darstellt.

In der Kausalwelt nehmen Gedanken keine umhertreibenden Formen an wie auf den unteren Ebenen, sondern sie gleiten wie Lichtblitze von einem zum anderen. Dort sehen wir die „Dinge an sich", die unvergänglichen Ur-Wirklichkeiten. Und wir sehen das dauernde Gewand des Egos – einen Körper, älter als die Schneegebirgsgipfel, eine wahrhafte Ausdrucksform der Göttlichen Glorie, welche ewig hinter ihm steht und im Lauf der Zeiten immer mächtiger aus ihm leuchtet. St. Paulus kannte gut die Natur dieses Göttlichen Gewandes, die Pracht des Kausalkörpers als einer „himmlischen Wohnstätte" – obwohl er bei einer Schilderung nur an das Himmelsleben dachte. Er schrieb: „Wir wissen, daß, wenn das irdische Haus dieses Tabernakels aufgelöst sein wird, wir einen Bau von Gott haben werden, ein Haus, nicht mit Händen gemacht, was ewig ist im Himmel. In diesem irdischen Haus seufzen wir und sehnen uns immerdar, mit unserem Haus, was vom Himmel ist, bekleidet zu werden."

Während Geoffrey Hodson in dieser Weise von der Erscheinung einer entzückenden Gestalt in der Mitte des Kausalkörpers spricht, betont er deutlich, daß diese nur dem hellsichtigen Beobachter einen konsistenten Eindruck vermittelt. In Wirklichkeit ist keine dichte, gefügte Gestalt nach der Art des physischen Körpers vorhanden, sondern es sind eigentlich fließende Kräfte, welche, wenn sie sich mischen, die optische Wirkung einer idealisierten, menschlichen Gestalt annehmen. Erste Strahls-Menschen sehen als Ego meist sehr majestätisch-königlich aus, ihre Augen sind von einer Atmischen Kraft durchglüht. Bei

den Zweite-Strahls-Menschen – den Lehrenden, Liebenden und Hei-
lenden – sind die Augen sanft strahlend, von Güte und Barmherzigkeit erfüllt. Bei den Dritte-Strahls-Menschen ist die Stirn breit und
hoch, sie trägt den Stempel absoluten Wissens. Das letztere Prinzip
gilt – gemindert – für *alle* Strahlen, sowie auch die Hauptzüge der ersten beiden Strahlen.

Im Allgemeinen sind – durch die glänzende Aureole schimmernd – nur
Haupt und Schultern sichtbar, wenn auch zuweilen die zarten, doch
starken, äußerst schönen Hände des menschlichen Höheren Selbstes
gesehen werden. Der Blick der Augen ist sehr individuell-charakteri-
stisch und – abgeschwächt – auch im Physischen entdeckbar. *Dies* ist
das Einzige von der Erscheinung des inneren Herrschers, was direkt
auf den Körper übertragen wird. Der Augenausdruck gleicht sich in
allen Verkörperungen sehr stark; und wir können daran in allen unseren Leben erkannt werden. Die Augen können in den Inkarnationen verschieden an Form und Farbe sein, dennoch ist die Ähnlichkeit
unverkennbar.
Die Augen haben eine noch größere Bewandtnis. Durch den Blick der
Augen einer Person auf Erden hat das dahinterstehende Ego eine Möglichkeit, andere Menschen zu ergründen.

Bei seltenen Gelegenheiten scheinen Egos direkt in ihre Körper herab-
zukommen, die dann umgewandelt erscheinen. In Zeiten großer Katastrophen ist oft zu beobachten, daß unbedeutende Menschen, denen
immer nur untergeordnete Pflichten anvertraut wurden und die oft
ausgelacht wurden, bewundernswert zu heldenhaften Taten über sich
selbst hinauswachsen. Die Gefahrenkrise hat dann die verborgenen
Springquellen ihres Lebens erweckt. Der Körper scheint verklärt zu
sein, solange das Höhere Selbst die Herrschaft innebehält. Die Persönlichkeit steht für den Augenblick in Flammen, denn das Ego ist da
und hat sich physisch manifestiert.

Durch tägliche, tiefe Meditation, unermüdliches Studium und eine
theosophische – natürlich auch vegetarische – Lebensführung können
wir allmählich die Barrikaden, welche uns persönlich von der Herr-
lichkeit, dem Glanz, der Liebe, Macht und Weisheit unseres Inneren
Selbstes trennen, abbauen.
Wir schließen mit drei inhaltsreichen Sätzen von inspirierten Weisen:
„Schaue nach Innen, dort bist du Buddha."
„Christus in euch, eure Hoffnung der Glorie."
„Werde das, was du bist!"

Literaturnachweis:
A. E. Powell „The Causal Body"
Geoffrey Hodson „Thus have I heard"
Geoffrey Hodson „The Miracle of Birth"
C. W. Leadbeater „Das Innere Leben, Bd. 1"
C. Jinarajadasa „Ego and Personality"
Geoffrey Hodson „Man the triune God"

30. Das Walten der karmischen Gerechtigkeit beim Abstieg des Egos in eine neue Inkarnation

Als Ergänzung zu Kapitel 29 soll hier einiges von den überphysischen Vorbereitungen mitgeteilt werden, die zu einer neuen menschlichen Verkörperung führen, und zwar wieder an Hand von Feststellungen des okkulten Forschers Geoffrey Hodson. Sie beruhen teils auf seinen jahrzehntelangen Studien der Uralten Esoterischen Weisheit, teils auf meditativen Erkenntnissen, teils auf Engel-Aussagen und großenteils auf direkten okkult-wissenschaftlichen Erforschungen des vorgeburtlichen Lebens, zu denen er durch seine geschulten hellsichtigen Fähigkeiten prädestiniert war. (Siehe auch Kap. 31)

Stellen wir uns imaginativ vor, daß wir, mit ihm, bewußt in unseren Kausalkörpern leben und den geheimnisvollen Vorgang eines Ego-Abstieges zur neuen Geburt beobachten. Zuerst würden wir zum großen Erstaunen Zeugen von höchst-interessanten tatsächlichen Konferenzen und Beratungen werden, die zwischen gewissen überirdischen Autoritäten (Adepten und hohe Engel) geführt werden. Die letzteren sind Wesenheiten aus der physisch-unsichtbaren Deva-Hierarchie (siehe Kap. 48), welche (als Mitarbeiter des MAHACHOHAN, siehe nächste Seite) helfend an der Evolution unserer Menschheit beteiligt sind. Diese mächtigen, hoch-intelligenten Wesen, welche – als Teil ihrer Aufgaben – an der Auswirkung des rassischen, nationalen und individuellen Karmas der Menschen mitarbeiten, erwägen vorher präzise die entwicklungsmäßigen Notwendigkeiten jedes Egos, das zum Abstieg in eine neue Geburt bereit ist. Sie sind dienende Repräsentanten der sogenannten LIPIKA. (Dies ist ein Sanskritwort

144

und bedeutet wörtlich „Aufzeichner".) Diese sind herrliche, machtvolle Deva-Gottheiten des KOSMOS; und sie verwalten – gemeinsam mit großen Adepten jedes menschentragenden Globus – umrißhaft für das gesamte Universum das Ur-Gesetz von Ursache und Wirkung.

Ihre irdischen Vertreter – in unserem Fall die Karma-Devas der Erde – nehmen am Geschehen jeder menschlichen Inkarnation intensiv von der Kausal-Ebene aus teil. Bei jeder Geburt nimmt einer von ihnen das Amt des „Präsidierenden Engels" für die gesamte vorgeburtliche Vorbereitungszeit an; und er trifft im Einverständnis mit seinen Adepten- und Engel-Oberen die von ihm vertretbaren Entscheidungen. Denn dieser Engel kennt immer das gesamte Karma des betreffenden Egos aus all seinen Verkörperungen – das glückverheißende wie das leiderzeugende und das neutrale. Er weiß auch – durch Beratungen mit den erwähnten „Oberen" – wie viel von dem angesammelten wohltätigen und unglücklichen Karma in der neuen Inkarnation am segensreichsten ausgewirkt werden müßte, ohne dabei das wirkliche Fortschreiten des Egos auf weite Sicht (durch zuviel Glück oder Leid) aufzuhalten.

Nach solchen sehr eingehenden Konsultationen mit seinen höchsten Engel-Gefährten, sowie mit anordnenden gewissen Adepten – vor allem mit dem MAHACHOHAN als dem ausschlaggebenden *Haupt-Karma-Verwalter* in der menschlichen Adepten-Hierarchie (siehe Kap. 55) *und*, im Fall eines Schülers oder Aspiranten dafür, auch mit dessen MEISTER – verfügt dann dieser Präsidierende Engel in einer allgemeinen und biegsamen Art über die karmische Situation für das neue Leben des Egos. Zu bedenken ist, daß im *echten* Sinn *sämtliches* Karma „gut" zu nennen ist, weil es stets ausgleichend und erzieherisch wirkt.

Lange vor der Geburt werden also die Entscheidungen über die Verteilung der „glücklichen" und „unglücklichen" Schicksalsfaktoren für diese Verkörperung getroffen. Ebenso wird beschlossen, auf welchen Ebenen – mental, astral oder physisch – all diese Faktoren zur Auswirkung kommen sollen. Dieser ausgearbeitete Plan wird dann den Karma-Engeln auf der Mental- und der Astral-Ebene übergeben; und aufgrund deren gegenwärtigen Amtes und eigener Initiative machen sie das Beste aus der gegebenen Situation und sorgen dafür, daß – zum Zweck eines guten Gesamtergebnisses – etwa notwendige physische Belastungen, wie Mißbildungen oder Krankheitstendenzen, durch glückliche mentale oder seelische Faktoren ausgeglichen werden. Jedoch sie können natürlich nicht wirklich gegen die vom MAHACHOHAN, den LIPIKA und dem Präsidierenden Engel für dieses Leben ausgewählte Karmazusammenstellung verstoßen.

Erst wenn dies alles geregelt ist, kann das große Werk beginnen. Dann tönt eine vom Ego ausgehende schöpferische Wort-Kraft wie ein heller Fanfarenton in die mentale, astrale und physische Ebene herab, um als eine formbildende Energie die vier Körper für eine neue Reinkarnation zu schaffen. (Es sind vier wegen des zusätzlichen, aus feinst-physischem Stoff bestehenden Äther-Körpers.)

Was der Mensch hier – als Mikrokosmos – vollbringt, ist jedesmal eine Nachbildung der gleichen gewaltigen Schöpfungsprozesse, durch welche der KOSMISCHE UR-LOGOS als der Makrokosmos mittels von Willen, Denkkraft und Klang jedesmal das neue Universum aus der Präkosmischen Substanz (Mulaprakriti) ins Leben ruft. (Siehe Kap. 53)

In jeder menschlichen Geburt ist – ebenso wie bei Entstehung eines neuen Universums – das Karma aus weiter und naher Vergangenheit als eine gleichzeitig wirkende Energie zu beobachten. Wenn z. B. ein Mensch sich in früheren Existenzen Grausamkeiten an Menschen oder Tieren oder Mißbrauch des eigenen Körpers zuschuldekommen ließ, wird der sich daraus ergebende Mißklang gegen die herabsteigende schöpferische Wort-Kraft anprallen und eine Dissonanz darin verursachen, welche in dem neu-entstehenden physischen Körper dieses Missetäters Verkrüppelung, andere Mißbildungen, Mängel, Krankheitstendenzen oder chronische Schwächen erzeugt.

Weiter entsteht die wichtige Frage der karmischen Auswahl des Vaterlandes, welches niemand „zufällig" bekommt. Denn das Karma des reinkarnierenden Egos muß ziemlich genau mit dem seiner Nation übereinstimmen. Wenn das Ego ein „fälliges" oder „reifes" Karma von einer Art hat, das am angemessensten unter Druck und schmerzhafter Anspannung von Krieg, Landesspaltung, Revolution oder Erdbeben, Sturmfluten, Hungersnöten und anderen Katastrophen ausgewirkt werden soll, oder wenn der Betreffende bestimmte Erkenntnisse aus solchen Erlebnissen gewinnen soll, und wenn dann gerade eine Nation karmisch im Begriff steht, solche Nöte zu erdulden, ist das die Nation, zu der ein solches Ego gesendet wird. Vorausgesetzt, daß nicht andere, zwingendere Gründe dagegen sprechen. Wenn andererseits einem Ego kein Mißgeschick von nationaler Art zusteht – was schon

zwischen den Leben als eine Gewitterwolke über ihm schweben würde
– dann müßte etwa ein neutrales Land wie Schweden oder die Schweiz
gewählt werden, das voraussichtlich wenigstens nicht davon bedroht
ist, von Krieg, Spaltung, Invasion oder anderen Volks-Katastrophen
beschädigt zu werden. Der Hauptfaktor würde immer die Übereinstimmung *beider* Karma-Arten sein.

Als nächstes kommt die Auswahl von Ort und Umgebung, worin das
Ego geboren werden soll. Die Auswirkung dieses Karmas zeigt sich
zunächst in der Wahl des Einwohnertyps oder Volksschlages und in
dem, was der Geburtsgegend voraussichtlich an wichtigen Ereignissen
zustoßen wird. Nichts wird dem „Zufall" überlassen, den es ja
überhaupt garnicht und nirgends gibt! Dies führt nun zu der äußerst
bedeutungsvollen Auswahl der *Eltern*. In ihnen müssen zunächst die
passenden, entsprechenden Gene vorhanden sein – das heißt *solche*
physische Erb-Faktoren, wie sie der Mensch für seine neue Verkörperung aus den karmischen Gründen vererbt bekommen muß und
welche die Eltern oder auch entferntere Ahnen ihm liefern.
Die Eltern-Auswahl schließt ferner die Wiederaufnahme von Banden
aus früheren Leben ein, denn meist besteht zärtliche Liebe zwischen
den Egos der Kinder und der Eltern. Wohlgemerkt: Meistens! Denn
oft existieren auch Bindungen, die auf Antipathie oder sogar Abneigung beruhen. Auch solche können die betreffenden Menschen karmisch zusammenführen – als Ehegatten, Eltern und Kinder oder Geschwister in einer Familie. Dann ist z. B. das seltsame Phänomen zu
sehen, daß ein Kind absolut nicht in seine Familie „paßt" und in ihr
beständig so viel Kummer und Ärgernis verursacht, daß von einem
„Kuckucksei" gesprochen wird. Sehr oft wird ein solcher junger
Mensch verstoßen oder sagt sich selber von seiner Familie los, um
anderswo sein Glück zu suchen. Jedoch hier hatten beide Seiten die
Gelegenheit, eine verfahrene Situation von „früher" in Ordnung zu
bringen; und wenn sie schon etwas weise sind (wenn auch unbewußt),
werden sie das intuitiv versuchen. Eltern, die solche Außenseiter in
ihrer Familie haben, sollten – auch im eigenen Interesse – große Sorgfalt auf diese verwenden und ihr Äußerstes tun, um jenen Mißklang
in Harmonie aufzulösen. (Die edleren Typen der heutigen Hippies
und Gammler werden oft aus bitterer Enttäuschung über die
ungeistig-materialistische Gesellschaftsordnung unserer Zivilisation zu
Außenseitern und gehen dann irre, auch, indem sie zu zerstörenden
Drogen greifen.) Die Eltern sollten ihnen durch Verständnis helfen

und sie unter solchen Umständen nicht aus Ungeduld vernachlässigen. *Dann* können sie alle gemeinsam dieses schwelende Problem allmählich lösen, sodaß es in späteren Inkarnationen nicht wiederkehrt. Dieses so enorm wichtige Wissen gehört zum praktischen Wert der unschätzbaren esoterischen Wahrheiten. Ein wirklicher Theosophie-Schüler würde in einer solchen Lage auf die hier geschilderte Weise handeln, aber die Menschen im allgemeinen tun es nicht immer. Das ist *ein* Grund für die Notwendigkeit zur weiten Verbreitung der Theosophie.

Als ein wahrhaft erlösender Faktor in allen Karmaproblemen gilt die feste Weisung an sich selbst „Sei immer gütiger als die Situation es erfordert!" Wir müssen stets bedenken, daß in fast allen unserer menschlichen Beziehungen große Entscheidungen und Konsequenzen auf dem Spiel stehen, weit bedeutungsvoller als wir es uns jetzt vorstellen. Denn wenn wir Menschen begegnen und uns zueinander hingezogen oder voneinander abgestoßen fühlen, so wird in der ganzen Zeit erstens früheres Karma ausgewirkt und zweitens neues Karma für die Zukunft erzeugt – in gutem oder bösem Sinn.

Darum sollte im Umgang mit unseren Mitmenschen große, liebevolle Vorsicht angewendet werden. Wir sollten dringend bedacht sein, niemals neues weiterwirkendes Mißgeschick zu erschaffen dadurch, daß wir anderen Wesen irgendwelches Leid zufügen. Dieses schließt natürlich auch sämtliche Grausamkeiten gegen Tiere ein – gleich, ob in direkter oder indirekter Form – vor allem durch Fleischgenuß, Pelztragen oder Medikamente, die aus Vivisektionsmethoden gewonnen werden.

Wir sollten uns in jeder Minute intensiv bemühen, weise und ausgeglichen in unseren menschlichen Beziehungen zu sein. Besonders auch mit Kindern sollte größte Liebe, Sorgfalt und Verständnisbereitschaft walten – wie gering auch oft ihre Dankbarkeit ist und wie schwierig die Situationen sein mögen.

Wo das Karma eines sich reinkarnierenden Egos von vornherein sehr nachteilig oder schmerzvoll für dieses Leben aussieht und schwerwiegende mentale oder physische Mängel – oder beides – enthält, sollten die Eltern daran denken, daß sie ja in Wirklichkeit geehrt wurden, indem man sie erwählte, diesem Ego – ihrem jetzigen unglücklichen Kind – in so schwerer Trübsal beizustehen, ihm liebevolle, geduldige Hilfe zu gewähren. (Dabei können wir auch an die sogenannten „Contergan-Babys" denken.)

So weit es unter erträglichen Bedingungen möglich ist, behalte man – nach okkult-wissendem Rat – ein krüppelhaftes oder mongoloides Kind oder eins mit fehlenden Gliedern zuhause, umgebe es mit aller Liebe und Sorgfalt und helfe so dem Ego, diese schwere Inkarnation – wenigstens in der Frühzeit – besser zu überstehen, indem man bedenkt, daß speziell eine solche Elternschaft eine Art von „Berufung" ist, ein hilfloses Gotteskind während einer sehr dunklen Periode seiner langen Pilgerreise stützend zu behüten. Wenn jedoch andere Familienmitglieder ungebührlich darunter leiden würden und die ganze Lage hoffnungslos erscheint, wäre es nicht unrecht, eine Versorgung des Kindes außerhalb des Heimes in Betracht zu ziehen, so lange man die Zustände in der Pflegeanstalt genau überblicken kann und die Behandlung dieser Kinder durch Besuche fest im Auge behält.

Andere zu berücksichtigende Aspekte sind die der sozialen Klasse, des Standes oder Ranges, welchem die Eltern zugehören – ferner die Gelegenheiten für seine Erziehung, sowie der allgemeine Lebens-Start, den sie ihm bieten können. Ebenso die kulturelle Umgebung und wahrscheinliche Förderungsmöglichkeiten. Auch in etwa Typus und Lehrmethoden seines künftigen Unterrichtes und das Niveau der Lehrer. Allen diesen Umständen wird bei der Elternwahl sorgsame Beachtung gewidmet. Einige weitere Faktoren enthalten – innerhalb von biegsamen Grenzen – die Wahrscheinlichkeit von zu erwartender Grausamkeit – entweder durch Mißhandlungen zuhause oder in der Schule, oder durch die deprimierende Erfahrung einer sehr strengen, groben Erziehung, sowie Verständnismangel seitens der Umgebung des Kindes, was einem gereiften Ego oft und schmerzlich widerfährt.

Solche Aussichten würden die etwas höherentwickelten Egos zurückschrecken, wenn sie ihre Wahl schon mit-bestimmen können. Jedoch auch hier gibt es immer erstaunliche Ausnahmen, wie im Folgenden zu sehen ist:

Die Uralte Esoterische Weisheit – in ihrer heutigen, teilweisen Version Theosophie genannt – führt stets zu der bewundernswerten Feststellung, daß im Göttlichen Weltenplan auch nicht die geringsten Dinge und Faktoren übersehen werden – gerade auch bei der Einleitung einer neuen Verkörperung. Unsere Leben verlaufen nach einem unbeirrbaren Ur-Gesetz, welches absolute Gerechtigkeit für jedes menschliche Wesen gewährleistet, und dieses wird von hohen Adepten und Engeln mit unendlicher Weisheit und Barmherzigkeit verwaltet – immer zum Zweck von stärkst-möglicher individueller und gesamtmenschlicher Entwicklung.

Jedoch wenn das zur Reinkarnation bereite Ego schon eine genügende Gesamt-Reife besitzt, wird es bei den entsprechenden Auswahlen mit zu Rate gezogen. Dies würde sich oft auch auf den sozialen Stand beziehen, in welchen es hineingeboren wird – etwa in regierende, aristokratische, kulturell-hochstehende, begüterte Klassen oder in solche von Handwerker-, Bauern- oder sonstigen Handarbeiterkreisen (welche Gegenüberstellung keineswegs etwa ein Werturteil im geistigen oder menschlichen Sinn darstellt!) Zuweilen kommt es nun vor, daß entwickelte Egos eine hindernde, unglückliche Gesamt-Situation *erwählen*, entweder um noch benötigter Kenntnisse willen (z. B. Vernichtung von Vorurteilen) oder wegen menschlicher Barmherzigkeitsdienste, die sie nur auf diese Weise leisten können. Das letztere ist der Grund, warum zuweilen edle, vorgeschrittene Egos in primitiven, wenig-kultivierten Lebensbedingungen angetroffen werden, *auch* wenn sie sie sich mit etwas Mühe daraus lösen könnten! Damit ist stets ein hohes Maß von echter spiritueller Demut verbunden.

Weiter: Das Innere Selbst des Menschen von etwas vorgeschrittener Entwicklung hat immer das Gefühl von einer Mission oder Bestimmung, einer bestimmten Aufgabe. Dieser Mensch weiß auch als Person – zumindest als Erwachsener – ziemlich deutlich, was er in seinem neuen Leben zu tun gedenkt, welchen Beitrag er zum Nutzen der Welt zu leisten berufen ist. Seine Aufgabe scheint ihm oft wie ein symbolisches „Paket" vor die Füße gesetzt zu sein, sodaß er – um nicht gefährlich zu „stolpern" – es ergreifen muß. Auch empfindet er, welche Eigenschaften weiter ausgebildet und welche Fähigkeiten gesteigert werden sollten.
Ein spirituell erwachtes Ego ist sich dieser Notwendigkeiten vollbewußt und prägt seiner Persönlichkeit bestimmte Ideale für das neue Leben ein.

Hier ist wiederum den Eltern eine mächtige Verantwortung übertragen. Sie können die Inkarnation ihres Kindes fördern oder schädigen, wenn nicht ziemlich verderben – und zwar schon von früher Kindheit an. Sie sollten sich stets bewußt sein, daß das Kind, der Jüngling, das Mädchen nur dem Körper nach unentwickelt und unerzogen ist und daß das in ihm residierende Ego oft weiser und höherstehend als die Eltern sein kann; und daß es zuversichtlich erwartet, mit ihrer treuen Hilfe die große, geheimnisvolle Pilgerschaft des Lebens fortzusetzen. Die Eltern sollten ihr Kind immer mit allen verfügbaren Dingen umgeben, welche die schönsten Fähigkeiten herauslocken, stützen und fördern. Alles, was unterdrückend, stark-beschämend oder erniedrigend wirkt, was Elendsgefühle oder bitteres Leid verursacht – wie etwa grobe Prügelstrafen, die das Ego in eine gedemütigte Zurückgezogenheit treiben, sollte – bis auf Ausnahmen – vermieden werden. Dieser dringende okkulte Rat scheint durch die heutigen Schul- und Erziehungsmethoden schon in vielen Ländern ver-wirklicht zu sein (wobei sich jedoch vorerst noch das andere, ebenso schädliche *Extrem* auswirkt!). Körperliche Züchtigung im Fall eines schon etwas entwickelten Egos entstellt und verhärtet die Persönlich-keit, macht sie hinterlistig und weckt oft den Entschluß, als eine Art Rache später selbst Kinder oder Erwachsene zu tyrannisieren oder zu quälen, sobald Gelegenheit da ist. Körperliche Strafe löst überhaupt keine Probleme – außer daß der Erzieher sich für eine Zeit gewaltsam eine trügerische Ruhe verschaffte.

All diese Möglichkeiten und Faktoren und noch viele mehr, unzählige Probleme, unzählige Einflüsse, die aus vergangenen Inkarnationen herüberreichen, sowie die zukünftige Mission des Egos – all diese Komplexe werden in Betracht gezogen von den dafür zuständigen Adepten und Engeln mit den sternenklaren, unendlich weitblickenden Ewigkeits-Augen – welche in der Kausalwelt ihre Konferenzen abhal-ten über den Herabstieg jedes Egos, das eine neue Verkörperung antreten soll.

Mit ganz spezieller Sorgfalt geschieht das im Fall der reiferen und vorgeschritteneren Egos, wo dann alle scheinbar geringfügigen Details sich stark-bedeutend auswirken können.

Die bisher wiedergegebenen Tatsachen sollen nun kurz zusammen-gefaßt werden, bevor wir zu dem anderen Aspekt dieses Themas über-gehen.

Jeder neue Kreislauf im Rahmen der menschlichen Wiedergeburten – also jedes einzelne Leben – wird, in einmütigem Zusammenwirken mit hohen menschlichen Adepten unter dem MAHACHOHAN, von Glie-dern *der* Engel-Ordnungen geleitet, die in ihren Tätigkeiten besonders mit der Menschheit verbunden sind. Bei jeder regelmäßig erfolgenden Wiederverkörperung empfangen alle menschlichen Egos den wunder-baren exakten Beistand von Engeln, die für den Aufbau der Mental-, Astral- und physischen Körper verantwortlich sind. Diese Engel arbei-ten unter der Führung von Repräsentanten der LIPIKA. Die Auswahl von Zeitalter, Kontinent, Nation, Religion, Eltern, Umgebung, Geschlecht, allgemeinen Gelegenheiten, Typus und Zustand des Körpers, Gesundheits- und Krankheitsanlagen, Schönheit oder Häßlichkeit – alles dieses wird von den dafür bestimmten Adepten- und Engel-Wesenheiten – dem karmischen Gesetz entsprechend – entschieden.

Die vielen Karma-Arten der Menschen, zum Beispiel, was die Geburts-Nation betrifft, sowie Angehörige beruflicher, weltanschaulicher oder politischer Interessengruppen, mit denen der Neugeborene später Verbindung aufnehmen wird, dann die ganze Familie, in die er eintritt, der künftige Gatte oder die Ehefrau und die Kinder – alles das wird mit einer hohen Wahrscheinlichkeitsquote exakt überblickt; und so werden dann schließlich mit unbeirrbarer Gerechtigkeit die günstigsten und vorteilhaftesten Auswahlen getroffen, die von den karmischen Voraussetzungen zugelassen sind. Dazu kommt, daß die Kindesgeburt nur in einem Augenblick erfolgen darf, wo die gerade im KOSMOS herrschenden Gestirns-Konstellationen, die das wichtige Geburts-Horoskop ausmachen, genau mit dem Karma des sich wiederverkörpernden Egos übereinstimmen.

Bedeutungsvoll ist noch folgendes: Im Fall spirituell-erwachter und sehr aktiver Egos wird oft in einem entscheidenden Leben das restliche, ungünstige Karma (besonders auch krankheitsmäßig) stark zusammengeballt, damit sie „später" frei davon sind und nicht bei der nächsten Verkörperung mit einem kränklichen, anfälligen Körper behaftet geboren werden – was ihre Energien zur Bewältigung neuer, größerer Aufgaben stark und schmerzlich hemmen würde.

Betreffs der Astrologie: Sie gleicht heute nur noch wenig der hohen Wissenschaft von Eingeweihten in früheren Kulturen, sondern wird meist nur rechnerisch (vorwiegend ohne die Reinkarnationsgrundlage) betrieben, mit entsprechend vielen Fehlern, sogar auf den materiellen Gebieten.

Wenn nun die neue Inkarnation beginnt, so geschieht das also in einer ähnlichen Weise wie bei der Neu-Entstehung des Universums oder bei der Inkarnation eines Logos in einem neu-ausgeströmten Sonnensystem.

Gott sprach: „Es werde LICHT!" Auch das Ego spricht sein schöpferisches Wort. Ein „Ewiger Mensch" wendet wiederum seine Aufmerksamkeit (durch einen Wesensstrahl von sich) den materiellen Ebenen zu und spricht sein Schöpfungs-Wort aus. Er sendet einen Strom seiner

Kraft, seines Lebens und Bewußtseins aus, der zuerst auf die Substanz der Mental-Ebene trifft. Schematisch gesehen ist es etwa so: Jedes Ego schleudert dann quasi einen Lichtstrom oder schöpferischen Klang herab. Jedoch zuvor treten die „Permanenten Atome" in Tätigkeit. Zur Erklärung: Jedes Ego behält (nach der theosophischen Forschung) nach jedem Tod einer seiner Persönlichkeiten je ein bestimmtes Atom von jedem seiner drei sterblichen Körper zurück. Alle Erfahrungs- und Tätigkeits-Extrakte werden in allen laufenden Leben diesen „Permanenten Atome" eingeprägt (welche ihre Funktion schon seit dem Ur-Abstieg der Monade, also auch in deren vormenschlichen Gruppen-seelen-Erfahrungen, ausgeübt haben.) (Siehe Kap. 2, 23 und 24)

Zu Beginn einer Verkörperung werden diese „Permanenten Atome" dem herabsteigenden Kraft-Strom des Egos angegliedert. An diesem kombinierten „Lebensfaden" steigt nun die Ego-Energie hernieder. Dieser schöpferische Strom oder Klang schwingt also auf Frequenzen, die den Haupt-„Strahl", die Reifestufe, die schon erworbenen Eigen-schaften *und* das Karma des Egos exakt zum Ausdruck bringen. Alle diese Faktoren ändern nun – je nach den karmischen Notwendigkeiten – die vererbten elterlichen und Ahnen-Charakteristiken entscheidend ab.
Die „Permanenten Atome" werden nach Erweckung aus ihrem stati-schen Jenseitszustand zu Übermittlern der gelösten Wort-Kraft. Als Zentren ihrer magnetischen Felder ziehen sie zur Erbauung aller vier neuen Körper jeweils *den* Materie-Typus an, der auf die ausgestrahl-ten Ego-Wellenlängen reagiert, sodaß die neuen Körper quasi Abbilder ihrer Vorgänger am Schluß des letzten Lebens werden.
Auch das Übergewicht von einem der drei „Gunas" (Materie-Attri-buten) in den Körpern: Rajas (Tätigkeit) – Satva (harmonischer Rythmus) – und Tamas (Trägheit) wird dadurch entschieden. So wird schon durch die Substanz der vier Körper jedem Menschen stets „automatisch" völlige karmische Gerechtigkeit betreffs der Körper-ausrüstung für seine neue Lebensreise garantiert – so passend und geeignet wie nur möglich, und wie das Karma es im besten Sinn ge-stattet.

Wenn also der Strom der Ego-Energie zuerst auf die Mentalwelt trifft, erzeugt er dort einen starken Wirbel, in den *nur solche* Mental-materie gezogen wird, die auf den entsprechenden Ego-Frequenzen schwingt; und allmählich wird so der embryonische Mentalkörper gebildet. Dann trifft der Ego-Strom auf die Astral-Ebene und erzeugt dort ebenfalls einen Wirbel, in welchen – in derselben Weise wie vorhin – die genau geeignete Astralmaterie gezogen wird; und nun beginnt der Astralkörper gebaut zu werden. Wieder kommen die gleichen Prinzipien zur Anwendung, weil *nur der* Typus von Astralmaterie, der auf den Frequenzen des Ego-Stromes vibriert, hineingezogen wird. Resonanz und magnetische Anziehung sichern die Präzision dieser Vorgänge vollständig.

Diese beiden Körper sind eiförmig mit einer schwach-umrissenen menschlichen Figur in der Mitte, und zuerst nur 30 cm groß. Sie sind fast transparent und fast farblos. Doch sind gewisse Farb-Andeutungen darin – ein schillerndes Opalisieren, das durch die milchig-weiße „Aura" des Kindes hindurchschimmert. Diese Farb-Tönungen stellen die „Skandas" dar. Zur Erklärung: Der Sanskrit-Ausdruck „Skandas" bedeutet „Bündel" oder „Gruppen". Der Höhere Okkultismus versteht darunter Ansammlungen von Attributen, Eigenschaften und Fähigkeiten, die sich bei der Neu-Geburt des Menschen vereinen und seine neue Persönlichkeit zusammensetzen. Es sind die durch die „Permanenten Atome" herübergebrachten Ergebnisse der Vergangenheit, welche nun die Saaten für künftige Inkarnationen werden, also die zu Charakter-Eigenschaften gewordenen Resultate der Lebensführung in den Vor-Existenzen. Die Skandas liegen beim Baby latent und schlummernd da, deshalb das nur matte Schimmern ihrer Farben. Bis das physische Dasein mit seinen vielen Reizen und Forderungen sie wieder zu Leben und Tätigkeit erweckt.

Zu seiner Zeit – und nicht unbedingt schon zu Anfang der Inkarnationsvorgänge – beginnt der physische Körper erbaut zu werden. Im Augenblick der Empfängnis wird von einem Glied der Engel-Hierarchie das physische „Permanente Atom" an die geschaffene Doppelzelle angefügt, wodurch sie den biologischen Antrieb erhält. Durch die jetzt im „Permanenten Atom" und der Doppelzelle ausgeströmte schöpferische Kraft wird eine getrennte Einflußsphäre für das Erbauen des Körpers errichtet, sodaß fremde Schwingungen und Substanzen abgeschirmt werden. Das Ego ist nun, durch seinen herabgesandten Lebensstrom, auch schon in einer Berührung mit der physischen Ebene (die vom dritten Monat an vollständig-aktiv ist) und der neue Körper kann entstehen.

Alle diese Vorgänge werden sehr sorgfältig von gewissen Engeln unterstützt und bewacht. Geoffrey Hodson erwähnt, daß die Untersuchungen in diesem faszinierenden Gebiet ihm erst teilweise gelungen sind. Jedoch konnte er diese Dinge schon so weit beobachten, um bestimmt festzustellen, daß unter Führung des „kausalen Engels der Inkarnation" ein weiterer Engel auf der Mentalebene arbeitet, sowie ein anderer auf der Astralebene. Diese Engel breiten ihre Auren um die Mutter, um den vibrierenden Ego-Strom und um den Mental- und Astralkörper des Kindes aus. Die beiden letzteren werden von den Engeln – im Rahmen des Karmas – vor Erschütterungen und Störungen der Außenwelt beschützt. Die Engel arbeiten auch sorgfältig am Bau des Bewußtseins-Mechanismus. Dies ist ein sehr kunstvoll-organisierter und empfindlicher Apparat. Er besteht aus den sieben „Chakras" (Kraft-Zentren) im Mental-, Astral- und Ätherkörper und aus den damit verbundenen Nerven- und Drüsensystemen. Hodson beobachtete bestimmte Naturgeist-Typen der vier Elemente, die von der Empfängnis bis zur Geburt an den Körpern arbeiten. Sie bauen, bessern aus und regenerieren nach Bedarf und in Übereinstimmung mit den physischen Naturgesetzen.

Das Geheimnis der Entwicklung eines Körpers aus einem so winzigen Organismus wie der Doppelzelle kann nicht schulwissenschaftlich gelöst werden. Warum bestimmte, mikroskopisch-kleine Stellen in der Keimzelle bestimmte Gewebe-Arten in einem bestimmten Teil des werdenden Körpers entwickeln, bis der kindliche Organismus – nach dem planmäßigen Modell – fehlerlos zum Dasein kommt, das wird ein Mysterium bleiben, bis dieser wunderbare Gegenstand weitergehend mit den überphysischen Sinnen studiert wird.

Während der ganzen Zeit sind also die Mental- und Astralengel intensiv am Werk, indem sie die Erschaffung der vier Körper und der Chakras, sowie ihre Abstimmung aufeinander anordnen und beaufsichtigen, wobei die bauenden Naturgeister unter ihrer Leitung arbeiten. So werden während der Schwangerschaftsperiode die physischen, Äther-, Astral- und Mentalkörper allmählich erbaut – alles den karmischen und entwicklungsmäßigen Notwendigkeiten des reinkarnierenden Egos entsprechend. Und dann kommt – bei günstigem Verlauf – die Zeit der Geburt. Nachdem ziehen die beigeordneten Devas sich zurück, und das Kind wird den Händen seiner menschlichen Betreuer und einem „Schutzengel" übergeben. (Näheres in Kap. 31)

Zwei weitere Mitteilungen: Die erste ist, daß das Ego sich während

des vorgeburtlichen Lebens kaum seines werdenden physischen Körpers bewußt ist. Erst wenn an einem gewissen Punkt die Entwicklung des Nervensystems durch die waltenden Engel beschleunigt wurde, kann auch ein Teil vom *Bewußtsein* des Egos sich offenbaren, was seiner vorherigen Manifestation als *Kraft* und *Leben* hinzugefügt wird. Denn das Innere Selbst des Menschen wie auch der formbildende Egostrom ist eine Dreiheit. Seine Aspekte kommen als geistige *Kraft*, geistiges *Leben* und geistige *Intelligenz* zum Ausdruck. Kraft und Leben arbeiten durch das physische Permanente Atom von der Empfängnis an und wirken auf den Bau des Embryos ein. Erst wenn das zerebrospinale Nervensystem gebrauchsfähig eingerichtet ist, findet der dritte – der Intelligenzaspekt – sein Ausdrucks-Vehikel. Sogar wenn das Nervensystem – wie bei Irreseinsgraden – infolge einer karmischen Schädigung nicht ordnungsmäßig funktioniert, wird dennoch die Kraft und das Leben des Egos den physischen Körper lebendig erhalten, und das Ego bleibt als erwachsene Person in dieser traurigen, stets karmisch bedingten Inkarnation.
(Eine „Euthanasie" solcher „Unheilbarer" ist immer ein schweres Verbrechen und durch nichts zu entschuldigen.)
Nach der Bewußtseinsbeschleunigung wird das Ego im Embryo sich dunkel-traumhaft eines Gefühls von warmer Beschütztheit und abgeschlossener Sicherheit bewußt. Die Geburt ist dann ein Schock, die plötzliche Ausstoßung aus jenem Behagen, der Behütung und inneren Ernährung im Mutterleib. Darum sollte speziell in den ersten Monaten dieser Schock geheilt werden, durch innige Verbindung mit der Mutter, durch sehr viel Liebe und Behagen. Geoffrey Hodson befindet sich auf Grund seiner geschulten Seherschaft in Meinungsverschiedenheit von modernen Richtungen, die dazu raten, die Babys bald nach der Geburt in hygienisch einwandfrei geleitete Anstalten zu geben. Solche Ärzte wenden sich auch gegen häufiges Liebkosen der Kinder. Sie scheinen von vornherein ein ziemlich strenges Regime über die Babys verhängen zu wollen, indem sie ihnen sogleich eine geregelte, disziplinierte, nicht emotionelle Lebensweise angewöhnen wollen, welche gleichzeitig den Müttern die Schwierigkeiten des Aufziehens erleichtert.
Hodson sieht darin einen gewissen Wert, jedoch eine bedeutend größere, schädliche Wirkung. Nach okkultem Wissen braucht die Mutter die nahe Gegenwart ihres Kindes als Ventil für ihre Liebe. Die Mutterschaft ist ja nicht nur ein physisches, sondern auch ein spirituelles Erlebnis, da sie der Mutter gewisse wunderbare Bewußtseinsausdehnungen vermittelt, die irgendwie von der ganzen Menschheit mit-

156

erlebt werden. Sie sind daher äußerst wertvoll und von hoher Bedeutung.

Das Kind wiederum braucht dringend nötig die Einwirkung der mütterlichen Aura, den Magnetismus und die direkt gefühlte Liebe der Mutter. Diese kleinen Wesen sind sehr davon abhängig, sodaß sie so nahe wie möglich bei ihren Müttern leben müßten. Dies ist vordringlich gegenüber allen anderen Erwägungen. Glücklicherweise gibt es in den neueren Methoden schon wieder Bestrebungen mit Tendenzen zu der natürlicheren Behandlung der Babys – zu deren großem Segen. Eine mit Mutterschaft verbundene *Voll*berufstätigkeit von Frauen erscheint deshalb widernatürlich.

Und dann kommt Geoffrey Hodson noch zu einer letzten wundervollen Wahrheit: Die gesamte Menschheit, ja auch *alles* Leben, befindet sich unter der Leitung und Behütung eines Mütterlichen Prinzips in der All-Natur – des Mutter-Aspektes der GOTTHEIT. Es gibt wahrhaft ein Göttliches Prinzip der Erhaltung und Bewahrung, der beschützenden Liebe und Barmherzigkeit, welches – nach okkulter Forschung – durch ein sehr hohes Amt in der – Adepten und Engel umfassenden – „Inneren Regierung der Welt" Ausdruck findet. Die Repräsentantin dieses Amtes auf unserer Erde wechselt mit den Zeitaltern und wird oft die „Welt-Mutter" genannt, im Sanskrit „Jagad-amba". Hinter den uralten Traditionen von der Isis, der Ishtar, der Kwan-Yin und den „Gemahlinnen" der drei Aspekte der Hindu-Trinität – bis zu ihrer letzten Manifestation als die christliche Madonna – liegt sehr viel spirituelle, echte Wahrheit.

Theosophische Forschungen haben ergeben (obwohl es natürlich in dieser Bewegung keine Dogmen gibt), daß die Mutter JESU in ihrem folgenden Leben die Adeptschaft erlangte, als ein Erz-Engel in die Deva-Evolution eintrat und dann jenes erhabene Amt einnahm, sodaß sie für das gegenwärtige Zeitalter die MUTTER DER WELT auf diesem Planeten vertritt.

Die erwähnten bauenden Devas sind ganz besonders ihre Diener und Mitarbeiter. Sie unterweist diese Engel; und die letzteren vertreten die „Welt-Mutter" in gewissem Grad, sodaß diese hohe Wesenheit in Gestalt jener Engel eine direkte Bewußtseinsverbindung mit jeder werdenden Mutter hat. Das wunderschöne Madonnenblau ihrer Aura, welches inspirierte Maler auf so vielen lieblichen Marien-Bildern erscheinen ließen, zeigt sich auch in den Auren der „Geburts-Engel" und in einem zart-schimmernden blauen Glanz über der Aura der werdenden Mutter. Dieser vertieft sich beim Näherrücken der Geburt. Die „Welt-Mutter" vereint sich dann direkt mit der irdischen Mutter und nimmt in gewisser Weise teil an ihren freudigen und schmerzlichen Erfahrungen, indem sie die Mutter behütet, leitet und tröstet und das ganze, herrliche Wunder der Geburt unter ihren Auspizien geschehen läßt – was sehr oft empfunden wird.

Der Seher hat auch beobachtet, daß von der Zeit der Kindesgeburt an sie und ihre Mitarbeiter sich von der direkten Hilfe zurückziehen. Denn nun setzt das Amt des „Schutzengels" ein, welcher das Kind im Rahmen seines Karmas behütet. In einem Sinn befindet sich jede Frau in beständigem, innigem Kontakt mit ihr. Denn Sie ist eine Erz-Engel-Verkörperung der Höchsten Vollkommenheit des Weiblichen Aspektes der GOTTHEIT und aller kostbaren, weiblich-gearteten Eigenschaften der Menschheit überhaupt.

Literaturnachweis:
Geoffrey Hodson „The Science of Seership"
Geoffrey Hodson „The Kingdom of the Gods"
Geoffrey Hodson „Reincarnation, Fact or Fallacy?"
Dr. A. Besant „Eine Studie über Karma"
Dr. A. Besant „Die Uralte Weisheit"

31. Devas erbauen die vier Körper des Menschen vor jeder Geburt

Ein Ereignis unserer Übergangsperiode in das neue Zeitalter ist das gelegentliche Auftreten eines neuen, höheren Rassentypus. Nach theosophischen Forschungen werden die Menschen dieses faszinierenden Typs die Pioniere und Erbauer der kommenden Zivilisation darstellen.

Der menschliche Evolutionsvorgang ist zweifach. Er besteht einerseits aus einer allmählichen Entwicklung des individuellen Bewußtseins und andererseits aus einer ebenso allmählichen Vervollkommnung der Körperformen zu einem stets entsprechenden Standard. Diese beiden Prozesse sollten Hand in Hand gehen, so daß das sich erhöhende Bewußtsein immer das geeignetste Material für seine Vehikel findet. Hier zeigt sich sofort die dringende Notwendigkeit, daß die Körper der Kinder des Neuen Zeitalters aus feinster Substanz und unter günstigsten Bedingungen empfangen, geboren und aufgezogen werden. Die Aufgabe aller Menschen mit dem Amt der Elternschaft ist daher schwierig. Reine, sensitive, gesunde Körper werden für die reiferen Egos benötigt, welche die Menschheit beim Erbauen der neuen Zivilisation leiten sollen. Sie können nur von verantwortungsbewußten Eltern mit erhabenen Idealen erzeugt werden. Ein Überblick auf das vorgeburtliche Entstehen der mentalen, astralen und physischen Körper zeigt die ungeheure Bedeutung der geistigen Einstellung bei den Eltern. Ehe und Elternschaft sind ihrem Wesen nach sakramental, die Kinder sollten aus Vereinigungen hervorgehen, die tiefer, selbstloser Liebe und edlen Absichten entspringen. Denn nur so kann die Verheißung einer höheren Menschheit in der Zukunft erfüllt und die neue Rasse geboren werden.

Zu einem Verständnis von Zweck und Wesen der Verkörperung hier eine kurze Wiederholung der theosophischen Feststellungen darüber: Der Okzident sieht heute meist den Körper als den Menschen an. Die „Seele" denkt er sich etwa wie einen unsichtbar über dem Kopf schwebenden Ballon. Man meint, der Mensch sei ein Körper und habe eine Seele. Die ewig-alte okkulte Definition kehrte diese Behauptung um. Nach ihr ist der Mensch *das* Wesen, in dem der höchste Geist und der dichteste Stoff durch den Intellekt verbunden sind. Die Uralte Esoterische Weisheit zeigt, daß die wahre Seele des Menschen tief hinter vielen Schleiern aus Materie verschiedener Dichtigkeitsgrade verborgen liegt. Der Geburtsvorgang ist darum sehr kompliziert, weil der Mensch außer in seinen physischen Körper noch in drei andere Bewußtseinsträger inkarniert wird – in den die Vitalität tragenden Ätherkörper, in den seine Gefühle ausdrückenden Astralkörper und in den seine Denktätigkeit bewirkenden Mentalkörper. Er selbst – als das wirkliche „Ego" – lebt in seinem Kausalkörper auf den *übermentalen* Ebenen; und dort offenbaren sich die Göttlichen Attribute Wille, Liebe und Intelligenz viel freier als in den drei dichten Welten. Der *Zweck* der Entwicklung ist, daß diese drei Attribute der Göttlichen Dreieinigkeit mit immer intensiverer Leuchtkraft *bewußt* aus dem Menschen auf Erden strahlen. Die *Methode* ist eine lang-fortgesetzte Reihe von Geburten und Toden.

Jeder Mensch ist ein „Verlorener Sohn". (Siehe Kap. 50) Er geht als ein Göttlicher „Funke" im Urbeginn aus seiner spirituellen Heimat in die Tiefen des materiellen Weltalls und kleidet sich in dichte Körper. Endlich, nach Hunderten von Verkörperungen, beginnt er die Unbeständigkeit aller physischen Freuden zu erkennen. Ein Sehnen nach unvergänglichem Glück, nach echtem Frieden entsteht; und dann sagt er: „Ich will mich aufmachen und heim zu meinem Vater gehen". Er weiß nun, daß das Paradies nur (aber jetzt bewußt!) wiedergewonnen werden kann, wenn er sich von den Fesseln des Verlangens befreit, die ihn an die Erde ketten; und er muß sie alle abstreifen. Er muß lernen, jeden Wunsch und Gedanken bewußt und gewollt hervorzubringen. Dann leuchtet bald das Licht des Egos durch die Körper. Er beschreitet den „Pfad der Rückkehr", der ihn zur Befreiung von Sorge und Beschränkung, zu nie-endender Glückseligkeit, unfaßbarer Macht und Schönheit und tiefstem Frieden führt. An dessen Ende wird jede notwendige menschliche Lektion erfaßt und die gigantische Aufgabe vollendet sein.

Die Pilgerreise ist sehr lang und mühevoll. Auch die zweigeschlechtliche Zeugungsmethode hat sich stets als eine starke Leidensquelle erwiesen. Jedoch die *Methode* verursacht *nicht* die vielen, mit der schöpferischen Funktion verbundenen Übel, sondern ihr *Mißbrauch*. Die Negativa sind jetzt so vorherrschend, daß die Einstellung zu dieser ganzen Frage drastisch geändert werden müßte, um die Lasterhaftigkeit zu entfernen, womit dieses kostbare Lebensgebiet entstellt wurde. Die Macht des Erschaffens ist eine Göttliche Eigenschaft. Der Mensch führt dabei mikrokosmisch das gewaltige makrokosmische Schöpfungs-Drama aus. Die Verschmelzung männlicher und weiblicher Organismen ist eine sakramentale Widerspiegelung der Vereinigung des Ersten Logos-Aspektes mit dem Zweiten, woraus der Dritte hervorgeht. Sie wird allmählich auf immer höhere Ebenen mit-emporgetragen. Beim „Wilden" geschieht sie nur physisch und astral. Beim zivilisierten Menschen wird auch meist eine mentale Vereinigung erreicht. Der spirituell-Erwachte erlangt gleichzeitig eine Verschmelzung auf der Buddhi-Ebene.
Bei Vereinigung von gegensätzlich polarisierten Organen senkt sich stets eine metaphysische Kraft nieder, deren Umfang und Art von der Entwicklungsstufe abhängt. Im Menschen bringt sie eine Bewußtseinsausdehnung hervor. Um daraus großen Segen zu gewinnen, muß das Bewußtsein während der Vereinigung in die geistigen Welten gerichtet

sein. Dann wird die stärkste Bewußtseinserhöhung gewonnen, so daß die besten Bedingungen zum Bau der Körper für die inkarnierende Seele geschaffen werden. Da also beim Menschen der physische Akt zunehmend von mentaler und höherer Vereinigung begleitet wird, kann er dazu verhelfen, direkte Vorahnungen von der Ur-Einheit zu erleben.

Der Mißbrauch der Sexualität muß vorausgesehen sein. Doch trotz des entstandenen Elends spielt diese Methode eine immer größere Rolle in der Entwicklung, je mehr ihre höheren Möglichkeiten erkannt werden. Nach der hellsichtigen Forschung wirkt das Prinzip, wodurch die Vereinigung eines verschieden-polarisierten Paares höhere Energien löst, in der ganzen Natur. Auch das Pflanzenleben fühlt einen bebenden Schauer, wenn die planetarischen Lebenskräfte bei der Befruchtung herabsteigen, und seine Entwicklung wird gefördert. Besonders die sensitiven Blumen reagieren stark darauf. In künftigen Zeitaltern wird diese Fähigkeit in allen Naturreichen immer stärker und bewußter werden.

Dies legt dem Menschen eine große Verantwortung auf; denn er allein übt diese schöpferische Kraft bewußt lenkend aus. Der durch Unwissenheit entstehende Mißbrauch jener Kräfte schafft schwerwiegende Ergebnisse. Die physische, mentale und moralische Gesundheit schwächt sich und Entartungserscheinungen treten auf. Die feine Exaktheit aller menschlichen Fähigkeiten stumpft sich ab, auch die höhermentale Kraft des Egos.

Den Körpern, welche durch Menschen, die stets ihre schöpferische Kraft mißbrauchen, erzeugt werden, muß es erbarmungswert mißlingen, geeignete Tempel für den „Inneren Gott" herzustellen. Noch schwerwiegender werden die Wirkungen bei Menschen mit *Kenntnis* dieser Zusammenhänge. Darum ist es äußerst wichtig für den menschlichen Fortschritt und das Erbauen einer neuen Zivilisation, daß das sexuelle Reinheits-Ideal von den geistig-Erwachenden angenommen wird. Physische Vereinigung als ein Ausdruck inniger Liebe kann Leben und Bewußtsein derer, die zu tiefer seelischer Zuneigung gelangen, veredeln und erhöhen. Doch wenn sie animalischer Leidenschaftsbefriedigung dient, erniedrigt sie Seele und Körper. Sie verdirbt das Ideal reiner, anmutiger Weiblichkeit, die ihren intensivsten Ausdruck in der Mutterschaft erreicht. Jede Frau vertritt den Weiblichen Gottes-Aspekt. Bei der Kindesgeburt spielt jede Frau ihre Rolle im Ewigen Drama der Schöpfung. Ihr Kind ist ihr mikrokosmisches Universum.

Darum ist die Elternschaft ein nicht zu profanisierendes Sakrament. Wenn dieses Ideal immer mehr das Leben regiert, wird eine edle Rasse geboren werden, welche die unsterbliche Schönheit von Alt-Hellas überstrahlen soll. In den späteren Rassen wird große Macht und Weisheit dazukommen, um so gemeinsam die Ur-Dreieinigkeit einer relativ-vollkommenen Menschheit zu bilden.

Im folgenden werden die vorgeburtlichen Wachstumsstadien der vier Körper geschildert – so wie sie sich der hellsichtigen Schau eines qualifizierten Forschers zeigten.

Im vierten Monat wurde bereits der neue *Mentalkörper*, fast farblos, als ein eiförmig-verschwimmender Umriß, beobachtet – mit einem schwachen Opalisieren auf der Oberfläche. Im Inneren zeigten sich zarte Schattierungen von Blaßgelb, Grün, Rosa und Blau, mit Violett am oberen Rand. Es waren die angedeuteten Eigenschaften des entstehenden mentalen Vehikels. Seine Partikel schwangen in rascher Bewegung; und es war noch wenig von den organisierten Kraftzentren (Chakras) auf der Oberfläche zu sehen. In dieser ovalen Aura lag ein schattenhaft-verklärtes Abbild der physischen Körperform, worin die embryonischen Chakras sich befanden. Die im Kopf waren schon gut entwickelt, besonders das Scheitel-Chakra, in welches fortwährend obere Energien einströmten. Auch die embryonischen Kehlkof-, Herz- und Solarplexuszentren waren vorhanden. Nur die Kopf-Zentren waren schon aktiv, obwohl sie noch nicht als Chakras fungierten.
Das Ego arbeitete unablässig an seinem Mentalkörper, ergoß Kraft in ihn und lud seine Atome mit spezifischer Schwingungsenergie.
Bei einem hochstehenden Ego geschieht das mit klarer Kenntnis und Entschiedenheit, denn ein fortgeschrittener Mensch hat eine sehr lebendige Vorstellung von den Körpern, die er karmisch benötigt.
Der embryonische Mentalkörper in dem hier beobachteten Fall glich einer opalisierenden eiförmigen Blase, in deren Scheitelpunkt fortwährend jene Flut von glänzendfarbigen Lichtpartikeln einströmte. In der Mitte lag die schattenhaft-menschliche Form.
Der Kausalkörper, in dem das sich reinkarnierende Ego *dauernd* residiert, war viel größer als der mentale, den er in sich einschloß. Das Ganze war von blendend-hellem Licht umgeben, das zum Mittelpunkt hin zunahm. Die niederströmende Kraft hielt die Atome des Mentalkörpers in Bewegung. In der Mitte bildeten sie einen Wirbel, in den die ganze Mentalmaterie unaufhörlich hineingezogen wurde. Diese

Wirbelbewegung änderte aber nicht die ovale Form. Diese bestand aus einer konsistenten, raschströmenden, durchscheinenden Masse. Jedes Mentalatom floß durch den Wirbel. Die ihn erzeugende obere Kraft wurde durch den Wirbel zu glühendem Leuchten magnetisiert und verlor an Strahlung beim Durchziehen des übrigen Mentalkörpers. Die Farben variierten in dem Maß, wie das Ego durch seine Schwingungen spezielle Fähigkeiten einbaute. Es bestand eine Wechselwirkung zwischen dem wachsenden Kind-Mentalkörper und dem der Mutter. Dieser Konnex gab dem neuen Körper zusammenhängende Festigkeit, während die fluidale, glänzende Frische der Kindes-Aura die mütterliche Aura erhöht leuchten ließ. Über all dem waren gewisse Engel zu sehen. Einer wirkte auf der Mentalebene und hatte die Gesamt-Obhut über den Bau der vier Körper; und ein anderer arbeitete auf der Astralebene. Der mentale Deva übte eine ordnende Funktion aus, welche nur gewissen Schwingungstypen den neuen Mentalkörper von außen berühren ließ. Offenbar hatte er ein gutes Wissen von den Einflüssen, die als Folgen früherer Inkarnationen die neuen mentalen, astralen, ätherischen und physischen Körper gestalten mußten. Einige der vorigen Inkarnationen des Egos erschienen als seltsame Bilder in der Aura des Engels. Eine schien ein Mann der Elisabethianischen Periode Englands gewesen zu sein; und die neue Verkörperung bildete wohl eine direkte Fortsetzung jener Entwicklungsphase. Rund um dieses Abbild des früheren Körpers in der Engel-Aura gruppierten sich mehrere Bilder anderer Männer und Frauen derselben Zeit. Einige lächelten, einige zürnten, andere waren gleichgültig. Ihre Haltung zeigte ihre karmischen Beziehungen in unserem Ego an.

Auf der Kausal-Ebene existierte ein weiterer, weit mächtigerer Engel, welchem *alle* früheren Leben und *alle* karmischen Beziehungen des Egos bekannt waren. Er übertrug seinem Bruder in der Mentalregion das Wissen von den Karmalasten, die im kommenden Leben ausgewirkt werden sollten. Unter solcher Leitung vollzog sich die Inkarnation. Die unteren Devas glichen etwas den Wärtern eines riesigen Lagerfeuers, das sie beständig mit frischem – von Ego spezialisiertem – Material nährten.

In diesen frühen Stadien war das Ego noch nicht ganz in seinen Mentalkörper eingetreten, wenn auch sehr eifrig mit dessen Bau beschäftigt.

Der Engel auf der Astralebene war bestrebt, unter den karmischen Umständen den bestmöglichen Astralkörper zu erzielen. Die beiden

Mental-Engel vermittelten ihm eine Kenntnis von der astral-karmischen Situation. Doch war ihm ein gewisser Spielraum gestattet, und er zog aus jedem günstigen Umstand in der Umgebung Vorteil, um die Einwirkungen früherer Leben günstig umzuwandeln und den Astralkörper zu verbessern. Das Erbauen selbst war das Werk zahlreicher, dienender Naturgeister. Der Engel „brütete" quasi über dem wachsenden Astralkörper, in einer fast mütterlichen Haltung, und bewahrte ihn vor feindlichen Einflüssen. Er ließ seinen Magnetismus über seinem Schützling spielen und teilte seine Lebenskräfte mit ihm. Zuweilen schloß er den winzigen Astralkörper ganz in seine Aura ein und neigte dabei tief sein Haupt, um ihn von allen Seiten zu umhüllen. Dieser Engel ging mit wissenschaftlichem Ernst an seine Arbeit heran. Er wendete überlegt bestimmte Energien an, um ein klar-umrissenes End-Ergebnis zu schaffen, und dabei empfand er große Freude und Zuneigung zu dem Kind. Wenn die Umgebung eine wohltätige Energie lieferte, wie bei Teilnahme der Mutter an einer spirituellen Handlung, verarbeitete er so viel wie möglich davon. Er hielt dann den kleinen Astralkörper so in sich, daß jene Energie diesen überflutete und magnetisierte, karmische Tendenzen günstig wandelte und eine Neigung zu vergeistigten Schwingungen in ihm erzeugte. (In dem hier beobachteten Fall hatten beide Eltern jahrelang in theosophischer Weise meditiert. Dies war von ungeheurem Wert, aus dem der Engel wunderbaren Gewinn zog.)

Ein solcher Engel kann auch einen indirekten Einfluß auf den Äther- und physischen Körper ausüben und so die Folgen eines Unfalls der Mutter oder einer schädlichen Umgebung vermindern – natürlich nur innerhalb der karmischen Grenzen. Bei einem Schrecken der Mutter kann er das Embryo durch Einhüllung in seine Aura teilweise von der Mutter isolieren und so den Schaden verringern. Der Astralkörper des Kindes lag – in dem der Mutter – in einer halb-schrägen Lage. Es war eine etwa 30 cm lange weißglänzende Eiform, und darin lag die erst teilweise ausgebildete menschliche Gestalt. Der Forscher beobachtete, wie der Strom des Egolebens von oben in den Astralkörper eintrat und bis zur Kopfmitte zog, wo er zu einem Kreis wurde. Von dort senkte er einen Strahl wie eine Wurzelfaser hinab; dieser erreichte im fünften Monat die Kehle, wo er sich in drei Zweige teilte; und beim weiteren Abstieg in den Körper bildete er ein dichtes, golden-glühendes Netzwerk. Ätherleib und physischer Körper wurden von der Astralform durchdrungen *und* umgeben. Die astralen und ätherischen „Permanenten Atome", welche die Erfahrungen *aller* Leben komprimiert bergen, lagen im Zentrum des Kopfes, wo auch der Mittelpunkt des embryonalen *physischen* Körpers war. Der Astralkörper der Mutter durchzog teilweise den des Kindes und wurde durch diesen an Umfang vermehrt. Das physische Embryo wurde von dem Prana gespeist, welches aus dem mütterlichen Solar-Plexus zum gleichen Punkt im Embryo getragen wurde und sich von dort überallhin ergoß. Wegen der Anwesenheit des Embryos konnte die Mutter eine entsprechend größere Prana-Menge aus der Ur-Lebenskraft aufnehmen und assimilieren. Auch die Äther-Naturgeister versorgten das Embryo mit Vitalität. Sie wirkten innerhalb der Gebärmutter. Sie glichen opalisierenden, glühenden Farbblitzen, die sich äußerst rasch bewegten und bestanden aus einem leuchtenden Kern, von einer winzigen Aura umgeben. Diese bauenden Naturgeister verarbeiteten ebenfalls Materie von außen, die sie in den Fötus entluden. Beim Sammeln des Materials dehnten sie ihre winzigen Körper glühend aus; und auch der embryonale Ätherkörper leuchtete an der Stelle auf, wo sie die Pranapartikel ablagerten. Mit diesen Vorgängen waren Hunderte solcher kleiner Geschöpfe beschäftigt. Rings um die ätherische Gebärmutter war ein leiser Ton wahrnehmbar, wie ein zartes Bienensummen. Dieser Ätherklang ging von dem „Permanenten Atom" aus. Er beeinflußte den Bau des werdenden Körpers und hielt in seiner Einflußsphäre einen bestimmten Zustand aufrecht, der nur passende Schwingungen und abgestimmtes Material einließ.

Im fünften Monat gab es einen erheblichen Fortschritt. Das Ego wirkte jetzt direkt auf den Bau des *Astralkörpers* ein, da der des Mentalkörpers schon gut vorangekommen war. Der verbindende Kraftstrom zwischen Ego und Fötus war nun ein silberblauer Lichtpfeil von 6 cm Breite. Beim Abstieg aus den höheren Regionen trat er von links in den mütterlichen Organismus ein und berührte den oberen Rand des Milz-Chakras, um in den Kopf des Fötus einzugehen. Die Form des physischen Körpers geht nach dem von Naturgeistern erbauten Äthermodell. Dieses entsteht durch die vom „Permanenten Atom" ausgestrahlte Vergangenheitskraft und wird von den „Herren des Karmas" so gewandelt, daß es dem für das kommende Leben ausgewählten physischen Grund-Karma entspricht. Das Äthermodell sichert dem Fötus auch das ungestörte Durchlaufen der wiederholenden Entwicklungsstadien der unteren Naturreiche, obwohl es selbst nicht mit hindurch wandert, sondern sich gleich zur Kindesgestalt hin entwickelt. Das Äthermodell kann auch gewisse Einflüsse von der Mutter abwenden und wirkt z. B. bei einem mütterlichen Schock wie ein Stoßkissen. Doch karmisch begründete Einflüsse gehen ungehindert durch. Das Äthermodell schien wie in einem Häutchen eingeschlossen und glich einem schimmernd-weißen, in Mondlicht getauchten Baby mit noch nicht klar ausgeprägten Zügen.

Auch der Bau des physischen Körpers war in der Gebärmutter zu sehen. Viele Kraftströme liefen zusammen, verbunden mit der intensiven Tätigkeit der Naturgeister im Physischen, Ätherischen und Astralen. Der Fötus zog magnetartig die Partikel an, die sich dann an den richtigen Körperstellen niederließen, je nach Typus und Schwingungsgrad. Das Ego beeinflußte die Substanzen durch den „Lichtpfeil". Die Egokraft spielte beständig an diesem entlang und pflanzte den einfließenden Partikeln ihre Schwingung ein. Die von allen Seiten hergezogene Materie strömte zum mütterlichen Körper, wurde durch die kreisenden magnetischen Kraftströme eingefangen und dem Körperchen eingefügt. Das Ende des Lichtpfeils bildete im Fötus an der Solar-Plexus-Stelle ein astro-ätherisches „Herz". Dort konzentrierte sich die Vitalenergie des Körpers und diente als ein Stimulus für das Zellenwachstum und die den Ätherstoff in die Matrix ziehende magnetische Kraft.

Im Augenblick der Empfängnis hatte sich ein leuchtender „Blitz" aus der *höchsten* Ego-Ebene in den Samen gesenkt, ihm den schöpferischen Impuls gegeben und die Energie für die obigen Vorgänge erzeugt. Die magnetische Kraft wirkt von dem Moment, wo durch die Vereinigung der positiv-negativen Energien von Samen und Ei ein neues Wesen geschaffen wird. Die Vereinigung – mit dem biologischen Impuls dahinter – führt einen astralen Kraftstrom ein, und mit Eintritt dieses Zustandes wird das „Permanente Atom", das die physischen Erfahrungen der früheren Leben des Egos birgt, der befruchteten Eizelle angeheftet. Die hier wirkende magnetische Kraft ruft – als eine Tonschwingung – verschiedenrangige Naturgeister heran. Sie schafft auch die ätherische Isolierung für die bauenden Vorgänge. Sie drückt der umgebenden Materie ihren Schwingungsgrad auf und bereitet sie für die Verarbeitung durch die Naturgeister vor. Der zunehmende astrale Kraftstrom läßt die magnetisierte Einflußsphäre allmählich bis zur Größe der Gebärmutter anwachsen. Wenn dann die Organe erbaut werden, treten mit neuen Schwingungsreihen immer neue Typen von Substanzen und Naturgeistern auf den Plan.

Mit dem Nahen des sechsten Monats beobachtete der Forscher starke Tätigkeitzunahme auf allen Ebenen. Der Brennpunkt des Ego-Bewußtseins war nun in den Astralkörper gedrungen, von wo er später in den Ätherleib einzog. Bis dahin diente der Astralkörper dem Ego stark zum Empfang astraler Einwirkungen. Dadurch erschienen dort klar-umrissene Organfunktionen, und die Chakras wurden sichtbar. Das Ego wurde auf *seiner* Ebene jetzt immer empfänglicher für die Einwirkungen. *Das* Ego, dessen Inkarnation hier beobachtet wurde, glänzte durch Charakterschönheit und Willensstärke. Antlitz und Augen leuchteten herrlich in Liebe und Macht – wahrlich das Angesicht des „Inneren Gottes".

Durch Kontakte des Forschers mit dem Ego in dieser Zeit konnte er die Begleitumstände prüfen. Der Haupteindruck: Das Ego schien aus einer sehr langen, wunderbar-erfrischenden, glücklichen Himmelspause zu erwachen – völlig erholt und von strahlender Vitalität und Energie. Es dehnte sich auf der Schwelle seines neuen Zyklus zu voller Größe empor; und seine Gesamt-Atmosphäre glich der eines wundervollen Sonnenaufgangs im Frühling. Der Forscher bewunderte die unfaßliche Vielfalt der Ego-Bewußtseinskräfte im Kausalen. Das Ego setzte große Hoffnungen auf diese neue Geburt, für die es im Devachan viele Pläne erarbeitet hatte – mit neuen Initiativen und großen Ausdrucksmöglichkeiten – ähnlich wie ein Künstler ein Bild beginnt, das seine Vision voll verwirklichen soll.

Folgende Beobachtungen waren faszinierend. Der Ego und Embryo verbindende Lichtpfeil glühte im Kausalkörper am Solar-Plexus auf, glitt in den Astralkörper, um dann in den Kopf des physischen Embryos zu treten. Mit 6 1/2 Monaten war der Lichtpfeil im Mentalen und Astralen 15 cm breit und im Ätherisch-Physischen 10 cm. Unaufhörlich flutete Leben und Energie des Ego an diesem magnetischen Pfeil auf und ab, der auch die vier Körper im Gleichgewicht hielt. Der Mentalkörper war viel größer, dichter und glänzender als einen Monat zuvor. Unzählige farbige Partikel erzeugten in ständiger Bewegung ein perlmuttähnliches Schimmern in ihm. Seine Oberfläche glich sonnenbestrahltem Schnee, dessen Kristalle prismatisches Funkeln zeigen. Die innere menschliche Form war gut umrissen, und die wunderbare Atmosphäre von Frische und Reinheit im Kausalen war jetzt auch im Mentalen sichtbar.

Beim Nahen des siebenten Monats konzentrierte sich das Ego also intensiv auf den Astralkörper. An dessen Spitze erschien eine kreisrunde

Öffnung wie eine Blumenkrone. Der Lichtpfeil trat durch diese – das embryonische Scheitel-Chakra darstellende – Öffnung ein, sie wirkte von oben wie eine große Dotterblume. Das vom Pfeil durchflossene „Herz" der „Blume" hatte 5 cm Durchmesser und die gesamte „Blüte" 15 cm. Die „Blumenblätter" bogen sich auf die Mitte zu und gingen wie verlängerte Stengel durch die Spitze des astralen Kopfes in dessen Mitte ein, wo dann ein leuchtender Punkt golden erglühte. Von diesem Punkt sandte die herabsteigende Kraft vier kreuzförmige Strahlen aus, die den Linien der physischen Schädelnähte folgten. Doch die Haupt-Egokraft floß weiter durch das Stirn-Chakra in das Herz- und das Solar-Plexus-Chakra hinab. Diese drei Zentren waren im Embryo sichtbar. Auf dieser Stufe wirkte das Ego eher von außen als von Innen her auf den Astralkörper ein, in dem noch kaum ein Bewußtsein war. Er nahm jetzt einen Raum von der Schulter bis zum Knie der Mutter ein, doch die beiden Auren waren klar zu unterscheiden. Das astrale „Kind" war in einem Zustand träumerischer Schläfrigkeit, aus dem es oft durch die Ego-Impulse leicht aufgestört wurde; und dann zeigten sich die träumenden Tätigkeiten des knospenden Astralbewußtseins durch langsam wechselnde Farben wie ein verschwimmender Sonnenuntergang.

Der jetzt eintretende, *direkte* Kontakt des Egos mit dem physischen Embryo, das ihm als ein Anker diente, hatte eine festigende Wirkung auf die höheren Körper; und das Embryo fühlte die Kraftströme von oben als einen beständigen Bewegungsantrieb.

Im Physischen konzentrierte sich *nun* ein das *unmittelbare* Ego-Bewußtsein darstellender Energiestrom über und im Kopf des Fötus, von wo er als ein mattgelbes Licht das Rückgrat hinabfloß. Deutlich war der Unterschied zwischen *diesem* Strom und dem ersten – die Körper verbindenden – Lichtpfeil der Egokraft zu beobachten, der aus dem Astralen in den Kopf, durch Kehle und Herz wanderte und im Solar-Plexus endete. Unter dem Atlaswirbel folgten die beiden Ströme verschiedenen Richtungen.

Der Forscher sah das Blut pulsieren mit den Herzschlägen des Embryos, das ein mattes Behagen und Wärme empfand. Wenn der soeben erwähnte *direkte* Ego-Impuls auf dem Weg durch Mental- und Astralkörper zuerst das physische Embryo berührt, wird alles beschleunigt, und die Inkarnation beginnt eigentlich in diesem Augenblick, weil das Ego jetzt einen ersten, bewußten Kontakt mit seinem neuen Körper hat.

Im achten Monat war eine stark-vermehrte Egotätigkeit auf *allen* Ebenen zu sehen, und das Ego richtete große Aufmerksamkeit auf die physische Ebene. Es hatte nun einen starken Fokus in seiner neuen Persönlichkeit errichtet, der sogar beschränkender wirkte als wenn dieses Kind später erwachsen ist. Das heißt, das Ego legte jetzt, einen Monat vor der Geburt, mehr von sich in seine neue Persönlichkeit als irgendwann sonst. Trotzdem verblieb ihm natürlich stets seine große Freiheit im Kausalen. Die verklärte Gestalt des „Inneren Gottes" war zu schauen, wie sie hochintensiv auf den physischen Körper des Kindes blickte. Mental- und Astralkörper waren vollendet und glichen einander sehr. Beide schimmerten in perligem Weiß, von Lichtstrahlen umgeben. Ihre Atome bewegten sich sehr rasch. Der verbindende Lichtpfeil aus dem Ego erweiterte sich im mentalen Kopf an der vorderen Fontanelle so, daß er ihn ganz einschloß. Der Mentalkörper war jetzt etwa 1½ Meter groß und seine mittlere menschliche Form 90 cm. Obwohl jetzt vollendet, wußte er doch nichts von seiner Umgebung und konnte nicht als ein Bewußtseinsträger benutzt werden, denn der Ego-Brennpunkt war ja jetzt auf der Astral- und Äther-Ebene.

Der Astralkörper war zu der Zeit sehr eng mit dem astralen Engel verbunden, der dicht hinter der Mutter zu sehen war. Der Engel befand sich in gespannter, auf das Objekt seiner Fürsorge gerichteter Aufmerksamkeit, brütete quasi darüber und wendete äußere Einflüsse ab, Seine Haltung war so, als ob er ein hoch-empfindliches, zartes Kunstwerk schüfe – etwas so Köstliches und Wundervolles, daß größte Anstrengung und Ehrfurcht dafür nötig war. Seine schöne Aura bedeckte die Mutter wie ein über sie geworfener, lieblich-blauer Mantel. Es war ein – Engel und Mutter einhüllendes – leuchtendes, Cape-ähnliches, aurisches Gewand, mit einer Haube über dem Deva, die ihm eine erstaunliche Ähnlichkeit mit der „Heiligen Jungfrau" verlieh.
Dieser Wechsel in des Engels Aussehen im achten Monat geschah durch einen gewissen, wunderbaren Krafterguß aus höheren Welten, der durch den Engel in Mutter und Kind strömte. Sein Ursprung war in einer sehr erhabenen Ebene zu entdecken, wo die Personifikation des Weiblichen Gottes-Prinzips auf Erden sich offenbart, die früher Isis, Ishtar, Kwan Yin und Venus hieß und heute die Jungfrau Maria. Dem Seher erschien sie strahlend über alle Schilderung, voll Göttlicher Schönheit und Liebe. Eine ekstatische, spirituelle Freude leuchtet immer aus ihren wundersamen Augen, die doch sanft und gütig blicken und die Heiterkeit von Kindern wie auch das tiefruhige Glück voller

Reife in sich tragen. Ihre herrliche, sanft-glänzende Aura aus silber-weißen, rosa, goldenen und frühlingsgrünen Tönen bildet einen Glo-rienschein um sie her, der fast ihre unsterbliche Lieblichkeit verhüllt. Und immer durchzieht ihre tiefblaue, mit Silbersternen „bestickte" Grundfarbe das ganze Gebilde aus lebendigem Licht. Die astralen Ge-burts-Engel sind ihre speziellen Diener und Boten; und durch diese war sie von Beginn schützend bei Mutter und Kind. Sie übertrug auf diese Engel immer mehr ihren Frieden, ihre Liebe und Lebenskraft und ihr hoheitsvolles Bewußtsein – bis sie am Tag des Geburts-Mysteriums voll anwesend war. Sie geht mit der Mutter durch alle geistigen und Gefühlsveränderungen und vertieft die Bewußtseinsausdehnungen, die jede Mutter während dieser Zeit erlebt.

Die „Welt-Mutter" schaut weit in eine Zukunft hinein, wo Ehe und Elternschaft als heilige Sakramente ihren hohen Platz einnehmen wer-den. Dann werden Körper erzeugt, die würdige Tempel für jeden „werdenden Gott" sind.

Unser Forscher berührte den Saum ihres mächtigen Bewußtseins und erkannte, daß sie unablässig bestrebt war, diese großen Ideale der Menschheit einzuprägen. Sie erduldet freiwillig mit allen Frauen ihre Leiden und auch die Brutalität des Lebens vieler unglücklicher weib-licher Wesen. Sie nimmt alle in ihrem Herzen auf, um in Göttlichem Erbarmen *ihre* Stärke und vollkommene Reinheit mit ihren irdischen Schwestern zu teilen. Auch teilt sie alle Freuden der ersten Liebe und verstärkt jede wahre Zuneigung zwischen Mann und Frau aus dem grenzenlosen Ozean ihrer eigenen, vollkommenen Liebe und glühen-den Freude. Sie sucht alle tiefe Liebe, deren weibliche Herzen fähig sind, zu segnen und zu läutern. Doch auch das Gift von Gier und Sin-neslust, wodurch die Liebe entstellt wird, nimmt sie auf und sucht es in einen Heiltrank wahrer Liebe umzuwandeln. Und sie sendet ihn aus, als eine machtvolle Kraft zur Erhebung der Frauen, zur Erhö-hung menschlicher Liebe und zur Reinigung des Sakramentes der El-ternschaft. So erfüllt sie ihre mächtige Rolle im Göttlichen Plan und nimmt ihren Platz ein in der Hierarchie der Vollendeten, welche im EWIGEN leben und sich freiwillig der Einkerkerung im Zeitlichen weiter unterwerfen.

Nun zum Inkarnationsvorgang nach dem achten Monat: Der Bewußt-seins-Mechanismus war jetzt vollendet, doch konnte er nicht genügend funktionieren, ehe der physische Körper ganz entwickelt war. Der zen-trale Lichtpfeil gelangte von der vorderen Fontanelle in den übrigen

Körper. Als er eine Lage an der Zirbeldrüse erreichte, erweiterte er sich zu einer Kugel, welche Zirbeldrüse und Hypophyse einschloß. In dieser Kugel waren zwei Kraftlinien zu sehen, die in die beiden vollentwickelten Drüsen eingingen. Die Ätherform der Hypophyse glich einer Tulpenknospe, deren leichtgebogene Blätter eine Öffnung für den Krafterguß bildeten. Der Lichtpfeil erglühte an dieser Endung viel tiefer, und der Umriß des embryonischen Stirn-Chakras war im Ätherleib sichtbar. Die Zirbeldrüse leuchtete noch stärker – wie eine spitze, bläuliche Flammenzunge. Vom Grund der mittleren Lichtkugel im Kopf strahlten zahlreiche Licht-Fäserchen in die Äther-Kehle mit dem Kehlkopf-Chakra hinab. Sie waren von Energien durchflutet und gelangten durch die Kehle bis zum Herz-Chakra. Die astralen Chakras waren in diesem Stadium sichtbar, zusammen mit den erwähnten vier ätherischen Chakras. Jedoch bestand noch keine organische Verbindung und kein Energienfluß zwischen ihnen. Die Äther-Zentren lagen also im magnetischen Kraftfeld der astralen Chakras, funktionierten aber noch nicht. (Siehe Kap. 37)

Eine letzte Beobachtung wurde etwa 90 Minuten vor der Geburt unternommen. Die Mental-Engel hatten sich schon aus ihrer Verbindung mit dem Ego und seinen Körpern gelöst, weil ihr Werk beendet war. Der Astral-Engel war ebenfalls mit seinen Gehilfen gegangen, doch die Gedankenform der „Heiligen Jungfrau" verblieb. Sie wurde nicht mehr vom Bewußtsein des bauenden Astral-Engels belebt, sondern von dem der „Welt-Mutter" selbst. Die Gestalt stand nun, losgelöst von Mutter und Kind, links zu Häupten des Bettes und beugte sich in einer Haltung von äußerst inniger, schützender Liebe über die Mutter. Ihre Gegenwart verhütete es, daß die höheren Körper der Mutter zu sehr in den Schmerz-Schwingungen mit-vibrierten. Durch die Gegenwart der „Welt-Mutter" blieb das Bewußtsein der Mutter in einem ausgeglichenen, ruhigen Zustand, trotz der Leiden. Sie hielt Mutter und Kind in einer erhabenen Atmosphäre geistiger Kraft, Heiligkeit und Friedens und durchstrahlte sie mit Liebe und Segen, wozu auch gewisse noch anwesende Engel beitrugen. Beim Anfang der Geburt begann ihre Gestalt mit zunehmender Größe in herrlicherem Glanz zu erglühen; und eine immer größere Fülle von ihrem Licht und Leben senkte sich auf Mutter und Kind.

Nach der Geburt zog sie sich zurück, doch ihre Gestalt löste sich sehr langsam auf und war erst nach 10 Stunden gänzlich verschwunden.

Nachdem auch die Engel den Raum verlassen hatten, verminderte sich der Kontakt des Egos mit seinem neuen Körper erheblich und nach der Geburt hatte er praktisch aufgehört. Denn dadurch, daß die höheren Körper des Kindes in denen der Mutter eingeschlossen waren und von den Engeln behütet wurden, erlangte das Ego eine viel innigere Berührung mit seinem neuen Körper als nach der Geburt. Diese Veränderung wurde deutlich von dem Ego wahrgenommen, es empfand ein Verlustgefühl und erkannte sein Unvermögen, jetzt bewußt in seinem neuen Körper zu wirken. Die Verbindung zwischen ihnen war zwar noch sichtbar, und der Lichtpfeil floß noch durch die vordere Fontanelle. Doch er bestand schon mehr aus magnetischen und pranischen Energien als aus Ego-Bewußtsein, welches zu dieser Zeit kaum mehr unter die Astralebene herabreichte. Der physische Körper mit dem Ätherleib war in diesem Stadium schon außerstande, die Kraft des Ego-Bewußtseins zu übertragen.

Nach der Geburt muß das Ego die Aufgabe übernehmen, allmählich selbst und bewußt den Zustand herzustellen, welchen die Gegenwart der Engel und das Untergetauchtsein in der mütterlichen Aura während der vorgeburtlichen Periode ermöglicht hatte.
Diese letzte Beobachtung beschließt die wunderbaren Erforschungen über diesen hoch-bedeutenden Gegenstand.

Literaturnachweis:
Geoffrey Hodson „The Miracle of Birth"
Geoffrey Hodson „The Kingdom of the Gods"
Van der Leeuw „Das Feuer der Schöpfung"
Dr. A. Besant „Der Mensch und seine Körper"
A. E. Powell „The etherical Double"
A. E. Powell „The Causal Body"
A. E. Powell „The Mental Body"
A. E. Powell „The Astral Body"

32. Krankheitsentstehung und -Heilung als Wissensgebiet des Höheren Okkultismus

Krankheit ist ein Begleitumstand der allgemeinen Unvollkommenheit und darum im jetzigen Stand der Menschheitsentwicklung noch eine natürliche Erscheinung. Das Zentralprinzip lautet hier: Was für ein Einfluß macht das Zellgewebe krank und schädigt die Funktion des Organismus? Und durch welchen Mechanismus entsteht das alles? Zur Antwort gehen wir zum basischen Ur-Baustein unseres Körpers, zum Atom zurück. Dies ist kein festes Partikel, sondern eine ätherische, elektrisch-geladene Energie-Einheit. In jedem Atom flutet eine schaffende, erhaltende und umwandelnde Energie – die des Logos, der sie unaufhörlich ausgießt, um seine Welten mit ihren Bewohnern am Leben zu erhalten. Berührt diese strömende Kraft die Äther-Welt, so erzeugt sie in deren feinster Substanz einen Wirbel, und dessen Kern ist das Atom, die letzte Einheit der physischen Welt.

Eine Organ-Funktion hängt zunächst vom Gleichgewicht der positiven und negativen Energiepole im Atom, in den Viren und Bakterien, in den Zellen und im gesamten Zellgewebe ab. Die primär im Atom erscheinende Mischung von positiven und negativen Kräften besteht auch in jenen winzigen Organismen, zu denen die Atome zuerst aggregieren – den Virusarten. Sie treten *auch* in drei Hauptgruppen auf, indem sie einen Ausdruck der drei Gottes-Aspekte bilden – schaffend, erhaltend und umwandelnd. Die Bakterien entstehen aus ihnen und erfüllen ebenfalls diese Funktionen. Unsere Gesundheit hängt von der im rechten Verhältnis stehenden Tätigkeit dieser drei Organismustypen ab.

Das Krankheits-Karma beeinflußt direkt den zuerst im *Atom* wirkenden Kraftstrom, stört seine proportionale Polarität und auch die der beiden anderen Organismusarten. Dies verändert ihre Tätigkeit, die im gesunden Zustand auf *ihr* Gebiet beschränkt ist. Dann aber kann das Übergewicht eines Typs oder eine Tätigkeitsänderung eintreten, sodaß z. B. aus Umwandlern Schöpfer werden. Diese störenden Änderungen sind die physischen Wurzel-Ursachen aller Krankheit.

Hier kommen wir gleich zum menschlichen Bewußtsein, seinen Gefühlen und Gedanken, welche die entscheidenden Rollen in der Erhaltung oder Zerstörung der harmonischen Körpertätigkeit spielen. Die Tätigkeit dieser Myriaden winziger Organismen bestimmt sich aus der Beziehung zwischen dem instinktiven Elementarleben und dem Wachbewußtsein des Menschen. Unser Wohlbefinden hängt von der Harmonie zwischen den beiden Bewußtseinsströmen ab. Der den Menschen mit dem Strom der Elementaressenz verbindende Manasteil liegt unter der Wachbewußtseinsebene, denn er hat schon in prähistorischer Zeit die Technik der *unbewußten* Zusammenarbeit mit diesem Strom und seinen zeitweiligen Organismen gelernt.

Ist das Wachbewußtsein harmonisch auf die Entwicklungsstufe des Egos abgestimmt, dann ist es auch mit dem „Unterbewußtsein" der Fall; und dann sind die basischen Tätigkeiten der Zellen und Bakterien in Übereinstimmung. Daraus ergibt sich Gesundheit und im anderen Fall Krankheit.

Der Hauptfaktor besteht also aus „Übereinstimmung" von Erkennen und Handeln. Denn Gesundheit und Krankheit entstehen als Schwingungszustände aus körperlicher Harmonie oder Disharmonie.

Hier ist der Rhythmus-Schlüssel wichtig. Das Universum besteht aus einer unendlichen Reihe von übereinklingenden Rhythmen. Dahinter steht der gewaltige Kosmische Rhythmus, der an der Natur der „Ewigen Bewegung" teilhat. Diese ist das stete, unwandelbare Wellenschlagen auf dem Meer des uranfänglichen RAUMES. Aus diesem Ur-Rhythmus entspringen die aufeinanderfolgenden Universen, von denen jedes auf *einer* Modifizierung des Ur-Rhythmus basiert. Wenn die Ur-Kraft weiter zu Sonnensystemen herabsteigt, treten weitere Variationen auf. Dann erscheinen in jedem System Planeten mit Mineralen, Pflanzen, Tieren und Menschen, Übermenschen und Devas, die alle in verschiedenen Graden die „Note" des Planeten, des Systems und des Universums ausdrücken. Die Entwicklung besteht aus der allmählichen Abstimmung der unvollkommenen Rhythmen auf den Ur-Klang – bei Einzelwesen, Planeten, Sonnensystemen und Universen. Auch *unser* Sonnen-Logos ist bestrebt, langsam sein System in ganze Harmonie mit dem jetzigen Universum zu bringen. Bei der Schöpfungs-Morgendämmerung ist der Widerhall dumpf und trübe. Wenn zuletzt alle Welten und Wesen ihre wahre Note erklingen lassen, geht das Leben des Sonnensystems und das Werk seines Logos für dieses Mal dem Ende entgegen.

Alle Krankheit beruht auf fehlerhafter Resonanz, einer Störung im

Rhythmus. Schmerz entsteht, wenn das Material der Bewußtseins-träger nicht im Einklang mit ihrer Ego-Note vibriert. Schwacher Widerhall in den *ersten* Stufen bringt noch keinen Schmerz. Aber sobald der Eigenwille in der Persönlichkeit erwacht und durch Unwissenheit mißbraucht wird, gerät der Widerhall auf die solare Grundnote in Dissonanz. Und diese wird in den entsprechenden Körpern empfunden. Geschah es im Astral- oder Mentalkörper, so bildet sich Krankheit in *den* Teilen des physischen Leibes, die den anderen Vehikeln durch die Resonanzgesetze entsprechen. Wenn der Rhythmus des Göttlichen Lebens, der immerwährend vom Ego-Zentrum bis zum dichten Körper fließt, ungebrochen bleibt, behauptet sich die Harmonie. Dann erfreut der Mensch sich guter Gesundheit, weil dieser alldurchdringende Rhythmus die Myriaden Zellenleben regiert und das Gleichgewicht in ihren erwähnten Tätigkeitsarten aufrechterhält. Die Disharmonie zwischen einem erkenntnismäßigen guten Wollen des Menschen und entgegengesetztem schlechtem Handeln zerstört stets den Rhythmus der Seele. Diese Störung überträgt sich auf das „Unterbewußtsein" und vernichtet das Gleichgewicht der Lebensfunktionen. Dann wird ein winziger Organismus zur Bedrohung, und es entsteht Krankheit.

Was ist imstande, den Seelen-Rhythmus zu zerstören? Hier gilt nur das Wissen von Karma und Reinkarnation. Die große Schwierigkeit für die medizinische Forschung ist, daß diese Schlüssellehren meist noch nicht anerkannt werden. Denn auch ungünstiges Karma aus falschem Denken, Fühlen und Tun *früherer* Leben wirkt durch seine Störung der beseelenden Lebenskraft konsequent auf deren Mechanismus ein und damit auf das Gleichgewicht in den Tätigkeiten der Viren und Bakterien. Dies bringt die Körperfunktionen – Aufnahme, Verarbeitung und Ausscheidung von Prana, Nahrung und Wärme – in Unordnung.

Grundsätzlich treten hier zwei Karma-Arten auf – bewußte Tatsünden mit Wirkung von aktiver Krankheit, und Unterlassungs-sünden mit Wirkung von latenter Krankheitsdisposition.

Außer dem Einzelkarma lastet auch das kollektive Karma auf der Menschheit. Weiter gibt es ein Gruppenkarma von Nationen u. ä. Bei Krankheit wird das individuelle Karma schwerer durch das tote Gewicht des Massenkarmas. Auch besteht eine Gemeinsamkeit zwischen allen an *einer* Krankheit Leidenden. Alle Krebskranken bilden z. B. eine Gruppe. Endendes Karma des einen erleichtert die Leiden aller. Auch Neurose, Tuberkulose, Rheuma und andere schwere chronische Leiden bilden Gruppen. Die dahinter stehenden Vergehen in früheren Leben gehören stets zu einer bestimmten Gruppe. Als theosophische Forscher die vergangenen Leben vieler Menschen prüften, die an derselben Krankheit litten, entdeckten sie, daß diese gewisse Sünden gemeinsam hatten – sodaß man die Krankheiten nach Karmatypen einteilte. Jede chronische Krankheit mit ihren vorausgehenden Missetaten gehört einer von sieben Hauptgruppen an; und die Sünden stellen die Schwächen jedes der „Sieben Strahlen dar. (Siehe Kap. 22) Animalische Triebbefriedigung auf frühen Stufen hat relativ harmlose Folgen. Nur der Grad einer *bewußten* Verleugnung des Gewissens entscheidet über Stärke und Dauer der kommenden Krankheit.

Plagen wir uns nun alle unter einem ungeheuren Gewicht ab, ohne viel Hoffnung auf Linderung? Die theosophischen Forscher verneinen das! Karma ist kein fester Komplex, es wird beständig durch Denken, Fühlen und Tun abgeändert. Je nach unserem Verhalten vermehren oder vermindern wir es in jeder Minute. Dieses Prinzip ist bewußt anzuwenden! Folgte die Krankheit einem auf betrügerischem Denken beruhenden Handeln, so gilt als Gegenmittel ein auf ehrlichem Denken beruhendes Tun. Weil Karma eine durch unser Vergehen erzeugte, den Rhythmus der Seele störende Kraft ist, können wir diese brechen, indem wir energisch eine in konträrer Richtung anwenden. Beruhte das Vergehen auf Haß, müssen wir echte Liebe ausstrahlen. Die ausströmende Liebeskraft wird, wenn stark genug, die einfließenden karmischen Energien neutralisierend treffen. War Selbstsucht der Grund, müssen wir ein Leben des Dienstes führen. War es Ärger oder Niedergeschlagenheit, müssen wir Mut und Freude entfalten. Das ist spirituelle Alchemie!

Auch der Schwarzmagier benutzt ähnliche Methoden, aber er neutralisiert sein Karma nicht, er hält es durch Manipulationen nur zurück. Doch Karma überschreitet einmal die künstlichen Wälle und erreicht ihn durch eine Kosmische Macht, wodurch er in einer späteren Ära zur Einheit aller Wesen zurückkehrt, aus der er sich gewaltsam trennte – doch muß er dann wieder relativ von vorn beginnen.

Unsere Heilungsphilosophie läßt sich wie folgt spezifizieren: Neurasthenie ist eine Folge unseres künstlichen Lebens, des Lärms, der Hast unserer Stress-Zivilisation. Wir wenden unbewußt stets Energien an, um all dem standzuhalten. Das schafft Nervenzerrung und Vitalitätsverschwendung. So wird der die Vitalität tragende Ätherkörper geschädigt. Manche überwinden das mit Leichtigkeit, während andere ihm glatt unterliegen. Warum? Weil die letzteren aus „früheren" Ursachen einen geschädigten Ätherkörper bekamen. Wird er Anspannungen ausgesetzt, versagt seine Funktion. Statt seine Vitalität bis zur vollen Ladung des Zellgewebes zu bewahren, läßt er sie entweichen. Der Neurastheniker ist stets – ohne Erklärung – plötzlichen Lebenskraftberaubungen ausgesetzt. Okkulte Forschung zeigt dann Vitalitätsmißbrauch in früheren Leben. Das Gegenmittel? Man muß den Körper als Tempel des „Inneren Gottes" und seine Kräfte als Göttliche Energien brauchen. Das ist die Lektion des Karma-Gesetzes. Fand ehemals Mißbrauch des Körpers oder der Naturgesetze statt, ist jetzt geschwächte Vitalität die Folge. Das Gegenmittel ist Korrektur der falschen Einstellung, Bewahrung der Vitalität durch reines Leben und Befolgen der Gesundheitsgesetze. Verdauungs- und Darmkrankheiten folgen dem starken Schwelgen in der karnivorischen Tafel. In allen Zivilisationen trat dieses Laster stark auf, auch heute. Durch solche Orgien entstehen die Saaten verdauungsschwacher Generationen. Das gleiche gilt für sexuelle Ausschweifungen, mit Folgen kränklicher Sexualorgane. Gegenmittel sind: Selbstbeherrschung, reine, also vegetarische Kost und ein sexuell maßvolles Leben. So wird dem Karma eine Gegenrechnung gemacht, um die zerstörende Kraft aufzufangen.

Man entdeckte die Beziehung zwischen Bewußtseinsaspekten und Körperteilen. Halskrankheiten haben Stolz hinter sich – siehe das Sprichwort von „steifnackigen" Leuten. Schulterbeschwerden zeigen einen „früheren" mangelhaften Sinn für Verantwortlichkeit an. Kniebeschwerden bedeuten eine frühere Tendenz, sich an Urteile anderer anzulehnen. Zerrüttung der Sexualorgane und des Kehlkopfes stammen vom Mißbrauch der Geschlechtsfunktion, einer der kostbarsten menschlichen Kräfte. Der Kehlkopf ist als Stimm-Organ das höhere Zentrum. Der Klang ist die schöpferische Kraft. Gott „sprach" „Es werde Licht!" Im Menschen ist eine enge Beziehung zwischen beiden Körperteilen, siehe der Pubertätsstimmbruch. Gehirn- und Rückgraterkrankungen haben eine alte Sündengeschichte von Grausamkeit und schwarzer Magie, auch von Mißbrauch der „Kundalini" hinter sich. Immer war damit Hochmut und Machtgier verbunden. Das ist verhängnisvoll, denn es gibt nur *ein* legales Motiv zum Wunsch nach Vergrößerung: Anderen größere Dienste zu erweisen; und hierzu gehört intensivste Ehrlichkeit! Ein falscher Gebrauch des Verstandes wirkt schädigend auf das zerebrospinale System und das Gehirn. Wer durch magischen Mißbrauch gewisse Devas unter seine dunklen Ziele zwingt, erntet karmisch schwere geistige und seelische Störungen oder Krebs. (Siehe „Das Rad der Wiedergeburt") Unbewußte Grausamkeit schafft wenig Karma, aber die eben genannten Sünden entspringen der Grausamkeit *zivilisierter* Rassen und sind so eine „Sünde gegen den Heiligen Geist". Grausamkeit ist die Hauptursache schwerer Leiden, und darum erscheinen diese oft so grausam.

Zukünftig wird eine neue Heilkunst entstehen, in der die Ärzte im Physischen alles tun, um Krankheits-Symptome zu entfernen, während der Patient gleichzeitig in den spirituellen, mentalen und Gefühlselementen seines Leidens unterwiesen wird – weil er im letzten Sinn *nur dadurch* geheilt werden kann. Starke Begierde nach physischen Vergnügungen und Gütern ist eine andere Krankheitsursache, denn solche Konzentration auf das Körperdasein verstärkt die Anfälligkeit für Krankheiten aller Art.

Als *Resumee:* 1. Krankheit beruht auf einer Funktionsänderung, durch welche Zellenorganismen zu Lebenszerstörern werden. 2. Die Veränderung beruht auf dem störenden Karma-Einfluß, der auf Verstand, Gefühle und Körper des Leidenden schädlich einwirkt. So wird der Rhythmus in Atomen, Zellen und Zellgewebe gebrochen, und der Körper ist teils oder ganz „verstimmt". 3. Alle Organe und Körperelemente haben ihre normale Note und bilden zusammen einen harmonischen Akkord. Bei Krankheit wird eine Note geändert und Disharmonie erzeugt. 4. Krankheit kann aktiv oder latent sein. Im letzten Fall kann das GESETZ die Karmaverpflichtung in den Bewußtseinsreichen statt im Physischen auswirken lassen. 5. Dem Krankheits-Karma kann durch edles, hilfreiches Verhalten gegengewirkt werden, sodaß Milderung oder sogar Neutralisierung erfolgen kann. 6. Jede Krankheit hat physische und überphysische Aspekte. Die Heilpraxis muß deshalb auch auf das Überphysische gerichtet werden. 7. Die Krankheit wird im Zeitenverlauf weniger dicht-physisch werden, bis sie ganz verschwindet. Ein entscheidender Faktor dabei wird die Annahme des vegetarischen und narkotikafreien Lebens sein.

Das hinter allem stehende Prinzip ist Auflösung des Krankheitsstoffes und Zerstörung des „Krankheitsbewußtseins". Im akuten Stadium sind die Gifte lokal (oft in Gruppen kreisend) konzentriert. Der erste

Schritt ist die Zerstreuung dieser Gruppen, damit das „Krankheitsbewußtsein" seinen Halt verliert. Dann folgt die Aufspaltung der kranken Moleküle, ihrer atomischen Bestandteile und dann die Auflösung der Atome selbst. Unter dem Einfluß des Resonanzgesetzes und des Wirkens von Heil-Devas wird der gelöste Krankheitsstoff durch gesunde Substanz ersetzt, in der die Energie-Polarität korrekt existiert. Das „Krankheitsbewußtsein" entsteht im Elementarbewußtsein *der* Materie, woraus die Astral- und Mentalkörper erbaut sind. Kommt es unter Einwirkung schlechten Karmas, wird es unheilvoll modifiziert und die Materie wandelt sich aus gesunden in anomalen Zustand. Ihre Schwingung wird tiefer oder höher als zuvor. Der nun anomale Zustand des Elemtarbewußtseins bildet dann Abnormitäten in Atomen, Molekülen und Zellen. Wenn also die *von uns* erzeugten Kräfte sie so verändern, entsteht in ihnen Krankheit und das „Krankheitsbewußtsein". Eine gründliche Heilung wird daher nur durch veredelnde Umwandlung unserer Seelenkräfte und die damit verbundene Auflösung des Krankheitsstoffes erzeugt. Dann wird der normale Ton des Organs oder Körperteils hergestellt, und seine Schwingung kommt wieder mit dem wahren Akkord des Menschen in Einklang.

Zunächst noch folgendes: Das Einbauen von Krankheitsstoff durch entsprechende Devas geschieht vor- oder nachgeburtlich, je nach Krankheitsart, dem Kindeskarma und dem der Eltern. Vorgeburtlich geschieht es meist, wenn die Ursache sich „früher" ereignete. Der Krankheitsstoff bildet Anfälligkeit für entsprechende Ansteckungen. *Sonst* ist Ansteckung nicht möglich! Chronische Krankheiten sind immer karmisch von „früher" her, ihre Wurzel liegt tief im Mentalkörper. Der Krebs z. B. beginnt inkarnationenlang vorgeburtlich im Mentalkörper. Jedoch brauchen die unheilvollen Schwingungen nicht in Aktion zu treten. (Siehe Kap. 4)

Für Heilmethoden gelten folgende Prinzipien: 1. Die Krankheitsursache ist stets ein Charakterdefekt, der die karmaerzeugenden Handlungen hervorrief. 2. Letztere können aus *früheren* Inkarnationen *und* aus der jetzigen stammen. 3. Die sich ergebende Krankheit ist die Stimme der NATUR, sie will uns auf den Fehler hinweisen. 4. Eine nur-physische, den Charakter nicht berührende Heilung ist nicht von Dauer, außer wenn das Karma „erloschen" ist – sonst muß sie im Wesentlichen versagen. 5. Eine geistig-erzieherische Beeinflussung muß daher jede Behandlung begleiten, um die Wiederholung der

krankheitserzeugenden Taten zu hindern. 6. Die Beeinflussung muß
auf Entfernung des Charakterfehlers steuern und auf Befreiung der
durch schlechtes Handeln gefesselten guten Energien. 7. In hartnäcki-
gen Fällen sollte man die Behandlung bis zum Tod fortsetzen, sie
wirkt vorbeugend für spätere Leben. Beim Studium von „Krankheitsbewußtsein" und latenter Krankheit gewinnt die vorbeugende, ver-
hütende Behandlung erstrangige Bedeutung. Weil latente Krankheit
in *allen* Menschen liegt, müssen wir schon die Charakterdefekte des
Kleinkindes zu beseitigen suchen, um den latenten Krankheitsstoff
früh auszumerzen. Weiter: Es sollte auch eine *vorbeugende, vorgeburtliche* Behandlung ausgeübt werden, also Schulung der Eltern,
gute Behandlung der werdenden Mutter und edle Umgebung. Folgendes ist hoch-wichtig: Die Stellung der Frau ist zu heben, die Ideale der
Ehe und Elternschaft ist zu erhöhen, so daß die Mutter mit verehrender Sorgfalt betrachtet wird. Die Umgebung der Kindesgeburt ist zu
verbessern und das uralte Ideal der Ritterlichkeit ist wiederherzustellen! Die vorbeugende Behandlung muß also in der medizinischen Praxis große Aufmerksamkeit erhalten.

Was geistige Heilmethoden betrifft: Obwohl nur wenige, die glühend
als Heiler wirken möchten, dies direkt als Ärzte oder Heilpraktiker
können, steht doch allen das Feld der überphysischen Ebenen offen.
Der Tag wird kommen, wo die Funktionen des Priesters und Heilers
wieder in *einem* Menschen vereint sind, der seine Bemühungen auf die
Bewußtseinserhebung *und* die Körperbehandlung richtet. Während
letztere nie allein genügt, *kann* erstere zur Heilung genügen. Allen
steht hier ein großes, kostbares Arbeitsfeld frei. Alle, deren Herzen
den Leidenden offen sind und die sich dem Dienens-Ideal ergaben,
sollten die schwere Bürde des MENSCHHEITS-Karmas zu erleichtern suchen. Jeder kann durch tägliche Meditation und Ausstrahlung
von Kraft, Licht und Liebe auf die Welt diese Last sehr bestimmt erleichtern. Auch jedes theosophische Treffen, jeder edle Gottesdienst,
jeder hochkünstlerische Akt und jede philanthropische Handlung vermindert das widrige Welt-Karma, indem sie ihm segensreiche Kräfte
zuströmen. Die stärkste Heil-Kraft ist heute die Theosophie, denn
Studium und Praxis der Ur-Wahrheiten vereinigt allmählich den
„geistigen" mit dem „natürlichen" Menschen, wie St. Paulus Ego und
Persönlichkeit nannte. Die Theosophie erzieht die Seele, lehrt das
Karmagesetz und gewährt das Wissen, was unser Leben umgestalten
kann, die Erzeugung schädlichen Karmas beendet und unsere Energien

selbstlosen Diensten zuwendet – was die vollkommenste Art der Neutralisierung feindlichen Karmas darstellt.

Das *in geistigen Heilmethoden wirkende Prinzip* ist, eine harmonische Beziehung zwischen Ego und Person herzustellen. Ein „Heildienst" kann im Astral- und Mentalkörper die jene Beziehung störenden Hindernisse entfernen. Ego und Persönlichkeit kommen in Einklang. Der Grad hängt von der Kraft des Heildienstes, vom Reifezustand des Leidenden, seinem Karma und seinen Neigungen ab. Doch wird sein Höheres Bewußtsein in bestimmter Weise gestärkt, was ihm hilft, den Veredelungsvorgang fortzusetzen. Die Wirkung erfolgt meist durch einen Kraft-Abstieg aus dem höchsten Prinzip des Patienten. Dieses ATMA (Göttlicher Wille) erreicht die Durchschnittsperson nur selten. Denn sein „Gefäß", das Christus-Prinzip (Göttliche Liebe) im Menschen, ist noch nicht genug entfaltet, um ATMA zu übertragen. Theosophische Forscher bekunden, daß z. B. bei Kirchendiensten und besonders bei der Eucharistie CHRISTUS in seiner liebenden Sorgfalt für die Menschheit sich den Gläubigen so sehr nähert, daß er in wunderbarer Mittlerschaft das in ihnen ruhende Christus-Prinzip – dessen höchste Offenbarung er selber ist – kurz erweckt und ihnen so eine Berührung mit den sonst nicht in ihrem Bereich liegenden höchsten Welten verschafft. *Dies* ist die Bedeutung der „Stellvertretenden Versöhnung"; und dadurch kommt die Zeit rascher, in der das „Christuskind" im Menschenherzen geboren wird und so der direkte Herabstieg von Kraft und Segen aus unsren Göttlichsten Aspekten immer möglich wird, was hoch-geeignet ist, alles noch vorhandene Krankheitskarma zu neutralisieren. Die unmittelbare Wirkung dieser Einflüsse erscheint zunächst mehr auf den höheren Ebenen als im Körper. Bei einem „Heildienst" empfängt der Mensch die Kraft der Gruppen- und Einzelgebete. Dies aktiviert ihn, intensiv seine karmischen Verantwortlichkeiten abzuändern. So lange er seinen erhöhten Zustand festhalten kann, vermehrt er sein gutes Karma und neutralisiert das schädliche, indem er mächtige, segensreiche Kräfte befreit und für die Zeit die Tugenden verkörpert, die weiteren schädlichen Verirrungen entgegentreten.

Viel hängt vom tiefen Verständnis des Heilers und des Patienten ab, doch auch von der Zeitdauer, in der er den erhöhten Zustand bewahren kann. Der Leidende muß sich sehr empfänglich machen, stets in der Erinnerung seines großen Erlebnisses leben und seine Bewußtseinsausdehnung bleibend machen. Bei einer *plötzlichen*, geistigen Heilung war der Kraftherabstieg so konzentriert, daß sie den Leidenden sein

Karma unmittelbar neutralisieren ließ, *falls* nichts Zwingendes dazwischen stand.

Wundervolle Arbeit kann von Einzelnen durch tägliche Ausstrahlung heilender Kraft und Zusammenwirken mit Heil-Engeln getan werden. Eine einfache Methode ist, den Leidenden in die Gegenwart des „Großen Heilers der Welt" – Christus – zu erheben und ihn mit dessen Herrlichkeit zu überfluten, mit dem Gebet, er möge zum Verständnis seiner Leiden erleuchtet werden. Die Folge ist meist nicht sofortige *direkte* Entfernung der physischen Symptome, obwohl dies oft auch eintritt.

Man sollte sich den Leidenden hier als völlig gesund, strahlend und glücklich und von Licht und Kraft Christi erfüllt denken. Gegenwart und Mitarbeit von Heil-Engeln ist hoch-bedeutend. Sie lassen *ihre* sprühend-dynamische Lebenskraft auf den Patienten einwirken, sie bewahren und lenken die vom Helfer gerufenen Energien. Eine vorbereitende Meditation dient dem Ziel, sich Christus zu nähern, den Saum seines Gewandes zu berühren und die Leidenden zu ihm zu erheben. Seine heilend-segnende Kraft wird etwa so angerufen: „Möge die heilende Kraft CHRISTUS sich auf ... herabsenken, und mögen die Heil-Engel ihn (oder sie) umgeben!" Der Helfer sollte dieses Gebet in tiefer Stille einige Minuten festhalten und sich den Patienten plastisch in der Gegenwart Christi und von einer Gruppe leuchtender Engel umgeben vorstellen. Es wird am besten zweimal am Tag wiederholt. Die Wirkung ist sehr stark; und jeder kann *seine* Methode an diesem Beispiel aufbauen.

Was physische Behandlungen betrifft: Jetzt ist es noch schwierig, ideale Methoden herauszufinden. Die Anerkennung der ätherischen Krankheitsaspekte führt jedoch schon immer mehr zur Entwicklung ätherischer Behandlungsmethoden. Es wird viel von der allgemein-theosophischen Arbeit abhängen, denn nur in der höher-okkulten Wissenschaft ist eine gründliche Kenntnis über den Ätherkörper vorhanden. Die ätherische Behandlung wird es der medizinischen Wissenschaft ermöglichen, die falsch-polarisierte Schwingung der Materie zu verhüten oder zu entfernen und so die richtige Funktion der winzigen Zellen-Organismen wiederherzustellen, von denen das Wohlbefinden abhängt. Das Leben ist auf der Äther-Ebene weniger tief im Stoff eingebettet als im Dicht-Physischen und daher für äußerlich-behandelnden Einfluß zugänglicher.

Ätherische Behandlung ist schon möglich durch Farbenbestrahlung in-

182

nerhalb des Spektrums, und durch ultraviolette, infrarote und X-Strahlen. Sie geschieht mit einer Projektionslampe, deren Brennpunkt durch farbige Glas- oder Zelluloidfilter oder Glühbirnen direkt auf die Haut eingestellt wird. Reines, tiefes Saphirblau ist ein ätherisch-zusammenziehendes Mittel, es mildert Entzündungen und örtliche Vergiftungserscheinungen, vernichtet Geschwürbildungen und bricht Kongestionen (d. h. Anhäufungen von Prana, Magnetismus, Blut und Lymphen) auseinander. Lange Bestrahlungen damit erhöhen den Blutdruck und reinigen den Ätherkörper. Neigt der Patient zu plötzlichem Vitalitätsverlust, werden blaue Bäder am Beginn und Ende der Behandlung die Lebenskraft fördern.

Rot ist ein stark-anregendes Mittel für Nervensystem und Blut. Der Patient muß aber sorgfältig vor Reizung und Überstimulierung behütet werden. Rot sollte nie bei Entzündungen des Zellgewebes angewendet werden. Rosa ist eine Nervennahrung und sehr wertvoll durch intensive Förderung allgemeiner Harmonie. Es ist gut für Neuritis und die Zentren und Nerven der Wirbelsäule. Grün ist besonders wertvoll für Verdauungsbeschwerden und Darmkrankheiten. Orange ist ein allgemeines Stärkungsmittel. Gelb schafft sanfte Heilungen und ist ein Lebenskraftspender.

Während der Farbenbäder sollte der Patient über die allgemeine Farbenbedeutung meditieren: Blau: religiöser Frieden; Rot: Mut, Stärke, Sinnenfreude; Rosa: Harmonie, universale Liebe; Grün: Sympathie, Gleichgewicht. Reines leuchtendes Primelgelb: spirituelles Bewußtsein; zartes Violett: Hingabe an ein hohes Ideal. Nutzbringend sind auch *mentale* Farbenbäder. Dabei muß man sich den Kranken als ganz gebadet und gesättigt mit der erforderlichen Farbe vorstellen. Oder er tut das gleiche mit sich selbst. Gleichzeitig sollte die Hilfe von Heil-Engeln angerufen werden.

Weitere ätherische Behandlungen geschehen durch elektro-magnetische Strahlen aus anorganischen Stoffen, wie radio-aktiven Elementen, Erdkräften und -Instrumenten. Darunter fallen auch die menschlichen heilmagnetischen Kräfte und elektrischen Energien, die durch chemische Einwirkung und molekulare Zersetzung aus dem Pflanzen- und Mineralreich gelöst werden. Auch gibt es gewisse, in der Erde lagernde elektro-magnetische Kräfte. Die menschliche, magnetische Energie wird durch Streichen, Massieren und Handauflegen übertragen, und elektrische Energien durch primäre und induzierte elektrische Ströme. Hoch wertvolle Kräfte werden aus Pflanzen und Mineralien durch Auflösung und Verdünnung gewonnen, wie es von Hahnemann, dem Begründer der Homöopathie, entdeckt wurde – einem System, das dem Ideal der theosophischen Forscher sehr nahekommt. Durch diese Mittel kann die gestörte Polarität von Atom, Zelle und Zellgewebe umgewandelt werden. Jedes mechanische Mittel zur Gesundung des Zellgewebes wird am erfolgreichsten sein, wenn seine Wirkungen hauptsächlich auf der Äther-Ebene hervorgebracht werden. Hoch verdünnte, homöopathische Medizinen, Heil-Magnetismus, Elektrizität, radioaktive Elemente und Farblichtstrahlen sind daher gut.

Zwei *schwere Gefahren* liegen am Weg der medizinischen Wissenschaft. Die eine besteht aus den grausamen Verirrungen der Vivisektion. Damit ist viel unwürdige, erniedrigende Schändung der Wissenschaft und Vergewaltigung der NATUR verbunden, z. B. wenn Dr. Voronoff und andere die Geschlechtsdrüsen von Affen in Menschen verpflanzen ließen, um Stärke und sexuelle Potenz bis ins hohe Alter zu erzwingen. Eine Nachfolge davon bilden gewisse Organverpflanzungen (auch von Pavianen) in der Jetztzeit, sowie die ganz üble „Frischzellentherapie".
Die andere Gefahr ist, daß oft durch wenige Menschen Entdeckungen finanziell ausgebeutet werden, die der ganzen Menschheit gehören müßten. Viele durchaus schädliche Methoden werden dagegen fortgesetzt – teils wegen des Druckes der dahinterstehenden Financiers – z. B. die Serumtherapie. Für die höheren Arten der Krankheitsforschung, die große Verfeinerung erfordern, ist eine idealistische Grundlage wesentlich. Selbstsüchtiger Materialismus und pekuniäre Ausbeutung trüben und schwächen die Kräfte der Forschung. Die finstergräßlichen Wege der Vivisektion und die verbrieften Interessen gewisser Finanzleute sind dem echten Studium und Heilen von Krankheit diametral entgegengesetzt. Im besten Fall suchen materialistische Methoden um jeden (oft fürchterlichen) Preis das Leben zu verlängern und ignorieren die ewigen Wirklichkeiten des unbegrenzten Höherschreitens jedes Menschengeistes – worin die lange Reihe physischer Verkörperungen nur eine dienende Rolle spielt. Jene befassen sich nur mit Wirkungen und mißachten die Ursachen, weshalb sie fehlschlagen müssen.
Doch inzwischen leiden Millionen Mitmenschen weiter; und entsetzliche Brutalitäten werden den zu Forschungszwecken mißbrauchten Tieren zugefügt. Unrechte Methoden verursachen – selbst bei guten Motiven – unendliches Leid – dem Täter, seinen Opfern und der gan-

zen Menschheit durch Verstärkung des kollektiven Krankheitskarmas. Theosophische Forscher, die mit diesen finsteren Aspekten der Menschennatur und den bösesten Krankheiten in Berührung kommen, könnten manchmal verzagen. Es lastet noch ein schweres Leidensgewicht auf der Menschheit, was noch täglich durch die Massen-Tierschlachtungen vermehrt wird. Das Karma der an schlimmen, chronischen Krankheiten Leidenden bringt diese in einer Weise mit der finsteren Seite der Natur und dem negativsten Aspekt des Daseins in Kontakt wie nichts anderes. Jedes Schöpfungssystem besteht noch aus Licht und Finsternis. Böses Krankheitskarma zieht die Menschen in die dunkle Hälfte hinüber und zwingt sie zeitweilig unter deren Bedingungen, welche die Antithese von denen des Lichtes sind. Da das Leben im Sieben-Jahr-Zyklus verläuft, brechen die Krankheiten im gleichen Zyklus aus, der „früher" an der Reihe war, als die verursachende Sünde begangen wurde. Sofern es sich nicht um die schon mit zur Welt gebrachten chronischen Leiden handelt. Die unzerstörbare, karmische Verbindung von einer Inkarnation zur anderen wird durch die „Permanenten Atome" hergestellt, die in jeder Wiederverkörperung die Essenz aller Taten und Erfahrungen bewahren und im Kausalkörper aufspeichern. (Siehe Kap. 2, 23 u. 30)
Alle Menschen betreten in einer Zeit ihrer Evolution die große Dunkelheit, wobei manche tiefer herabsinken. Nur die Sündhaftesten tauchen vollständig unter. Doch auch sie werden schließlich gerettet und zu den Reihen des Lichtes hinaufgeführt.
Hinter der scheinbar-unbiegsamen Unauflöslichkeit des Ur-Gesetzes steht ewig die Göttliche Barmherzigkeit. Selbst in der Dunkelheit ist geheimnisvolles Licht vorhanden und eine all-umarmende Liebe in der scheinbaren karmischen Grausamkeit. Oft ist mit Körperschmerz eine Ekstase der Seele verbunden. Physisches Leiden dringt nicht über die Ebene des Niedermentalen hinaus. Der werdende Gottmensch im leidenden Körper gewinnt oft unvorstellbare Stärke, Mitleidsfähigkeit und Kenntnis aus den Schmerzen, die sein irdisch-inkarnierter Teil erduldet.
Wir müssen daher immer die Vision des GANZEN zu gewinnen suchen, im Leidens-Karma die Ursache, nicht nur die Wirkung, betrachten – und auch das dritte: Die daraus gewonnenen wunderbaren Fähigkeiten und Erkenntnisse. Alles Leiden entspricht trotz seiner Schwere niemals an Stärke der verursachenden Sünde, denn: die Göttliche LIEBE steht dazwischen! Jede schwere Krankheit hat auch wesentlich-segensreiche Folgen. Natürlich dürfen wir uns durch dieses Wissen keines-

wegs die Tiefe und Macht unseres mitfühlenden Helferwillens für leidende Menschen verringern lassen. *Denn* unser mitfühlendes Erbarmen, unser starkes Sehnen zu heilen und zu retten – das alles bildet ja einen wichtigen Teil jener Göttlichen Liebe, welche „dazwischen steht". Denn Gott braucht Vollstrecker seiner LIEBE! Wir sind Göttliche Wesen im Werden, und Gott ist in uns geoffenbart. Die Kräfte unserer liebevollen Barmherzigkeit sind nie verschwendet, sondern werden stets sorgfältigst verwahrt und angewendet. *Ein* starker Gedanke des Mitgefühls für einen Leiden vermindert das Los der Gesamtheit. Wir sollten daher fortwährend unsere ganze Natur mit tiefer Sympathie überfluten und so beständig das Welt-Karma der Krankheit vermindern.

Laßt uns Liebe denken und so den Haß vermindern! Laßt uns Glück denken und so den Kummer vermindern! Laß uns Gesundheit denken und so die Krankheit vermindern! Denn solches bewußtes Denken gehört dem Reich des LICHTES in der Schöpfung an und verstärkt dessen Macht so, daß alle Menschen immer weniger Gefahr laufen, sich in die Finsternis zu verirren, woraus die Krankheit entspringt. Wenn wir stark genug an Mitgefühl, Sympathie und liebevoller Güte wären, könnten wir dadurch heilen. Denn das sind machtvolle Kräfte. In dem Maß, wie wir sie betätigen, werden wir zu wahren Helfern. Jede selbstlose Anstrengung, Leiden zu lindern – ob sie von unmittelbarem Erfolg begleitet sein darf oder nicht – verringert in ganz bestimmter Weise das Krankheits-Karma der Menschheit.

Dem Menschen ist freier Wille gegeben, früher oder später ein Logos zu werden – all-mächtig, all-wissend und all-gegenwärtig. Zuerst, in der früheren Entwicklungsphase, benutzt er diesen Willen zu Unrechtmäßigkeiten und leidet als Folge davon. Aus dem fortgesetzten Leiden lernt er allmählich, seinen Willen zu einem wirklichen Segen und zu dem seiner Mitmenschen zu gebrauchen. Am Ende seiner äonenlangen Pilgerschaft ist sein Wille mit dem seines Göttlichen „Vaters" *eins* geworden und immerwährend – ohne Schwanken – auf das GUTE, WAHRE und SCHÖNE gerichtet. Das ist der einzige Zweck alles Leidens und das einzige Ziel der menschlichen Leben.

Literaturnachweis:
Geoffrey Hodson „Gesundheit und Krankheit in okkulter Betrachtung"
Adelaide Gardner „Vital magnetic Healing"
H. K. Challoner „The way of Healing"
G. Hodson „Gesundheit und das spirituelle Leben"

33. Die Natur des OKKULTEN,
Interpretationsversuche und okkulte Systeme

Das Wort „okkult" stammt aus dem lateinischen Verb occultare (verbergen, geheimhalten); es bedeutet also etwas Verborgenes. Fast dasselbe sagt das Wort „esoterisch". Dies kommt von dem griechischen
Adverb eso (innen), exakter: aus dessen Komperativ esotero (tiefer
innen). Manchmal hört man auch das Wort „arcan", doch dieses hat
einen engeren Sinn, weil aus dem lateinischen Wort arca (Gehäuse)
stammend. Es bedeutet also „Eingeschlossensein in einem sonderbaren
Versteck".

Die Worte „okkult" und „esoterisch" weisen auf eine geheimnisvolle,
transzendente Wirklichkeit hin, die nicht offensichtlich und greifbar
ist, jedoch unserem physischen Dasein als dessen wahrer Sinn und
eigentlicher Gehalt zugrundeliegt.

H. P. Blavatsky machte – als erster und hervorragender Exponent
des Okkulten in der Theosophischen Bewegung – diesen Begriff po-
pulär. (Gemeint ist *niemals* der niedere oder Phänomenal-Okkultismus.)
In der Einleitung zur „Geheimlehre" bezeichnete sie die Natur des
Okkulten mit drei grandiosen Thesen:
Die Erste These: Es existiert *Eine*, absolute, ewige Wirklichkeit – ein
allgegenwärtiges, schranken- und wandelloses Göttliches PRINZIP,
das sich allen menschlichen Vorstellungen entzieht und durch Erklä-
rungsversuche nur entstellt werden kann. Weil jenseits der Reichweite
menschlichen Denkens, ist es unbegreiflich und ganz undeutbar.
Die Zweite These ist die von der Unendlichkeit des SEINS und vom
Weltenraum als dem Spielplatz der unzählig aufeinanderfolgenden,
auftauchenden und wieder verschwindenden Universen. Dies besagt,
daß immer und überall das Kosmische Gesetz von Ausatmen und Ein-
atmen, Hinausgehen und Rückkehren, Wachen und Schlafen, Tag und
Nacht, Geburt und Tod am Werk ist, von einem Universum bis zum
kleinsten Lebewesen.
Die Dritte These ist die von der Identität aller Seelen mit der Universalen Oberseele, welche der schöpferisch-aktive Aspekt des Unbekann-

ten, Absoluten GOTTES-PRINZIPS ist und „Der Kosmische Ur-Logos" genannt wird.

Diese Dritte These schließt ein, daß die individuellen Seelen ihr *bewußtes* Einswerden mit der ALLSEELE durch eine sehr viele Verkörperungen dauernde Pilgerreise von ringenden, physischen Erfahrungen erlangen.

H. P. Blavatsky und ihre großen Nachfolger erläuterten diese gewaltigen Grund-Themen in tiefgehender Weise und weisen auf, wie sie überall in den religions-philosophischen Lehren und speziell in den Mysterien-Traditionen auftreten. Sie wurden während aller Zeitalter einer Nachwelt nach der anderen überliefert. Sie enthüllen die zeitlose Realität der echten, esoterischen Bedeutung des Lebens und künden, daß im Wesensgrund *alles* Lebendigen eine wunderbare, vollkommene Einheit besteht, obwohl wir uns jetzt äußerlich in einer Welt der Vielheit und Verschiedenheit befinden. Denn unser Leben hat einen un-offenbaren Göttlichen Ursprung, in welchem alle Geschöpfe ihre ewige Heimat haben, und in den sie nach jeder der vielen Inkarnations-Kreisläufe zurückkehren.

Eine graphische Darstellung von der EINHEIT innerhalb der Vielheiten ist das Kreis-Symbol. Der bekannte Punkt im Zentrum bedeutet die Einheit und der Umkreis die trennende Vielfältigkeit unseres irdischen Daseins. Das Zentrum bedeutet auch das Ewige und der Umkreis das Zeitliche. Das Zentrum ist die un-bedingte spirituelle *Wirklichkeit* und der Umkreis der bedingte, vergängliche Zustand. So wie die Drehung eines Rades von der bewegungslosen, mittleren Achse abhängt, hängen die Bewegungen des äußeren Lebens von dessen Göttlichem Wesens-Kern ab, welcher Universen und Einzelwesen in materielle Existenz aussendet und nach Erfüllung der geplanten Zwecke wieder in sich aufnimmt.

Unser irdisches Leben wird in einer schmalen, oberen Schicht des Kreisumfangs verbracht; und alles zwischen uns und dem Zentrum Liegende ist das Unbekannte oder „OKKULTE". So zeigt dieses Symbol, daß eine wirkliche, okkulte Kenntnis von einer beständig-strebenden Bewegung auf das Einheits-Zentrum abhängt. Denn dadurch überblicken wir immer umfassendere und tiefere Abschnitte der Göttlichen Mysterien. Ein Eintreten in das ZENTRUM selbst würde uns sogleich total all-mächtig, all-wissend und all-gegenwärtig machen. Aber ein theosophischer Klassiker („Licht auf den Pfad") sagt: „Du wirst in das Licht eingehen, doch die Flamme wirst du nie berühren".

Zur Illustration des Grundsatzes, daß wirliche Kenntnis des Okkulten die Bewegung zum Göttlichen Zentrum hin – also zum Sicheinsfühlen mit allen Wesen – erfordert, nehmen wir hier *eine* Methode zum Kennenlernen des Okkulten: die der Entwicklung psychischer oder okkulter Fähigkeiten.

In der Theosophischen Bewegung wird jedem Strebenden der sehr dringende Rat erteilt, solches *nur* Hand in Hand mit intensiver spiritueller Läuterung zu versuchen; das heißt, sich immer mehr vom Gesichtspunkt seiner wahren Einheit mit allem Lebendigen zu begreifen. *Dann kann* sich mit der so erlangten Reinheit und Liebe in der gesamten Lebensführung *und* unter dafür günstigen (ganz abgeschiedenen) Lebensbedingungen ein kontrollierter Psychismus auf hohen geistigen Ebenen entwickeln. Der negative, unkontrollierte Psychismus, der zuweilen bei Menschen mit einem verletzten „Schutzgewebe" (das zwischen dem Astralen und der Physis liegt) auftritt, erscheint auch oft bei sehr primitiven Menschen. Dieser beruht dann ebenfalls auf einer großen Nähe zum ZENTRUM, entsteht jedoch *umgekehrt* aus ihrem noch äußerst mangelhaften Entwicklungsstand. Denn der Primitive ist ja *noch im „Hinausgehen"* aus dem Zentrum begriffen, also noch nicht völlig im Kreislauf der nötigen physischen Erfahrungen angelangt!
Mit der durch diese Erfahrungen gewonnenen stärkeren Intelligenzentwicklung verliert sich *dieser* negative, meist wertlose und schädigende Psychismus, um in sehr viel späteren Inkarnationen in der oben erwähnten positiv-wertvollen, hohen und zuverlässigen Form wieder zu erscheinen – wenn der Mensch mit dem Pilgergang des Lebens im Kreisumfang abschließt und als ein zur Vollendung Strebender sich in *bewußter,* starker Heiligkeit, Liebe, Weisheit und Macht *wieder* dem Zentrum nähert, wobei er dann die *höheren* psychischen Fähigkeiten gezielt und segensreich verwendet.

Obwohl ein kleiner Bereich von okkulten Phänomenen, etwa Telepathie oder geschultes Hellsehen, gewisse Beweise liefert, ist es doch nicht möglich, die Realität des OKKULTEN an sich zu beweisen. *Nichts* von einem universalen, transzendenten Charakter kann bewiesen werden. Das ist nur für meß- und vergleichbare, demonstrierfähige Dinge möglich. Jeder metaphysische Grundsatz erfordert zum wirklichen Verständnis das Hinzukommen einer unwägbaren, *intuitiven* Seeleneigenschaft, jenseits konkreter Beweise. Sogar die erforschten physischen Naturgesetze können nicht bewiesen, sondern nur angewendet werden. Heute wird durch die fast nur noch analytische Philosophie, die kaum noch ihren Namen verdient, das Wiederaufblühen einer wahren Metaphysik unterminiert.

Wie kann man in das Okkulte, welches einer zwischen dem Menschen und dem Göttlichen ragenden Stufenleiter (siehe die biblische „Himmelsleiter") gleicht, eintreten und seine Gesetze als gültig erkennen? Es ist *nur* durch das spirituelle Wachstum des Einzelnen möglich. Für Kinder ist das Erwachsenen-Leben „okkult". Sie können es auch durch viele Erklärungen nicht erfassen. Denken, Fühlen und Tun der Erwachsenen ist ihnen – aus Mangel an Reife – unverständlich. So können auch wir (als spirituelle Kinder) das Okkulte nur durch unaufhörliches, tiefes Streben begreifen. Jedoch ist kein echtes Eindringen in ein Verständnis darüber je vorausbestimmbar. Solche erleuchtenden Erkenntnis-Fragmente bringen immer wieder etwas völlig Neues, Überraschendes und Frisches, was wir uns vorher nicht vorstellen konnten. Deshalb sind auch festgelegte geistige Ziele trotz ihrer beschwörenden Kraft nur von beschränktem Wert. Sie müssen sich einmal als teilweise unreal herausstellen. Wir erschaffen sie ja im Blickfeld unserer jetzigen Unzulänglichkeit. Unsere späteren höheren Stadien werden sehr verschieden von unseren gegenwärtigen Begriffen darüber sein. Ein festes Idealbild von künftigen höheren Zuständen kann sogar deren Erreichung vereiteln, wenn das aus unseren jetzigen Maßstäben stammende Image hinderlich-einschränkend wirkt.

Da wir Wesen sind, welche zwischen dem Zentrum und dem äußeren Kreisumfang leben, existieren für uns immer zwei Faktoren: der Ewige und der progressive. Der ewige Faktor ist das sich auf das Göttliche Zentrum beziehende Erleben. Der progressive ist unser Erfahren der Dinge im Kreisumfang. Keiner ist jemals ganz abwesend. Obwohl unser Wachstum sich, äußerlich gesehen, in einem beständigen Fortschreiten zeigt, geht es *an sich* unzusammenhängend und plötzlich vor sich – sozusagen in Sprüngen – was jeder mystisch-Strebende weiß. Immer treten unmittelbare Erleuchtungen auf, deren Früchte dann progressiv im Leben Gestalt annehmen. Solche sternklaren Weisheitsblitze werden allerdings *nur* durch lange (auch vorinkarnationsmäßige) Anstrengungen ermöglicht. Aber die Erleuchtung selbst ist spontan, wunderbar frisch – nicht ein synthetisches Produkt, und auch weit mehr als der Niederschlag einer langen Reihe von eifrigen Bemühungen. Sie glüht von *Innen* funkenhaft aus dem lebendigen Ur-Feuer des EWIGEN heraus.

Das zunehmende Erleben des Okkulten in seinem hohen Sinn wird durch eine gewisse „Ungeschütztheit" erreicht. Das heißt, es hängt ab von einer zunehmenden Preisgabe der Verteidigung und „Sicherung" unserer persönlichen, engbeschränkten Ichnatur. Deren Forderungen entstanden unvermeidlich mit dem Untertauchen im Strudel des physischen Lebens. Nachdem sie bei dem Strebenden anachronistisch wurden, schafft die erwähnte „Ungeschütztheit" jene plötzlichen wunderbaren Entdeckungen.

Die höher-okkulten Gesetze werden von unseren „Älteren Brüdern" in der „Großen Weißen Bruderschaft" überliefert, welche unmittelbar in und mit ihnen leben. Jedoch auch sie können *für uns* nur (zwar völlig echte), doch „autoritäre", schablonische Schilderungen von etwas über allen Aufzeichnungen Stehendem sein – kein Ersatz für eigene Erfahrung. Wir nehmen sie aber tief-dankbar als Richtlinien zur Vorbereitung jener „Ungeschütztheit", in welcher das Okkulte direkt erlebt wird. Diese Beschreibungen geben Rat und Hinweis für kostbare Eigen-Experimente und erweisen dem Strebenden bald ihre wunderbare Gültigkeit. Die hier wesentliche Erfahrung ist von mystischer Art, das heißt unabhängig von den Sinnen, und unmittelbar. Sie kommt ja aus dem ZENTRUM und kann nicht in Begriffen des Kreisumfangs geschildert werden. Die Anweisungen in der zuständigen Literatur haben nur die wertvolle Funktion, die dem Kreisumfang eigenen Hindernisse aufzubrechen und allmählich zu entfernen. Sie sollen nicht das mystische Erleben selbst hervorbringen. Wenn die Zeit reif ist, wird dieses – als herrliche Frucht langen, geduldigen Bemühens – aus dem EWIGEN geboren. Natürlich ist in diesem Bestreben Gebet oder Meditation in täglicher, tiefer Ausübung unerläßlich. Ebenso die ganz reine, unblutige Lebensweise.

Mystiker und Okkultisten sollten nicht als gegensätzlich empfunden werden. Es gibt spirituelle Typen, die durch religiöse Liebesgewalt quasi unmittelbar zu der geheimnisvollen Erfahrung durchbrechen – mit wenig Beachtung der inneren Gesetze, durch welche auch sie von Hindernissen befreit werden; und solche Menschen werden Mystiker genannt. Andere legen jenen Gesetzen und Methoden größere Bedeutung zu und suchen mit deren Hilfe gesicherter dem Augenblick zu nahen, wo jene ersehnte Erfahrung ihnen aufleuchtet; und solche Menschen werden Okkultisten genannt. Aber das Ziel ist gleich, und keiner kommt ohne die Wesensmerkmale des anderen aus. Denn der Mystiker gerät ohne irgendein Richtungsgesetz leicht in chaotische Zustände, die ihn zur Beute zerstörender Einflüsse aus Vergangenheit und Umgebung machen können. Und ein Okkultist, der von keinem Aufwallen glühenden, mystischen Erlebens beseelt wird, ist leer und unlebendig. Echte Theosophie-Schüler sind meist „mystisch" in ihrem Erleben und „okkult" im Bemühen, anderen die Ur-Gesetze zu erklären.

Die hinter unserer Diesseitswelt liegende „Transzendente Wirklichkeit" ist also eine Stufenleiter aus Ebenen von vielen Dichtigkeitsgraden, die sich alle zwischen dem Ewigen Zentrum und der physischen Sphäre befinden. Aus der Substanz dieser unsichtbaren Ebenen bestehen die Körper oder Träger unserer verschiedenen Bewußtseinszustände. Interpretationen des Okkulten bewegen sich also *teils* in präzisen, objektiven Schilderungen jener Bereiche und *teils* in subjektiven, geistigen Erlebnissen darin. Populärer sind die ersteren, welche von überphysischen Regionen, Gebilden und Farben, von Devas, vom Leben nach dem „Tod", von Auren und ähnlichem berichten. Darum wird dem geschulten Hellsehen stets hohe Schätzung erwiesen, obwohl es nur *einen* Aspekt des „Okkulten" darstellt. Dieser hat jedoch zu dem *anderen* eine enge Beziehung. So entsprechen z. B. unsere Gefühlszustände der Astral-Ebene mit ihren faszinierenden Erscheinungen. So können wir die *feiner*-astrale Schicht des Okkulten nicht bewußt betreten, wenn unsere eigenen Gemütsbewegungen in einer konstant unruhigen, gestörten Beschaffenheit sind, sondern nur, wenn unsere Gefühle von einer tieferen Schicht in uns ruhevoll beherrscht werden. Astrales Forschen ohne Gefühlskontrolle betreiben wollen, würde der Untersuchung von zarter, schimmernder Musik gleichen, wenn wir nicht dabei ein fortwährendes Schreien unterdrücken könnten. Viele Menschen „schreien" beständig mit ihren unbeherrschten Gefühlen, trotz physischen Stilleseins.
Weiter: Eine gelungene Teil-Erforschung des Okkulten bringt auch stets ein dämmerhaftes Begreifen des Gesamt-Mysteriums hervor. „Wie oben, so unten", nach griechischer Weisheit. Natürlich läßt das Okkulte sich nicht wirklich interpretieren, denn die dafür verwendeten Worte gehören ja einer *nicht*-okkulten Welt an. Darum müssen wir uns an Symbole, Gleichnisse und metaphorische Bilder halten. Auslegungen des Okkulten sind keine Beschreibungen der *Wirklichkeit*, sondern dienen dazu, den Einfluß des Ewig-Wirklichen auf den Menschen zu veranschaulichen. Auch die Upanishaden und die grandiosen indischen Philosophie-Systeme sind weniger Versuche einer Wiedergabe des

Wirklichen als Schilderungen der menschlichen Reaktion auf das unfaßbar-Wirkliche.
Wo ernste, ehrliche Systeme sich unterscheiden, stellen sie lediglich verschiedene Annäherungen an die Ewige Realität dar.
Die verehrungswerten Publikationen über das Okkulte in der theosophischen Bewegung haben im Grund denselben Charakter. Dazu kommt Folgendes: Jeder Forscher mischt unvermeidlich ein wenig von seiner Wesensart, seinen individuellen Ideen und Erinnerungen in diese exakten Untersuchungsergebnisse. Darum ist jedem theosophischen Lehrer eine liebenswerte Originalität eigen. Trotz Gemeinsamkeit sehr vieler tiefer Kenntnisse entdecken sie oft, manche Themen nicht gemeinsam behandeln zu können. Zum Beispiel waren H.-P. Blavatsky und der geniale Subba Row nicht imstande, zusammenzuarbeiten. Die Beziehung zwischen aufgezeichneten Deutungen des Okkulten und dem echten Erleben desselben ist oft problematisch.

H. P. Blavatsky ermahnte auch immer ihre Leser dringend, sich nicht an sie als endgültige Autorität zu binden – auch an niemanden sonst – sondern auf ihre eigene zunehmende Intuition zu bauen.
Über die rechte Art des Studiums der „Geheimlehre" sagte sie, das wichtigste sei, die drei anfangs zitierten Grundsätze tief zu erfassen, auch wenn es Jahre dauert. Und weiter: „Wenn man sich einbilde, ein vollständiges Bild vom Aufbau des Kosmos aus der ‚Geheimlehre' zu erhalten, würde man nur verwirrt. Dieses Werk solle nicht einen endgültigen Wahrspruch hinstellen, sondern zur Wahrheit hinleiten."
Und sie warnte immer, sich mit bloßen exoterischen Auslegungen zu begnügen: „Es ist nutzlos, hochstehende Okkultisten um Deutungen meiner Geheimlehre zu ersuchen. Sie könnten nur trockene, exoterische Äußerungen liefern, die höchstens entfernt der Wahrheit gleichen. Sie annehmen, hieße, sich an fixe Begriffe klammern – während aber die esoterische Wahrheit hoch darüber und jenseits aller formulierbaren Ideen liegt. Exoterische Auslegungen haben nur den Wert von Wegweisern für die Suchenden. Natürlich werden viele sich nicht über die allgemein-exoterischen Begriffe erheben können."
Blavatsky vermied es meist, ihre metaphysischen Lehren in eine systematische Form zu kleiden, weil sie wußte, daß dies Beschränkungen schafft. Sie kämpfte dagegen an, daß ihre Leser und Anhänger sich zufrieden mit dem Besitz eines so gewonnenen ordentlichen, sicheren Weltbildes begnügten. Bei Verwendung asiatischer Idiome zum Ausdruck universaler Begriffe zog sie mehr die relativ-regellosen Tantra-

schriften heran als die jener philosophischen Schulen, die den systematischen westlichen Verstand weniger schockiert hätten. Ebenso bevorzugte sie den mystischeren Mahajana-Buddhismus, statt den im Westen populären, exakt-definierten Hinajana. Denn wenn eine ewige, unausdrückbare Wahrheit *intuitiv* empfunden werden muß, würde eine konkretisierende Erklärung beständig wie eine Barriere wirken, weil sie fälschlich für das wirkliche Mysterium gehalten wird.

Dennoch haben z. B. viele Teile der „Geheimlehre" einen ausgesprochen-systematischen Charakter. Viele spätere Literatur benutzte Blavatskys Hauptwerk für weitere sehr wertvolle und ergänzende Systembildungen. Diese gehören ebenfalls meist zu jener teils exoterischen Interpretation, welche H. P. Blavatsky nicht verwarf, doch deren Begrenzungen sie kannte. Denn ein Aufstellen von kostbaren Tatsachen ist nie schon ein echtes Verständnis. Evelyn Underhill schildert die Mystik als „die Sehnsucht des menschlichen Geistes nach Einklang mit der transzendenten Ordnung". Wenn nun jemandem etwas über diese herrliche Wirklichkeit aufgeleuchtet ist, neigt er natürlich dazu, dies in einem System zu veranschaulichen. Jedoch die „transzendente Ordnung" des Universums kann – wenn auch die Quelle vieler Systeme – nicht an sich eine Art von beseeltem Diagramm sein. Diese Neigung zum Systematisieren hat oft die okkulte Wirklichkeit mit einem verdunkelnd irritierenden Oberbau verdeckt. Was zum Teil auch auf die hoch ·anerkennenswerte „theosophische Forschung" zutrifft. Jedoch die systematische Schilderung des *physischen* Universums in der machtvollen theosophischen Literatur wurde inzwischen schon in vielen Feldern empirisch-wissenschaftlich gerechtfertigt, z. B. in den Feststellungen über das Alter der Erde, was vorher als wilder Irrglaube erschien, sowie auch über das Wesen des Atoms. Sehr viele frappierende Entdeckungen des Zwanzigsten Jahrhunderts – besonders die unserer jetzigen in der Technik rasend ·vorwärtsstürzenden Zeit – erschienen bereits in Blavatskys Werken und in denen ihrer initiierten Nachfolger. Wenn allerdings *alle* Fakten der Uralten Weisheit auf exoterische Prüfung mit den Maßstäben der sehr langsam schreitenden empirischen Wissenschaft warten müßten, so würden sie unermeßlich lange zu warten haben.

Weitere Aspekte: Ein theosophischer Forscher macht vielleicht einmal eine gewisse Entdeckung in der Region der ewigen Wahrheiten (vielleicht über Evolutionsvorgänge) und bringt sie in seiner Ausdrucksform herab. Dies kann ein lebendiges, erleuchtendes Bild geben, obwohl vielleicht nicht in strikter Übereinstimmung mit unserem jetzigen Denken und Wissen stehend. Hier sollte man nicht mit empirischen Maßstäben messen, sondern an Hand jener bildhaften Schilderung intuitiv zu der Ebene echten okkulten Erlebens durchdringen, woraus sie entstand. Verständlicherweise können zuweilen Berichte verschiedener geschulter Beobachter (wie schon erwähnt) leicht widersprüchlich erscheinen. Im Ganzen aber sind keine *wesentlichen* Unterschiede zu erwarten. Vorausgesetzt, daß der Forscher nicht von okkultem Ehrgeiz getrieben wird – wie es manchmal der Fall ist.

Zur Illustration wenden wir uns dem Werk eines großen, selbstlosen Exponenten der „Verborgenen Seite des Lebens" zu: C. W. Leadbeater. H. P. Blavatsky nannte ihn ihren geliebten Bruder und Freund und ein tapferes Herz. Sie schätzte ihn äußerst hoch. Er folgte ihr quasi in der okkulten Lehr-Tradition der Theosophischen Bewegung und vermittelte ein sehr klares, folgerichtiges Bild, z. B. von den überphysischen Sphären. (Siehe Kap. 24, 27, 36 und 40)
Die Leuchtkraft und Logik seiner Schilderung des Universums machte dieselbe enorm anprechend, einflußstark und erhebend.
Einmal besuchte der berühmte deutsche Philosoph Graf Keyserling das Hauptquartier der Theosophischen Muttergesellschaft in Adyar. Er war überrascht, in Leadbeater einen schlichten, wenig intellektuell wirkenden Menschen zu finden. Tief beeindruckt von dem aus Leadbeaters Schriften aufsteigenden Panorama der Okkulten Welt schrieb er:
„Der, welcher Mr. Leadbeaters Beschreibungen dieser Regionen liest, kann garnicht bezweifeln, daß jener wirklich dort zuhause ist, denn all seine Darstellungen sind absolut überzeugend und glaubwürdig. Ich finde so alle Veröffentlichungen äußerst lehrreich – trotz ihrer zuweilen etwas unkomplizierten Form. Er beobachtet wissenschaftlich und gibt das Gesehene in sympathisch-einfacher, ehrlicher Sprache wieder. Er wäre in seinem normalen Intellekt garnicht talentiert genug, um alles das zu *erfinden,* was er zu sehen erklärt, oder es (wie bei Dr. Steiner) so auszuarbeiten, daß Erfahrung schwer von Phantasie zu unterscheiden ist. Was Leadbeater in der ihm eigenen Weise wahrnimmt, ist von grandioser, einleuchtend-überzeugender Bedeutung. Darum *muß* er wirklich Zustände und Geschehnisse in den anderen Welten beobachtet haben."

Dr. Annie Besant nahm längere Zeit an vielen okkulten Untersuchungen Leadbeaters aktiv teil. Keyserling sah auch in ihr die Charakteristiken eines Menschen, dessen Leben tief in der „Verborgenen Seite der Dinge" verwurzelt war. Sie stellte selbst einen lebenden Beweis von der durch sie vertretenen Kosmischen Wahrheit dar. Ihre starke umfassende Intelligenz und ihr persönlicher Heroismus gab allem, was sie lehrte, eine intensive Kraft. Graf Keyserling schrieb über sie: „Betreffs Dr. Besant bin ich gewiß, daß sie ihre Persönlichkeit von einem, wenigen Menschen zugänglichen, inneren tiefen Zentrum her beherrscht; und sie verdankt ihre immense Bedeutung diesen geistigen Dimensionen, aus denen heraus sie ihre Fähigkeiten lenkt. Jemand, der ein unvollkommenes Instrument meisterhaft handhabt, leistet Kostbareres als ein weniger begabter Mensch mit einem besseren Instrument. Dr. Besant besitze eine unbegreifliche Beherrschung ihres Denkens, Fühlens und Wollens und konnte so viel Vollendeteres schaffen als andere von Natur vielleicht noch besser ausgestattete Personen." Diese Äußerungen sind interessant, weil von Jemandem stammend, der an sich nur wenig Interesse und Sympathie für die Theosophische Bewegung gehegt hat.

Das von C. W. Leadbeater aufgestellte Weltbild des Okkulten berührt viele Interessengebiete unseres persönlichen Lebens, die in den Bereich exoterisch-psychischer Forschung fallen, besonders die Astralebene, die Zustände nach dem Tod, Träume, Aura, Telepathie und Ähnliches. Aber der bedeutendste Wert von Leadbeaters Zeichnung des Weltalls liegt darin, daß sie ein sehr prachtvolles Mittel bietet, die strahlende Realität der höher-okkulten *spirituellen* Wahrheiten zu begreifen. Leadbeater nahm stets eine bescheidene und aufrichtige Haltung zu seiner Arbeit ein. Er gab immer zu, daß andere Personen manche Phänomene etwas abweichend sehen können – wie etwa bei der christlichen Eucharistie. Er verwies auch auf die Möglichkeit, daß ein nicht okkultgeschulter Seher zuweilen das Geschaute in die Form seiner umgebungsmäßigen Vorstellungen überträgt. So zum Beispiel schildert St. Johannes in seiner „Offenbarung" die Wesen, welche von Orientalen als vierundzwanzig Buddhas bezeichnet worden wären, als vierundzwanzig jüdische Älteste. (Siehe auch Swedenborg) „Niemand", erklärte Leadbeater, „kann überhaupt das letzte Wort im Okkultismus sprechen".

Sehr streng und kompromißlos jedoch stellte er die *unabänderlichen ethischen* Maßstäbe zu intensiven Läuterung und Stärkung des Charakters auf. (Siehe Kap. 12, 36, 39, 40, 55) Er verfocht wie alle großen spirituellen Lehrer aller Zeiten die Prinzipien des starken Handelns

und der Selbstlosigkeit, welche vereint zur wahren Kenntnis des OK-
KULTEN im höchsten und eigentlichen Sinn führen. Leadbeaters Be-
harrlichkeit in dieser Richtung wurde eine Ursache von (auch unbe-
wußtem) Widerstand gegen ihn, so wie es solchen „Pionieren" stets er-
geht. Er erklärte immer wieder: „In der Ethik des Okkultismus meinen wir *genau* das, was wir sagen!" Und er bezeichnete unentwegt
diesen PFAD als ein Feld von disziplinierter Aktivität, nicht von ta-
tenarmer, schwärmerischer Spekulation.

Eine von Leadbeaters verblüffendsten Arbeiten war die Beschreibung
der atomischen Struktur. In Blavatskys großem Umriß des Okkulten
ist das Atom ganz esoterisch behandelt. Sie hat es nur mit dem Atom
der höchsten Daseins-Ebene (Adi) zu tun. Dies ist die letzte Einheit des
Substanzlichen überhaupt und das Gegenstück der Monade, welche die
höchste Bewußtseinseinheit ist. Als C. W. Leadbeater versuchte, seine
Erfahrung mit dem *ätherisch-physischen* Atom zu schildern, drückte
er sich natürlich in der Begriffswelt aus, die sein Zeitalter und dessen
mentaler Hintergrund lieferten. Auf seine Entdeckungen vom Atom
und weitere hellsichtige Forschungen gründete sich – unter Mitarbeit
von C. Jinarajadasa – ein wundervolles, folgerichtiges System der Okkulten Chemie, welches in dem berühmten gleichnamigen Buch seine
prachtvolle Darstellung fand.

Aber auch diese Schilderung vom Wesen und Aufbau des Atoms ist sozusagen ein klassisches Arbeitsmodell. Es beruht zwar auf einer Berührung mit etwas Wirklichem, kann aber keine absolute Beschreibung
desselben sein, weil keine Sprache dafür verfügbar ist und nie sein
wird. Es gab damals auch keine klare Wechselbeziehung zwischen diesem System und der Sicht zeitgenössischer Gelehrter über den atomischen Aufbau. Ganz zu schweigen von der heute erforschten Verwend-
barkeit des Atoms für Explosivzwecke. Die Systeme von Wissenschaftlern und Okkultisten wurden einmal in einem interessanten Büchlein
„Das Feld der okkulten Chemie" von Lester Smith (Mitglied der
Royal Society) und Wallace Slater (einem theosophischen Forscher)
gemeinsam überblickt und die beiden Autoren waren, obwohl von der
Folgerichtigkeit *beider* Systeme befriedigt, doch nicht imstande, das
eine in die Sprache des anderen zu übertragen.

Nur einem anderen theosophischen Forscher, der manchmal als ein
teilweiser Nachfolger von C. W. Leadbeater bezeichnet wird, gelang
es, durch seine starke Hellsehfähigkeit eine weitgehende Übereinstimmung mit mehreren Chemie-Experten in Oxford zu erzielen. Das ist
Geoffrey Hodson.

Die wissenschaftliche Darstellung von Struktur und Bewegung der Atome fußt mehr auf Schlußfolgerung. Die okkulte Darstellung fußt mehr auf Beobachtung mittels der überphysischen Sinne.

C. W. Leadbeater schildert auch seine Erfahrungen mit der „Vierten Dimension", in der die Bewußtseinserhebung zu einer bisher ungekannten Stufe vor sich geht. Ein anderer theosophischer Forscher – E. L. Gardner – war nicht ganz von einer räumlichen Vierten Dimension überzeugt. Geoffrey Hodson wiederum – als ein Forscher von gewissen Graden – kommt zu ganz neuen, erleuchtenden Resultaten darüber, die auf Intuition, geschultem Hellsehen und auch auf Engelmitteilungen beruhen. (Siehe Kap. 38). Alle sind von ihrer ernsthaften Sicht aus „im Recht"; und wir sollten keine oberflächlichen Vergleiche ihrer kostbaren Fähigkeiten ziehen, sondern an Hand ihrer Berichte in ein eigenes, tieferes Erleben der geistigen Wirklichkeit hinter den erklärenden Bildern vordringen.

Eine weitere okkulte Problematik offenbart sich bei Traumerinnerungen, und zwar in der Unterscheidung des psychischen vom psychologischen Element. Ein Traum kann oft ein abseits vom schlafenden Körper erlebtes konkretes astrales Ereignis sein – und ist dann „psychisch" zu nennen.

Er kann aber auch eine „psychologische" Enthüllung der seelischen Verfassung des Träumenden sein, die sich in symbolischer oder dramatisierender Weise zeigt. Leadbeater konzentrierte sich bei seinen Beobachtungen meistens auf psychische Deutungen. Doch zweifellos liegt in jedem psychischen Traumerlebnis auch ein psychologisches Element. Selbst bei Beobachtung *physischer* Erlebnisse zeigt es sich, daß zwei Menschen selten genau die gleichen Dinge schildern; und die Punkte, denen sie ihre Haupt-Aufmerksamkeit zuwenden, bilden dann eine unbewußte psychologische Enthüllung. Dies ist ein faszinierendes Feld für die Forschung. Das Mit-Erleben eines *astralen* Geschehens wird immer stark von der Gemütslage des Träumenden bedingt; und so ist man berechtigt, aus einem psychischen Erleben auch Kenntnisse über den momentanen oder allgemeinen psychologischen Zustand abzuleiten.

Diese Bedingtheit betrifft ja nicht nur Traumdeutung und Wiedergabe hellsichtiger Beobachtungen, sondern auch den Ausdruck sämtlicher philosophischer Begriffe – überhaupt alles, was die Menschen sich zu übermitteln suchen. So kann auch das aus okkulten Bereichen Kommende ausdrucksmäßig von vielen Faktoren getönt sein – und zwar durch Ideen, Begriffe, Gemütszustände, unbewußte Absichten oder Vorlieben, Erinnerungen oder Erwartungen des Betreffenden. Ein ehrlicher, ehrgeizloser Forscher wird seinen Gegenstand immer so klar und ordentlich wie nur möglich darstellen, doch im Wissen, daß es noch unvollständig ist.

Dabei ist Folgendes von großer Bedeutung: Je höherstehender, selbstloser und weiser der Exponent, desto weniger und belangloser sind seine Darstellungen durch ungewollte, persönliche Faktoren begrenzt. Darum ist auch jenen Briefen, welche der Welt am Ende des vorigen Jahrhunderts von einigen Adepten geschenkt wurden, ganz außerordentliche und höchste Bedeutung beizulegen, obwohl auch sie noch ein wenig von Zeitalter und individuellen Zügen beeinflußt sein konnten und obwohl viele auftragsmäßig von Schülern niedergeschrieben wurden. Nirgendwo und nirgendwann kann es hier Endgültiges geben. Das OKKULTE entzieht sich schon durch seine Natur jedem systemhaften Ausdruck. Viele jener MEISTER-Briefe ergaben die Grundlage für ein grandioses Kosmisches Welt-Bild, das zuerst von A. P. Sinnett und dann, umfassender, von H. P. Blavatsky aufgebaut wurde. Auch die späteren initiierten Autoren interpretierten das OKKULTE in *der* Sprache, die von den ersten königlichen Experten – den Adepten – entliehen war.

Aber sobald ein solcher Autor schon selbst ein tiefes, echtes Erleben des Okkulten gewann und aus dem, was sich für ihn als wahr und inspirierend erwiesen hat, einen eigenen Stil entwickelte, darf er dann auch – bei voller Ehrerbietung für seine erhabenen Lehrer – etwas in eigener Verantwortung schreiben. Auf diese Weise können Bücher, die nur aus herrlichen Zitaten verehrungswürdiger Kapazitäten bestehen, zuweilen weniger inspirativ wirken als solche, die mit persönlichen, lebendigen Zeugnisabgaben verbunden sind.

Die Theosophische Bewegung brachte in ihren ersten Jahrzehnten (bis in die Fünfziger Jahre) eine Reihe solcher exzellenter Autoren hervor, ohne später wirklich kongeniale Nachfolger zu finden. Jedoch wurde sie als eine Körperschaft gegründet, deren Hauptprinzipien die Universale Bruderschaft und die Freiheit des Denkens sein sollten; und sie stellt nicht dogmatisch *ein* System okkulter *Interpretation* als alleinige Wahrheit hin – obwohl natürlich das klassisch-theosophische Weltbild unangetastet bleiben muß.

Während der vergangenen Jahrzehnte haben eine Anzahl von hochstehenden Menschen die Theosophische Ur-Gesellschaft verlassen und um diese herum neue eigene Bewegungen gebildet. So z. B. William

Judge, Rudolf Steiner, George Russel, Max Heindel, Jiddu Krishnamurti, Alice Bailey.

Abgesehen von vielen kleinen Sekten, die durch spiritistische Einflüsse die theosophischen Wahrheiten direkt verfälschten. Aber auch von den seriösen Geistern glaubte jeder so ausschließlich an den speziellen Wert seiner Auslegungsart, daß er es vorzog, sie in einer Abspaltung zu lehren, statt innerhalb der Ursprungsgesellschaft, wo sie sich mit anderen Versionen berühren mußte. In ganz eklatanter Weise sagte Krishnamurti, er habe, um sich die störungsfreie Unverletztheit seiner eigenen Erfahrung zu erhalten, das Lesen theosophischer Bücher ganz unterlassen. Die so geschätzte eigene Erfahrung schien hier von einer ziemlich-dünnzerbrechlichen Art zu sein, wenn es nötig war, sie durch Absonderung schützend zu verteidigen.

H. P. Blavatsky betonte fortwährend, das theosophische Werk müsse auf dem geistigen Erleben der Einzelnen beruhen. Immer wieder sprach sie von der Gefahr der Abhängigkeit von Autorität und wünschte, daß die hier Führenden allem dogmatischen Glauben, Fanatismus und Personenkult entgegentreten. Sie schrieb einmal:

„Jeder Versuch, eine aus der Theosophischen Gesellschaft hervorgehende neue Organisation zu gründen, ist bisher spirituell fehlgeschlagen, weil er früher oder später unmerklich die Vitalität lebendiger Wahrheit verlor. Wenn etwas Ähnliches der Theosophischen Gesellschaft selbst passieren sollte, würde sie zu einer mentalen Sandbank abgetrieben werden."

Eine Anzahl kleiner, abgespalteter Vereinigungen hatte schon dieses Geschick. Andere befinden sich in diesem Prozeß. Ihr Zweck bestand im ängstlichen Behüten eines ausgewählten Schrifttums vor der Berührung anderer Lehren, die ihnen damit nicht vereinbar genug erschienen. Sie sonderten einen Ideenkomplex als „Reine Theosophie" aus und verwarfen die genialen, dringend nötigen Forschungen von H. P. Blavatskys großen initiierten Nachfolgern. Gewiß kann eine solche Begrenzung für manche Menschen zeitweise einen nützlichen Sinn haben – doch war sie sicher nicht das, was H. P. Blavatsky und ihre größten Nachfolger unter Theosophie verstanden. Die Theosophie ist so unbedingt auf eigene innere Erfahrung begründet – mit den herrlichen klassischen Lehren als Richtungsweisern – daß immer wieder vor Sektiererei gewarnt werden muß, aber auch vor heutigen Publikationen verirrter, die Theosophie verfälschenden Autoren. Die Theosophische Bewegung hat ihre Basis immer und ewig in der O k k u l ten Ewigen Wirklichkeit!

Literaturnachweis:
Hugh Shearman „An Approach to the Occult"
H. B. Blavatsky „Die Geheimlehre"
Graf Keyserling „Reisetagebuch eines Philosophen"
C. W. Leadbeater „Die okkulte Chemie"

34. Die systemlose Wirklichkeit des Okkulten, die Freiheit des Geistes in der Theosophischen Bewegung, der theosophische Glaube an GOTT

Bei Betrachtung der Interpretationen des Höher-Okkulten scheint es klar, daß deren Wert niemals den übersteigen kann, welchen H. P. Blavatsky für ihre „Geheimlehre" nannte:
„Sie soll nicht einen endgültigen Wahrspruch aufstellen, sondern zu Wahrheit hinleiten."

Die Bedeutung von okkulten Erläuterungen hängt immer von der Inspirations-Tiefe des Autors ab. Viele flüssiggeschriebene Bücher kommen aus einer Oberflächenschicht, während andere von viel tieferem Ursprung weniger attraktiv formuliert sein können. Jedoch letztere enthalten für die, welche echte Intuition besitzen, eine wunderbare und strahlende Anziehungskraft. Oberflächlich erreicht jeder Literat andere Menschen am leichtesten durch seinen persönlichen Aspekt. Aber in das wertvollste Schaffen eines sich mitteilenden höheren Menschentyps tritt stets ein geheimnisvolles, größeres Element ein. Und dann ist seine Schrift um so kostbarer, je weniger sie aus dem persönlichen Ich des Autors stammt oder auch nur gefärbt ist. Dieser tiefere Gehalt ist auch nicht durch bloßes Kennenlernen ihres informativen Inhalts enthüllbar.
Das Fehlen eines ordentlichen, konkreten Leitfadens für höherokkulte Literatur stört viele Leute. Sie verlangen, deutlichen, normalen Regeln folgen zu können, und zwar in zuverlässigen, quasi „kanonischen" Büchern. Aber das ist *hier* nicht möglich. Denn die Unterscheidung über größeren oder geringeren Wert einer höherokkulten Abhandlung hängt immer von der geistigen Tiefe und Qualität des Lesenden ab. Oft erhalten faszinierend geschriebene, an Neu-

gier oder Ehrgeiz appellierende Schriften die populärste Verbreitung. In einer Welt, wo das Oberflächliche sich laut und grell werbend in allen Lebensgebieten an die ihm gemäßen Menschen wendet, liegt die einzige Sicherheit in der Reinheit unseres Beweggrundes und Vertiefung unseres Denkens.

In Erklärungen von H. P. Blavatsky an den Admiral Bowen ist vieles über die Beziehung okkulter „Weltbilder" zur Ewigen Wirklichkeit enthalten. Sie riet dort dringend, jedes okkulte Studium mit gewissen Grund-Ideen zu verbinden, und zwar:
„Alles Leben ist eins. Es gibt keine tote Materie. Der Mensch ist ein Mikrokosmos. Wie das Große, so das Kleine. Wie oben, so unten."
Zusammenfassend: „Nichts ist innen oder außen. Nichts ist in Wirklichkeit hoch oder niedrig in der Göttlichen Ökonomie."
Der würdige Bowen meinte, das sei wohl eine Art von ermüdender, mentaler Gymnastik. H. P. Blavatsky sagte lächelnd, man dürfe sich ja nicht konfus machen, indem man sich gleich zu weit vorwage und fuhr – dem Sinn nach – mit den folgenden Erläuterungen fort:
„Dieses Denken entspricht dem Inana-Yoga. Beim Arbeiten damit werden bald gewisse mentale Vorstellungsbilder aufsteigen; und man muß auf der Hut sein, um dabei nicht ein so faszinierendes, neues Gedankensystem für die ‚Wirklichkeit' zu halten. Denn rasch wird man finden, daß dieses bewunderte Ideenbild unbefriedigend wird und dahinwelkt. Der mutig-Strebende wird unbekümmert fortfahren, und es werden weitere Lichter aufblitzen, mit noch umfassenderen, schöneren Gedankengemälden. Doch einmal entdeckt er, daß keines von ihnen die WAHRHEIT selbst darstellt. Und dann gelingt es ihm vielleicht einmal, alle solchen Schöpfungen der mentalen Niederungen hinter sich zu lassen und in die gestaltlose, spirituelle Welt einzutreten, deren schwache Reflektionen alle bekannten und unbekannten Formen sind. Dieser Yoga-Pfad paßt gut für den Abendländer."

Bowen fügt hinzu: „Ich las H. P. Blavatsky diese Wiedergabe ihrer Lehren vor, mit der Frage, ob ich sie in richtige Worte gefaßt habe. Sie nannte mich einen Dummkopf – mir einzubilden, daß so etwas in richtige Worte gebracht werden könnte. Doch dann sagte sie freundlich, ich hätte das besser gemacht als sie selbst es könnte. Drei Wochen später starb sie."

Diese Schilderung von der Entstehung vitaler, wundervoller Vorstellungsbilder im Gemüt zeigt auch den Ursprung vieler höher-okkulter Systeme an. Jedes ist irgendwo echt und wahr – und doch nicht die unausdrückbare Ur-Wahrheit. Der Hauptzweck solcher Systeme ist, dem Theosophie-Schüler einen klaren Weg nach „Innen", zu dem Unausdrückbaren zu weisen. Die, welche verschiedene okkulte Deutungs-Systeme nebeneinanderstellen und fragen, welches nun das „richtige" sei, verstehen noch nicht die eigentliche Substanz des OKKULTEN.

Von Zeit zu Zeit tauchen in der höher-okkulten Literatur ganz neue, schöpferische Lichter auf, die aus der eigenen Erfahrungstiefe des Autors stammen. So bei Josephine Ransom in „Studien in der Geheimlehre" und bei Geoffrey Hodson in manchen Stellen seiner allegorischen Bücher. Ein kühner Versuch wurde einmal von Dr. George Arundale gemacht, denn er wollte quasi das Unmögliche versuchen und eine Deutung jenseits von Systemen liefern. In seinem großen Werk „The Lotos Fire" interpretierte er die sieben Phasen eines Schöpfungs-Zyklus in Form von Symbolen und versuchte so, in die tiefste Bedeutung eines Schöpferprozesses einzudringen. Es wurde ein einzigartiges Buch – denn viele okkulte Werke verfehlen ihren Zweck, indem sie exoterisch aufgenommen werden. Jedoch bei dem „Lotos-Fire" ist von vornherein jede andere als esoterische Deutung unmöglich. Es ist ein echt-okkultes Buch und fand keine Nachfolger. Einen weiteren Einfluß übte C. Jinarajadasa aus. Ihm gelang es, durch seine Liebes-Natur die unzähligen Bindeglieder zwischen der Alltagswelt und der Okkulten Sphäre zu enthüllen und das individuell-menschliche Element in sie einzuführen. Das Faszinierendste in seiner Version war „unser erlebendes Ich". Jede Anstrengung, jede Sehnsucht und Hoffnung unseres Lebens hat ja nur einen Wert in Verbindung mit der dahinterstehenden geheimnisvollen ALL-NATUR. All die erregenden Ereignisse und Situationen unseres Lebens sind also ebenfalls eine Art des Eintretens in das Okkulte. Das Gewaltige, Universale tut sich uns durch glänzende, einzelne Streiflichter kund. Die Universale Liebe wird nur über das Erleben von persönlicher Liebe möglich. Philosophische Prinzipien leuchten aus bescheidenen Erfahrungen unseres Arbeits-Alltags auf. Die direkteste Methode jedoch, den Eintritt in die Okkulte Sphäre zu finden, besteht darin, sich in den unzähligen Varianten der LIEBE selbstlos zu vergessen. *Hier* ist überall und immer eine Pforte zu dem Okkulten weit geöffnet.

Das ganze Universum ist ein gewaltiger Schöpfungs-Akt – wie das Erblühen eines gewaltigen Blütengewächses; und wir kommen seinem

Mysterium sehr nahe, wenn wir ebenfalls schöpferisch und (im übertragenen Sinn) künstlerisch wirken – was ein Hauptanliegen von C. Jinarajadasa war.

In der Theosophischen Bewegung gab es auch stets eine sehr exakte *ethische* Tradition der Okkulten Lehre, die zur Klärung der Pflichten und Probleme der ernsten Aspiranten dient. Dieser allerwichtigsten Seite der Theosophie hat jeder ihrer hervorragenden Autoren seinen Beitrag geleistet. Auch ADEPTEN taten das – in „Die Stimme der Stille", „Licht auf den Pfad", „Die Geschichte des Jahres" oder „Zu Füßen des Meisters". Auch Leadbeater und Dr. Besant waren ihre Propheten; und die letztere schrieb viel über die Erlebnisse der heroischen Seele, die sich den herrlichen Höhen geistiger Vollendung gegenüber sieht. Doch hier entstand quasi eine Neigung, das Ganze als ein spezielles Bemühungsfeld für sehr kühne Geister oder direkte Meister-Schüler zu betrachten – weit entfernt vom Leben des noch weniger reifen Menschen. Doch in den Schriften von C. Jinarajadasa und einigen von G. Hodson wurde ein gewisser Zugang zum Okkulten gezeigt, der auf einen neuen Brennpunkt hinwies und zwar, dem „unbedeutenden", aber ernst-strebenden Menschen eine neue Würde und Verantwortung zu geben.

C. Jinarajadasa und G. Hodson wirkten auch dahin, ein Verständnis von der mystischen Seite der exoterischen Religionen zu wecken. H. P. Blavatsky sah sich seinerzeit – durch ihre weltbewegende Aufgabe – oft genötigt, die dunkel-negativen Seiten der Glaubensbekenntnisse und ihre Dogmen zu rügen. *Nun* aber kam auch der strahlend-positive Aspekt der Religionen zur Würdigung. Auch wurde der Okkultismus jetzt zu einer Angelegenheit der *Liebe*. Der „Göttliche Geliebte" wurde hier zu der *„einen* Realität". Auch menschliche Liebesbande erscheinen so nur wirklich und lebendig, weil ER in ihnen ahnend wahrgenommen wird. Und die Natur ist nur schön, weil sie ein Ausdruck von IHM ist.

Auch der im Zentrum der Theosophischen Gesellschaft erzogene Jiddu Krishnamurti sprach in früheren Versen viel von dem „Geliebten". Aber es ist irrig, anzunehmen, Dr. Annie Besant habe ihn in eine bestimmte geistige Form gießen wollen. Er sagte nach ihrem Tod öffentlich aus: „Dr. Besant war unsere ‚Mutter', sie sorgte liebevoll für uns. Aber sie sagte niemals zu mir ‚Tue das, oder tue das nicht!'. Sie ließ uns allein wachsen. Mit diesen Worten zolle ich ihr meinen größten Tribut."

Krishnamurtis späterer bekannter Ausspruch „Das individuelle Problem ist das Weltproblem" war nichts Neues. Es war die sehr charakteristische Haltung von Madame Blavatsky, Dr. Besant und C. W. Leadbeater, für welche der Okkultismus durchaus kein Ersatz für innere Erfahrung oder eine Methode zum Übertragen unserer Probleme auf Höhere Wesen sein sollte. Im Gegenteil lehrten sie ihn als das überragende Mittel, wie allen Konflikten, die der Einzelne gern von sich weisen möchte, mutig die Stirn zu bieten ist.

In den meisten Menschen lebt eine unheilvolle Neigung zu negativem Denken. So ist es leichter, sie gegen als für etwas zu beeinflussen. Krishnamurti z. B. verfocht die innere Erfahrung *gegen geistige* Autorität in einem ganz unangebrachten Sinn von „Weiß" gegen „Schwarz" und schuf dafür künstlich-falsche Voraussetzungen. Er schoß damit weit über jedes vernünftige Ziel hinaus, erzeugte in den meisten Hörern und Lesern einen vernichtenden, unfruchtbaren Konflikt und bereitete sich dennoch eine fanatische Schar von „Bilderstürmern". Jedoch die Wahrheit selbst sieht ganz anders aus: Wenn jemand sich aus innerem Antrieb einer spirituellen Zwecken dienenden Organisation anschließt, um auf dem Weg über sie evtl. intensiver lernen und dienen zu können, macht er solche aggressive Verdammungen von Vereinigungen hinfällig. Denn er ist ja in seinem Geist frei und unabhängig von äußeren Methoden, obwohl er sich ihrer zu hilfreichen Zwecken bedient. Leidenschaftliches Abweisen irgendwelcher tragender Formen ist genau so wie leidenschaftliches Klammern an sie eine törichte Zwangsvorstellung. Eine ist so unfrei wie die andere.

In diesem Zusammenhang: Es gibt eine stets wiederholte spirituelle Lehre – die von der Einheit des LEBENS. Über irrige Gesichtspunkte sagt der Höhere Okkultismus immer: „Dies ist auch ein Teil des EINEN LEBENS, er muß angenommen und irgendwie eingegliedert werden." Das würde jedoch bei gewissen Situationen in der *Praxis* eine unerträgliche Belastung seitens des Höherstehenden einschließen, wodurch wertvolle Arbeit nichtig wird. Dagegen stellt sich ein entschieden-trennendes Auftreten zuweilen als eine neue, großartige Gelegenheit heraus. Diese besteht dann *nicht* aus schwächend-schlichtenden Beilegungsversuchen, sondern aus einem dem Konflikt entströmenden schöpferischen Neu-Impuls – etwa, wenn ein echter Theosophie-Schüler sich durch verleumderische Anfeindungen von hindernden Banden ablöst und sich ein neues, viel umfassenderes und viel wirksameres, segenbringenderes Arbeitsfeld erschafft.

Ein Beispiel anderer Art: Krishnamurti begann seine selbständige Laufbahn mit scharfen Zurückweisungen von niederreißender Art (die sich sogar gegen die Adepten wendete) und gewann bei Unterscheidungslosen einigen Einfluß. Durch seine unlogischen, zerstörenden Übersteigerungen hat Krishnamurtis Situation für jemand, der von tiefer Liebe zur Menschheit und hingebungsvollem Willen zu Heilung ihrer Nöte erfüllt ist, eine sehr tragische Note – wegen der starken Störung der segensreichen theosophischen Arbeit und der vielen (leer zurückgebliebenen) geistigen Wracks, die seinen Weg säumen. Jedoch die durch jene Konflikte gebotene schöpferische Gelegenheit ist (als ein Plus) in Form neuer, noch freiheitlicherer Tendenzen großzügig in der theosophischen Verkündigung aufgenommen worden. Die machtvollen Energien von Dr. Arundale und anderer waren z. B. dieser Aufgabe gewidmet. So hat die Theosophische Bewegung 1975 das Ende ihres ersten Jahrhunderts erreicht. Ihre jetzigen Lehrer dürften nie die von Adepten und Initiierten stammenden Aussagen unterschätzen, sondern sie höchstens in einem neuen, zeitgebundenen Licht präsentieren. Eine „neue Theosophie" (die es eigentlich garnicht geben kann) verscheucht ja, wenn sie echt ist, nie die Herrlichkeit des Ur-Theosophischen Weltbildes, sondern bringt nur einen anderen, beschwörenden Aspekt hinzu! *Das* aber nur im *besten* Fall! Denn heute machen Autoren leicht-ersichtliche Kehrtwendungen, wodurch die SACHE verhängnisvoll geschädigt wird.

Zwar ist in der theosophischen Verkündigung dem okkult-wissenschaftlichen, also exoterischen Aspekt (aus wichtigen Gründen) ebenfalls viel Aufmerksamkeit gewidmet worden. Aber stets bemühte man sich, ihn mit der echten Höher-Okkulten Wirklichkeit zu durchtränken; und seine konkreten Beschreibungen werden bewußt an *ihren* Platz verwiesen. Aber die Quelle all unserer Erleuchtung, Erlösung und Glückseligkeit ist immer das „Unbekannte" oder das O k k u l t e.

Die verschiedenen Deutungen des Höher-Okkulten werden seit 1875 zum ersten Mal in der Geistesgeschichte durch eine weltumfassende Organisation verbreitet, welche die Freiheit des Denkens gelten läßt. Auch in der empirischen Wissenschaft begann im vorigen Jahrhundert eine Ära der Forschungsfreiheit. Kühne Geister warfen alte Denkschablonen beiseite und suchten von neuen Ausgangspunkten nach Wahrheit. Daher mußten sie zunächst alles verwerfen, was nicht experimentell bewiesen werden konnte. In der frühen Christenheit beanspruchten die „Gnostiker" (Wissende), eine intuitive Wahrheitserkenntnis zu besitzen. Der englische Wissenschaftler Julian Huxley dagegen prägte ein neues Wort für „freie Denker" wie er: „Agnostiker" (jemand, der nichts zu wissen behauptet). Gemeint war speziell die Unerkennbarkeit von GOTT und metaphysischen Wahrheiten. Tatsächlich aber wurden die englischen und deutschen „Freidenker" des 19. Jahrhunderts sehr dogmatisch. Denn sie hatten ein straffes System von materialistischer Erklärung für alle Dinge ersonnen; und „freies Denken" hieß quasi, so zu denken *wie sie!* Die Beschränkung ihrer Version vom Leben, die von Häckel und anderen popularisiert wurde, zeigte sich darin: Alles außerhalb ihrer Forschung Liegende wurde rein physisch erklärt oder abgeleugnet. So konnte jener berüchtigte Spruch aufkommen, daß das Gehirn die Gedanken hervorbringe, wie die Leber die Galle ausscheidet. Seit damals hat sich vieles gebessert, obwohl das Heer der Durchschnittswissenschaftler solchen Thesen noch immer anhängt. Doch die Idee vom „Freidenkertum" wurde zu einem verstaubten Begriff.

In der Theosophischen Bewegung war man von Anfang an bestrebt, mentale Verschiedenheiten zu tolerieren, soweit sie nicht den Ewigen Felsen der Ur-Wahrheiten berühren, und – darüber hinaus – einen wirklich freien Geist auszubilden, der auch nicht durch *selbst*geschaffene Fesselungen verhärtet ist. Das Entstehen jenes fixierten oder unfreien Geistes wird in den Schilderungen theosophischer Forscher vom Platz des Menschen in der ALL-NATUR gezeigt. Er unterscheidet sich von anderen Geschöpfen durch das eigene, bewußte Denkvermögen. Im Tierreich wirkt es sich meist noch als Instinkt durch Gruppenseelen aus. Der Mensch verläßt sich nicht mehr auf seinen Instinkt, sondern entscheidet persönlich.
Wenn aber am Anfang die Individualität im primitiven Menschen aufgebaut wird, muß sie – ebenso wie die persönliche Würde – zunächst behauptet und energisch verteidigt werden. Erst viel später entdeckt er, daß seine individuelle Einmaligkeit und Würde absolut zuverlässig, ihm angeboren und ewig von ihm untrennbar ist.
So lange *wir* noch nicht vollständig jene primitive Anfangshaltung abgelegt haben, folgen wir noch ebenfalls teilweise jenem Verfahren. Wir mobilisieren beständig die listigen Hilfskräfte des Verstandes zur Verteidigung unseres persönlichen Ichs gegen „Bedrohungen". Diese – oft unbewußten – Maßnahmen bewirken, daß unser Denken sich stark zersplittert. Je nach den Umständen wenden wir dieses oder jenes

moralische Prinzip an und richten es künstlich gegen eine angebliche Bedrohung aus. Wir teilen die Lebenserfahrungen in die für uns guten oder bösen Einflüsse und erfinden aus den Erinnerungen daran eine Art strategisches System, das uns in aller Zukunft nützen oder schützen soll. Jedoch ein solcher gefesselter Geist ist ungeeignet, mit dem UNBEKANNTEN umzugehen. Denn wir bilden uns ja dabei ein, daß alles Künftige dem Vergangenen gleichen würde und daß daher jene früheren Verteidigungsmaßnahmen für alle Zeiten gelten müßten.

Das Tragische daran ist, daß manche unserer schlimmsten Fortschrittshinderungen aus jenen fixierten Begriffen stammen, die wir in einer früheren Phase als „gut" klassifizierten. Manche grausamen Taten entspringen der unbewußten Zwangsvorstellung, an etwas festzuhalten, was man früher zum Aufbau und Schutz des Ichs als recht und gut empfunden hatte. Etwa eine gewisse Art von Tüchtigkeit, Erfolgssinn, persönliche Ehre, Achtbarkeit, Patriotismus, Familienstolz – das sind solche Erinnerungsbegriffe, welche im Geschäfts- und Privatleben vorzüglich gebraucht werden können, um unbewußte Schuftigkeiten zu rechtfertigen. Solches, scheinbar vernünftiges Rückgreifen auf *jetzt anachronistisches* Tun kann als Vorwand für haarsträubende Taten benutzt werden, um unser heutiges Mitgefühl abzustumpfen und unsere heutigen Bedenken zu bannen. Das auf diese Weise immer weiter zum Selbstschutz zwangsmobilisierte Gemüt ist von rastlos-erregenden Ängsten erfüllt.

Nur noch in unberührter Natur, die von menschlicher Rastlosigkeit frei ist, fühlen wir eine tiefe Stille und können durch diesen Frieden Ahnungen von der Einheit alles LEBENS auffangen. In Wald, Wiese und Dickicht ist zwar auch Kampf, jedoch die Naturgeschöpfe, die vor Sonnenuntergang getötet werden könnten, erscheinen bis dahin lebensfroh und glücklich. Sie sind stets wachsam auf der Hut, aber ohne *unsere* nagende Vorerwartung von Unheil, die Schlaf und Gesundheit raubt. Sie sind durchweg entspannt und verdunkeln nicht durch bewußte Ängste den tieferliegenden, erhabenen Frieden der ALL-NATUR, weil sie, frei, nur in der Gegenwart leben.

Immer wieder wird den Menschen eine Art Rückkehr jener ursprünglichen Ruhe der freien Natur (auf einer höheren Oktave) angeraten. Als Beispiel kann die unbesorgte Entspanntheit des Vogels in der Luft oder der Katze am Herd dienen. Oder: Wir sollten wieder „wie die Kinder" werden, indem wir uns von der Knechtschaft jenes konkreten

Verstandes befreien, der in „Die Stimme der Stille" der „Töter des Wirklichen" genannt wird.

Die bekannte Mystikerin Evelyn Underhill schreibt einmal von „unseren Momenten klarer Schau und künstlerischer Unschuld, die von der zersetzenden Gedankentätigkeit gelöst sind".
Das scheint paradox, denn wir haben ja gelernt, die Gedankenkraft zu glorifizieren. Wenn sie nun jene höhere Stille zu hindern scheint, sollten wir dann in einen vernunftlosen Zustand übergehen?
Natürlich nicht – denn es ist ja nur das enge, eigennützige, also unfreie Denken gemeint. Der Verstand als eine neutrale Kraft kann ja entweder in den Dienst wüster, egoistischer Konkurrenzkämpfe eingespannt oder von jenem höheren Frieden erleuchtet und beseelt werden, welcher vom Wesen des OKKULTEN ist. Ein erregter Verstand, der in eine beständige vielseitige Kampf- und Verteidigungsstellung gezwungen wird, ist nur für Oberflächen-Reaktionen brauchbar, nicht für freie Handlungen aus inneren Tiefen. Befreiung des Denkens und wirklicher Frieden entsteht durch eine gänzliche Haltungs-Änderung, durch ein tiefes Erkennen unserer wirklichen, ewigen Individualität, was vor allem durch tägliche Meditation erreicht wird (siehe Kap. 59 und 60) und ihrer natürlichen, liebevoll-brüderlichen Beziehung zu aller Umwelt. Denn bisher hatten wir diesem herrlichen, in uns residierenden wahren Selbst quasi einen krampfhaften Widerstand entgegengestellt.
Mit dieser Entdeckung beenden wir *endlich* den Vorgang unserer eigentlichen Menschwerdung. Wir wollen nicht besorgt unsere Individualität, ihre Rechte, ihr Geschätztwerden verteidigen, sondern kennen sie als selbstverständlich-souverän, ewig-beständig und Göttlich. Zwangsvorstellungen wie Angst und Sorge scheiden dann immer mehr aus. Das wahre Okkulte Selbst in uns ist die ewig-herrliche Blüte des LEBENS und nie von uns getrennt. Ein Kind kann sie oft wahrnehmen, aber wir klassifizieren sie eifrig nach unseren „Verteidigungs-Arrangements" und sehen kaum die wunderbare Frische der B l ü t e selbst. Diese Blume des UNBEKANNTEN – die *wahre* „Blaue Blume der Romantik" – gilt es jetzt wieder zu entdecken.
Beim Fallenlassen unserer engen Denkgewohnheiten gewinnen alle uns begegnenden Wesen und Ereignisse einen neuen kostbaren Wert. Sie werden ja nicht mehr durch den Anprall gegen die Rüstung unseres statischen, persönlich-fixierten Denkens abgestumpft und schenken uns daher wertvolle Abenteuer und Experimente. Wir müssen nur den

Irrtum aufgeben, unsere wirkliche Individualität sei etwas, was sorg-sam-engstirnig betont und verteidigt werden müsse, sondern sie als einen ewig-existierenden, ewig-frischen machtvollen Quell schauen, der unablässig in uns aufströmt und in selbstlosem Wohlwollen für alle Mitgeschöpfe überfließt. Jedoch niemand als wir selber kann uns bewegen, solche frei-denkende, echte „Erwachsene" zu werden. Das theosophische Wissen bietet einen unschätzbaren Beistand.

Das O k k u l t e ist auch wahrzunehmen, wenn wir zuweilen im Alltagsgetriebe eine Augenblickspause einführen. Wir treten dann etwa von einer frappierenden Situation zurück, erkennen sie als etwas Schicksalhaft-Ganzes – mit uns selbst als einem ihrer Faktoren darin – *und* ihr echter verborgener Sinn leuchtet auf. Das vom Eng-Persön-lichen gelöste, freie Denken findet angesichts jeder Lage ihre sonst kaum sichtbare Lösung. Aber es ist nicht ziellos wandernd. Dies gilt nur für das unfreie, persönlich-fixierte Denken. Nur der freie Denker ist zuverlässig und sicher in allem, was er unternimmt. (Siehe Kap. 23) Das Okkulte lebt auch stark in unseren persönlichen Beziehungen. Wenn diese beständig glücklich sein sollen, müssen sie frei von anklam-merndem Besitzen-Wollen sein und sich stetig wandeln. Nur das „un-bekannte" Element darin ist ewig jung und ewig neu. Wenn wir uns einbilden, manche Menschen zu „kennen", hören wir oft auf, sie zu lieben, denn wir betrachten und messen sie dann sehr oberflächlich und sehen dann schließlich nur eine Art Karikatur von ihnen. Wir schlie-ßen ja das Unbekannte, Unsichtbare dabei aus, welches *allein* wahr-haft liebens- und verehrenswert und unsterblich ist. Denn das Unbe-kannte, das Okkulte, Unsichtbare ist *in diesem Fall* die noch mehr oder weniger unoffenbare, *ewige* Individualität unseres Mitmenschen. Wenn wir unseren Geist *stets* und *überall* für das Unbekannte offen-halten, gelangen wir in den Bereich des WAHREN. Dieses freie Den-ken des Okkultisten ist mehr als eine tolerante Haltung, weil es un-persönlich, tief, direkt und nicht von Selbstverteidigung eingepreßt dahinströmt.

Eine oft debattierte Frage über das OKKULTE ist die Vorstellung von GOTT. Das Wort Theosophie aus dem griechischen theos (Gott) und sophia (Weisheit) stammend, scheint an sich den Glauben an GOTT einzuschließen. Aber die Sache ist komplizierter. Theos war im griechischen Sprachgebrauch nicht unbedingt der ALL-EINE UNI-

VERSALE GOTT. Es konnte auch einer von den sogenannten „Göttern" gemeint sein. Damals wurden ja sogar oft römische Kaiser nach ihrem Tod zu „Göttern" erklärt; und es galt die Idee von einer weiten Verstreuung der Göttlichen Attribute in vielen Wesen. Sehr oft waren diese auch Angehörige der Deva-Hierarchie. (Siehe Kap. 48) So kann „Theosophie" auch die Weisheit von Gott-ähnlichen Wesen bedeuten.

Die Theosophische Bewegung trat in einer Zeit auf, wo die Religion im Zusammenhang mit der physischen Entwicklungslehre untersucht wurde. 1860 – im Jahr nach der Veröffentlichung von Darwins „Ursprung der Arten" – erschien eine parallele Schrift von Frederic Temple (später einem Erzbischof von Canterbury). Während Temple die religiöse Entwicklung als von Oben her, mit Göttlicher Führung, beobachtete, sah der Materialist Darwin nur ein Herauftasten aus den Niederungen von menschlicher Unwissenheit, Furcht und Gier. Auch Sir James Frazers großes Buch „Der goldene Zweig" suchte den Ursprung der Religion im Unterrationellen, während die Theosophie sie durchaus im Überrationellen sucht und findet.

Der materialistische Gesichtspunkt hat folgende These erfunden: Eine primitive „Wilden"-Gruppe lebt zuerst lange in einem komplizierten System der möglichst starken Günstigstimmung von vielen guten oder bösen „Geistern" als Personifizierungen der Naturkräfte. Bis diese dann im Zeitenverlauf zur Idee von Stammesgöttern und noch später zu der von einem Weltgott, dem König über alle „Götter" und „Geister" verschmelzen, so daß die Gottesverehrung sich nach dieser Theorie im gleichen Verhältnis mit wachsender Moral und Intelligenz höher entwickeln würde. Jedoch alle theosophisch-okkulten Forscher bewiesen unwiderleglich, daß kein einziges historisches Beispiel von einer Religion zu finden ist, welche sich in jener Weise, also „von unten nach Oben" entwickelt hätte. Im Gegenteil wurde das „Modell" dafür immer von „Oben" her geliefert. *Keine* Religion entfaltete sich langsam aus primitiven Anfängen, sondern baute sich stets auf der mystischen Gottes-Erfahrung eines grandiosen, übermenschlichen Lehrers mit einigen hochstehenden Schülern auf; und später neigte sie stets zu Degenerierung, weil sie auf immer niedrigeren, konkreteren Denk-Ebenen ausgelegt wurde. (Siehe Kap. 52)
Die Verehrung von Jehovah – dem erschreckend menschenähnlichen, jüdischen Stammes-„Gott" – stellt z. B. keineswegs einen religiösen Gipfel des Monotheismus dar, sondern eine durch Priester-Korruption

entstandene Degradierung des Gottesbegriffes. Es war nicht ein Höhepunkt von Weisheits-Entfaltung, sondern der eines Entartungsprozesses in dieser Religion.

Ein anderer Weg zu Gott zeigt sich in der „Natur-Theologie" mit dem Kernpunkt des Studiums der Naturgesetze, jedoch der Folgerung, daß dahinter eine unvorstellbar-gewaltige, schöpferische und lenkende IN-TELLIGENZ stehen müsse. Durch die Darwinsche Auffassung von der „Natürlichen Zuchtwahl" verlor die Natur-Theologie an Popularität, doch ihre Vertreter bewiesen bald, daß gerade die neue forschende Biologie ihre Argumente stärkte. Gegenwärtig, im Klima der konkret-analytischen Philosophie, herrscht weitgehend die Tendenz, das religiöse Leben als eine reine Privatsache zu behandeln, weil man das Nachweisen von universalen Grundsätzen der Metaphysik jetzt nicht als ins Feld der Philosophie gehörig betrachtet. Die Natur-Theologie weist – in Übereinstimmung mit der Theosophie – auf eine unerkennbare, allgegenwärtige GOTTHEIT hin. Und jeder echte Fortschritt in den Naturwissenschaften – von der Dynamik bis zum Verhalten von Sonnen-Systemen und Galaxien – demonstriert das aufs neue.

Zwei Haupt-Faktoren walten in der ALL-NATUR – Determinismus und Indeterminismus. Welcher beweist am überzeugendsten die Göttlichkeit aller Dinge? Erscheint die sichtbare Gesetzlichkeit und die ununterbrochene Folge von Ursache und Wirkung als Hauptbeweis für die Göttliche Intelligenz? Oder ist sie mehr erkennbar in den „gesetzlosen", aber hochschöpferischen Mutationen, also im Eindringen des Unvorhersagbaren? Jedoch der eine Faktor verschmilzt oft in den anderen. Das zeitweilig-Unbekannte wird dann plötzlich zum Bekannten. Das „Unbestimmbare" entpuppt sich am Ende nur als eine *neue* Art von Determinismus. Denn die Welt scheint sich in vielen, vielleicht unbegrenzten Schichten von Kausal-Systemen zu offenbaren. Bei der Betrachtung eines Naturprozesses finden wir ein fast vollständiges System von Ursachen und Wirkungen – und *können* doch bald von etwas noch Unerklärbarem darin überrascht werden. Und dieses erweist dann seinen Ursprung auf eine uns bisher unbekannte, unfaßbare Weise. Und zwar liegt dieser Ursprung in einem ganz anderen, hinter dem ersten liegenden Ursache- und Wirkungs-System. Und auch in *diesem* neuen existiert gewiß ein weiterer, unerklärbarer, unbekannt-gesetzmäßiger Faktor. Zum Beispiel war das der Fall mit den Ideen über den chemischen Prozeß der Verbrennung. Nach vielen, jedesmal „endgültigen" Forschungsergebnissen entdeckten die Chemiker schließlich überraschenderweise, daß alle bisherigen Systeme unvollständig waren, und daß Hitze eine rapide Bewegung von gewissen Partikeln ist, die an sich weder heiß noch kalt sind. Noch ist am wissenschaftlichen Horizont kein Ende in all dem abzusehen. Eine heutige Forschungsgrenze in der Chemie wurde zuletzt durch Werner Heisenbergs Enthüllungen über die Ungewißheit und Unbestimmbarkeit im Atom selbst erreicht. Inzwischen folgten und folgen aber viele immer weitere, bestürzende Erkenntnisse über ganz unerklärbare Rätsel der Schöpfung.

Der geheimnisvollste unter den – keinen bekannten Kausalgesetzen unterliegenden – Faktoren ist das LEBEN selbst. Zum Beispiel bleibt das Übergehen winziger Wesen vom anorganischen in den organischen Zustand immer noch ein ungelöstes Mysterium.

Die Erfahrung der Naturwissenschaft mit dem Determinismus im Physischen gleicht erstaunlich der des in die „verborgene Seite der Dinge" – in die spirituellen Gesetze – eindringenden Okkultisten.

Manches ist relativ leicht erklärbar, manches nicht! Überall zeigt sich zwar ein erkennbares System, doch *darüber* schwebt ein unenthüllbarer, unzugänglich-herrschender Faktor. Welches Wunder trägt *mehr* das Zeichen des Göttlichen Schöpfers: das Begreifliche oder das, was sich uns noch rätselhaft entzieht? In jeder erkennbaren Lebenswahrheit verehren wir ihre unkomplizierte Schönheit, ihre exakte Anwendbarkeit auf unzählige Lebens-Situationen – und grüßen damit ihre Göttlichkeit.

Jedoch auf der Schwelle jeder neuen Wahrheitserkenntnis sehen wir das Göttliche auch in ihren überwältigenden, unendlichen Verheißungen und in ihrer transzendenten erhabenen Fremdheit – und erreichen nie ein Ende. Wie es in „Licht auf den Pfad" heißt: „Du wirst in das Licht eingehen, doch die Flamme wirst du nie berühren."

Diese URFLAMME, die immanente *und* transzendente G O T T - H E I T des Universums, kann keine bekannten Attribute haben. Jedoch vielen mystisch-glühenden Herzen ist es ein tiefstes Bedürfnis, das, was ihnen auf hohen Gipfeln ihres religiösen Erlebens „begegnet", zu personifizieren; und die höchst-rangigen Söhne der G O T T - H E I T – die Schöpfer-Logoi der unzähligen Sonnensysteme im Universum (für uns *unser* Sonnen-Logos) – kommen diesem Verlangen in einem gewissen Sinn entgegen.

In der Theosophischen Bewegung war der liebenswerteste in dieser Form von Gottesverehrung C. Jinarajadasa. Die aber, welche direkt dem ALLEINEN zustreben, können ihre Erfahrung nur stammelnd andeuten, indem sie sagen „Neti, Neti" – das heißt „So ist es nicht, und so ist es nicht!"

Manche Menschen sehen in den strengen, kompromißlosen Äußerungen gewisser Mystiker ein unbehagliches Weltbild, worin der Einzelne scheinbar seine Bedeutung verliert. Jedoch das ist alles falsch vom Gesichtspunkt dessen, der *tatsächlich* in der mystischen Erfahrung *lebt*.

Das herzensreine Forschen nach dem Göttlichen oder (im höchsten Sinn) dem OKKULTEN, offenbart schließlich dem Hingebungsvollen keineswegs eine ungeheure, kahle Göttliche Unendlichkeit, sondern eine unbeschreiblich-vertraute, beseligende, wundervoll warme SPHÄRE.

Gleich, welche Höhe erreicht wird, es ist immer sozusagen „JEMAND" da, eine unermeßlich-gütige, unermeßlich liebevolle „Gegenwart" – von einer gewissen Stufe an in Gestalt eines Gott-Menschen (siehe Kap. 55) – oder auch als ein Wesensstrahl des Sonnen-Logos selbst. Wir entdecken dann auch zu unserem Entzücken, daß das Okkulte, Unbekannte, Göttliche, nicht etwa einen Gegensatz zur Individualität darstellt, sondern im Gegenteil deren wahre Natur und kostbarste Erfüllung ist.

Für den wahren Okkultisten ist das Angesicht des UNBEKANNTEN das der G O T T H E I T , welche er nicht mit einem, noch so herrlich erfundenen menschenähnlichen Gottesbegriff identifizieren kann. Wenn wir nämlich mit solcher Mentalität GOTT für einen äußerlich handelnden, willkürlich eingreifenden Richter und Schicksalslenker halten – also es vermeiden wollen, dem UNBEKANNTEN zu begegnen –, werden wir sogleich in Sinnwidrigkeiten verwickelt. Wir fragen dann etwa: „Schuf ein guter Gott denn eine schlechte Welt?" Und so fort. Jedoch der wahre Okkultismus sagt: „Alle Spannungen in der Welt sind nur zeitweilige und notwendige Entwicklungs-Phasen der Wesen auf ihrem langen Weg zur *bewußten* Vereinigung mit dem ALLEINEN. Aber alle menschlichen und Engelmonaden sind Facetten des ALLEINEN, und es wäre also töricht, den Begriff ‚Individualität' mit ‚Getrenntheit' gleichzusetzen."

In der Weltgeschichte gibt es Zeiten, in denen die Menschheit sich bereitwilliger dem ALLEINEN zuwendet, und andere, in denen sie dem Sonnen-Logos oder einem Göttlichen „Kollektiv" zuneigt – in Form

von Welt-Erlösern, Avatars, Erz-Engeln und anderen Göttlichen Inkarnationen. Manche Kulturen beruhen auf einer Vorstellung von
GOTT und andere auf der Idee von einer Reihe sogenannter „Götter".
Jede hat ihre mystische und auch künstlerische Notwendigkeit und umgibt sich mit den entsprechenden Symbolen. Diese können als Konzen-
trationen hoch-okkulter Gefühlskräfte segensreich benutzt werden.
(Siehe Kap. 49, 51 und 58) Werden sie aber in eine dogmatische Theo-
logie gepreßt, ist es meist ihr Verderb. Ein echtes, religiöses Symbol
hat eine lebendige, beschwörende Eigenschaft. Das in uns ruhende Unbekannte wird uns bewußt, wenn es uns in einem solchen Symbol ent-
gegentritt, sodaß echte, mystische Erfahrung daraus entstehen kann.
Alles, was erwiesen und begründet werden kann, ist ein äußerer
Gegenstand unter anderen. Darum können wir zwar GOTT und das
OKKULTE (was die gesamte Sphäre zwischen GOTT und dem Irdischen darstellt) nicht beweisen und begründen. Wohl aber können wir
GOTT und das OKKULTE durch echte, tiefe, ununterbrochen fortgesetzte Meditation (speziell im wunderbaren Zustand einer „Schülerschaft") wahrhaft s c h a u e n   u n d   e r l e b e n. (Siehe auch Kap. 59
und 60)

Literaturnachweis:
Hugh Shearman „An Approach to the Occult"
Dr. George Arundale „The Lotos Fire"
Josephine Ranson „Studien in der Geheimlehre"
Hugh Shearman „Modern Theosophy"

35. Übersinnliche Fähigkeiten und
ihre Anwendung auf menschliche Probleme

Dieses Thema fordert zunächst die Frage heraus: Sind Erlebnisse wie
die Wahrnehmung von in der Ferne geschehenden Ereignissen oder das
„Träumen" von manchen im Gehirn unbekannten Tatsachen oder eine
innere Kenntnis von zukünftigen Dingen ernster *Erwägungen wert?*

Die moderne Wissenschaft bejaht diese Frage. In vielen Universitäten
Amerikas, Englands und des übrigen Europa wird das weite Gebiet

der übernormalen, menschlichen Kräfte längst gründlichen Forschungen unterzogen. Als deutscher Führender gilt Professor Bender (Universität Freiburg); und der leitende Forscher Amerikas ist jetzt Dr. Rhine, Psychologe in Nord-Karolina. Er gab zwei bemerkenswerte Bücher heraus über „Die neuen Grenzen des Geistes". Darin heißt es z. B. über seine Arbeit in der außersinnlichen Wahrnehmung:

„Wir kennen jeden Tag Neues über die verborgenen, faszinierenden Kräfte des Geistes. Was wir bereits sicher wissen, ist, *daß* im Menschen Fähigkeiten jenseits der bisher anerkannten Kräfte existieren; und daß Ahnungen, Gedankenübertragung, ‚Sehen' ohne Augen und etwas Vorwissen nicht selten im menschlichen Leben sind. Und diese Fähigkeiten sind überraschend weit in allen Volksschichten verbreitet. Schon 1930 entschloß sich eine Forschergruppe an der Duke-Universität, Nord-Karolina, durch wissenschaftlich kontrollierte Experimente festzustellen, ob der Mensch ein Mittel besitzt, irgendwelche von den Sinnen unabhängige Informationen zu erhalten. Wir führten Tausende von Versuchen durch. Wir testeten Männer, Frauen, Kinder, Studenten und Idioten. Wir gestalteten Testreihen, in denen Experimentator und Getesteter im gleichen Raum waren, und andere mit 100 Meilen zwischen ihnen. Manchmal kannte der Experimentierende das zu ratende Symbol, doch oft blieb auch er bis zum Schluß darüber unwissend. Immer wieder erhielten wir Lösungs-Punktzahlen, die unmöglich durch Betrug oder Zufall zu erklären waren. Offenbar war da ein Faktor wirksam, den unsere klugen Lehrbücher nicht kennen. Wir bezeichneten ihn mit ‚extra sensory perception', kurz ESP."

Diese Äußerungen zeigen Dr. Rhines Haltung zu psychischen Phänomenen. Und diese Kräfte und Erlebnisse sind von einem sehr praktischen Wert!

Kürzlich z. B. ging in Australien ein seltsames Erlebnis durch die Presse. Sie berichtet es wie folgt: „Eine plötzliche Ahnung führte den 60jährigen Feuerwehrmann Harry Bonnet in Adelaide am Donnerstag zur Errettung eines ertrinkenden Mädchens. Er schwamm durch einen wogenden See, um die achtjährige Nannette Prout aus Talbot Road herauszuholen. Er sagte: ‚Ich hatte auf dem Rasen vor meinem Haus gesessen, als mir die Ahnung kam. Ich zog den Badeanzug an, lief zur Küste und meinte, einen Ball im tiefen Wasser treiben zu sehen. Dann spülte eine Welle den Gegenstand frei, und ich erkannte ihn als ein Kind.' Mr. Bonnet brauchte drei Minuten, um das 84 Meter draußen treibende Mädchen zu erreichen und war völlig erschöpft, als er es zur

Küste getragen hatte. Nannette ist im Kinder-Hospital, ihr Befinden ist zufriedenstellend."

In dieser Begebenheit erwiesen sich psychische Fähigkeiten als äußerst wertvoll, denn sie führten zur Rettung des Lebens der kleinen Annette.

Dr. Rhine berichtete auch von einem „Wahrtraumfall": „Eine unkomplizierte Vorahnungsgeschichte erfuhren wir von der Mutter eines fünfjährigen Mädchens. Als Mutter und Kind eines Morgens einen Lebensmittelladen betraten, warf das kleine Mädchen sich sogleich nieder und begann, hinter den Ladentischen und Fässern umherzukriechen. Das Kind war sonst sehr ruhig und artig. ,Was machst du da auf dem Boden?' fragte die Mutter. ,Ich suche nach einem six-pence-Stück, das ich letzte Nacht im Traum hier gefunden habe. O, hier ist es!'" Dr. Rhine kommentiert wie folgt: „Solche psychischen Erlebnisse sind allgemein; und ich zweifle, ob sie etwas mit der Vernunft, wie wir sie kennen, zu tun haben."

Besitzen wir also wirklich seltsame, latente Kräfte, die jenseits der Vernunft, „wie wir sie kennen", liegen? Ja, wir besitzen sie! Die Theosophie gibt einleuchtende Erklärungen darüber und bezeichnet sie als meist noch schlafende Sinne, die zukünftig den schon aktiven fünf hinzugefügt werden; und ihr auffallendes Auftreten in unserer Zeit ist Zeichen eines gewissen Fortschritts innerhalb der Menschheit.

Im Evolutionsverlauf entwickelt sich der Mensch spirituell, mental, kulturell und phsyisch. Sein Körper vervollkommnet sich in seiner Fähigkeit, die Fortschrittsergebnisse klar auszudrücken und entfaltet einen Sinn nach dem anderen. Wir untersuchen nun, wie weit der Mensch bis jetzt auf seiner Wanderung gekommen ist. Wir haben Eigen-Bewußtsein im Physischen, im Emotionellen und im Mentalen erreicht, denn wir können ehrlich sagen: „Ich handle, ich fühle, ich denke". Wir haben auch die fünf Sinne Sehen, Hören, Fühlen, Riechen und Schmecken entwickelt.
Jedoch unsere Zeit ist von besonderem Interesse, weil der *sechste* Sinn (ESP) sich stark zu regen beginnt. Dieser neue Sinn besteht aus Hellsehen, Telepathie, relativem Zukunftswissen, gewissen metaphysischen Bewußtseinszuständen und anderen psychischen Gaben. Diese neuen Kräfte können uns in sehr vielseitiger Art bereichern, doch besonders im Gewinnen tieferer Kenntnisse über unsere Welt. Denn obwohl unsere jetzigen Fähigkeiten eine große Menge aussagen, bleibt das LE-

BEN selbst doch immer ein Mysterium. Der Botaniker untersucht eine Blume, versteht aber nicht ihr Wesen und ihren Ursprung. Er katalogisiert Kelch- und Blumenblätter, Fruchtknoten, Narben, Staubgefäße, Laubwerk, Stiel und Wurzel. Jedoch Erschaffung und Regeneration der Blume selbst bleibt Geheimnis. Niemand weiß, wodurch die Pflanze sich aus einem winzigen Keim in Samenkorn, Zwiebel oder Wurzel entwickelt. Weil ein solches Wissen die Reichweite unserer fünf Sinne und unseres rationalen Verstandes übersteigt. *Höhere* Fähigkeiten werden benötigt, um wahrzunehmen, *wie* die Göttliche Intelligenz und die schöpferische Lebenskraft ihre Wunder der nie-endenden Fort- und Höherpflanzung vollbringen. Darum ist Studium und Entwicklung solcher Fähigkeiten so bedeutend-wertvoll. Wir brauchen nicht an der Lösung des grandiosen LEBENS-MYSTERIUMS zu verzweifeln, denn die menschliche Evolution ist ja noch sehr weit von ihrer Vollendung entfernt.

Ein sechster und ein siebenter Sinn liegen latent in der Menschheit verborgen. Die Kräfte der *bewußten* Lebenslenkung durch Gedankenenergie, durch Intuition und Hellsehen knospen bereits in vielen Menschen. In späteren Rassen wird der Mensch diese Kräfte ebenso natürlich handhaben wie jetzt seine *fünf* Sinne. Erst dann werden die Geheimnisse von Schöpfung und Regeneration gelöst sein.

Welche Organe werden der sechste und der siebente Sinn haben? Denn auch unsere fünf Sinne sind jeder an sein Organ gebunden. Die Organe des geschulten Hellsehens und -Hörens, der bewußt geleiteten Gedankenkraft und etwas Zukunftswissens unterscheiden sich von den anderen darin, daß sie *im* Körper statt an seiner Oberfläche sind. Sie liegen im Gehirn und bestehen aus zwei kleinen Drüsen, die bereits Gegenstände intensiver anatomischer und physiologischer Erforschung sind. Sie werden Hypophyse und Zirbeldrüse genannt. Wie werden diese Organe hyperaktiv und können uns den Menschen, die Natur und das Universum enträtseln?

Die Theosophie erwidert: „Durch das Erwecken einer gewaltigen, noch verschlossenen Ur-Energie im Menschen". Auch dieses kosmisch-elektrische „Feuer" im Körper erregt schon starke Aufmerksamkeit, und viele Bücher existieren über das „Schlangenfeuer" oder „Kundalini". Man unternimmt viele Experimente, um Kundalini aus der Latenz in die Potenz zu heben – allermeist auf sehr unweise Art. Ihre Erwähnung in einem theosophischen Buch darf keineswegs als eine Ermutigung aufgefaßt werden, sie für Zwecke psychischer Entwicklung aktivieren zu wollen. Die Theosophie warnt entschieden vor Versuchen, eine psychische Kraft als Selbstzweck zu erwecken; und ohne die Leitung eines Adepten ist das vorzeitige Erwecken des Schlangenfeuers äußerst gefahrvoll. (Siehe Kap. 37)

Yoga-Arten, welche ein Atemanhalten und Konzentration auf bebestimmte Körperorgane benutzen, um okkulte Kräfte hervorzurufen, führen meist zu Katastrophen bei Abendländern. „Yoga" bedeutet Vereinigung, und zwar eigentlich ein volles Erleben der Einheit mit GOTT und allem Lebendigen – das wahre Ziel aller echten Höherentwicklung. Man kann jene phänomenal-okkulten Gebiete studieren, sollte aber unbedingt mit praktischen Versuchen warten, bis ein wirklicher „MEISTER" den Schüler durch die unvermeidlichen Gefahren und Schwierigkeiten führt. Die Entwicklung psychischer Kräfte ist *nicht* des Menschen Evolutionsziel. *Spiritualität ist das erhabene Ziel;* und psychische Fähigkeiten sind nur ein (bei Selbstlosen) nützliches Nebenwerk.

Die wesentliche und endgültige Wahrheit ist:
Im Herzen des KOSMOS flutet ewig das EINE LEBEN. Es hat im Herzen jedes Menschen sein Heiligtum. Das entscheidende, kostbare Wissen ist also die Gegenwart des „Innersten Unsterblichen Herrschers". Dieses gewonnen, kann die Identifizierung mit dem „Kosmischen Ur-Logos" und das voll-bewußte, beseligende Eingehen in die Einheit mit allem Leben für immer erworben werden. *Dies* und nicht das Entwickeln „übersinnlicher" Fähigkeiten ist unser Entwicklungs-Ziel!

Jedoch sehr wichtig ist die Kenntnis von einer schon vorhandenen okkulten Kraft – unseres Denkvermögens! Der menschliche Geist ist eine Art von Radio-Sende- und Empfangsgerät. „Telepathie" ist eine ziemlich allgemeine Erfahrung. Personen, die glücklich zusammenleben, entwickeln oft die Fähigkeit, Gedanken des anderen wahrzunehmen. Oft beginnt ein Freund etwas zu sagen, was genau unseren jetzigen Gedankenreihen entspricht. Oder jemand summt eine Melodie, und ein anderer ruft aus: „Das summte ich ja gerade in Gedanken!" Diese beständige Übertragung menschlichen Denkens ist mächtig genug, um die „Öffentliche Meinung" zu schaffen und nationale Charakteristiken zu bilden. Die Öffentliche Meinung flutet richtunggebend in die nationale Gesamthaltung ein, und diese kann die *Welt* verbessern oder verschlechtern. Daher ist die menschliche Gedankenkraft – als eine immens mächtige, übersinnliche Fähigkeit – von allergrößter Bedeutung. Ein bekannter amerikanischer Arzt schrieb viel über die Gefühlsansteckung; und Leute, die in Krankenhäusern, Schulen und Erziehungsheimen arbeiten, werden mit Dr. Dunbar übereinstimmen, wenn er sagt: „Ein Kind kann viel leichter mit Furcht, Ärger oder Mißtrauen als mit Masern infiziert werden. Die Folgen erscheinen unmerklich, lange, bevor sie zu Tragödien auswachsen. Aber durch die gleichen Ursachen kann das Kind auch Liebe, Vertrauen und Achtung auffangen. Es braucht nicht im gleichen Raum zu sein, um Schimpfworte zu ‚hören‘ oder böse Handlungen zu ‚sehen‘, denn die Wirkungen haften in der Atmosphäre; und sensitive Kinder fangen die Schwingungen direkt auf." Auch Erwachsene empfinden oft bei Betreten einer Wohnung, ob dort Harmonie und Liebe waltet oder Disharmonie. Auch diese Faktoren führten schon lange zur wissenschaftlichen Erforschung der übersinnlichen Kräfte.

Die neuzeitliche Phase davon begann mit der Arbeit von H. Brugmann (Gröningen, Deutschland), M. Jephson (England) und Dr. Rhine (USA). Letzterer veröffentlichte schon 1934 ein Buch „Außersinnliche Wahrnehmung", welches Experimente mit Telepathie und Telästhesie schildert. Es erregte eine feurige Polemik. G. Tyrel (England) schuf einen elektrischen Apparat; und der Getestete mußte herausfinden, in welcher von fünf verschlossenen Zellen darin eine Lampe aufglühte. Eine geistreiche Erfindung sicherte es, daß der Tester selbst nicht wußte, welche Lampe er entzündet hatte, sodaß also jedes bewußte oder unbewußte Signalisieren unmöglich war. Diese Fähigkeit war also Hellsehen, nicht Telepathie. Dr. Soal, Mathematik-Professor (London), führte erfolgreiche Experimente mit Karten durch. Durch solche und andere Forschungen ist das Vorhandensein von außersinnlicher Wahrnehmung eine wissenschaftlich bewiesene Tatsache.

Die theosophische Forschung stellt fest, daß übersinnliche Kräfte, wie Hellsehen und Telepathie, in jedem Menschen latent existieren und mittels spezieller Schulung teilweise entwickelt werden können. Diese Methoden wurden von jeher von hoch entwickelten Okkultisten benutzt, die direkt das Wirken des menschlichen Geistes beobachten und die Gedankenwellen buchstäblich sehen lernen. Mit dem Ergebnis: Jeder Gedanke ruft vier Wirkungen hervor – zwei auf den Lenker selbst und zwei auf die Umwelt.

Die erste Wirkung des Denkers auf ihn selbst besteht darin, den Mentalkörper des Denkenden zeitweilig zu verändern. Häßliche Gedanken machen ihn häßlich. Edle, lichte Gedanken verschönen ihn in wunderbarer Weise. Der Mentalkörper besteht normalerweise aus einem inneren, substanzlichen Gegenstück des physischen Körpers *und* aus der es durchdringenden und umgebenden „Aura". Diese sehr zarte Aura ist eiförmig und etwa dreimal so groß wie der physische Leib, den sie – die astrale Aura einschließend – ebenfalls durchdringt. Jede in ihr enthaltene Farbe stellt eine mentale Kraft oder Eigenschaft dar. Die Farbe der Denktätigkeit selbst ist Gelb. Sie liegt im und um den Kopf herum und ist meist mit dem „Heiligenschein" identisch. Die Strahlung liebevollen Denkens ist rosa, die von Mitgefühl lichtgrün, die von Zorn scharlachrot, die von Idealismus lavendelfarben. Letztere leuchtet meist im oberen Aurateil über dem Kopf. Wird jemand stark von einer Gefühlserregung bewegt, übergießt die betreffende Farbe die ganze Aura. Der irische Dichter George Russel schreibt: „Es liegt in der Natur des Hasses wie der Liebe, uns in das Aussehen der Gefühle umzuwandeln, welche wir in uns nähren".

Solche Kentnisse haben einen sehr praktischen Wert. Die menschliche Gedankenkraft wirkt äußerst machtvoll im *seelischen* Bereich (siehe Telepathie und Massen-Psychologie). Aber unsere Gedanken beeinflussen auch stark den *physischen* Körper und seine Funktionen. Darum ist bewußte Lenkung der Gedankenkraft auch intensiv wichtig für die Gesunderhaltung. (Siehe Kap. 32) Harmonisches, geordnetes Denken schafft Entspannung und Nervenberuhigung. Überreiztheit, Sorgen- und Furchtgefühle wirken entgegengesetzt. Sie erzeugen Muskel- und Nervenverkrampfungen und zerstören das Gleichgewicht der Drüsentätigkeiten mit ihren Sekretionen, so daß auch die Blutzusammensetzung sich schädlich ändert.

Dr. George Schwartz (Amerika) trieb gründliche Studien der Herzkrankheiten bei Finanzleuten in der Wall Street (New York). Er sagte: „Die Häufigkeit der Thrombosen lief mit dem Ticker der Effektenbörse parallel. Wenn der Markt zum Toben kam, tobten auch die Herzen, und – Tragbahren kamen heraus". Oft beginnt ein Mensch eine Arbeit für seinen Lebensunterhalt und stirbt dann früh, weil er sie auf *Kosten* seines Lebens betrieb. Solche Leute können sich nicht mehr entspannen, für sie ist alles – auch ein Golf- oder Tennisspiel – Kampf! Dr. Alexis Carell schrieb in „Der Mensch, das unbekannte Wesen": „Wenn Neid, Haß, Furcht gewohnheitsmäßig werden, setzen sie leicht organische Veränderungen und Krankheiten in Gang. Denn der Mensch denkt, liebt, haßt, leidet, bewundert und fürchtet mit seinem

Gehirn und *allen* seinen Organen". Ein Medizin-Zweig – Psychosomatik – entwickelte sich aus solchem Wissen.

Die zweite Wirkung des Denkens auf den Denker selbst ist die Erschaffung von Gewohnheiten. Diese entstehen durch beständiges Wiederholen bestimmter Gedanken, Gefühle und Handlungen. Sie formen zusammen eine Gewohnheit. Bei genügend langer Wiederholung wird die Gewohnheit stärker als der Mensch und zwingt ihn zum Nachgeben. Die menschliche Person ist größtenteils auf Gewohnheiten aufgebaut. Wir können sie aber durch die schöpferische Gedankenkraft ändern! Gewohnheiten kommen, wie folgt, zustande: Dem gewohnheitsmäßigen Handeln geht gewohnheitsmäßiges Denken voraus. Wenn beides fortdauert, wird durch die verwendete Gedankenenergie ein zu den Bewegungs-Zentren führender Nervenpfad gegraben. Wenn der Gedanke an die Handlung wieder auftaucht, braucht der über diesen abgesteckten Pfad rollende Energieimpuls schon schwächer zu sein als vorher, denn der träge Widerstand des Körpers wurde schon vermindert. Wenn dieser Vorgang schließlich oft genug wiederholt wird, sind die Nervenzellen in dieser Richtung so gut organisiert, daß entsprechendes Tun oder Verhalten fast automatisch ausgelöst wird. Die überphysische Forschung entdeckte, daß dieses Gewohnheiten-Bilden auch im Mentalkörper geschieht. Er wird mit jedem bestimmten Gedanken geändert und wir geben ihm damit die Neigung, das nächste Mal leichter in dieser Richtung zu schwingen. Zuletzt sind Gehirn und Mentalkörper an eine Denkrichtung *gewöhnt,* die unvermeidlich zum Handeln führt. Solche starken verwurzelten Gewohnheiten von schlechter Art wirken unheilvoll auf Gesundheit, Glück und Höherentwicklung ihrer Opfer ein. Der Weg, sie zu brechen, ist der, eine *neue* Gewohnheit zu bilden, durch beständiges Denken an eine *erwünschte* Handlungsweise. Man konzentriere sich nicht auf Bekämpfen der schlechten Gewohnheit, sondern auf Entwickeln der entgegengesetzten Tugend! Man muß *bewußt* den gleichen Vorgang ablaufen lassen, durch den die schlechte Gewohnheit *unbewußt* geschaffen wurde. Unermüdlich wiederholtes Denken an eine *erwünschte* Eigenschaft pflanzt sie in Gehirn und Gemüt ein. Schließlich ist sie so festgegründet, daß sie die schlechte Gewohnheit hinausdrängt. Wichtig ist: Fast alle unsere Gefühle, Gedanken und Eigenschaften können sich in zwei entgegengesetzten Arten ausdrücken – positiv und negativ. Stets wird die gleiche Energie verwendet. Einige dieser Paare sind: Liebe und Haß, Friedlichkeit und Zorn, Mut und Furcht, Frohsinn und

222

Depression, Bescheidenheit und Dünkel, Zügellosigkeit und Selbstbeherrschung, Reinheit und Unreinheit. Der fortgesetzt-*negative* Ausdruck von Gedanken- und Gefühlskräften führt zu gewohnheitsmäßigem Laster. Aber umgekehrt pflanzen wir durch dynamische, schöpferische Imagination auf die *positive* Seite derselben Kraft die gewünschte Tugend in unsere Natur. Durch solche Konzentration können wir eine Eigenschaft nach der anderen in das Charaktergewebe einbauen. Denn in jeder Schwäche wohnt auch die entgegengesetzte Stärke! Emerson sagte: „Ein Unkraut ist eine Pflanze, deren Vorzüge noch nicht entdeckbar sind".

Diese Methode in der Ausrottung schlechter Gewohnheiten hat äußerst praktische Bedeutung. Denn wenn wir nicht achtsam sind, kann etwa Reizbarkeit, Neigung zum Aufbrausen leicht zu chronisch übler Laune werden, die rasch zur Weißglut aufsteigt. Darum sollten wir unsere geheimnisvolle Gedanken-Macht benutzen, um solche schaden- und gefahrenreichen Neigungen auszumerzen. Es *geschieht*, indem wir die zerstörende Energie etwa von Reizbarkeit oder Zorn-Neigung in schöpferische Kanäle umleiten – durch bewußtes Erschaffen der konträren *schönen* Gewohnheiten. Gute Gewohnheiten und guten Charakter schaffen wir also durch harmonisches Denken, liebevolle Absichten und stete Konzentration auf die erwünschten Eigenschaften.

Wie beeinflußt unser Denken die Umwelt? Telepathie ist zweifältig wirksam – *gewollt* zwischen Menschen, die sich in Gedankenübertragung schulen, und *zufällig* zwischen Menschen, die liebend aufeinander abgestimmt sind. Die Übertragung dieser Gedanken-Radiowellen hängt von der subtilsten Äther-Art ab, dem sogenannten „Akasha". Zur Erläuterung: Akasha ist eine hohe Form des Kosmischen Äthers, der die Sonnensysteme miteinander verbindet, und entsteht aus der Ewigen Bewegung im Kosmischen Urstoff. Diese Substanz ist gleichmäßig im Weltenraum verbreitet, verdichtet sich aber im Gehirn und der Wirbelsäule menschlicher Wesen. Die ausgeströmte Gedankenenergie stellt in diesem „Fluid" einen bestimmten Zustand her, der direkt auf den Gedanken-*Empfänger* übertragen wird, sodaß in *seiner* Aura eine gleichartige Schwingung entsteht, die auf *sein* Nervenfluid einwirkt und von dort sein Gehirn erreicht. Wenn er gerade geistig-passiv ist, wird dieser Anprall ihn mit Sicherheit zur Beschäftigung mit gleichen Gedanken veranlassen. So senden wir mit jedem Gedanken eine definitive Energie aus, die hellsichtig als eine in mento-elektrischen Wellen hinausstürzende Kraft zu beobachten ist. Diese Wellen vibrieren auf den Frequenzen des Denkenden und seines gerade dominierenden Gedankentyps. Bei *allgemeinen* Gedanken verbreiten die mit Lichtgeschwindigkeit reisenden Wellen sich in allen Richtungen aus. Ihre Reichweite hängt von der Intensität und Klarheit des Gedankens ab und die Existenzdauer von der Konzentration darauf.

Wenn wir jedoch an einen *bestimmten* Menschen denken, erscheint eine *direkte* Strahlenwirkung, und die meiste Energie überflutet den Empfänger. Das ist die Erklärung der Telepathie. Dr. Rhine und Dr. Soal entdeckten bei Tausenden von Experimenten, daß die Leute in ihrer Fähigkeit des Sendens und Empfangens variieren. Manche sind gute Sender und andere gute Empfänger. Jedoch wir alle senden – ob bewußt oder unbewußt – unaufhörlich starke Gedankenimpulse aus und beeinflussen so Denken, Verhalten und Charakter unserer Mitmenschen. Wie schon gesagt: Private Meinung erschafft die „Öffentliche Meinung“, diese flutet in das nationale Verhalten ein und dieses kann die *Welt* aufbauen oder verderben. Darum sind private Meinungen, Gefühle und Gespräche so bedeutungsvoll!

In unseren Tagen hektischer Anstrengung ist es dringend notwendig, jeden Tag mindestens 15 bis 30 Minuten allein in innerer und äußerer Ruhe zu verharren. Wir ziehen die Gedanken von der wirbelnden Welt ab und richten sie intensiv auf die höchsten und edelsten Gegenstände – die erhabensten Wahrheiten. *Eine* solche ist die All-Gegenwart GOTTES. Durch meditatives Verweilen auf der Göttlichen Gegenwart kann man zu tiefstem Frieden gelangen und aus direktem Erleben zu dem Wissen kommen, daß die Macht und das Leben GOTTES buchstäblich überall um und in uns ist. (Siehe Kap. 60)

Jedoch noch weitere Wirkungen der Denkvorgänge auf die Umwelt werden durch okkulte Forschung beobachtet. Denn noch ein anderes eigenartiges Phänomen wird dabei hervorgerufen: Gleichzeitig mit der allgemeinen Gedankenausstrahlung erzeugt die Denktätigkeit auch ein direktes, aus Mentalstoff erbautes Gebilde – eine „Gedankenform“. Davon gibt es zwei Klassen. Die *eine* besteht aus einer genauen Reproduktion *konkreter* Personen oder Dinge, worüber man nachdenkt. Solche mentalen Ebenbilder sind klar oder vage – je nach Bestimmtheit des Gedankens. Die *andere* entsteht durch *begriffliches* Denken.

Erstens – betreffs der konkreten Gedankenformen: Wenn jemand an sich selbst denkt, würde vor ihm – im oberen Teil seiner Mental-Aura – ein Ebenbild von seiner Person auftauchen, so wie er gewohnheitsmäßig an sich denkt. Die Form würde 3 bis 5 cm hoch sein und vergehen, sobald er sein Denken von sich abzieht. Je länger ein bestimmter Gedanke aufrechterhalten wird, desto standhafter ist die Gedankenform. Es ist z. B. möglich, bewußte Gedankenformen zu errichten, die jahrhundertelang leben – besonders wenn dem kräftigen, stets wiederholten Denken gewisse Zeremonien hinzugefügt wurden. Die Mentalwelt enthält jetzt noch mächtige Gedankenformen, die von weißen oder schwarzen Magiern durch zeremonielle Tätigkeiten vor Hunderten oder Tausenden von Jahren in uralten Zivilisationen geschaffen wurden. Denkt jemand sich an einen anderen Ort, so wird seine Gedankenform mit Lichtgeschwindigkeit dorthin fliegen. Zuweilen werden solche mentalen Selbstporträts sichtbar; und es gibt viele beglaubigte Fälle dieses „Doppelgängertums". Stellt er sich intensiv vor, bei einem ihm wichtigen Menschen zu sein, wird dieses Ebenbild zu jenem Menschen wandern. Bei sensitiver Veranlagung wird dieser die Gegenwart fühlen oder die Gedankenform nebelhaft wahrnehmen, als ob der Sender im Raum wäre. Oft tritt dieser Vorgang im Augenblick des „Todes" auf, wo der Sterbende besonders stark an einen entfernten, geliebten Menschen denkt. Letzterer fühlt oder „sieht" dann den „Toten", das heißt seine Gedankenform als eine „Erscheinung". Möglich ist es auch, daß dieser „Tote" sogar *selber* in seinem wirklichen Astralkörper angereist kommen kann.

Zweitens: Die zweite, durch *begriffliche* Gedanken – etwa der Liebe, Schönheit, Wahrheit, Einheit *oder* ihre Umkehrungen – erzeugte Klasse schafft geometrische, symbolhafte Figuren in der Aura des Denkers. Wenn er z. B. stark jemanden zu beschützen wünscht, taucht oft ein Gebilde wie eine geflügelte Kugel auf. Die Kugel würde rosafarbig sein als Ausdruck des inspirierenden Liebes-Motivs, und die Flügel goldgelb als Auswirkung der treibenden Gedankenkraft. Die Form würde im Nu zu ihrem Empfänger hinblitzen, um ihn schweben und langsam ihre beschützende Kraft entladen. Obwohl nur ein sehr mächtiger, hoher Denker dadurch vielleicht ein Wurfgeschoß abwenden könnte, kann auch ein ungeschulter Mensch durch liebevolles Denken und Beten einem Bedrohten viel schützende Kraft, den Schild seiner Zuneigung, senden. Selbstlose Liebe, besonders wenn mit ernstem Beten oder Meditieren verbunden, ist eine machtvolle Energie. Ein solcher Gedanke kann unmittelbar gefahrabwendend wirken. Doch die häufigere Wirkung ist die, daß der Bedrohte veranlaßt wird, sich unbewußt nach rückwärts oder vorwärts oder zur Seite zu werfen, und so einer Gefahr auf der Erde oder in der Luft entgeht – wie es oft in Kriegen geschieht.

Gedanken sind wahrhaft reale Dinge; und die menschliche Gedankenkraft ist ein stark bewegender Faktor im Kosmos. Jeder Gedanke bemächtigt sich der plastischen Mentalessenz und gießt ein quasi „lebendes" Wesen daraus, was – einmal geschaffen – nicht mehr direkt seinem Schöpfer untersteht, sondern ein wirksames „Eigenleben" hat. Und zwar so lange, wie die ursprüngliche Gedankenkraft es zusammenhält. Die meisten Gedanken sind so flüchtig und unbestimmt, daß diese Gebilde nur einige Minuten oder höchstens Stunden überdauern. Doch im Fall eines oft wiederholten Gedankenganges oder ernsten Wunsches existieren sie mit ihren Wirkungen Tage, Wochen und länger. Die Gedanken des Durchschnittsmenschen beziehen sich meist auf ihn selbst. Deshalb schweben diese Formen um ihn herum und tendieren in der Richtung, den ursprünglichen Gedanken immer wieder hervorzurufen. Ein Mensch, der häufig bei einem starken, bestimmten Wunsch verweilt, schafft sich so quasi einen „astralen Begleiter", der, beständig durch frisches Denken genährt, ihn jahrelang heimsuchen kann und immer stärkeren Einfluß auf ihn gewinnt (früher „versuchende Teufel" genannt). Ist es ein übler Wunsch, wird seine Einwirkung auf die moralische Natur des Menschen von sehr verheerender Art sein.

Eine Reihe von Gedankentypen sollten wir deshalb unbedingt vermeiden.

Einer besteht aus zerstörerischem Denken und Sprechen über Charakter und Verhalten anderer Menschen. Dies ist eines der grausamsten, niedrigsten Übel: Klatsch. Er wird mit Recht zu den „Sieben Todsünden" gerechnet. Üble Nachrede ist nicht belanglos. Sie kann Leben vernichten; und wenn mehrere Menschen gemeinsam über einen anderen kritisch-tadelnd denken und sprechen, erzeugen sie einen brutal-mächtigen Strom von Gedankenenergie. Der erreicht stets sein Opfer und macht Leben und Arbeit sehr viel schwerer für ihn. Denk- oder Wortverleumdung fließt wie unheilvolle Wogen dahin; und niemand weiß, wann oder wo sie zum Stillstand kommen.

Eine andere zerstörende Denkart ist Bitterkeit. Natürlich gibt es im menschlichen Leben vieles, was einen mit Bitterkeit erfüllen kann, und das stellt eine sehr scharfe Prüfung der Menschennatur dar. Aber die theosophischen Forscher raten aus ihrem Wissen ganz dringend, um unseres und unserer Umwelt Wohles willen alles daran zu setzen, niemals zynisch bitter zu werden. Ein großer Weiser sagte: „Imstande sein, mitten in der Finsternis so zu leben, als ob alles um uns her Licht wäre, ist die höchste und endgültigste Bewährungsprobe des menschlichen Geistes". Das ist ein herrliches, äußerst praktisches Ideal; denn alle negativ-zersetzenden Gedanken sind dem Aussender wie dem Empfänger in gleicher Weise schädlich. Glücklicherweise ist es aber möglich, völlige Herrschaft über Denken und Fühlen auszuüben. Die Theosophie lehrt die besten Methoden, die uns befähigen, unsere Charaktere umzuwandeln, schlechte Gewohnheiten auszuschalten und eine strahlende, stets hilfreiche Wesenheit zu werden.

In Davids Psalmen steht die Frage: „Was ist der Mensch, daß du sein gedenkest?" Die echte Antwort lautet: Der Mensch ist ein ewiger Pilger – ein werdender „Gott". In einer inspirierten Meister-Schrift heißt es: „Die Seele des Menschen ist unsterblich; und seine Zukunft ist die eines Wesens, dessen Wachstum und Herrlichkeit keine Grenzen hat".
Diese Vorstellung von einer grenzenlos-hohen Bestimmung findet sich auch bei St. Paulus: „Bis wir alle einig im Glauben werden und zu vollkommenen Menschen heranwachsen im Maß der vollkommenen Größe Christi".
Christus selbst bejahte eine noch erhabenere Vorstellung mit den Worten: „Ihr sollt vollkommen sein, so wie euer Vater im Himmel vollkommen ist". Der Mensch wird auch hier als ein ewiger, sich vergöttlichender Pilger bezeichnet. „Vollkommen" ist jedoch ein ungenaues Wort, weil es ein mögliches Ende für die menschliche Entwicklung einschließt.
H. P. Blavatsky schrieb:
„Der Begriff ‚Vollkommenheit' ist stets nur relativ, denn er muß immer noch einer absoluteren Vollendung Raum geben, welche etwa dem höheren Standard in der Wirkungsperiode des nächsten Universums entspricht. Diese stupende Entwicklung hat weder einen Anfang noch ein Ende. Unser Universum ist nur eines aus einer unendlichen Kette von Universen, von denen jedes sich in kausaler Verbundenheit an seinen Vorgänger und an seinen Nachfolger anschließt."
Auch hier ist die gewaltige Tatsache eines grenzenlosen Fortschreitens jedes Menschengeistes einbegriffen. Obwohl die Vorstellung schwierig erscheint, daß die unfaßbare Macht und der ungeheure Glanz von Sonnen-Logoi in *uns* enthalten ist, bedeutet dies doch die unmißverständliche Folgerung auch aus den unzähligen religiösen Schriften der Welt.
Näher betrachtet: Die menschliche Entwicklungsleiter, von der jede höhere Sprosse eine noch neue Reifephase bedeutet, steigt zur gegebe-

nen Zeit über den Status des „Vollkommenen Menschen" hinauf. Sie reicht bis in die unbekannte Unendlichkeit.

Was könnte höher sein als „Das Maß der vollkommenen Größe Christi"? Unser Planet gehört zu unserem Sonnensystem unter Herrschaft eines schöpferischen Sonnen-Logos. Den Status eines solchen zu erringen, ist jedes Menschen Bestimmung. Doch damit ist kein Ende erreicht. Dieses geordnete Fortschreiten ist ewig – ohne Anfang, ohne Ende. Die Sonnensysteme sind in unzähligen Gruppen und in Milchstraßensystemen angeordnet; und über jeder dieser gewaltigen Zusammenballungen von Schöpfungssystemen residiert wiederum eine „Gottheit", die um unzählige Grade machtvoller als ein einzelner Sonnen-Logos sein muß. Und so immer fort – in unbegreiflicher, unendlicher Folge. Auf die Weise ist die zukünftige Herrlichkeit der spirituellen Seele jedes Menschen in Wahrheit ohne Grenzen. (Kap. 2)

Solche atemberaubenden Aussichten sind dennoch etwas vorstellbar – aus dem Grund, daß das Potential einer solch unendlichen Entwicklung schon *immer* dem eigentlichen Selbst des Menschen innegewohnt hat, welcher auf die Weise einem Samenkorn gleicht. So wie dieses aus sich heraus eine vollständige Reproduktion seines Vater-Baumes erzeugt, welcher Hunderte und Tausende dieser Samen hervorbringen kann, enthält die Spirituelle Seele jedes Menschen die vollen Wirkungskräfte ihrer Göttlichen QUELLE keimhaft in sich beschlossen.

Ein Gärtner pflanzt sorgfältig seine Samen. Die neuen Pflanzen erscheinen; und das Hochziel ihres Wachstums besteht aus der Erzeugung neuer Samenkörper. So verschafft auch ein Sonnen-Logos, welcher eine Anzahl von menschlichen Monaden aus dem URGRUND in sich aufnahm, diesen *Seinen* Samenkörpern (oder Lebens-Funken) die nötigen Bedingungen für das Keimen und die Entwicklung *ihrer* samenähnlichen Göttlichen Kräfte. Darum wird die Spirituelle Seele jedes Menschen, welche keimhaft ihre zukünftige, grenzenlose Evolution in sich birgt, oft ein „Unsterblicher Keim" genannt. Denn *alle* Fähigkeiten liegen schon von Beginn seines grandiosen Pilgerganges in ihm; und der wirkliche Zweck des Lebens überhaupt ist das Keimen dieser Samenkräfte, ihr Sprossen und Wachsen während zahlloser Zeitalter. Das setzt sich fort – bis der höchstmögliche Entwicklungsgrad in einem Manifestations-Zyklus – der Existenzdauer *eines* Universums in einem „Manvantara" – gewonnen ist.

Auf diesen embryonisch in jedem Menschen vorhandenen „Gott" bezieht sich St. Paulus: „Gott ist es, der in euch wirket beides, das Wollen und das Vollbringen"; und „Ihr seid der Tempel des lebendigen Gottes". Da der höchste Geist des Menschen potentiell die vollen Kräfte eines Sonnen-Logos enthält, einschließlich derer, welche auch in einem so machtvollen Wesen bis jetzt noch latent ruhen, hat seine zukünftige Macht tatsächlich keine Grenzen. Darum wird er ein Mikrokosmos genannt, eine Miniatur des MAKROKOSMOS – des Universums. Auch die Bibel berichtet das Gleiche. Die Worte bei der „Erschaffung" des Menschen „Lasset uns Menschen machen, ein Bild, das Uns gleich sei!", deuten an, daß der Mensch keimhaft sämtliche manifestierten und unmanifestierten Attribute seines „Schöpfers" enthält. Die Ewige Ur-Weisheit enthüllt also die fundamentale Wahrheit, daß der Mensch in seiner spirituellen, mentalen, psychischen und physischen Natur ein miniaturhaftes Ebenbild der gesamten Ordnung aller erschaffenen Wesen und Dinge – ein Modell von der Totalität der ALL-NATUR ist. Er enthält in sich das zusammengeballte Aggregat alles dessen, was jemals existiert hat, jemals existiert und jemals während der Ewigkeit der Ewigkeiten existieren wird.

Wenn auch noch keimhaft, besteht doch die Möglichkeit, künftige Schöpfungs-Systeme hervorzubringen, als eine latente, vibrierende Kraft in der Menschennatur. (Obwohl *nicht jedes* Wesen, das den Status eines Sonnen-Logos erreichte, die Funktion der Gründung eines neuen Weltsystems erwählen wird, weil ihm noch viele andere Möglichkeiten von ungeahnten Perspektiven offen stehen – siehe Kap. 25 und 53.)

Die Theosophie knüpft daran eine unvermeidliche Folgerung: Da der alleinige Zweck der Existenz des Menschen und die Absicht der ALL-Natur für ihn eine Entwicklung zunächst zum Status des „Vollkommenen Menschen" und darüber hinaus zu weiteren unfaßbaren Höhen ist, wird ein weiser Mensch bestrebt sein, *bewußt* daran mitzuarbeiten. Solche Mitarbeit, welche allmählich (nach Erfüllung der Reinheitsbedingungen *und* unter völlig abgeschiedenen Lebensumständen) auch den souveränen Gebrauch der *hohen*, übersinnlichen Fähigkeiten einschließt, bedeutet die Beschleunigung seiner Entwicklung durch jedes denkbare und erprobte Mittel, vor allem auch durch helfende Unterstützung, die man unaufhörlich anderen Wesen gibt. Dies – so sagt die Uralte Weisheit – ist der Weg und das Geheimnis der Glückseligkeit. Es bedeutet, daß man seinen selbstsüchtigen Willen freudig dem Plan des Universalen Schöpfers darbringt – daß man niemals fühlende Wesen verletzt, tötet oder *töten läßt*, und daß man hingebungsvoll Dienender und Liebender des GÖTTLICHEN LEBENS in allen seinen Geschöpfen wird.

Literaturnachweis:
G. Hodson „Man's supersensory and spiritual Powers"
G. Hodson „Lecture Notes The School of the Wisdom"
Dr. A. Besant „Das Denkvermögen"
C. W. Leadbeater „Hellsehen"

36. Die Natur des überphysischen Sehens und der westliche Weg zu ihm

Es gibt eine „verborgene Seite der Dinge", die aber nicht von Auserwählten absichtlich verschleiert oder zurückgehalten wird. Nur eigene Beschränkungen können etwas „okkult", d. h. verborgen halten. In dem Maß, wie ein Mensch sich ethisch und spirituell entwickelt, wird die Welt für ihn immer ausgedehnter, weil er mehr von ihrer Größe und Schönheit erblickt – viel mehr als von ungeschulten Menschen geahnt wird, die quasi mitten in tiefer Dunkelheit diese Welt „licht" nennen. So wird z. B. bei jeder „Großen Einweihung" auf dem Pfad des Höheren Okkultismus dem Neophyten ein neuer „Schlüssel des Wissens" gegeben. (Siehe Kap. 19) Dies geschieht nur, sobald er den Punkt erreicht hat, um den richtigen, dienenden Gebrauch davon zu machen. Dem sich mit der Rechentafel abmühenden Kind werden die Geheimnisse der quadratischen Gleichungen vorenthalten. Ebenso erlangt der Strebende eine gewisse Initiation, wenn er deren Bewußtseinsausdehnungen ertragen kann. Der einzige Weg zu *diesen* hohen Stadien besteht darin, mit bestimmten ethischen Anstrengungen zu beginnen.

Im jetzigen Durchschnittsniveau ist der größte Schöpfungs-Teil den Menschen unbekannt, weil sie erst ein wenig ihrer Fähigkeiten entfalteten. Ihre Lebenstheorien und Handlungsweisen sind unpräzis-verwirrt, weil sie nur auf den wenigen, bisher bekannten Naturgesetzen fußen. Der Theosophie-Schüler hat ein viel umfassenderes Blickfeld, denn er bezieht die Wirkungs-Faktoren der überphysischen Welten mit ein und lebt im Einklang mit ihnen. Er weiß, daß die „Unsichtbare Seite" der Dinge weit wichtiger ist als die sichtbare. Sogar die physischen Sinne sind noch sehr unentwickelt, denn der Mensch steht erst auf der knappen Höhe der Entwicklungsleiter. Doch es ist möglich, diese Leiter hinaufzu*eilen* und durch opferndes Bemühen die physischen und überphysischen Sinne rascher zu dem höheren Zustand zu bringen, den alle Menschen in einer fernen Zukunft erreichen werden. Der hier Erfolgreiche wird oft ein „hellsichtiger" Mensch genannt.

Es gibt ein einfaches Hellsehen, das die uns umgebenden Dinge und Zustände der Äther- und Astralwelt erblicken läßt; dann ein Hellsehen im Raum, d. h. Ereignisse zu sehen, die vom Seher entfernt oder durch dazwischenliegende Dinge verborgen sind; dann ein Hellsehen in der Zeit, d. h. die Möglichkeit, Ereignisse der Vergangenheit oder (sehr begrenzt) auch der Zukunft wahrzunehmen. „Hellsehen" schließt eine große Menge von Phänomenen ein; doch wurde es sehr degradiert – auch um die Gaukeleien von Jahrmarkts-„Zauberkünstlern" zu bezeichnen, die ein Weissagen der Zukunft versprechen. Meist ist dies Scharlatanerie oder Betrug, doch nicht immer ganz. Manche dieser Leute haben zuweilen visionäre Lichtblicke, obwohl sie sich nie auf deren Auftreten verlassen können.
Hinter aller vager Unklarheit steht eine Tatsachengrundlage, die man exakt studieren kann.
Bereits ein *Wissen* darüber entfernt viele falsche Lebensvorstellungen und klärt rätselhafte Probleme. Es beantwortet viele oft diskutierte Fragen, wie über das Fortleben nach dem Tod. Es entfernt die Furcht vor dem Ungewissen und erläutert die von den Religionen gelehrten seltsamen Behauptungen. Wir entdecken das Wesen der Telepathie, weil ebenso wie die elektrischen, die Hitze- und Lichtwellen auch die durch das Denken erzeugten feineren Wellen existieren. Das Beobachten dieser Schwingungen zeigt, welch gewaltige Macht zum Guten oder Bösen sie darstellen und wie unvergleichlich mehr sie zu benutzen sind, wenn wir ihre Wirkungen verstehen und uns im zielbewußten Schaffen von „Gedankenformen" üben. So weiß der Okkultist viel mehr über die Folgen seines Handelns. Das Studium des „Okkulten" erspart dem Menschen nicht nur sehr viel Leid, sondern gewährt ihm auch sehr große Freuden. Denn hinter aller Kunst und Poesie, hinter religiösen Zeremonien und den Herrlichkeiten der Natur steht immer eine wunderbar reiche, Verständnis und Entzücken bringende *ver-*

borgene Seite. Diese latenten Fähigkeiten praktisch zu entwickeln, verlangt sehr viel Zeit, völlige Abgeschiedenheit und große Anstrengung. Und nur dem, welcher dies aus ganz selbstlosen Motiven unternimmt, werden sie wirklich zum Segen.

Das Mikroskop zeigt gewisse Krankheitskeime. Der intelligente Mensch profitiert von diesen Entdeckungen und stellt sich entsprechend um, wogegen andere nicht darauf achten, weil sie die Bazillen nicht sehen. *So* offenbart das superphysische Sehen die Macht des Denkens und anderer ungeahnter Kräfte. Auch hier ziehen bereits viele intelligente Menschen Nutzen daraus, wogegen andere keine Notiz nehmen und unnötig weiter leiden. Die meisten Theosophie-Schüler haben jetzt im rastlosen Treiben der Welt weder Zeit noch Ungestörtheit für direkte Anstrengungen zur Entwicklung der geheimen Kräfte. Auch würden die sie umgebenden und durchdringenden materiellen Denkschwingungen der Millionen von Mitmenschen es fast unmöglich machen. Jedoch sind sie nicht ausgeschlossen vom Segen eines okkulten *Studiums,* ebenso wie wir auch ohne ein Mikroskop ein hygienisches Leben führen. Wir ziehen Nutzen aus dem Zeugnis der Bakteriologen; und das gleiche kann durch die Schriften hellsichtiger Forscher geschehen. Auch ohne schon all die höchst-faszinierenden, im „Unsichtbaren" vor sich gehenden Dinge zu *sehen,* kann jeder präzis lernen, wie die unsichtbaren Kräfte des Guten in Bewegung zu setzen und die des Bösen zu vermeiden sind. So erhält er untrügliche Beweise von ihrer Existenz – ebenso wie ein Mensch, der einen elektrischen Motor fährt und nichts vom Wesen der Elektrizität kennt.

Die Möglichkeit der überphysischen Schau erscheint den meisten Abendländern als etwas Unwirklich-Unerreichbares. Jedoch: Hellsehen ist einfach eine Sache der Schwingungen, die zahlenmäßig unbegrenzt sind und nur aus Erweiterungen der bereits *ausgeübten* Fähigkeiten bestehen. Unter den raschen, den Äther berührenden Schwingungen gibt es einige, auf die die Netzhaut des Auges reagiert, es sieht die Gegenstände, von denen das Licht dieser speziellen Art reflektiert wird. Ebenso antwortet das Trommelfell auf eine kleine Zahl anderer Schwingungen. Es ist bekannt, daß eine riesige Anzahl von Schwingungen über und unter diesen Abteilungen existiert. Die Vibrationen, durch die man sieht und hört, sind nur zwei winzige Gruppen der Saiten einer ungeheuren Harfe von *unendlicher* Ausdehnung. So lassen sich noch unermeßliche Möglichkeiten allein in physischer Hinsicht ahnen. Schon „sensitive" Menschen sind für mehr Farbtöne des Spektrums empfänglich als andere. Auch ist bekannt, daß die schrillen Schreie der Fledermäuse an Sommerabenden für viele Menschen nicht da sind, während andere sie gerade noch hören.

Nun zu den umfassenderen Möglichkeiten des *ätherischen* Sehens, wodurch ätherische Schwingungen empfangen werden, und zwar noch durch die Netzhaut des Auges. Einige Ergebnisse: Man sieht alle Dinge wie durchsichtig, kann also durch Mauern und Boden hindurchblicken und den Inhalt verschlossener Gefäße und Briefe sehen. Der geschulte Seher kann nach Wunsch das ätherische oder das normale Sehen einstellen und sich vom einen auf das andere umstellen (das gilt auch für die höheren Hellsehfähigkeiten).
Da für die ätherische Schau die Körper von Menschen und Tieren fast durchsichtig sind, lassen sich die Tätigkeiten der Organe und die Krankheitsarten erkennen. Auch sieht man die ätherischen Naturgeister – Elfen, Gnomen, Nixen – was der Ursprung aller Feenmärchen ist. Ferner sieht man den Ätherkörper des Menschen, wenn er im Trancezustand oder unter Narkose austritt oder wenn er nach dem „Tod" über frischen Gräbern schwebt.

Der Mensch besitzt aber auch einen Astralkörper – den Wirkungsapparat in der Welt der Gefühle und Wünsche, dann einen Mentalkörper – den Wirkungsapparat in der Welt der konkreten Gedanken (von den noch höheren Bewußtseinsträgern hier nicht zu sprechen, die viel später *über*menschliche Welten von Erkenntnis und Macht eröffnen).
Alle unsichtbaren Welten umgeben uns und durchdringen sich. Der Astralkörper besteht aus „dichter" Substanz, welche die Lage des physischen Körpers einnimmt und der umgebenden Aura aus feinerem Astralstoff. Alle Astralpartikel befinden sich in einem beständigen rapiden Kreislauf – wie starkkochendes Wasser. Obwohl jedes physische Organ stets eine gewisse Menge Astralstoff als Gegenstück hat, behält es aber die *gleichen* Astralpartikel nie länger als einige Sekunden bei sich. So gibt es hier nichts, was der spezialisierten Nervenmasse in den physischen Organen entspricht, sodaß das astrale Gegenstück des Auges oder Ohres *nicht mehr* zum astralen Sehen und Hören befähigt als jeder andere Teil des Astralkörpers. Da dieser also keine speziellen Sinnesorgane hat, sieht der im Astralkörper funk-

tionierende Mensch mit jedem Teil und erblickt gleichzeitig die Gegenstände vor, hinter, neben, unter und über sich. Die Kraft zum Gebrauch der astralen Sinne hängt von sieben „Chakras" ab, den aus Rotationen im Äther- und Astralkörper entstehenden Kraftzentren. Alle Partikel durchfließen sie der Reihe nach, und durch sie strömen Energien aus höheren Ebenen herab. Die Chakras werden im Lauf der Evolution vom „Schlangenfeuer" (Kundalini) belebt und befähigen den Astralkörper, auf neue Schwingungsreihen zu antworten, sodaß die „psychischen Kräfte" erwachen. Jedoch niemand sollte mit der ungeheuren Kundalini-Energie führerlos experimentieren, denn sie kann das Körpergewebe zerreißen oder, nach unten drängend, leicht furchtbare mentale, astrale und physische Leidenschaften erzeugen, denen man hilflos gegenübersteht.

Die astralen Fähigkeiten erschließen eine völlig neue Welt, besonders durch die „Vierte Dimension". (Siehe Kap. 38) Mittels dieser sieht man alle Seiten eines Würfels gleichzeitig ausgebreitet und jeden Teil der Innenseite vor sich aufgerollt. Beim Betrachten der Rückseite einer Uhr sieht man nicht – wie bei der ätherischen Schau – durchscheinend alle Räder und das rückwärtsliegende Zifferblatt, sondern man erblickt das letztere in der rechten Lage und alle Räder einzeln daliegend, nicht eins hinter dem anderen. Die perspektivischen Beschränkungen sind also aufgehoben. Auch die astralen Gegenstücke der physischen Dinge mit *ihren* Atomen und Molekülen sind zu sehen, sodaß der Neuling rettungslos verwirrt wird. Er sieht weiter die Aura von Tieren mit ihren Gefühlserregungen und die astrale Aura der Menschen. Er erkennt aus den wechselnd-hellen und dunklen Farben die Empfindungen, Leidenschaften und Neigungen des Partners sowie seine gefühlsbetonten Gedanken. Auch erhält er aus der Farbenanordnung im Ruhezustand eines menschlichen Astralkörpers Aufschlüsse über dessen Charakter. Weiter sieht er die wogende Flut der „Elementaressenz", höhere Naturgeister und die Astral-Engel. Vor allem aber sieht er die menschlichen Bewohner der Astralwelt – und zwar die „Lebenden" im Schlaf, sowie die „Toten" in ihren Läuterungszuständen vor dem Himmelsleben – und kann mit beiden Gruppen verkehren. Eine weitere Wirkung ist das „Ununterbrochene Bewußtsein" bei Tag und Nacht, so daß er sich morgens aller nächtlich erlebten Dinge erinnert. Seltsam ist die Fähigkeit, physische und astrale Atome optisch zu „vergrößern". Es wird nie ein Mikroskop geben, das nur teilweise jene Kraft besitzt. Dadurch wird das hypothetische Molekül und Atom für den Okkultisten zur lebendigen Wirklichkeit, so daß künftig durch geschulte Spezialisten große Offenbarungen über Chemie und Physik möglich werden. Ein faszinierendes Werk über okkulte Chemie wurde schon verfaßt. Ebenso werden Raumentfernungen überwunden – entweder durch Erzeugung einer teleskopartigen astralen „Röhre", die den Seher weitentfernte Szenen verkleinert beobachten läßt, oder durch die für Geschulte ungefährliche Kraft direkter Aussendung des Astralkörpers in alle geheimnisvollen Astralregionen. Er kann auch die *physische* Erde überall besuchen, und zwar von unten *und* von oben aus der Luft. Zu betonen ist hier, daß alle Forschungen auf überphysischen Ebenen unter streng-wissenschaftlicher Methodik vor sich gehen müssen, also mit größter Sorgfalt, unermüdlicher Geduld, ständiger Wiederholung und Vergleichens mit anderen. Denn die wissenschaftlichen Erforschungen physischer und superphysischer Erscheinungsformen unterliegen den gleichen Prinzipien. Beide sind Beobachtungen, keine Offenbarungen! Hier wie dort gibt es keine plötzlichen Erleuchtungen. Letztere gehören zu den Bereichen des *mystischen* Bewußtseins. Die Methoden, durch Beschwörung astraler Naturgeister oder Hypnotisierung sensitiver Personen, deren Astralkörper man aussendet, um Informationen zu gewinnen, gehören *nicht* in das Gebiet des Hellsehens, sondern der dunklen Magie. Informationen durch höhere oder niedere Medien gehören ebenfalls *nicht* zu diesem Thema. (Siehe Kap. 18)

Der Anfänger sieht nichts genau, sondern verflicht alles unbewußt mit seinen Vorstellungen. So entstehen verschiedene Berichte von gleichen Gegenständen. Auch fällt es ihm schwer, die menschlichen Gedankenformen von wirklichen Menschen und „Tote" von „Lebenden" zu unterscheiden. So hält er oft festgefügte Gedankenformen etwa von Christus, Buddha oder bekannten Adepten – die, durch vereintes Denken von Zeitaltern geschaffen, in der Mentalwelt existieren – für die wirklichen Gottmenschen. Auch sieht jeder zunächst das, was ihn am meisten anzieht. Das geschieht ja auch im Physischen. Wenn vier Personen einem gemeinsamen Freund aus einer fernen Stadt Berichte senden, wird er verschiedene Dinge lesen. Der erste berichtet etwa von der Architektur, der zweite vom Menschenschlag, der dritte von Schaufenstern, der vierte von Bibliotheken oder Galerien. Dazu kommt im Astralen – außer der Hauptschwierigkeit der Vierten Dimension – die Tendenz, daß der Seher von den für ihn autoritativen Feststellungen seiner Vorgänger beeinflußt wird und aus Verehrung oder Konzentrationsschwäche diese Vorstellungen mithineinliest, so daß er zu keinen selbständigen Resultaten gelangt. Auch wird alles durch sein gereiztes Nervensystem verzerrt. Denn wenn die astralen Fähigkeiten während des (völlig ungeeigneten) Lebens in einer bevölkerten Stadt entwickelt werden müssen, wirken deren Geräusche auf die sensitiv Gewordenen wie Donnerschläge. Aus all dem ergeben sich die widerspruchsvollen Anfangsberichte hellsichtiger Menschen. Wenn diese Fehlerquellen sogar lange die Begleitumstände bei der Arbeit der in sorgfältiger Schulung stehenden Menschen sind, was ist dann von den ungeschulten, „sporadischen Hellsehern" zu erwarten?

Auf der Astralebene ist es auch möglich, gebrochene Reflexionen von der „Akasha-Chronik" zu erhalten, welche das „Gedächtnis des Logos" darstellt, in dessen Bewußtsein *alles* Geschehen in Seinem System enthalten ist. Zu zuverlässiger Forschung auf *diesem* Gebiet ist allerdings ein sehr hoher Grad nötig: Das Sehen im *Mental-* und im *Kausalkörper.*

Die Wahrnehmungen im Mentalen und im Kausalen sind von allem bisher Geschilderten verschieden. Es handelt sich *hier* nicht um Gesicht oder Gehör, sondern um einen Universal-Sinn, der so voll auf die ihn erreichenden Schwingungen reagiert, daß er den Menschen gleichzeitig sieht, hört, fühlt und alles über ihn weiß. Hier ist das Lesen von Gedanken selbstverständlich. Der okkulten Geschichtsforschung in der „Akashachronik" sind dann praktisch keine Grenzen gesetzt. Nahe und weite Vergangenheit liegt offen vor dem, der sie durch eine lange Disziplin zu lesen lernte. Er kann die Zustände früherer Ären direkt studieren und seine Verkörperungen wie auch die anderer Menschen systematisch zurückverfolgen. Die Vorgänge rollen sich – nach Belieben langsam oder rasch – wie ein Film ab.

Eine viel höhere Möglichkeit ist noch die Zukunftsschau, die in ansatzmäßiger, unzuverlässiger Form durch das „Zweite Gesicht" und die Kunst mancher Kartenleger bekannt wurde. Das geschulte Hellsehen eines Hoch-Initiierten auf der *Intuitions-Ebene* durchdringt zuverlässig gewisse zukünftige Dinge (jedoch *nicht* Entschlüsse eines *entwikkelten* Egos, siehe Krishnamurti) wie ein aufgeschlagenes Buch, weil Vergangenheit, Gegenwart und Zukunft – in dem „EWIGEN JETZT" – relativ gleichzeitig existieren. Hier soll der fähigste und edelste Hellseher unserer Zeit C. W. Leadbeater zitiert werden: „Alle Schüler der Theosophie sollten daran denken, daß der Okkultismus eine Apotheose der gesunden Menschenvernunft ist – und nicht jede

„Vision" gleich ein Bild aus der Akashachronik sein wird und nicht jeder impulsive Einfall eine Offenbarung von Oben. Es ist weit besser, sich durch eine gesunde Skepsis auszuzeichnen als durch große Leichtgläubigkeit. Es ist eine vorzügliche Regel, nie eine *okkulte* Erklärung für eine seltsame Erfahrung zu suchen, wenn eine einfach-klare physische Erklärung genügt."

Auf der Buddhi-(Intuitions-)Ebene tritt noch eine weitere, neue Fähigkeit auf. Hier erkennt der initiierte Seher einen Menschen oder eine Situation ohne äußere Schwingungen. Er gleitet hinein und beobachtet alles von innen statt von außen.

Die Stadien einer Hellsehentwicklung erscheinen kaum je in regelmäßiger Folge. Mancher hat etwa astrale Lichtblicke, ohne schon ätherisch zu sehen. Ungeübte täuschen sich ständig über Bedeutung und Wert von Visionen, oder diese werden im Wachbewußtsein entstellt. Nur durch eine sehr lange, intensive Schulung unter einem Adepten werden die Irrungen ausgemerzt. Es *gibt* solche hohe Lehrer; und auch hier gilt es nach einer uralten Schrift: „Wenn der Schüler bereit ist, stellt auch der Meister sich ein".
Bei Nicht-Geschulten zeigen solche Kräfte sich unwillkürlich und einseitig und reichen – mit Ausnahme hoher Mystiker – höchstens ins Niederastrale. Oft zeigen primitive Völker oder ganz unentwickelte Personen unserer Rasse Ansätze dazu. Aber diese sind *ganz anderen Ursprungs* als die des geschulten, kultivierten Sehers. Jener meist hysterische, unkontrollierte Psychismus kommt von der noch geringen Gehirnentwicklung und der Vorherrschaft des von Astralantrieben aufgebauten „vegetativen Nervensystems", das die unbewußten Funktionen der Verdauung, Herz- und Lungentätigkeit beherrscht. Auch bei hochgradig nervösen Personen und sogar bei Trinkern tritt oft eine krankhafte, niedere Form von ätherischem oder unterastralem Sehen ein (meist übler Wesen und Gedankenformen), weil der Körper so geschwächt ist, daß er dem kein Hindernis mehr bietet. In dem Maß, wie sich das „zerebrospinale" Rückenmarksystem in Verbindung mit Gehirn und Intelligenz entwickelt, sinkt das vegetative System zu untergeordneter Stellung herab. Jene „atavistische" Empfänglichkeit für niederpsychische Schwingungen wird dann von den starken, geordneten Schwingungen des höheren Nervensystems abgelöst.
Viel später erscheint dann eine normal-hohe „Sensitivität", diese entwickelt sich mit dem zerebralen Nervensystem, reicht zu höheren Ebe-

nen hinaus und wird vom Willen kontrolliert. Gelegentliche Lichtblitze eines „Sehens" treten zuweilen bei westlichen kultivierten Menschen auf; diese nähern sich der Stufe, wo diese Kräfte schon wieder erwachen. Sie sollten stark nach Reinheit und mentalem Gleichgewicht ringen, um Segen statt Fluch daraus zu gewinnen. Vereinzelt treten auch Erscheinungen aus den *mittleren* Astralbereichen bei spirituell-hochstehenden Menschen auf, die durch falsches, okkultes Verhalten im vorigen Leben ein „poröses Schutzgewebe" mitbrachten. In seltenen Fällen kann eine solche sensitive Natur (falls nicht im physischen Getriebe tätig) durch einen gewissen Trancezustand gelöst werden, der von einem spirituell-kompetenten Magnetiseur gelenkt wird. Bei hoher Reife des „Schlafenden" entschwindet dann sein befreites Bewußtsein dem Helfer und schwebt in Regionen einer hohen Vision.

Bei manchen Personen ist ein superphysisches Sehen schon im normalen Schlaf tätig. Wir hören von Propheten und Sehern, daß „Gott" ihnen im Schlaf „ein Zeichen gab". Bei den meisten kultivierten Menschen sind die Sinne ihrer Astralkörper schon teils tätig, und sie empfangen nachts Eindrücke. Aber sie können noch nicht *objektive* Beobachtungen machen und auch morgens die Erinnerungen nicht dem Gehirn einprägen. Doch wenn jemand zu *wachem Bewußtsein* „drüben" gelangt ist, werden die so erlangten Kenntnisse ihm im Alltag als intuitives Wissen von großem Segen sein, selbst ohne direkte Erinnerung. Viele strebende Menschen erhalten zur Ermutigung eine einmalige großartige Hellseh-Vision. Andere nehmen die glänzende, menschliche Aura wahr, andere sehen Devas, wieder andere erblicken vor dem Einschlafen Gestalten, Landschaften und Szenen an sich vorbeiziehen, andere erinnern sich bruchstückhaft nächtlicher Erlebnisse oder haben andere sporadische Lichtblicke. Alles das ist viel häufiger als vermutet. Natürlich erscheinen solche Dinge dem Fernstehenden illusorisch. Der beste Weg zum *Wissen* darüber ist, seriöse, okkulte Erforschungen zunächst als Arbeitshypothese anzunehmen und durch Befolgen ihrer Ratschläge ihren Wert zu erproben.

Die „Verborgene Seite der Dinge" liegt im Bereich jedes Menschen. Nur stehen die allermeisten noch weit von dem nötigen Zeitpunkt entfernt. Abgesehen davon, daß die unreinen, selbstsüchtigen Neigungen der Masse durch Mißbrauch okkulter Kräfte großes Unheil anrichten würden, ist auch die starke Unrast des modernen Lebens einer solchen Entwicklung sowieso äußerst ungünstig. Der dafür reife Mensch muß sich dann aus dem Getriebe in eine reine, stille Natur-Atmosphäre zurückziehen. Früher wurde ein Schüler, der seine okkulten Fähigkeiten entwickeln sollte, in eine tiefe Abgeschiedenheit gebracht, wo die mächtige Aura seines Meisters ihn schützte und alles Nötige zur Läuterung und Bewußtseinskonzentration geschehen konnte. Dies ist heute im Westen kaum mehr möglich. Die meisten können mit einer solchen systematischen Schulung erst in der künftigen Inkarnation beginnen, wenn neben der ethischen Reife auch die ganz abgeschlossene Lebensführung für lange Zeit möglich ist.

Weiter gehört die völlige Enthaltung von Tierfleisch, Alkohol, Tabak und anderen Rauschgiften dazu. Abgesehen von der *ethischen* Notwendigkeit, können solche Bemühungen *nur so* gefahrlos vorgenommen werden. Es finden dabei Veränderungen in der atomischen Gehirn-Struktur statt, um es zum Herabholen der höheren Schwingungen zu bringen. Bei den entsprechenden Konzentrationsübungen setzt bald ein starker Druck im Gehirn ein und bei Nichtbeachtung ein Schmerz, der große Gefahr anzeigt. Durch die erwähnte reine Lebensweise wird er fast ausgeschaltet. Auch Denk- und Gefühlsleben muß diszipliniert werden. Sonst kann man die vielen Schwierigkeiten nicht überwinden – etwa die ständige Verwechselung eigener Denkprojektionen mit wirklichen Bewohnern anderer Ebenen. Ohne Führung eines initiierten *Lehrers* sind allen Täuschungen, sowie physischen und psychischen Gefahren Tor und Tür geöffnet. (Siehe Kap. 23 und 40) Doch *kein Solcher* wird jemandem dazu raten, wenn dessen *sehr* große spirituelle Reife und Entschlossenheit nicht zeigt, daß die Zeit da ist! Selbst bei Erfüllung aller Bedingungen ist die Anstrengung viel größer als vermutet. Aber die, denen sie durch Willen, Geduld, Selbstopfer und *vor allem* durch die karmische Reife gelang, bezeugen, daß sie sich unvergleichlich „lohnte".

Als Beispiel: Ein Fisch ist ein Bewohner *unserer* Welt, doch seine „Vorstellung" würde (wenn möglich) enorm unvollständig sein. An sein Element gebunden, kennt er nicht die Schönheit von Sonne und Land und die beglückenden Interessen der Menschen. Trotzdem meint er „zufrieden", es gäbe nichts als was er kennt. Die meisten Menschen befinden sich in ähnlichem Zustand. Trotz ihres kleinen Gesichtspunktes stemmen sie sich ungläubig gegen das Wissen von dem viel umfassenderen, unsichtbaren Leben um sie her.

Schon Paulus berichtete von einem Menschen, der „mittels seines verklärten Leibes entzückt ward bis in den Dritten Himmel". Einem hellsichtigen Forscher sind alle Probleme gelöst, denn er *weiß*, daß der

Mensch den „Tod" überlebt, daß jeder alle zur Vollendung nötigen Verkörperungen vor sich hat, daß ewige Gerechtigkeit die Welt regiert, und daß *alles* dem Guten und Vollkommenen entgegengeht. – Doch nochmals: Niemand sollte aus Selbstsucht oder Neugier nach der hochgefährlichen, schwankenden Straße psychischer Künste trachten oder dafür falsche Methoden wie Rauschgifte und -Dämpfe, Selbsthypnose, Buchstaben- und Pendelübungen oder Atemvergewaltigung anwenden. Selbst der erwähnte Tranceschlaf ist verwerflich, wenn nicht bei beiden eine kaum je erreichbare Reinheit besteht.

Welches ist der richtige Weg zur überphysischen Seherschaft?
Zunächst der durch die langsame, natürliche Entwicklung und dann der forcierte unter einem initiierten Lehrer. Eine große Gefahr sind die vielen besitz- und geltungssüchtigen Scharlatane, die sich anbieten, gegen Entgelt himmlische Geheimnisse zu vermitteln, die sie wegen Unreife keineswegs kennen und so auch nicht auf ihre gutgläubigen Anhänger übertragen können. Die echte Schulung ist seit Weltenbeginn nur bei der „Großen Weißen Bruderschaft" der Adepten zu finden; und man gelangt zu ihnen nur durch die uralten Methoden. Immer müssen alle, welche diese „Meister des Lebens" auf sich aufmerksam machen wollen, den mühevollen Pfad einer beschleunigten, ethisch-spirituellen Höherentwicklung beschreiten, der u. a. in „Zu Füßen des Meisters" und in „Licht auf den Pfad" geschildert ist. Aus solchen wählen die Adepten ihre Schüler aus. Das ist der einzige, sichere Weg *auch* zur Entwicklung der beschleunigten Seherschaft. Durch die zum PFAD gehörende Meditation entsteht oft unvermutet eine unschädliche, sehr reine Form des Hellsehens. Ein den Uralten PFAD Suchender muß zunächst die Herrschaft über sein Gedankenleben gewinnen und alles konzentriert tun. Er muß Verstand und Gefühle in Kontrolle halten, so daß er stets genau weiß, *was* er denkt und *warum* er es denkt! Zuerst sind beim Bemühen, seinen Geist nur fünf Minuten auf eine bestimmte Idee zu richten, die Gedanken schon bald davongeschlüpft. Nur durch *regelmäßige* Übung am frühen Morgen kann Erfolg erzielt werden. Man wähle vielleicht zuerst einen konkreten Gegenstand, erwägt intensiv alles Wissenswerte über ihn und holt unermüdlich die entfliehenden Gedanken zurück. Erst bei einiger Sicherheit sollte man die Meditation auf geistige Prinzipien, auf das eigene Ego und später auch auf eine Gottmenschliche Wesenheit richten, die einen übermächtig anzieht (was meist die „rechte" Wahl anzeigt). Zuerst soll *diese* Kontemplation tiefverehrende Hingabe im Menschen erwecken. Er

versenke sich mit Enthusiasmus in diese Wesenheit, bis er ganz von deren Kraft und Schönheit erfüllt ist. Dann wird er nach langen Bemühungen eines Tages imstande sein, das *Bewußtsein* jenes Gott-Menschen zu erreichen und sich mit ihm zu verbinden – denn Dieser hat ihm dann seine liebevolle Hilfe gesendet. Das blendende Licht des Höheren Lebens stürzt herab. Nachher sinkt man zwar wieder in die Alltagsdämmerung, jedoch dieser Erleuchtungsblitz wird nie vergessen. Bei unermüdlichem Weiterstreben wird er wiederkommen und länger dauern. Bis der Schüler allmählich sein Bewußtsein nach Wunsch zu jener hohen Ebene erheben kann, um von dort *eventuell* (als Begleitumstand) *auch* die überphysischen Lebensbereiche unter Leitung des Meisters zu erforschen. Er vereinigt sich *dann* mit jenen, die durch psychische Kräfte unmittelbares Wissen über die „Verborgene Seite der Dinge" besitzen und wird *auch in dieser Richtung* ein wohltätiger Faktor in der Welt. Viele Seher spezialisieren sich auf bestimmte Gebiete. Z. B. wandte sich der hoch-überragende C. W. Leadbeater vorwiegend den Zuständen nach dem „Tod", den überphysischen Körpern und der Akashachronik zu, wogegen Geoffrey Hodson sich mehr mit den okkulten Krankheitsursachen und den Deva-Reichen befaßte. Das also ist die okkult-legale Art zur Gewinnung der superphysischen Seherschaft – wobei aber der Zeitpunkt großen Schwankungen unterliegt. Er wird auch von Karma- und Körperstruktur mit abhängen. Manchem öffnet sich schon vor dem ersten Kontakt mit seinem Meister eine überphysische Schau – anderen erst nach langen Zeiten bei der „Dritten Großen Einweihung".

Äußerst wichtig ist Folgendes: Die *nicht* damit zu verwechselnden Fähigkeiten der Intuition und des Empfangens hoher Inspirationen erscheinen *unweigerlich* an einem bestimmten Reifepunkt – *ohne* jene zeitlichen Schwankungen! Sie sind nämlich die *eigentlichen Beweise für die Reife des Betreffenden.* Sie stellen unvergleichlich-bedeutendere Entwicklungsfrüchte dar als die konkreten „psychischen Kräfte". Der mächtige Unterschied zwischen diesen und den Fähigkeiten von Intuition und Inspirationsempfang ist der: Die ersteren können in gewissem Grad gelehrt werden, doch die zweiten werden nur durch eine definitive Entwicklungs-Höhe erworben. Obwohl alle MEISTER bereitwillig die Bedingungen dafür verkünden, bleiben sie doch unaussprechlich und nicht-vermittelbar. Okkulte Künste können ohne ethische und spirituelle Reife einen schwarzen Magier aus einem Menschen machen. Aber nur Intuition und Inspiration können einen Gott-Menschen schaffen. Darum muß man klar unterscheiden zwischen der Praxis des (von der Theosophie gelehrten) Höheren Okkultismus – also dem Raja-Yoga, der auf Gedankenbeherrschung, Intuition und Inspiration hinzielt – und dem Phänomenal-Okkultismus, dessen gelegentliche, frappierende Ergebnisse von der unterscheidungslosen Masse angestaunt werden. Hier gilt: „Trachtet am ersten nach dem Reich Gottes und nach seiner Gerechtigkeit (d. h. nach Vergeistigung), dann wird auch solches alles zufallen". Dies ist genau die theosophische Haltung. Ein Lehrer nur „okkulter Künste" kann ein sehr minderwertiger Mensch sein; und das Erwachen gewisser okkulter Fähigkeiten ist absolut *kein Zeichen* für geistige Höherentwicklung. Das ist sehr klar zu trennen! Übrigens würde ein Mensch, der solche Fähigkeiten auch nur für einen Tag *unvorbereitet* erhielte, sie sicher nicht behalten wollen. Denn auf ihm lasten Elend, Begierden und Grausamkeiten und das Ahnen schlimmer Zukunftsereignisse wie eine furchtbare Bürde. Deshalb ließ Friedrich von Schiller seine Kassandra sagen:

„Dein Orakel zu verkünden, warum warfest du mich hin
in die Stadt der ewig-Blinden mit dem aufgeschloss'nen Sinn?
Frommt's, den Schleier aufzuheben, wo das nahe Schrecknis droht?
Nur der Irrtum ist das Leben, und das Wissen ist der Tod.
Nimm, o nimm die traur'ge Klarheit mir vom Aug', den blut'gen Schein!
Schrecklich ist es, deiner Wahrheit sterbliches Gefäß zu sein."

Die *hochgeschulte* Seherschaft bringt allerdings die herrliche Gewißheit, daß alle Sünde, alles Leid vorübergehend ist und daß jedem Wesen als letztes Ziel höchste glückliche Vollendung bestimmt ist.

Menschen, die illegal – ehe ihre moralische Natur für diese Verantwortung genügend entwickelt war – zu psychischen Fähigkeiten kamen und sie zu Erwerbszwecken benutzen, mißbrauchen diese Kräfte. Obwohl sie durch gelegentliche Treffer manchmal sensationell verblüffen können, sind sie doch meist unglückliche Frevler und schaffen sich übles Karma. Nur auf *diese* trifft der Vorwurf zu, diese Gabe gefährde das Sanctuarium des Privatlebens, weil dadurch intime Angelegenheiten anderer ausspioniert würden. Denn niemand, der solche Fähigkeiten durch lange, ehrfurchtsvolle Schulung erwarb, will die banalen Angelegenheiten seiner Umwelt ergründen; und für die Behandlung ernstschicksalhafter Dinge werden ihm Richtlinien gegeben.
Er darf auf keinen Fall sein Wissen vorteilsuchend benutzen und auch

keine spiritischen „Beweissitzungen" geben. Skeptiker von überirdischen Welten überzeugen zu wollen, ehe ihre Intuition sie reif dafür machte, wäre sowieso sinnlos.

Die superphysische Seherschaft, die in unfaßbar-vollkommener Art den ADEPTEN und Hoch-Initiierten zur Verfügung steht, wird schon in den nächsten Inkarnationen im Besitz eines Menschheitsteiles sein. In alle Lebensgebiete werden dann riesige Veränderungen kommen: In die Geschichtsforschung, wenn Vergangenheits-Ereignisse in der Akasha-Chronik okkult gelesen werden können; in die Naturwissenschaft, wenn die Vorgänge des Göttlichen Planes ohne Instrumente betrachtet werden; in die Medizin, wenn Arzt und Patient die Körperprozesse vor sich sehen; in die Philosophie, wenn nicht mehr über ihre ewigen Fundamente diskutiert werden muß; in die Erziehung, wenn die Kindergemüter offen vor dem Lehrer liegen; in die Religion, wenn deren Ur-Wahrheiten direkt zu erblicken sind.

Diese Fähigkeiten von gewaltiger Tragweite müssen natürlich der Menschheit vorenthalten bleiben, ehe sie sich zu einem wesentlich-höheren Grad der Ethik entwickelt hat und die ungeheuer vermehrte Macht selbstlos-verantwortlich *nur* für das Gute benutzt. Unsere gegenwärtigen Geschäfts- und Staatsmethoden werden dann mit Entsetzen betrachtet werden. Die Forderung Christi „Ihr sollt vollkommen sein, wie euer Vater im Himmel vollkommen ist" hat immer wahrste Geltung; denn jedem Menschen ist die Göttliche Vollkommenheit gewiß – gleich, wie niedrig und schwach er auch jetzt noch ist. Ein langer Aufwärts-Pfad durch viele Inkarnationen liegt zur Erreichung dieses wunderbaren Vollendungsgipfels vor uns allen. Die okkulte Vergangenheitsschau zeigt den Weg der Seelen, wie sie durch viele Rassen und Unterrassen wandern; und wir waren ja selber all diese historischen und prähistorischen Völker und formten ihre Geschichte.

Wir befinden uns jetzt in einer Übergangsperiode. Wenn all die fiebrigen, schrecklichen Wirren der Zeitenwende vorbei sind, wird ein Zeitalter sehr rapiden Fortschritts kommen. Der Gebrauch höher-okkulter Kräfte wird dann Mißverständnisse unmöglich machen, weil oft die Gedanken anderer gelesen werden. Es wird kaum mehr eine falsche Berufswahl geben, weil die Erzieher die Fähigkeiten ihrer Schützlinge klar sehen. Der „Tod" bedeutet keine wirkliche Trennung mehr, weil die Jenseitswelten den Menschen fast so wie die irdische Welt vor Augen liegen. Alle Kunstzweige nehmen viel großartigere Formen an, weil astrale Farben und Harmonien den Künstlern zur

Verfügung stehen. Ungelöste wissenschaftliche Probleme werden aufgeklärt. Durch Erschließung der „Vierten Dimension" werden Geometrie und Mathematik ihre Mysterien enthüllen. Wir werden unterträumt mehr von unserer Welt wahrnehmen und uns rasch einer relativen Vollkommenheit nähern, welche wunderbare Macht, Liebe, Weisheit, Schönheit und Glückseligkeit bedeutet.

Inzwischen können wir aber sehr segensreich von den Kenntnissen derer profitieren, welche die superphysische Seherschaft schon beherrschen. Die Nutzanwendung des *Wissens* von der „Verborgenen Seite der Dinge" ist: Wir lernen, das Leben um seiner hohen Bedeutung willen sehr ernst zu nehmen, es nicht oberflächlich zu verzetteln, sondern zum freudigen Dienen zu verwenden. Wir lernen, uns vor den schädigenden Einflüssen der „Öffentlichen Meinung" und den nationalen, religiösen, standesmäßigen und Geschlechts-Vorurteilen zu hüten. Wir lernen die Gefahren von Reizbarkeit und Niedergeschlagenheit kennen und die Notwendigkeit von der steten Beherrschung unserer Gedanken, Worte und Taten. Wir erkennen die schrecklichen Schädigungen von Fleisch-, Alkohol- und Tabakgenuß in okkulter und physischer Hinsicht. Wir erfahren die ungeheure Wichtigkeit der Wahrheit im Denken und Sprechen und werden uns bewußt, daß jeder Mensch für alle ihm verliehenen Kräfte voll-verantwortlich ist. Wir lernen aber auch, daß das Böse immer nur der dunkle Schatten des Guten und von vorübergehender Natur ist – während das GUTE, das WAHRE und das SCHÖNE ewigen und herrlichen Bestand hat. Jeder Strebende muß vor allem drei unschätzbare Energien entfalten:
Selbstloses Wollen, klare Vernunft und allumfassende L I E B E.

Literaturnachweis:
C. W. Leadbeater „Hellsehen"
C. W. Leadbeater „The Hidden Side of Things"
C. W. Leadbeater „The Monad"
C. W. Leadbeater „The other Side of Death"
C. W. Leadbeater „Das Innere Leben, Bd. 2"

37. Die Bedeutung der Ur-Kraft Kundalini im Evolutionsgeschehen

Kundalini ist eine der geheimnisvollsten und mächtigsten Kräfte im Universum und wird wegen ihrer „gewundenen" Bewegungen oft das „Schlangenfeuer" genannt. Den allgemein veröffentlichten Berichten über Kundalini sollte mit größter Zurückhaltung begegnet werden, weil es unverantwortlich ist, die – auch nur teilweise – Entwicklung einer Energie zu unterstützen, welche unbarmherzig-zerstörend wirkt, wenn jemand sie vor der gebührenden Zeit zu erwecken sucht.

Es gibt jedoch grundlegende Tatsachen über *rechtmäßige*, okkulte Vorgänge und Erlebnisse, die *öffentlich* mitgeteilt werden dürfen; und das Wissen *davon* kann einen ernsten Studierenden in die transzendenten Daseinsreiche erheben helfen, wo das E W I G E nur geringe Verschleierung durch die flüchtigen Schatten der Zeit erfährt. Aber die *Erweckung* der Kundalini-Energie bleibt legal einem Adepten-Lehrer vorbehalten, der zur rechten Zeit irgendwie bei dem Aspiranten erscheint. Die Instruktion über Kundalini in den Inneren Welten gehört zum Lehrplan dieses MEISTERS, *wenn* die genügende *Reife* bei einem Schüler vorhanden ist und die *Umstände* es gestatten. Es ist ein abenteuerliches, faszinierendes Mysterium, dem man sich verhaltenen Atems nähern sollte – im Gefühl, sich inmitten einer unfaßbaren Glorie zu befinden. *Alles* höher-okkulte Wissen ist ja stets ein Mysterium, denn so viel wir auch zu wissen glauben, bleiben doch noch stets grandiosere Geheimnisse zurück, so daß unser Weg zur bewußten Göttlichkeit ein immerwährendes Entzücken ist, *falls* wir rein bleiben!

Schon durch eine theoretische Kenntnis von Kundalini erhalten wir im Wachen Ahnungen von gewissen Himalayanischen Bewußtseinsgipfeln, die der Eroberung harren. Und es ist überaus wertvoll, oft an das LICHT erinnert zu werden. Durch diesen Kontakt lernen wir, uns verwegen in die Anfänge der Mysterien vorzuwagen, bis wir endlich die unsere „Auferstehung" begrüßenden „Silberstimmen" vernehmen. Es ist wunderbarer, in der Welt des Unerforschten zu wohnen als in der des konkreten Wissens. Denn *dort* lernen wir Göttliche Wesen uns als solche zu erkennen. Jedoch sollten wir zuerst durch viel Studium und Meditation auf den friedvollen Oberflächen der Mysterien schweben, ehe wir in ihre rebellierenden Tiefen eindringen und uns in ihre Stürme und Kataklysmen stürzen.

Das Wort Kundalini leitet sich aus drei Sanskritwurzeln ab: kund = brennen, kunda = Höhlung, und kundala = Spirale. Kundalini ist beim Menschen der weibliche Aspekt der in einer Höhlung schlummernden Evolutions-Schöpfer-Energie, die zur gegebenen Zeit in spiralig auf- und abrauschenden Strömen zur rhythmischen Bewegung erwacht. Sie liegt zusammengerollt am Grund des Rückgrats; und ihre direkte Erweckung ist mit unheilvollen Gefahren verbunden, wenn nicht ein enormer Reifegrad den Menschen zu ihrer Beherrschung befähigt. Doch schon ein Eintauchen in die Atmosphäre dieses geheimnisvollen Reiches vermittelt einen Hauch des Kosmischen Bewußtseins; ein Duft wie spiritueller Ozon steigt auf, der ein bisher unbekanntes Höheres Ich berühren läßt. Wir gewinnen eine Freiheit wie ein den Gebrauch seiner Flügel lernender Vogel; und bei diesem „Flattern" beginnen wir, wirklich und unwirklich, wahr und falsch, nützlich und nutzlos, schön und häßlich scharf zu unterscheiden. Langsam wird diese Unterscheidung immer sicherer; und dann kommen (allerdings *nur* bei den dazu nötigen *ganz* abgeschiedenen Lebensumständen) einmal die ersten Regungen von Kundalini – die schließlich für immer das „Feuer des Ewigen Lebens" in uns befreien und uns die Krone des Ewigen Königtums aufsetzen wird. Obwohl noch weit davon entfernt, kann doch ein *Ahnen* von Kundalini uns schon jetzt den Weg zu einem spirituell-königlichen *Leben* vermitteln.

Der Wert dieser Mitteilungen liegt nicht in einem Appell an den Intellekt. Gerade die „Unverständlichkeit" vieler hier geschilderten Dinge läßt in weiter Ferne ein geheimnisvolles ETWAS auftauchen, dem wir uns entgegentasten! Wir entdecken bald, daß diese Dinge phantastisch sind, *nicht* wegen ihrer angeblichen Unwahrheit, sondern weil sie, im Gegenteil, *noch zu wahr für uns sind!* Ihre „Absurdität" besteht nur aus der völligen Ferne von aller, bisher normalen Erfahrung. Darum sollte man diese Beschreibungen vorurteilslos aufnehmen, nicht mit festen Meinungen über das, was möglich oder unmöglich ist – denn solches wäre stets irreführend.

Wir kommen nun zu einigen bestürzenden Erlebnissen des Neuankömmlings im Zauberland von Kundalini: Die erste aufblitzende Bewußtseinsausdehnung läßt in ihm ein überwältiges Gefühl der tiefen Beziehung zwischen Makrokosmos und Mikrokosmos erwachsen. Er scheint zu fernen Raum-Regionen hinauszufliegen; und die herrliche Tatsache von seiner völligen Einheit mit dem „Unendlichen Bewußtsein" und allem Lebendigen nimmt von ihm Besitz. *Sein* Bewußtsein erscheint ihm wie ein Mosaikstein im Gesamt-LEBEN. Aber es muß doch schwingungsmäßig ihm *nahe-verwandte* Mosaiksteine geben? Und sogleich scheinen ihn gewisse zärtliche Schwingungen von weit her, doch aus einer sehr *präzisen* Ferne, antwortend zu berühren. Es steht eine unermeßliche Kosmische Bedeutung hinter den *falschverstandenen* Zwillingsseelen-Theorien. Selbst unsere Erde hat ihren „Zwillings-Stern". Die Dualität des LEBENS ist so fundamental wie seine Einheit, Trinität und Siebenheit.

Während der Strebende im Flug der Vision weitergetragen wird, erkennt er die Beziehung zwischen den okkulten Deva-Feuerriten der Erde und der Universalen Kundalini, deren Beherrscher unser Sonnen-Logos ist. Für uns ist die Sonne die Kundalini in excelsis, worin wir „leben, weben und sind". Jede individuelle Kundalini in Planeten und Naturreichen ist ein Teil der Sonnen-Kundalini – mit der latenten Fähigkeit unwiderstehlicher, Katarakt-artiger, alles vor sich her in Flammen setzender Bewegung. Alle diese winzigen, von Ihm entzündeten Kundaliniströme haben teil an der Allwissenheit, Allmacht und Allliebe ihres erhabenen „Ahnherrn". Es gibt eine die Elemente verbindende Kundalinikette und eine, die *alle* Sonnensysteme verbindet, und deren Kraftzentren von der *Kosmischen Kundalini* belebt werden. Auch die Erde hat ihre Kraftzentren – wirbelnde Räder feuriger Energie. Gigantische Deva-Regenten der Evolution regulieren überall die Verteilung des verzehrenden Kundalini-Feuers.

Bei Menschen, die definitiv andere zum GUTEN zu beeinflussen suchen, entsteht in Höhepunkten ihrer Tätigkeit eine allgemeine indirekte Belebung von Kundalini und den Chakras (wie die sieben Kraftzentren speziell im Ätherkörper genannt werden) durch ihr Aufglühen im Herzen, der Kehle, dem Scheitel und zwischen den Augenbrauen. Dies bedeutet nicht eine *direkte* Kundalini-Erweckung, sondern eine Intensivierung des *Universalen* Kundalini-Feuers – mit dem Resultat, daß ihre Nerven und andere Stromwege mehr an „Feuerladung" bekommen als sonst, wobei Störungen von Organfunktionen auftreten können. Beim Vortrag eines berühmten theosophischen Redners trat einmal durch Belebung des Hals-Chakras eine momentane Kehlenverengung ein, aufgrund des Barrieren-Niederbrechens zwischen dem Überphysischen und dem Physischen. Die Folgen waren übernormale Beredsamkeit, mächtige, transzendete Ansprachen, welche die gesamte Zuhörerschaft stark erhoben. Sie wurden in Kundalini „gebadet".

Nikotin legt eine Schranke gegen die Universale Kundalinikraft, während der als direkte Stimulanz wirkende Alkohol das Feuer in schädigend-*falsche* Richtungen aufrührt. Alle Narkotika und alle Fleischspeisen verbreiten eine tödliche Ausdünstung zwischen dem Menschen und seinen höheren Bewußtseinsmöglichkeiten.

Früchte der *direkten* Kundalini-Erweckung sind u. a. das „Ununterbrochene Bewußtsein" bei Tag und Nacht, d. h. volle Erinnerung an nächtliche Tätigkeiten. Es entsteht ein neuer Sinn und eine ungeheure Verstärkung der schon wirkenden Sinne und Kräfte. Wir stehen *hier* erst am Anfang. Die Welt wird vor der wissenschaftlichen Entdeckung des Kundalinistrahles, wegen der Vernichtungsgefahr, noch gnadenvoll bewahrt. Kundalini ist gewaltiger als die „Todesstrahlen" und andere hochzerstörerische, physikalische Ströme. Kundalini wendet sich bumerangartig mit furchtbarer Wirkung gegen die, welche sie ohne Ehrerbietung zu selbstsüchtigen Zwecken mißbrauchen. Am ersten Platz steht die Gefahr von sexueller Überreizung und Besessenheit, mit völligem Vitalitätsverlust und mentaler Gestörtheit. Die schöpferische Sexualkraft ist eng mit Kundalini verknüpft, und zwar als deren unterster Aspekt. (Siehe Kap. 21) Sie muß zuvor sublimiert werden und zur sakramentalen Anwendung kommen. Nur denen, die das Wissen von der Göttlichkeit des Geschlechtes kennen und erfuhren, kann die Kundalinikraft gefahrlos anvertraut werden. Ohne genügend Selbstbeherrschung, Gesundheit und Freiheit von sexuellem Hang besteht die Gefahr, daß das physische, rhythmische Gleichgewicht durch die mit Kundalini verbundene starke Erregung der Körper-Zentren zerstört wird. Herz und Nervensystem werden dann verletzt, und der Mensch wird ein chronischer „Invalide" mit entartetem Gehirn und mentaler Zerrüttung. Jeder, in dem Kundalini erwacht, muß alle Symptome sorgfältig regulieren. Ist er dazu nicht imstande, so fehlt ihm noch die Reife. Ein „Reifer" besitzt das intuitive Wissen. Man bedenke: Der physische Körper ist dichter und daher weniger anpassungsfähig als die anderen Bewußtseinsträger. Und weiter: Alle physischen Funktionen sind mit gewissen Körperteilen verknüpft, wogegen bei den höheren Vehikeln der *ganze* Astralkörper fühlt und der *ganze* Mentalkörper denkt. (Siehe Kap. 36) Das Gehirn fungiert als Hauptknotenpunkt zwischen der Physis und den höheren Bewußtseinsträgern. Bei Empfindungslosigkeit des Gehirns wird – im Wachzustand – Fühlen und Denken unmöglich. Die höheren Körper üben also in der physischen Sphäre den stärksten Druck auf das Gehirn aus, welche diese Last normal leicht trägt, da die überphysischen Zuleitungswege zu ihm eng begrenzt sind. Aber die *erweckte* Kundalini wird unwiderstehlich diese Knäle gießbachartig überfluten und die sensitiven Gehirnzellen vitalisieren. So wird die Konzentration auf das Gehirn gewaltig verstärkt.

Ein Mensch, in dem Kundalini sich schwach zu regen beginnt, lebt unter einem hochgespannten Druck. Es entstehen Kraftzusammenballungen in den Organen, die an Stärke variieren. Kundalini würde jeden Unreifen bei völliger Erweckung ganz übermannen und in grausame Finsternis stoßen, falls er nicht ein psychischer Athlet ist, um die Spannung auszuhalten. Denn die zarten Kanäle zu den Inneren Welten zerspringen, wenn ein so plötzlicher, peitschender Kraftstoß sie oder ein Organ durchwirbelt. In einem spirituell hochstehenden Menschen strömt die erwachte Kundalini reibungslos und natürlich dahin. Doch vorher ist äußerste Vorsicht nötig, denn das „Schlangenfeuer" unterscheidet nicht, sondern strömt verzehrend auf den Linien des geringsten Widerstandes – oft mit furchtbarer Wirkung, statt aufwärts abwärts in die Sexualsphäre. Es reißt enge Schleusen weit auf und schafft so direkte Verbindung zwischen allen Vehikeln – mit dem Ergebnis des „Ununterbrochenen Bewußtseins". Dies aber bewirkt eine mächtig-vermehrte, stärkste Beherrschung fordernde, seelische und körperliche Empfindlichkeit. Heute muß Kundalini (wenn nötig) meist nicht in stillen Wäldern, sondern im Lärm der Städte entwickelt werden – unter dem Risiko, daß das sensitiv werdende Körperinstrument beim Anprall von heftigen Schwingungen zerbrechen kann. Darum ist auch ausgeglichene Gesundheit unerläßlich. Jedoch das Hauptproblem ist: Kann das *Gehirn* diesem gewaltigen Druck, dieser unwiderstehlichen Sturzflut aus den inneren Körpern standhalten? Es kommt auch auf die Dehnungs- und Anpassungsfähigkeit der grauen Gehirnmasse an. Jede Härte und Starrheit im Astral- oder Mentalkörper, die sich ja dem Gehirn und Herzen mitteilt, kann zum Zerspringen führen. Alles hängt also vom Zustand des Astral- und des Mentalkörpers ab und von dem Grad, in dem das kausale und buddhische Denken sich bereits durchsetzt. In manchen Fällen hat das Ego zwar die nötige Reife, aber sein durch Mißbrauch in dieser oder der vergangenen Inkarnation mangelhafter Körper kann der Anspannung noch nicht trotzen. Dann muß der Strebende die nächste Verkörperung abwarten, zu der er dann einen *jetzt* zu schaffenden, reinen und starken Körper mitbringt. Die Tollkühnheit eines Versuches, Kundalini ohne wirklich zuständige Führung zu erwecken, zeigt sich durch den bekannten Satz, daß „die Straße des Okkultismus (speziell des Kundalini-Erweckens) mit Wracks be-

streut ist". Jeder, der leichtsinnig solche Bemühungen macht, hat meist
Wahnsinn, Laster, Siechtum oder Tod zu befürchten.

Allgemeines über Kundalini: Sie ist das „Feuer des Lebens" und durchflutet Mineral-, Pflanzen-, Tier- und Menschenreich als ein sanft-be-
lebender und befruchtender Strom – das „Nervenfluid". Nur wenn in
spezielle Kanäle geleitet, wird sie zu einer rasenden Sturzflut mit ver-
göttlichenden *oder* vernichtenden Wirkungen. Bei jedem spirituellen
Wachstumsschritt entsteht Intensivierung von Kundalini, und besonders auf dem sogenannten PFAD. Unter PFAD ist ein seit archaischen
Zeiten bekannter, abgekürzter Evolutions-Weg zu verstehen, wodurch
ein zu freudigen Opfern bereiter Mensch unter Adepten-Führung ein
sonst sehr viele Inkarnationen benötigendes Wachstum in wenige Leben zusammendrängt.
Schon bei einem „Angenommenen Schüler" (siehe Kap. 55 und 57) beginnt ein loses Einspannen von Kundalini für bestimmte Zwecke. Ein
Hauptgrund, warum die Adepten sehr vorsichtig mit dem Eingehen
dieser engen Beziehung zu einem Menschen sind, ist die verstärkte Anregung der Kundalinikraft. Einen noch stärkeren Stimulus bewirkt der
Eintritt in die „Große Weiße Bruderschaft". Die Kundalinikraft dieser machtvollen Körperschaft strömt dann hoch-spezialisiert in den
Neophythen. Kundalini verstärkt intensiv das Einheitsgefühl. Nicht
nur die Wälle zwischen den Bewußtseinsebenen werden niedergebro-
chen, sondern auch die zwischen Einzelmenschen und Gesamtheit. Ganz
besonders durch das Teilhaben an der gewaltigen Kundalinikraft der
„Hierarchie der Adepten" schwindet bei diesen höchsten Eingeweihten
fast völlig die Illusion der Getrenntheit.
Doch schon eine Verbindung mit der Theosophischen Bewegung bewirkt auf Grund ihres trennungüberbrückenden Hauptprinzips eine
allgemeine Anregung dieser Ur-Energie. Denn diese Bewegung hat ihren eigenen, speziellen Kundalini-Aspekt. Zuweilen ist dieser Stimulus
zu schwer tragbar. Denn neben den *reifemäßig* von Konventionen be-
freiten, in Sicherheit vorschreitenden Pionieren werden auch labile, un-
ausgeglichene Typen davon angezogen, in denen die aufgerührte Kundalinikraft alle latenten Schwächen und Fehler zur Oberfläche bringt.
Denn Kundalini ist ja eine unpersönliche, Gutes und Böses aufrührende
Urkraft. Während dann die Fehler des Betreffenden wachsen, wird er
sich meist im Geltungswahn für den großartigsten Vertreter der Wahrheit halten; und der Segen seiner Verbindung verkehrt sich in einen
Fluch, der nur durch Ausscheiden eines solchen unreifen Menschen ge-

mildert werden kann. Er wird bei einer Trennung oder einer Verbleibensmöglichkeit in selbstgerechtes Verdammen fallen; denn meistens ist die Ursache ein nach Führungsposition trachtender, absurder geistiger Hochmut, der geschickt verborgen wird.

Im Fall einer *direkten* Kundalini-Erweckung wird das Hauptwerk von dem Betreffenden während des Schlafes getan und besteht zunächst aus der Vorbereitung des Kundalini-Stromweges an der Wirbelsäule, wo sich jene Chakras befinden, deren Aktivierung durch Kundalini übersinnliche Fähigkeiten schafft. Das Kundalini-Feuer liegt, in einer kugeligen Hülle zusammengerollt, am Grund des Rückgrats. Wenn durch lang-fortgesetzte, völlig reine, disziplinierte Lebensführung das Feuer genügend mit der rechten „Nahrung" versehen wurde, gerät es in Tätigkeit und entfacht sich zu heller Hitze, welche die trübglühende Hülle in starkes Brennen versetzt und zu einer strahlenden „Sonne" verwandelt. Diese Kundalini-Sonne gleitet dann sehr rasch in spiraliger Bewegung die Wirbelsäule auf und nieder, wobei sie besonders die dem „Strahl" des Schülers entsprechenden Chakras aktiviert. Es entsteht dabei ein Druckgefühl und im Scheitel-Chakra ungewöhnliche Wärme. Auch im Wachzustand wird oft ein warmes Glühen das Rückgrat hinauf verspürt. Doch die wundervollste Wirkung ist die Bewußtseinsausdehnung. Man fühlt sich von einem ungeahntglorreichen Leben und einer Art All-Versöhnung erfüllt. Barrieren zerbrechen, der Schüler schaut im Inneren aller Wesen ihre herrliche Zukunft. Eine schleierlose Ewige Wirklichkeit tut sich über dem Physischen auf. Anfangs wird ihm oft schwindelig, weil er sein neues Sehen in anderen Welten und Dimensionen noch nicht beherrscht. Erst allmählich kann er das Hin- und Herflattern zwischen den Bewußtseinszuständen vermeiden. Oft empfindet er sich weit entfernt. Geräusche erreichen ihn nur wie ein schwaches Murmeln. Er kommt sich vor wie ein Zuschauer auf der ihm fremd und unwirklich werdenden Lebensbühne. Sein Gehirn ist mit unfaßbarer Wachheit dem EWIG-WIRKLICHEN geöffnet. Schattenhafte Berührungen hoher Bewußtseinsformen treten auf. Die Empfindlichkeit wächst dann enorm, ein lautes Geräusch veranlaßt einen Schock. Der Mensch wird zu einer Art sensitiver Platte für die Personen seiner Umgebung, so daß er blitzhaft ihre hohen und niederen Seiten erkennt. Der Körper scheint von diesem überphysischen Feuer zu glühen, so daß jemand in der Nähe fast die Wärme fühlen könnte. Oft wird der Körper von alldem und dem Gehirndruck sehr ermüdet. Durch das Kundalini-Erwachen entsteht eine erhöhte Sensitivität für die Einflüsse von heiligen und mystischen Stätten, ritualen Gottesdiensten und Ähnlichem, wogegen man sich in Geschäfts- und Vernügungsvierteln wie Blumen bei Luftmangel hinwelken fühlt.

Die Chakras entfalten sich blütenhaft. Kundalini durchdringt langsam den ganzen Körper, und höhere Energien durchglühen Herz und Gehirn. Am Anfang bedeuten solche Berührungen Herrlichkeit und Schmerz zugleich – Schmerz wegen der peinigenden Hindernisse, und Herrlichkeit wegen der Bewußtseinserhöhung durch das „Feuer des Ewigen Lebens".

Kundalini spielt überall zwischen zwei Polen: einem positiven, der Sonne, und einem negativen, der Erde. Kundalini erwecken heißt, das schlummernde Feuer zu einer reinigenden, Energie spendenden Flamme zu entfachen – mit Kontakt zu dem UNIVERSALEN FEUER. Die Körper werden dann zu einer Sphäre zwischen den beiden gewaltigen Sonne- und Erd-Zentren. Der Mensch schreitet in den Raum zwischen ihnen und wird mit dem Wechselspiel der ungeheuren Kundalini-Energien geladen, die ihre Empfangs- und Verteilungsstation im Chakra an der Wirbelsäulenbasis hat. Von dort geht ihr vitalisierender Weg durch die übrigen Chakras. Aus dem Zentrum der Erde fließt Kundalini herauf – aus jener glühenden Unterwelt, dem Laboratorium des DRITTEN LOGOS, wo die chemischen Elemente entstehen: durch Füße, Beine und Geschlechtszentren in das Chakra am Grund des Rückgrats. Aus der Sonne fließt Kundalini herab und mildert dabei ihre überwältigende Stärke, um sich dem Sterblichen anzupassen. Aufwärts fließt also ein Feuerstrom, und abwärts fließt ein Feuerstrom; und beide begegnen sich an der Wurzel des Rückgrats, wo sie sich zu einem konzentrierten Kraftspeer zusammenschweißen, der im Körper hinaufstürmt und dabei den Menschen selbst in das LICHT des EWIG-WIRKLICHEN vorwärtsträgt. Die Frucht der beiden Ströme ist segensvolle Spirituelle Macht. Der negative Erdstrom und der positive Sonnenstrom spielen beide ihre Rolle. So wird der Mensch eine Kraftsphäre zwischen Sonne und Erde. Denn der Kontakt mit der Kosmischen Ur-Kraft Kundalini wurde errichtet und die Erleuchtung durch das Kosmische LICHT begonnen. Man könnte das Hals-Chakra als ein Erdzentrum und das Herz-Chakra als ein Sonnenzentrum bezeichnen.

Nach Eröffnung des Auf- und Niederströmens von Kundalini am

Rückgrat muß eine verbindende Bewegung zwischen den Chakras hergestellt werden, und zwar zuerst die Verbindung zwischen dem Chakra an der Wirbelsäulenbasis und dem Solar-Plexus-Zentrum. Diese Berührung bringt trotz anfänglicher Übelkeitsgefühle wiederum eine wunderbare Bewußtseinsausdehnung hervor – vor allem echte Intuition, die sich mit jedem weiteren Kontakt zwischen den Zentren steigert. Bei der *legalen* Erweckung von Kundalini entstehen keine sexuellen Störungen, jedoch die Fundamente der Geschlechtsnatur werden in geistige Schöpfer-Kraft transmutiert – in das wahrhafte „Feuer der Schöpfung". Die Erweckung von Kundalini führt auch zu Hellsehen, Hellfühlen, Hellhören und dem „Ununterbrochenen Bewußtsein" in Schlaf und Wachen. Aber unvergleichlich bedeutender ist eine sehr wirkliche Transsubstantiation, wo sehr hohe Bewußtseins-Elemente ins Tagesbewußtsein eintreten, so wie kostbare Juwelen in ihre Fassung gebettet werden. Hellsehen mit allem Zubehör wird sich gewiß einmal einstellen – jedoch der *wirklich-hohe* Zweck der Kundalini-Erweckung ist das Buddhische und später das Nirvanische Bewußtsein im Wachzustand. In dieses kann dann kein persönlich-getrübtes Denken mehr eintreten. Man sollte dann aber seine durch Kundalini geläuterte Intuition nicht durch verstandesmäßige Erwägungen verzerren, sondern stets seinen ersten, blitzhaften Eindrücken trauen – *wenn* sie aus reinen Institutions-Tiefen kommen und nicht aus seichten, trügenden Gestaden. Das muß man wissen.

Es gibt zwei *Systeme der Kundalini-Erweckung.* Die eine vollzieht sich langsam und sorgfältig während mehrerer Leben, wobei die psychischen Fähigkeiten nacheinander aktiviert werden. Bei der anderen werden die ethischen und spirituellen Voraussetzungen abgewartet; und dann kann die Kundalini-Erweckung plötzlich mit einer Sturzwelle kommen. Hand in Hand damit geht *stets* das Ziel, die vermehrte Macht zur Hilfe für Leidende und Unwissende zu verwenden. Der Betreffende sieht klar die Nöte seiner Mitmenschen und kann ihnen sichere, intuitive Ratschläge geben.

Im allgemeinen Kundalini-Gebrauch gibt es viele Methoden. Bei *einer* zieht der Lehrer seinen Schüler zu einem Kundalini-Bad in seine, vom Schlangenfeuer karmesinrot durchtränkte Aura, was eine mächtige, gefahrlose Belebung ist, *falls nicht* ungünstige Eigenschaften durch diesen Stimulus verstärkt werden können! Ein Grund, warum die Adepten nicht in der äußeren Welt leben, ist die Einwirkung ihrer ungeheuer

dynamischen, gefährlichen Kundalini-Kraft auf die Durchschnittsmenschen. Deshalb mußte auch das Auftreten CHRISTI auf eine kurze Zeit zusammengedrängt werden und aufhören, sobald einige Jünger für seine Mission zur Verfügung standen. Um der damals wenigen Inspirationsfähigen willen, welche die Botschaft den ungeborenen Generationen überliefern konnten, ging er das Risiko des Nichtbegriffen- und Gemordetwerdens ein. So ist also das Karma der Juden gewiß weniger schwer als stets angenommen, denn sie standen unvorbereitet einer Gut und Böse aufrührenden Ur-Kraft gegenüber, deren Wirkungen sogar die Christus-Liebe nicht neutralisieren konnte. Auch der heute lebende Adept muß deshalb längeren, direkten Kontakt mit der Menschen-*Masse* vermeiden und aus der Verborgenheit wirken – durch seine Schüler, inspirierte Schriften, mächtige Gedankenformen *und* vor allem durch die in speziellen Erdgebieten errichteten hoch-geladenen Kundalini-Zentren, die wie Flammen-Meere dieser Ausstrahlung über die Welt dienen. Eine weitere allgemeine Anwendungsform: Ein Initiierter kann ihren Strom durch eine gewisse Öffnung am Ätherkopf eines Menschen in dessen Körper leiten, so wie die Erde von Oben durch Sonnenschein und Regen befruchtet wird. Nur ist die Empfangsfähigkeit zu berechnen. Manche können quasi einer tropischen „Sturmflut" standhalten, die meisten brauchen nur einen sanften „Regen".
Eine weitere Form ist die Beschützung gegen Machinationen von „Brüdern des Schattens". Ein theosophischer Forscher bemerkte einmal einen solchen Schwarzmagier, der durch eine ausgesandte starke Gedankenform eine Menschengruppe zum Selbstmord anreizte und sie schon zum Ergreifen der Stricke gebracht hatte. Das karmische Gesetz gestattete es dem Beobachter hier, einen verzehrenden Kundalini-Strom auf den Magier auszusprühen. Die Gedankenform war sofort vernichtet, wodurch die Opfer befreit wurden. Die Rückwirkung auf den Magier bestand aus einer schweren, langwierigen Krankheit.

Betreffs der *direkten* Erweckung: Um hierbei die überphysischen Bewußtseinstypen beständig ins Wachbewußtsein zu leiten, muß Kundalini ein körniges, ätherisches Zellengewebe am Scheitel durchbrechen. In einem aushöhlenden Vorgang reißt sie dieses Hindernis auseinander und bohrt sich einen Kanal für ihre flutende Kraft, die dann fortwährend wie eine farbige Fontäne über dem Körper aufrauscht. Durch *diese* ätherische Kopf-Öffnung strömen auch die unterstützenden Kundalinikräfte höherer Wesenheiten ein. Kundalini ist zwar ein „flüssiges" Feuer, jedoch gilt auch das Gleichnis vom Einpflanzen eines Stabes in ein Loch im Erdboden. Erde und Wasser werden durchdrungen und tiefer unten geschmolzene Metalle und Gase. Auch Kundalini muß sich in einem oft schmerzlichen Vorgang ihren Weg freiräumen. Der Vergleich mit dem Stab ist korrekt, denn die Unterscheidungen zwischen den Aggregatzuständen – fest, flüssig, gasig usw. – sind relativ. Es gibt feste Stoffe in den inneren Erdregionen, welche die uns bekannten festen Stoffe luftig-leicht erscheinen lassen. Vom Gesichtspunkt der *geistigen* Wirklichkeit ist Kundalini „substantieller" als feste Substanzen, *wenn* man substantiell für *mächtig* setzt. So wie der Holzstab fester als die durchstoßene Erde, ist Kundalini viel fester als die von ihr entfernten Hindernisse. *So* gesehen ist auch Mentalstoff substantieller (oder fester) als der astrale, der buddhische fester als der mentale, der nirvanische fester als der buddhische.

Das Kosmische „Universale Feuer" *besteht* aus unzähligen Elementen; und je nach dem „Strahl" des Menschen leuchtet eins oder das andere stärker hervor. Zur Erklärung: Das Göttliche LEBEN differenziert sich von Ur-Beginn in sieben große Hauptströme mit unwandelbaren Charakteristiken, „Strahlen" genannt; und wir alle gehören zu einem von ihnen. Jedes Chakra repräsentiert eine solche Energie-Linie. (Siehe Kap. 22) So dominiert also bei jedem Menschen ein spezielles Chakra. Kundalini paßt sich diesem Gesetz an und regt bei ihrem Lauf die anderen Chakras leicht an, während die Haupt-Kraft dem mit dem „Strahl" verbundenen Chakra zufließt.
Dieses Prinzip besteht in makrokosmischen und mikrokosmischen Bereichen. Kundalini konzentriert sich also bei ihrem korkenzieherhaften Aufwärtswogen besonders auf die wegen des „Strahles" wichtigsten Chakras, sowie auf solche, die wegen bestimmter Arbeiten gerade der Anregung bedürfen. Auch Nationen und Religionen haben ihren „Strahl", ebenso wie Meere, Gebirge, große Wälder und die Erde selbst, die auch ein gewaltiges Haupt-Chakra in ihrem Inneren besitzt. Das gleiche gilt für ein Sonnensystem und überhaupt für jeden Organismus. Doch hier taucht die Vision in geheimnisvollen, unerforschbaren Regionen unter. Ein Zeichen des *echten* Kundalini-Erwachens ist eine eigenartige Empfindungsgleichheit im ganzen Leib, mit teilweiser Aufhebung der Gefühls-Lokalisierung. Auch entsteht eine langsame Verschmelzung der fünf Körper, so daß sie schließlich fast wie ein einziger, in jedem Teil aktiver und rezeptiver Bewußtseinsträger zu funktionieren beginnen. In den höchsten Regionen hört man auf, von „Körpern" zu sprechen, deren Platz dann von Strahlen-Sphären eingenom-

men wird; und das nicht mehr lokalisierte Bewußtsein ist zu einem weithin ausstrahlenden Zentrum geworden.

Die Evolution besteht darin, daß der Sonnen-Logos, das „Vater-Feuer", gewisse Bewußtseinsfragmente in Seinen Raum bis zu den fernsten Grenzen hinaussendet, die dann auf dem „Rückweg" Schritt für Schritt dem „Vater-Zentrum" ihre Erfahrungsfrüchte darbringen. So besitzt Kundalini also auf dem unfaßbar langen Pilgerweg – trotz ihrer Unlösbarkeit vom Universalen Feuer – für den Menschen ihren rein individuellen Aspekt und teilt die Natur der „Permanenten Atome". Dies sind die unauflöslichen, zentralen Kerne jedes der Körper, welche die Ergebnisse sämtlicher Inkarnationen als Schwingungskräfte in sich bewahren und nach dem „Tod" im Kausalkörper ruhen. Bei jeder Neugeburt werden auf Grund dieser magnetischen Vibrationen die neuen 4 Körper von den karmischen Kompetenzen – mit Deva-Hilfe – erbaut. (Siehe Kap. 30 und 31)
Alle Wesen stammen im letzten Sinn aus dem Kundalini-Feuer, als einer Manifestation Gottes des Heiligen Geistes. Es ist das permanente, feurige Herz aller Körper. Seine Intensität ist in einem steten, gezeitenhaften Wachsen und Abnehmen begriffen und wird auch durch die Umgebung sehr beeinflußt. Kundalini erblüht auf freien Ebenen, an der See, in Gebirgen, in harmonischen Heimen, bei erhebenden Zusammenkünften, bei heiligen Ritualen, in vertrauenerfüllten Lehranstalten. Aber in Restaurants, Kinos, in Geschäfts-, Vereins- und Parteiversammlungen nimmt die Kundalini-Kraft mangels von Stimuli ab. Wir nähren oder schwächen sie durch alle Lebensäußerungen. Davon unabhängig, bewegt sich unsere Kundalini in einem unausgesetzten Rhythmus von Steigen und Fallen. Sie kann nie schlafen, trotz scheinbarer Inaktivität. Denn sie teilt stets die Wirksamkeit der Universalen Kundalini, welche sich ewig durch die Welten-Räume bewegt.

Eine interessante Beobachtung machte Dr. George Arundale – ein initiierter Theosophie-Schüler – einmal in Indien über den Gebrauch des sogenannten „Thyrsusstabes" bei Kundalini-Erweckungen. Der Thyrsusstab hat die magnetische Fähigkeit, sich in enge Berührung mit Kundalini zu bringen und veranlaßt sie, ihm zu folgen – wie Eisen dem Magneten. Schon in antiken Zeiten war die Anwendung des Thyrsusstabes zur Kundalini-Erweckung bei indischen Yogis, bei initiierten Ägyptern und Hellenen wohlbekannt. Der von Dr. Arundale gesehene Thyrsusstab war *zylinderförmig*, aus glänzend-weißen Metall und etwa 70 cm lang. Er wurde von einem „berufenen" Lehrer an die Wirbelsäulenwurzel seines Schülers gelegt und langsam hochgezogen, wobei Kundalini dem Stab folgte.

Kundalini ist die große Erfüllung eines Eingeweihten, der auf seinem Entwicklungsweg unzählige Erfahrungen gesät und einen „Garten ewiger Blumen" geerntet hat. Könnte der Suchende die ewige Musik Kundalinis und ihre Feuer-Farben wahrnehmen, würde er wissen, daß er damit in das wahre Herz des SEINS einträte. Nur nebelhaft ahnt er zunächst die Glorie eines pulsierenden, welteinkreisenden, alle Musik bergenden Klanges und die Glorie eines ebenso mächtigen Farben-Regenbogens. Jeder so Erwachende hört *seinen* Klang, schaut *seine* Farbe in diesem magischen „Kristall" verschmolzenen Farben-Klanges. Unsere Kundalini, die Erd-Kundalini und die Kosmische Sonnen-Kundalini – jede hat ihre einzigartige, dominierende Note. Unser HERR, der Sonnen-Logos, singt *Seinen* Gesang, sendet *Seine* Farbe in Sein Schöpfungssystem; und unsere Mutter, die Erde, singt und leuchtet schattenhaft in antwortender Huldigung. Es gibt wahrhaft nur *einen* Gesang, nur *eine* Farbe für alles Leben auf diesem Kundalini-Globus, Erde genannt. Alles Singen der Erde, alle ihre Farbenbotschaften sind Lobpreisungen für den HERRN der Schöpfung; und von den Höhen des Übermenschen mit seinem Zierrat strahlender Körper bis zum Atom hinab vernimmt der Erwachende nur *einen* anbetenden Ruhmesgesang für Ihn, der alle Wesen myriadenfach ins Leben rief. Unsere Gesänge und Farben, unser Leben und Licht, unsere Glorie stammen von Ihm; und wir erheben unsere Gaben, um Ihm zu zeigen, daß wir sie dankbar-zärtlich pflegen.

Kundalini singt dem Erwachenden ihr Ewiges Lied mit der Stimme alles dessen, was lebt. In den geheimen Tiefen *unserer* Kundalini finden wir das Mysterium der Einheit des aus einer Unendlichkeit von Tönen bestehenden Lebens-Gesanges, der Einheit des aus einer Unendlichkeit von Farben bestehenden Sonnen-Spektrums. Wenn wir einmal imstande sind, alle noch unzugängliche Glorie in uns zu offenbaren, schreiten wir über die Menschheit hinaus, so wie wir früher die unteren Naturreiche überschritten, und gewinnen das geistige Königtum der Welt. Kundalini ist in Wahrheit klingend und von denen, die „Ohren" haben zu hören, vernehmbar. Sie ist auch substantiell und von denen, die „Augen" haben zu sehen, schaubar. Kundalini ist keine imaginäre, phantastische Abstraktion. Sie lebt, sie singt, sie prunkt in funkelnden Farben!

Jedoch es lohnt keineswegs, sie unruhig und falsch zu suchen – weder ihr Erwachen zu ersehnen, bevor ihr rechtmäßiger Schlaf vorbei ist, noch sie durch Ungeduld zu stören, wenn sie sich endlich in ihrem Herrschaftsbereich zu wirken aufmacht. Es lohnt nur, respektvoll zu warten. Der Weg zu ihr besteht darin, sich von allen persönlichen Verankerungen zu lösen und sich in den Räumen der Unendlichkeit heimisch zu machen. Man fühlt diese nicht, wenn man unendlich weit fortgeht, sondern, indem man unendlich stille wird. Bei Erlangung der vollkommenen Stille gibt es weder weit noch nahe. Doch die Stille ist tönend, pulsierend im Rhythmus der EWIGKEIT. Beim ersten Vernehmen jener stillen, zarten, doch unendlich mächtigen STIMME *hören* wir Kundalini von fern. Doch in der weiten Zukunft wird es *unsere* Stimme sein, unser wahres Selbst, das vor Freuden singt. In der Klarheit dieser Stille werden wir ein warmes, farbiges Leuchten sehen – dann sehen wir Kundalini von fern. Doch in der weiten Zukunft wird es *unser* farbiges Leuchten sein, unser wahres Selbst, das vor Freuden leuchtet.

Diese Schilderung soll mit dem Bericht eines Erlebnisses von Dr. George Arundale schließen, das ein direktes Ergebnis vom Erwachen dieser machtvollen Ur-Kraft gewesen ist:
Er wurde auf der Tragfläche des Kundalini-Feuers zurück in unentdeckbare Vergangenheit getragen. Kundalini bricht ja nicht nur Barrieren des Bewußtseins nieder, sondern auch von Zeit und Raum. Die Abgründe zwischen Vergangenheit, Gegenwart und Zukunft werden überstiegen, und das EWIGE JETZT wird zur Wirklichkeit. Der Erwachende war *hier* zum Rückwärtswandern geneigt. Er bewegte sich auf einem Kundalini-Strom immer weiter zurück, bis zu den Anfängen des Sonnensystems, wo er schließlich auf eine seltsame Art in den majestätischen Ur-Tiefen der Eröffnung einer neuen Schöpfungs-Ära untertauchte. Er schaute fassungslos auf etwas physisch-Unbeschreibliches, auf eine ungeheuer weite Ausdehnung von lebendiger Substanz. Man könnte sagen: Ozean, wenn das nicht den Begriff für „flüssig" einschlösse. Vielleicht ein gewaltiges Feuer-Meer; doch auch das ist unzulänglich. Diese lebendige, geheimnisvolle Substanz setzte einen belebenden Schöpfer voraus. Und der Erwachende erkannte unmittelbar das Prinzip, daß bei der „Morgendämmerung" eines solchen Systems zwei Elemente vorhanden sind: *Belebender und Belebtes*. Es gibt stets eine Unendlichkeit von Belebtem und einem Belebenden – einen Sonnen-Logos, der die Apotheose seines eigenen Evolutions-Weges dar-

stellt. Das Belebte besteht aus einer Unendlichkeit von *„Schöpfern im Werden"*, welche es noch nicht wissen, oder aus zahlreichen Feuern, die noch nicht brennen. Der „Belebende" haucht dem Werdenden Sein Leben ein; und so beginnt die Evolution. Unzählige „Funken" beginnen zu erblühen. Die Funken (Monaden) sprühen nun hinaus und werden zu mikroskopischen Flammen. Die Naturreiche werden nacheinander durch Kundalini hervorgebracht, als Brennstoff für die „Flammen" erschaffen. Die Flammen wachsen und benötigen immer mehr Brennstoff. Sie springen zu Feuern auf und diese zu mächtigen Bränden. Ein Naturreich nach dem anderen nährt Funken, Flammen und Feuer, bis endlich auch der *menschliche* Brennstoff zu Feuer aufgelöst ist wie die untermenschlichen. Und dann treten die Feuer triumphierend in die EWIGE ESSENZ des Feuers ein. Die bekannten Formen sind verzehrt, und nur das LEBEN des FEUERS leuchtet in vollkommener Reinheit.

Doch weiter schreitet das mystische WERDEN. In unermeßlich-hoch darüberliegenden Regionen verschmilzt dann auch die Essenz dieses FEUERS mit D E M , was jenseits davon liegt. So werden Geschöpfe zu „Schöpfern", zu Logoi, gleich ihrem „Vater". Und Er, der Logos, zieht sich in die Transzendenz des A B S O L U T E N S E I N S zurück, um bis zu einer Neuschöpfung zu „ruhen". Und nach Pralaya, der Welten-Nacht, erhebt sich der brausende, schwingende Fanfarenruf des Erz-Engel-Herolds, der das Schweigen der Ewigkeit weckt. Der Logos-„Schöpfer" tritt hervor. Und Er atmet erneut Sein Schöpfer-Feuer auf harrende, lebendige Ur-Substanz aus. Wiederum beginnt eine Evolution. Und alle Geschöpfe, *alle* Wesen sind „SCHÖPFER IM WERDEN".

Literaturnachweis:
Dr. G. Arundale „Kundalini — an occult experience"
C. W. Leadbeater „Die Chakras"
Geoffrey Hodson „Occult Powers in Nature and Man"
Sir John Woodroffe „The Serpent Power"
Geoffrey Hodson „Clairvoyance and the Serpent Fire"
C. W. Leadbeater „Das Innere Leben", Bd. 1

38. Eine Studie über die „Vierte Dimension"

Das Erschließen der „Vierten Dimension" mit allen Auswirkungen wird einen neuen Schritt der Menschheit in eine neue grandiose Zukunft bedeuten – die ansatzweise schon begonnen hat. Das Folgende kann natürlich keine methodische Abhandlung darüber sein, sondern vielmehr ein Von-vielen-Seiten-Herantasten an ein faszinierend-geheimnisvolles Neuland.

Mathematisch suchen wir dabei die rätselhafte Vierte Dimension des Raumes. Philosophisch trachten wir nach der „Ewigen Wirklichkeit", kraft der Ausdehnung unserer Mentalenergien über die jetzigen Zeit- und Raumbeschränkungen hinaus. Naturwissenschaftlich bedeutet es völlig neu zu erlebende Zeitbegriffe und -Maßstäbe. Okkult gesehen, denken wir an die feineren, unbekannten Stoff-Arten, die von einem der Vierten Dimension zugehörigen höheren Sinn enthüllt werden, welcher unseren überphysischen Vehikeln eigen ist. Auch neu-entdeckbare Chrakteristika der *physischen* Materie sind als vierdimensional zu bezeichnen, wie etwa die Durchdringbarkeit des Stoffes mit jenen feineren Substanzen. Volkstümlich wird darunter oft die astrale Zwischenwelt verstanden. Z. B. kündigte der Sender „Freies Berlin" einmal an: „Ein Abend in der Vierten Dimension – Einführung in die englische Geisterwelt".

Wir lernen immer mehr über Menschen, Dinge und Orte, je länger wir mit ihnen verbunden sind. Alles war aber schon die ganze Zeit vorhanden, doch wir sahen nur einen „Querschnitt" davon. Zweifellos leben wir stets in einer Welt von Querschnitten und sehen überhaupt nichts ganz. Denn *vollständige* Wahrnehmung würde das Wissen von Vergangenheit und Zukunft einschließen. Weiter: Die Fähigkeit, alle Aspekte einer Idee gleichzeitig erkennend zu coordinieren. Weiter: Die Fähigkeit, alle Seiten eines Gegenstandes gleichzeitig zu sehen, so wie bei einer Form der astralen Hellsichtigkeit, die oft mit Kräften der Vierten Dimension identifiziert wird. Weiter: Die Möglichkeit eines unfaßbar ausgedehnten Eindringens nach außen und nach innen – ins Unendlich-Große *und* ins Unendlich-Kleine. Schon beim *Studium* der Vierten Dimension erweitern wir die bisherigen Vorstellungsgrenzen und bereiten uns auf jene wunderbare Zukunft vor, wo – bei entsprechend-spiritueller Entwicklung – solche erstaunliche Wissensmöglichkeiten uns zugänglich sein werden.

Jede Rasse erringt zusätzliche Erkenntniskräfte und erfährt mehr über das geheimnisvolle Universum. Unsere Fünfte Wurzelrasse ist vorwiegend konkret-verstandesmäßig eingestellt, so daß sie z. B. meist eine Oberflächen-Physik betreibt. Doch schon ihre jetzt entstehende Sechste Unterrasse wird auch auf metaphysische Art in Seele und Wesen der Wesen und Dinge eindringen. Diese beständig fortschreitenden Erkenntnisse werden im empirischen Weltbild durch eine Korrektur nach der anderen belegt, wie durch die von einer Flächen-Erde zu einem runden Globus, vom geozentrischen zum heliozentrischen Sonnensystem, vom unteilbaren Atom zu Atomkern und Elektronen – und als nächstes die von einem drei- zu einem vier- und mehrdimensionalen Universum.

Zukünftige enorme Wissensausdehnungen deuten schon heute in einem raschwachsenden Maß darauf hin. Die Einstein'sche „Relativitätstheorie" war ein bedeutender Schritt. Die anderen Dimensionen kommen allmählich auf dem Weg über das Unendlich-Große und das Unendlich-Kleine auf uns zu. Ein Sekundenbruchteil stellt den flüchtigen Zeitraum dar, in dem die Läufer das Zielband berühren. In Zehntelsekunden festgehalten, entzieht er sich oft der Genauigkeit einer Stoppuhr. Präzision beim Messen winzigster Intervalle ist auch erforderlich bei der Flugzeitbestimmung moderner Äroplane, die mit Stundengeschwindigkeiten von über tausend Kilometern dahinbrausen. Sie wird erreicht mit vibrierenden Stimmgabeln und einer Kinematographie von rasender Schnelligkeit, wobei die Sekunde in tausend Teile zerlegt wird. Doch selbst das genügt nicht, um die unglaublich-rapiden Erscheinungen bei einer Atombomben-Explosion zu registrieren. Die Konstruktion einer „Elektronischen Uhr", welche Zeitabstände bis zu einer Zweihundertmillionstelsekunde messen kann, war die Lösung solcher Probleme. Diese Uhr wurde kürzlich – anläßlich einer Tagung zur „wohltätigen Nutzung der Atom-Energie" im National-Laboratorium von Brockhaven bei New York einem Gremium von Kern-Physikern vorgeführt. Elektro-Ingenieure haben es also fertiggebracht, ein Instrument zu schaffen, das elektronische Anstöße mißt, die nur um den 200 000 000sten Teil einer Sekunde auseinanderliegen!
Interessant ist Folgendes: In einem Filmtheater werden etwa 24 Fotos je Sekunde auf die Leinwand geworfen. Zwecks glatten Überganges von einem Bild zum anderen wird die Leinwand jedesmal, wenn ein Bild vom nächsten ersetzt wird, für eine Achtundvierzigstelsekunde verdunkelt. Das heißt: Für fast die Hälfte der Zeit, in der das Publikum einen Film sieht, sitzt es in voller Dunkelheit, ohne es zu wissen.

Drei Dimensionen sind uns jetzt vertraut, doch können wir uns sehr schwer eine weitere Dimension vorstellen, obwohl bereits ein vier-dimensionaler Würfel (der Tesserakt) von Mathematikern hervorge-bracht wurde. Betrachtet man die Dimensionen im philosophischen As-pekt als Bewußtseinsausdehnungen, so könnten die Evolutionsstufen der Naturreiche wie folgt bezeichnet werden: Mineral 0 – Pflanze 1 – Tier 2 – Mensch 3 – Adept 4 – und weiter aufwärts zu unvorstellbaren Geisteszuständen. Kristalle zeigen nur bloße Existenz im Raum, sind nicht bewußt und stellen den *Null*punkt dar. Höhere Pflanzen erkun-den den Raum, reagieren auf Tages- und Jahreszeiten und haben eine gewisse Sensitivität; sie stellen *eine* Dimension dar. Höhere Tiere schweifen frei umher, sie reagieren erstaunlich auf Einflüsse wie von Sonne, Mond, Sternen und zeigen ein ausgeprägtes Seelen- wie auch ein schwaches Verstandesleben, sie stellen *zwei* Dimensionen dar. Der Mensch als (allgemein gesehen) höchste Entwicklungsstufe, hat indivi-duelles Bewußtsein und mentale Kraft erlangt, was ihn über die rast-lose psychische Tätigkeit des Tieres erhebt. Er ist voll *drei*-dimensional und auch schon im Kontakt mit dem untersten Bereich der ewig-dau-ernden Spirituellen Welt – mit der Kausalregion. Wenn er einmal in jener seltsamen Ursachen-Region vollbewußt wird, steht er im Begriff, die *Vierte* Dimension zu betreten. Dies hat schon einzelnen hoch-ent-wickelten Menschen die wundervolle Erfahrung der UNIO MY-STICA gewährt, sowie bewußtes Schauen in einen Zukunftsteil und andere Funktionen des Überbewußtseins.

Der Mensch besitzt also bereits theoretisch gewisse Zugangsmöglich-keiten zu den höheren, unbegreiflichen Bereichen in Zeit und Raum, doch liegt seine Spitzenleistung darin noch in sehr weiter Ferne. Denn er wird – gleich Prometheus – noch fortwährend vom „Adler" seiner physischen Gewohnheitslaster angefallen, die an seiner Lebens-Ener-gie zehren.

Vergleichen wir einmal das ein-, zwei- und dreidimensionale Raum-bewußtsein und denken an eine quasi eindimensionale Raupe auf einer Kugelrinne – mit keinem aus ihrem „Weltall" nach oben oder unten herausführenden Seitenwegen. Tatsächlich bewegt sie sich in zwei Di-mensionen, ohne es zu wissen. Wenn zwei solche Raupen einander be-gegnen, wäre es ihnen unvorstellbar, sich so drehen zu können, daß sie nach derselben Richtung blicken. Der Mensch hat entsprechende Be-schränkungen. Z. B. unser Körper und unser Spiegelbild können nicht ineinander eingehen. Ebensowenig kann unsere rechte Handfläche so auf den linken Handrücken gelegt werden, daß sie zusammenfallen. Wir können uns auch nicht den Eintritt in einen geschlossenen Raum vorstellen.

Die quasi „eindimensionale" Raupe betrachtet (wie der Mensch) ihre Beschränkungen als von der Natur des Raumes auferlegt. Jedoch diese existieren *nur* für die Bewußtseins-Position. Verliehe man einer solchen Raupe zweidimensionales Bewußtsein, so verschwände ihr Linien-Universum mit seinen Begrenzungen. Aber die Raupe könnte trotzdem noch nicht eine *Dritte* erfassen. Ließe sich ein Vogel auf ihrer Kugel nieder, würde die Raupe nur die Unterseite seiner Füße erblicken. Sie könnte sich immer noch nicht ein Auf und Ab vorstellen und *so* nicht ihre Oberfläche verlassen. Wenn „zweidimensionale" Wesen über die Möglichkeit einer geheimnisvollen Dritten Dimension theoretisieren und sich hineinversetzen könnten, würde das ein- und zweidimensionale, bisher so wirklich erschienene Weltbild schwinden und als eine bloße, von der früheren Sinnesbeschränkung herrührende erstaunliche Illusion erkannt werden.

Ähnlich verhält es sich aber auch mit dem Übergang zu einer weiteren, der Vierten Dimension. Die Axiome des Euklid regieren noch immer unsere Begriffe. In unserer Beziehung zur Totalen, Kosmischen Wirklichkeit gleichen wir der Ameise auf einem Blatt Papier, worauf ein Gedicht geschrieben ist. Die Ameise könnte nur viele unregelmäßige Tintenstriche wahrnehmen. Alles andere: Feder, Hand, Dichter, Rhythmus und das Gedicht selbst wäre ihr unerkennbar. So steht es aber auch beinahe mit uns, was die *Gesamtheit der Sieben Ebenen* des Universums betrifft.

Der Mensch bewegt sich in Wirklichkeit schon in vier Dimensionen, aber unbewußt. Könnten wir unseren dreidimensionalen Begrenzungen bewußt entkommen, würde die uns vertraute Welt sozusagen unwirklich werden, verglichen mit der zauberhaften Fülle der vierdimensionalen Wahrnehmung! Solche Bewußtseinsausdehnung *kann* durch gewisse Raja-Yoga-Meditationen beschleunigt werden (auf *keinen Fall* jedoch durch *nur*-halluzinatorische und schwer-schädliche Drogenerlebnisse!). Dimension um Dimension kann sich dem *spirituell*-Strebenden auftun, bis (als Höchstziel) ein Erkennen von Unendlichkeit nach außen *und* nach innen erreicht wird. Dann können auch die zeitlosen Archetypen, die kosmischen Urbilder, entdeckt werden. Es *muß* ganze Welten von neuer, atemraubender Erfahrungsmöglichkeit geben, jenseits und innerhalb unserer meßbaren Begriffe. *Und es gibt sie!* Auf jenen geheimnisvollen Ebenen zerschmelzen die seitliche, waagerechte und senkrechte Richtung (und alle anderen) zu *einer* alle einschließenden Kosmischen Dimension. Dort kennt man das Mysterium des EWIGEN LEBENS. Dieses kann nur *intuitiv* erfaßt und evtl. nachträglich vom Verstand bestätigt werden. Denn: *hinter* das Bewußtsein *mit* dem Bewußtsein zu gelangen, ist undurchführbar! Der Verstand ist unheilbar äußerlich, er muß zuweilen stillgelegt werden. Nur in tiefer Kontemplation wird das Überbewußte aktiv. Die Verstandesbeschränkungen können durch die Fabel von drei Blinden symbolisiert werden, welche hintereinander marschierend, einem Elefanten begegnen. Der erste berührt den Rüssel und nennt ihn eine Schlange. Der zweite berührt ein Vorderbein und nennt es einen Baumstamm. Der dritte findet den Schwanz und hält ihn für einen Strick. Sie irrten betreffs der berührten Dinge – aber *auch*, weil sie diese getrennt glaubten, statt sie als Teile *eines* mächtigen Wesens zu erkennen. So betrachtet auch der Mensch die Wesen und Dinge im All als voneinander getrennt. Jedoch sind sie alle in dem alldurchdringenden GÖTTLICHEN LEBEN *und* im Raum-Äther vereint.

Ist nun die *Zeit* der Schlüssel zum vierdimensionalen Bewußtsein? Sie ist, obwohl festgelegt scheinend, tatsächlich veränderlich, ebenso wie der Zeit-*Sinn!*
Der Südpol-Entdecker Admiral Byrd sagt in seinem Buch „Flug zum Pol": „In der Nähe des Pols muß man einen neuen Zeit- und Richtungs-Sinn annehmen. Denkt man dort in den Ausdrücken Nord oder Süd, Mittag oder Mitternacht, heute oder morgen, so bedeutet das, in viele, sich hoffnungslos widersprechende Phasen verwickelt zu werden. An dem theoretischen Punkt, von dem aus alle Richtungen nach Norden weisen, treffen die Meridiane zusammen. Sie kreisen die Erde vom Norden nach Süden ein. Wir hängen in unserem Zeitsystem von der Beziehung zwischen ihnen und der Sonne ab. In allen Weltteilen ist Mittag der Moment, an dem die Sonne den Meridian des Ortes überschreitet. Am Südpol aber sind wir an *allen* Meridianen! Darum ist dort an einem gegebenen Augenblick jede beliebige Tageszeit, oder es sind alle Tageszeiten! Fliegen wir um den Pol im Bogen eines kleinen Kreises, so können wir in wenigen Minuten vom Heute ins Morgen fliegen, oder wir wenden und fliegen ins Gestern zurück. Richtungen sind fast bedeutungslos. In Pol-Nähe können wir auf einer geraden Linie nach Süd-Osten starten, doch in einigen Minuten wird diese Linie ihre Richtung um 90 Grad nach Nord-Osten geändert haben. Auf diesem beschränkten Flächenraum mußten wir die üblichen Naviga-

tionsmethoden aufgeben und uns nur auf den Sonnenstand verlassen." Die Zeit ändert sich aber auch nach dem psychologischen Zustand. Ist man in etwas vertieft oder glücklich, so verfliegt sie sehr schnell. Ist man aber gelangweilt oder unglücklich, so vergeht sie tatsächlich sehr langsam. Ein faszinierender Aspekt: Menschen, die in überirdische Bewußtseinszustände eintreten, sind sich der Zeitlosigkeit entsprechender Tätigkeiten bewußt. Vergangenheit, Gegenwart, Zukunft durchdringen einander. Die vertraute Zeitfolge gilt in jener zeitlosen Erfahrung fast als nichts. Schon ein viele Jahre umfassender Traum kann die Schöpfung nur eines Sekundenbruchteiles sein. Er braucht keine Zeit, in uns zu wachsen, er erscheint blitzartig, doch in jeder Einzelheit vollständig! Beim Wiederherabkommen zum physischen Bewußtsein wird der Verstand dann unweigerlich wieder den Zeit- und Raumbedingungen untertan.

Die Zeit kann aber auch *absichtlich* verlangsamt werden, so daß im Verstand unglaubliche Aufgaben in wenigen Sekunden erledigt werden können. Dies geschieht durch intensive Suggestion. Über Versuche von Dr. Cooper – Universitäts-Arzt in Georgetown – wird folgendes berichtet:

„Die Verlangsamung des Fluges der Zeit wurde von Dr. Cooper durch ein Metronom bewirkt, das einen Schlag pro Sekunde tickte. Der Versuchsperson – einer jungen Dame, die man vorher in eine Art Trance versetzt hatte – wurde dies mitgeteilt. Gleichzeitig wurde ihr aber eingeredet, Dr. Cooper würde den Rhythmus ändern, so daß nur noch ein Schlag pro *Minute* ertöne. Sie nahm dieses neue Zeitmaß an. Dann sagte er ihr, sie würde auf ein Zeichen imaginär ihre frühere Schule zur Zeit des Abschlußjahres besuchen, und man würde sie nach zehn Metronomschlägen aufhören heißen. Nach zehn Schlägen (also in Wirklichkeit nach zehn Sekunden, die *sie* aber für 10 Minuten gehalten hatte) wurde das Mädchen geweckt. Sie sagte, „eine Unmenge Zeit" dafür gehabt zu haben – erzählte, wen sie alles getroffen und gesprochen hätte, wie sie eine Aula durchwandert sei und beschrieb das Aussehen der Schule und ihrer Kameradinnen. Als sie erfuhr, daß alles dies in 10 Sekunden statt in 10 Minuten passiert sei, war sie maßlos erstaunt. Ein anderes Mal suggerierte man ihr, sie sei nahe ihrer Wohnung auf einem Baumwollfeld. Sie sollte die Reihen der Baumwollpflanzen entlanggehen und die Samenkapseln zählen. Sie zählte nach *ihrer* Meinung etwa 80 Minuten lang. Sie betonte, es sorgfältig zu tun und auch *unter* die Blätter zu schauen und nannte dann 862 Kapseln. In Wirklichkeit hatte es genau 3 Sekunden gedauert. Für eine wache

Person ist es einfach unmöglich, 862 Dinge in 3 Sekunden zu zählen."

Ferner: Wir leben in der sogenannten „Gegenwart". Die Vergangenheit ist für uns vorbei, die Zukunft noch nicht erschienen. Wir kennen nur jenen (überhaupt *nicht* definierbaren) winzigen Teil bei Menschen und Dingen, den unsere Gegenwarts-*Illusion* durch die Ebene der Zeit schneidet. Ein großes Problem für die Astronomen – etwa auf der berühmten Sternwarte Mount Palomar (Kalifornien) – ist die Tatsache, daß sie, in den Raum hinausblickend, riesenhaft *in die Zeit zurückblicken!* Sie sehen – trotz der ungeheuren Lichtgeschwindigkeit – die nächsten Nebelflecken so, wie sie vor mehreren Millionen Jahren waren; und die weit entfernten Nebelflecken sehen sie so, wie sie in unfaßbar weit zurückliegenden Kosmischen Weltaltern waren; und sie können inzwischen längst aufgelöst und aus dem Universum verschwunden sein!

Die Kleinheit der molekularen und atomaren Welten ist jedoch ebensowenig zu begreifen wie die unfaßbaren, astronomischen Entfernungen. Steigen wir in das Innere eines Atoms – in die Region der Elektronen und Korpuskeln – so stoßen wir auf Ausmaße, deren Winzigkeit gänzlich unvorstellbar ist. Nach der Nuklear-Theorie ist die elektrische Ladung im Kern die bisher letzte Einheit der physikalischen Wissenschaft. 6 Millionen Trillionen von Elektronen fließen durch den Glühfaden einer Hundertwatt-Lampe, um sie für eine Sekunde leuchten zu lassen. So dringt der Forscher immer weiter auch in die *innere* Ausdehnung des Raumes ein. Die Räume zwischen den Elektronen sind im Verhältnis ebenso groß wie die Entfernungen zwischen den Planeten. 99% des Atoms sind also leer wie der Weltenraum. Das Atom gleicht einem Miniatur-Sonnensystem – wobei der positive Kern die Sonne darstellt, um den die negativen Elektronen mit rasender Geschwindigkeit kreisen. So wie die Sonne durch Anziehungskraft die Planeten zusammenhält, tut das der Atomkern mit den Elektronen. Das Unendlich-Kleine ist im Grund dem Unendlich-Großen tatsächlich und in voller Wahrheit gleich!
Eine andere seltsame Folgerung ist die: Wenn wir unsere irdische Materie mehrmillionenfach vergrößern könnten, würde sie unserem Blick vollständig verschwinden! Denn die Räume zwischen den Elektronen sind so groß und die Elektronen so klein, daß wir dann in einen anscheinend leeren Raum blicken würden. So ist es nicht überraschend, daß die Röntgenstrahlen sogar Metallplatten durchdringen.

266

In den unermeßlichen Räumen der Sternen-Welt ist alles immer in Bewegung. Erde und andere Planeten sausen um die Sonne, das Sonnensystem saust um eine gigantischere „Sonne" durch den Weltenraum. Alle anderen Milliarden Fixsterne sausen in ähnlicher Art ebenfalls auf ihren geregelten Bahnen dahin. Ebenso ist keine Ruhe im Unendlich-Kleinen, wo Elektronen die Stellen der Planeten einnehmen. Alles ist immer in Beziehung zu etwas Größerem in rasender Bewegung. Offenbar ist *Bewegung* das Ur-Element der SCHÖPFUNG.

Unser Körper gleicht ebenfalls einem Kosmos, der an Zahl und Verschiedenheit der Bestandteile dem gestirnten Weltall analog erscheint. Er besteht aus unzähligen Zellen mit äußerst komplizierter, molekularer Struktur. *Eine* Leberzelle enthält über drei Billionen Atome. Jedoch ist das wunderbare Gebäude des menschlichen Leibes aus Trillionen von Zellen zusammengesetzt, und jede Zelle ist ein Universum für sich! Innerhalb der Grenzen unseres Körpers stehen das Unendlich-Große und das Unendlich-Kleine relativ in derselben Beziehung zueinander wie im Universum.

Der französische Astronom Laplace schrieb in seinem berühmten Buch „Exposition du Systeme du Monde": „Wenn die Ausmaße aller Himmelskörper mit ihren Entfernungen und Geschwindigkeiten proportional zu- oder abnähmen, würden sie völlig gleiche Kurven beschreiben wie jetzt, so daß das Weltall, auch auf den kleinsten Raum reduziert, stets denselben Anblick böte."

Der 1912 verstorbene Forscher H. Poincaré sagte betreffs eines enorm verkleinerten Weltalls:

„Dieses *winzige* Weltall wäre ununterscheidbar von dem ursprünglichen. Es ist sinnlos, von Unterschieden zu sprechen, da die Größe eines Körpers an sich keine wirkliche Bedeutung hat. Wenn wir also – zusammen mit dem Universum – einschrumpfen würden – so weit, um in einem Stecknadelkopf Platz zu finden, wären wir uns der Veränderungen nicht bewußt, denn alle Dinge, einschließlich unserer Körper und Meßgeräte, hätten ja dieselbe Diminuierung geteilt."

Poincaré nennt auch den Grund, warum die gewaltige Änderung nicht entdeckbar wäre: Weil Raum- und Zeitgrößen relativ sind! Es wäre in Wirklichkeit gar keine Veränderung eingetreten! Groß und Klein haben – weil relativ – nur perspektivische Bedeutung.

Betrachten wir *uns* einmal theoretisch als ein Zentrum, von dem aus das ALL sich bis zu den äußersten Grenzen des Sternenreiches hinauserstreckt und von dem aus das ALL (umgekehrt) bis in das Innere unserer Körperatome hineinreicht, so wäre die Vielfältigkeit in *beiden*

Bereichen gleich grenzenlos. Das Kleine enthält eine Unendlichkeit von Teilen ebenso wie das Große. Ihre Zahl ist keineswegs durch „Kleinheit" beschränkt. Der Verstand ist ebenso unfähig, das Unendlich-Große wie das Unendlich-Kleine zu begreifen.

Naheliegend ist, daß die Myriaden von Fixsternen dem Auge des KOSMISCHEN UR-LOGOS (siehe Kap. 53) wie ein Schwarm von tanzenden Glühwürmchen erscheinen mögen – alle Ihm und einander ganz nahe– die ihr Licht für einen „Augenblick" der „Kosmischen Zeit" aufblitzen lassen, um dann zu verschwinden, bis sie durch einen Wiedergeburtsprozeß wiederum während zahlloser Kreisläufe glühen und funkeln. Schon das Bewußtsein eines Adepten muß viel weniger beschränkt sein als das unsere betreffs der Bewertung von Raum und Zeit. Das Adepten-Bewußtsein liegt quasi nahe am Mittelpunkt *der* „Pyramide", auf deren *Basis* das menschliche Bewußtsein liegt. Von dieser Position aus werden natürlich Erdteile, Länder und Orte unseres Planeten als unvergleichlich näher beieinanderliegend erfaßt als von der des Menschen. Ein Adept kann also leicht einen Ort wahrnehmen und sich an ihm manifestieren, der zwar von seinem physischen Körper sehr weit entfernt ist, jedoch für das überirdische Bewußtsein ganz nahe.

Ähnlich steht es mit gewissen anderen Begriffen. Für uns beginnen alle Dinge mit einem Keim und entwickeln sich durch die Phasen von Geburt, Wachstum, Reife, Tod. Jedoch für ein transzendentes Göttliches Wesen existiert alles zugleich. Wachstum ist ja ein allmähliches Inerscheinungtreten von „etwas", das in seiner eigentlichen Natur schon vollständig da ist, wenn auch latent unbewußt. (Goethe: „Wo käme denn ein Ding wohl her, wenn es nicht längst schon fertig wär'!?") Der Primitive von „heute" ist das Genie von „morgen". Jedoch dieses Genie ist dann nicht eine Neuschöpfung. Es existierte immer, doch nicht wahrnehmbar, weil es in einer anderen „Dimension" lag, in der „Dimension der Archetypen"! Emerson hat dies in seinem Essay über Idealismus gesagt:

„GOTT sieht den ganzen Kreis der Ereignisse, Personen und Dinge nicht als ein Atom nach dem anderen, eine Handlung nach der anderen, in einem vorüberkriechenden Zeitalter nach dem anderen mühevoll aufeinandergereiht, sondern als einen gewaltigen Gesamt-Schauplatz, der auf die gegenwärtige Ewigkeit gemalt ist."

Moderne Physiker sehen bereits Zeit und Raum als die zwei Masken des e i n e n grandiosen Mysteriums.

Wenn die psychischen Kräfte eines darin hochgeschulten Menschen auf einen Würfel gerichtet werden, so erscheint als dessen neu-enthüllte Eigenschaft eine grenzenlose Ausdehnbarkeit nach innen. Denn wenn die Beobachtung des Hellsichtigen sich in den Würfel-Mittelpunkt hineinbewegt, so trifft sie auf keine Schranke für eine fortgesetzte Bewegung nach innen – so widerspruchsvoll dies auch im dreidimensionalen Sinn klingt. Denn es wird ein „Übergleiten", ein „Durchgang" gefunden, von dem konkreten Würfel zu dem (sozusagen) abstrakten „Würfel-Urbild", das allen Würfeln eigen ist, einer Art von geometrischem Archetypus. Ein solches faszinierendes Ereignis wird vom Eingehen in ein glänzend-weißes Licht begleitet, sobald jener „Durchgang" erzwungen und die dreidimensionale Beschränkung überwunden ist.

Diese unendliche Ausdehnung gilt natürlich auch für den menschlichen Geist! Das Bewußtsein kann nach Innen eindringen: am Körper vorbei, an den Gefühlen, am konkreten Denken und sogar an der Zeit vorbei – und das Ewige Selbst des Menschen finden. Dann wird jene Ganzheit jenseits von Zeit und Raum entdeckt, die weder Wechsel noch Entwicklung kennt. Dies ist Sinn und Zweck des Spirituellen Yoga! Im Inneren Menschen lebt schon jetzt das spätere Gottmenschentum, *mit allen noch darauf folgenden Höhenstufen*, und wird langsam aktiv. Dieses allmähliche Sichtbar- und Aktivwerden von „etwas", das bereits vorhanden ist, wird Evolution (Entfaltung) genannt. Für einen Sonnen-Logos existieren alle Einzelheiten in seinem System gleichzeitig. Er sieht Menschen, andere Geschöpfe und die Dinge t o t a l. Für ihn sind wahrhaft nach der Bibel „Tausend Jahre wie ein Tag".

Zu diesem Begreifen braucht man übermentales Bewußtsein. So wie für physische Arbeiten bestimmte Werkzeuge benötigt werden, sind bei höhermentaler und spiritueller Tätigkeit bestimmte Bewußtseinsorgane erforderlich. Der konkrete Verstand ist gut für Beobachtung, Analyse, Entdeckung isolierter Tatsachen und Schlußfolgerungen geeignet. Will man jedoch in die Entdeckung DESSEN eingehen, das nicht in Erscheinungsformen und Tatsachen einteilbar ist, wird der Verstand eher hindern. Dann muß eine andere Bewußtseinsform aktiv werden, welche die scheinbaren Teilungen und Verschiedenheiten übersteigen kann, um eine Höchste, All-bewegende, GÖTTLICHE MACHT zu erfassen, die a l l e s in sich hält und vereint.

Man kann sich durch Denkkraft bis zur Schwelle der GROSSEN EINHEIT bringen, doch sie damit allein nicht überschreiten. *Hinter* das

Bewußtsein *mit* dem Bewußtsein zu gelangen, ist ja unmöglich! Ein *anderes* Organ ist nötig. Ehe ein Mensch den Zustand erreicht, wo das Einheits-Prinzip sichtbar wird, sind drei mentale Vorgänge zu erleben: a) Beschreite denkerisch deinen Weg bis zum Einheits-Prinzip, so weit du es ermöglichen kannst! b) Dann lege den Verstand still, damit er sich nicht einmischt! Emerson sage: „Laßt uns stille sein, um das Flüstern der Götter vernehmen zu können!" c) Konzentriere dich in die Region über dem Verstand – über der Teilung –, bejahe feierlich die Einheit mit GOTT und allem Lebendigen, und werde dann ganz friedvoll und ruhig! Führe dies in der Imagination immer weiter aus, bis es dir durch stete Übung gelingt, dein Bewußtsein – zumindest ahnungsweise – oft aus den Formenwelten zu den abstrakten Ebenen, vom phänomenalen zum spirituellen Universum, von den Wirkungen zu den Ursachen zu übertragen!

Um die Vierte Dimension und die folgenden zu betreten, muß man also lernen, durch tägliche Meditation das Bewußtseins-Niveau vom Physischen zum Astralen, von da zum Niedermentalen, von da zum Kausalen und einmal schließlich von da zu Buddhi zu erheben.

In einem allgemeinen Sinn verschwindet die dreidimensionale Welt langsam in dem Maß, wie die Menschen sich aus ihren Beschränkungen herausentwickeln. Die Vierte Dimension kriecht sozusagen von jeder Seite, aus jeder Richtung in unser Leben hinein. Und zwar meist über das Unendlich-Kleine und das Unendlich-Große (siehe die vielen Beispiele in dieser Studie). Schließlich werden wir alle einmal in einer vierdimensionalen Raum-Zeit-Welt mit nicht-euklidischen Bedingungen leben.

Des wird durch die natürliche, sehr langsame Entwicklung erreicht, *kann* jedoch durch sündlos-reines Leben (vor allem völlige Enthaltung, von Fleisch, Alkohol, Tabak und anderen Narkotika (was alles zu *jedem* spirituellen Streben gehört), regelmäßige Meditation und evtl. Studium der höheren Mathematik stark beschleunigt werden. Sobald die Menschheit im Gesamten in den vierdimensionalen Zustand eintritt, wird auch das bisher unlösbare Rätsel von „Vorbestimmung" bei gleichzeitigem Freiem Willen des Menschen, die deutliche Lösung zeigen. Denn man wird entdecken, daß irgendwo in der Ewigkeit – im Bewußtsein unseres Sonnen-Logos – *alles* schon unmittelbar vorhanden ist, was für uns noch weder existiert noch geahnt wird. Denn der Logos sieht *alle* Ereignisse in Seinem System voraus, auch die menschlichen Handlungen (weil Er Seine „Kinder" *vollkommen kennt!*).

Er beeinflußt deren Verhalten jedoch n i c h t !

Die Theosophie mit ihrem Wissens-Fundament von den höheren Natur-Ebenen und deren Schwingungsfrequenzen, sowie von den Wirkungsmöglichkeiten des menschlichen Bewußtseins auf ihnen bietet ein gewisses Verständnis von Zeit, Raum, Ewigkeit und Unendlichkeit. Ein ernster Schüler der Theosophie *kann* Folgendes in seinen Vorstellungsbereich aufnehmen lernen: a) Die Verminderung der Zeitbeschränkungen und -Teilungen bis zum Punkt des Verschwindens. b) Die Verminderung der räumlichen Beschränkungen und Trennungen bis zum Punkt des Verschwindens, c) die entsprechenden hohen Bewußtseinsebenen, d) vier und mehr Dimensionen im Universum.

Wir können uns diesen Komplex auch in Form einer Pyramide denken und beginnen mit ihrer breiten Basis, der physischen Welt, als dem äußersten Grad von Raumtrennung und Zeitbeschränkung – drei Dimensionen. Dann die Astralwelt – vier Dimensionen. Dann die Mentalwelt – fünf Dimensionen. Dann die Intuitions- oder Buddhiwelt – sechs Dimensionen. Dann die Atma- oder Nirvanawelt – sieben Dimensionen. Dann Anupadaka, die Monadenwelt – acht Dimensionen. Zuletzt die höchste Region im Rahmen eines Sonnensystems – Adi, die Bewußtseinswelt eines Sonnen-Logs – neun Dimensionen. Auf dieser Höhe herrscht das „Ewige Jetzt", das „Ewige Hier". Vergangenheit, Gegenwart und Zukunft sind hier e i n s.

Der berühmte Astronom und Physiker Sir Arthur Eddington schrieb einmal über dieses Thema:
„Im Hintergrund deines Bewußtseins flüstert vielleicht eine Stimme, daß die Vierte Dimension ein völliger Unsinn sei. Aber wie ist die Wirklichkeit? Ist es Unsinn zu sagen, daß ein stabiler Tisch eine riesige Ansammlung von Elektronen ist, die sich mit unfaßbarer Geschwindigkeit in leeren Räumen bewegen, die im Verhältnis zu den elektronischen Ausmaßen so weit ausgedehnt sind wie die Räume zwischen den Planeten? Ist es Unsinn zu sagen, daß die unsichtbare, ungreifbare Luft beständig unsere Körper mit einem Gewicht von zwei Pfund pro Kubikzentimeter zu erdrücken sucht? Ist es Unsinn zu sagen, daß ein durch ein Fernrohr gesehener und offensichtlich vorhandener Sternenhaufen nur ein Blick zurück in eine 50 000 oder auch 500 000 Jahre hinter uns liegende Vergangenheit ist – daß er vielleicht überhaupt nicht mehr existiert? So ist also die von den fünf Sinnen abhängige Stimme des Gesunden Menschenverstandes gefährlich unzuverlässig und ganz deutlich in großen Mißkredit gebracht."

Zur Lösung dieses gewaltigen Problems können wir also entweder den natürlichen, ungeheuer langsamen Entwicklungsverlauf abwarten oder ihn durch eine gewisse physische, mentale und spirituelle Disziplin stark verkürzen. Die benötigten Organe liegen im menschlichen Gehirn. Es sind die Hypophyse und die Zirbeldrüse, welche, mit ihren ätherischen Kraftzentren (Chakras) schon jetzt zu ihren okkulten Fähigkeiten entwickelt werden können. Dies geschieht (wie erwähnt) durch ein völlig reines Leben, regelmäßige Meditation, durch ein bis zur Grenze der Mentalkraft führendes Denk-Niveau, sowie durch ein Studium der höheren Dimensionen. Dann treten evtl. die übernormalen Bewußtseinskräfte hervor, *falls* die nötigen *anderen* Bedingungen, vor allem ein *sehr langes* Leben in *ganz einsamer,* freier Natur erfüllt werden können.

H. P. Blavatsky schreibt darüber wie folgt:

„Die Vorgänge der natürlichen Entwicklung werden einmal das jetzige Spekulieren über die Eigenschaften des vier- und mehrdimensionalen Raumes bestätigen. Aber es ist sehr der Mühe wert, die wirkliche Bedeutung der unvollkommenen Intuition zu erwägen, welche unter Theosophie-Schülern und manchen großen Wissenschaftlern zum Gebrauch des Ausdrucks „Die Vierte Dimension" geführt hat. Zunächst ist die Annahme, daß der Weltenraum selbst in irgendeiner Richtung gemessen werden könnte, eine oberflächliche Absurdität.

Während der Entwicklungsfortschritt dazu bestimmt ist, uns mit immer neuen Merkmalen der Materie bekanntzumachen, überschreiten die uns schon vertrauten bereits den Bereich der drei Dimensionen. Die Materie-Eigenschaften müssen immer in einer direkten Beziehung zu den menschlichen Sinnen stehen. Die Materie besitzt Ausdehnung, Farbe, Klang, Molekularbewegung, Geschmack und Geruch – den schon vorhandenen Sinnen des Menschen entsprechend. Aber das nächste Charakteristikum, das sie zeigen wird – nämlich Durchdringbarkeit – wird dem nächsten Sinn des Menschen entsprechen, den wir „Normale Hellsichtigkeit" nennen könnten. Wenn daher kühne Denker nach einer „Vierten Dimension" dürsten, um die Durchdringbarkeit der Materie (oder das Hervorbringen von Knoten in einer endlosen Schnur) zu erläutern, so fehlt ihnen in Wirklichkeit ein sechstes Attribut der Materie. Die drei Dimensionen gehören aber tatsächlich nur *einem* Attribut der Materie – der Ausdehnung in drei Richtungen – an; und der gewöhnliche Verstand rebelliert gegen die Vorstellung, daß es irgendwie mehr als drei Dimensionen wie Länge, Breite und Höhe geben könnte. Diese Ausdrücke gehören aber alle nur einer

Denk-Ebene, einer Entwicklungsstufe und einem Materie-Attribut an. So lange wir zum Messen der Materie nur zollstockähnliche Instrumente benutzen, werden wir sie nach *drei* Richtungen messen können, aber *nicht* nach m e h r ! Mit dem Fortschreiten der Evolution werden die Charakteristika der Materie sich ebenso multiplizieren wie die Fähigkeiten der Menschheit. Unterdessen ist der Ausdruck „Vierte Dimension" noch unrichtiger als die vertraute Bezeichnung vom „Auf- oder Untergehen der Sonne".

Zum Schluß noch einige Aphorismen:
Wir können unseren beschränkten Raum nur messen durch die Zeit, die wir zu seinem Durchschreiten benötigen; und wir können den jenseits unserer planeatrischen Grenzen liegenden Raum nur messen durch die Zahl der Sekunden, Jahre, Jahrhunderte oder Jahrtausende, die das *Licht* braucht, um ihn zu durchqueren. Man könnte sagen, daß der Raum die Zeit des Leibes ist, und die Zeit der Raum des Geistes. Es gibt keinen Unterschied zwischen Zeit und Raum – außer, daß unser Bewußtsein sich, statt im Raum, an der Zeit entlangbewegt. Die Grenzen von Zeit und Raum verschwinden und verschwimmen in dasselbe U n b e k a n n t e .
Das Beste ist, die Zeit als die Bewegung des Raumes und den Raum als das Ruhen in der Zeit zu betrachten. In Wirklichkeit ist die Zeit aber so bewegungslos wie ihr Bruder Raum! Wir stellen sie als einen ewigströmenden Fluß dar, so daß wir nicht zu wissen meinen, woher sie kommt oder wohin sie geht. Die Wahrheit ist, daß sie sich niemals bewegt hat! Es ist nicht die Zeit, welche dahinfließt – *wir* sind es, die stets an ihr vorübereilen.

Literaturnachweis:
G. Hodson „Lecture Notes ›The School of the Wisdom‹"
H. P. Blavatsky „Die Geheimlehre"
C. W. Leadbeater „The Hidden Side of Things"
C. W. Leadbeater „Das Innere Leben", Bd. 2

39. Die Rolle des Vegetarismus im allgemeinen Leben und im Höheren Okkultismus

Eine Vorbemerkung zu diesem Essay: Die Angehörigen theosophischer Vereinigungen haben volle Freiheit in ihrer Ernährungsweise. Das vorliegende Thema ist ein Wissensgebiet des Höheren Okkultismus. Es hat *offiziell* nichts mit der Theosophischen Bewegung zu tun, ist aber eines ihrer vielen Studiengebiete; und der Vegetarismus wird angeraten.

Zunächst eine Definition der Begriffe: Ein Vegetarier vermeidet jede Fleischnahrung, aber es gibt Variationen. Manche nehmen auch Produkte von lebenden Tieren, wie Milcherzeugnisse und Eier zu sich. Andere beschränken sich auf Vegetabilien, und noch andere auf nur Gemüse- und Früchte-Rohkost.

Das Wort Okkultismus stammt aus dem Lateinischen – occultus, verborgen. Es bedeutet das Studium noch verborgener Daseinsformen und -Gesetze der ALL-NATUR, wodurch ein viel umfassenderes Weltbild als das jeweilig normale entsteht. Der wirkliche Schüler des Höheren Okkultismus identifiziert sich mit jenen tieferen Gesetzen und widmet sich konsequent dem Dienst an der Evolution. Der Vegetarismus wird dabei als äußerst günstig und grundlegend betrachtet.

Zwei Hauptarten von Argumenten sprechen für ihn – physische und okkulte. Auch die ersteren sind für den geistig-Strebenden bedeutungsvoller als für andere. Diese nicht-okkulten Gründe können von eigennütziger oder von ethischer Art sein.

Nehmen wir *als Erstes* die das Wohl des Einzelnen betreffenden. Das ist nötig, weil oft – auch von (hier nicht objektiven) Biologen – behauptet wird, der Vegetarismus sei eine schöne, doch schwer durchführbare Theorie, da der Mensch die Fleischsubstanzen zum Leben brauche. Dieser Einwand ist eine Tatsachenverdrehung. Die Herausgeberin dieses Buches ist selbst ein Beweis dafür; denn sie lebt seit fast 50 Jahren total ohne Fleisch-„Nahrung" und hat stets unter sehr bescheidenen Verhältnissen angestrengt geistig und physisch gearbeitet. Hunderte von Menschen ihrer Bekanntschaft taten das Gleiche, darunter solche, die das Glück hatten, von Kind an diese reine, edle Lebensweise führen zu können; und sie blieben viel krankheitsfreier als andere. Es gibt vom bloßen Nützlichkeitsstandpunkt viele dringende Gründe, obwohl natürlich für spirituell-Strebende die ethischen und okkulten Erwägungen wichtiger sind.

Da die Nahrung ein wertvoller Teil des Lebens ist, sollten wir die im Einklang mit unserer Höheren Natur stehenden, kostbarsten Stoffe wählen. Es ist wie bei den Kunstzweigen. Um echt-musikalischen Geschmack zu entwickeln, müssen wir der edelsten Musik lauschen, und zwar geduldig, bis ihre Schönheit unserem Herzen aufgeht. Betreffs Malerei sollten wir unsere Augen nicht mit Karikaturen oder Ähnlichem anfüllen, sondern mit den Werken wirklicher Künstler, bis ihr großer Atem uns überströmt. So auch in der Literatur. Denn viele Menschen nehmen ihre mentale Kost durchweg aus Sensationsblättern, Kitsch- und Krimi-Romanen und Schlimmerem! Auch in der Nahrung sollten wir nicht Gewohnheiten oder Instinkten folgen, sondern alles von höheren Gesichtspunkten ansehen. Wer *hier freiwillig* auf dem unteren Niveau bleibt, nimmt die grobe, entwürdigende Fleisch-„Nahrung" weiter auf. Aber wenn er gleichzeitig nach vergeistigender Veredelung strebt, gerät er in starke, innere Disharmonie, welche sein höheres Streben unvermeidlich stört und kraftloser machen muß. Viele Menschen stehen allgemein-moralisch bereits auf einer gehobenen Stufe, bleiben jedoch in *diesem* bedeutungsvollen Punkt gewohnheitsgebunden auf dem Niveau der „Öffentlichen Meinung", dem sie bereits entwachsen sind – sodaß sie also meinen, weiter Tierfleisch zu benötigen. Die damit verbundenen furchtbaren Greuel können aber nicht ihrem eigentlichen Status entsprechen. Man möchte ihnen so dringend raten, diese grausame Gewohnheit aufzugeben und sich den „fürstlichen Scharen" zuzugesellen, die für wirklich höhere Menschheitszustände kämpfen.

Warum ist vegetarische Ernährung per se am wertvollsten? Es gibt acht Hauptgründe dafür:

ERSTER PUNKT: Vegetabilien enthalten vollwertigere Nährstoffe
Der verhängnisvollen Täuschung von der Notwendigkeit des Fleischessens stehen – nach Ausschaltung von Gewohnheit, Begierde und Vorurteil – folgende Tatsachen gegenüber: Fünf Haupt-Elemente gehören zur Nahrung: Eiweiß, Kohlehydrate, Fette, Vitamine und Mineralsalze. Alles existiert reichlich in den Pflanzen. Alle Nüsse und Hülsenfrüchte (besonders auch Sojabohnen) enthalten einen sehr starken Prozentsatz von hochwertigen Eiweißstoffen. (Hier abgesehen von den

überreichen Eiweißquellen in Milchprodukten.) Weizen, Hafer, Reis bestehen fast nur aus Kohlehydraten. Fette können in Fülle aus Pflanzen-Ölen (und evtl. aus Butter) aufgenommen werden. Mineralsalze und Vitamine sind in allen Gemüsen und Früchten reich enthalten. Trotz stets nachgesprochener Behauptungen, Tierfleisch habe stärkere Proteingrade als Vegetabilien, ist die Wahrheit die, daß alle Eiweißstoffe ja *nur* in den Pflanzen organisiert werden. Nüsse, Erbsen, Bohnen sind viel reicher daran als alles Tierfleisch und bieten den enormen Vorteil, daß ihre Eiweißstoffe noch rein und vollständig sind und alle ursprüngliche Energie enthalten, wogegen sie im Körper des Tieres, das sie während seines Lebens aus den Pflanzen aufnahm, fortwährend in Auflösung übergehen. Die Grasnahrung der Rinder verwandelt sich in ihrem Körper zu hochwertigem Fett und Eiweiß. Dasselbe tut selbstverständlich die Pflanzennahrung im menschlichen Organismus. Der mächtige Berg-Gorilla lebt nur von Früchten, der schwerstarbeitende Kuli nur von Reis und Südfrüchten. Zu bedenken ist: Raubtiere werden nicht verzehrt. Die Gründe dafür sind völlig klar!

Proteine schätzt man auch wegen ihres Stickstoffgehaltes. Jedoch auch die Stickstoff enthaltenden Abbauprodukte der Gewebeveränderung wie Harnstoff, Harnsäure, Kreatin, werden als Proteine mitgewertet, obwohl sie nur stark schädigend wirken. Doch nicht genug des Übels! Die tierische Gewebeveränderung ist von der Entstehung verschiedener, im Fleisch bleibender Gifte begleitet. Der Fleischesser erhält Nährstoffe überhaupt *nur*, weil das Tier Pflanzennahrung aufnahm. Jedoch erhält er viel weniger davon, weil das Tier sie schon halb verbrauchte – *und* vermischt mit schädlichen Substanzen. So sieht es also mit dem „Wert“ dieser „Nahrung“ aus!

Im Folgenden einige Aussprüche bekannter Wissenschaftler:

Dr. Milner Fothergill sagte: „Alles Blutvergießen durch Kriege ist wenig, verglichen mit den unzähligen Menschen, die durch den Irrglauben an den Wert der harnsäuregesättigten Fleischbrühe ins Grab sanken.“ *Sir Henry Thompson* (Mitglied der Royal Society): „Es ist ein Irrtum, Fleisch für lebensnotwendig zu halten. Die Pflanzenkost enthält alles zur Erzeugung von Wachstum, Wärme und Energie. Fleischessen ist nicht nur eine gewaltige Verschwendung, sondern auch eine Quelle ernster Übel.“ *Sir Benjamin Ward Richardson*, M. D. (Mitglied der Royal Society): „Es muß ehrlich zugegeben werden, daß das gleiche, gut ausgewählte Gewicht von Pflanzensubstanz die auffallendsten Vorzüge über Tiernahrung besitzt.“ *Dr. F. J. Fykes*, B. S. O. (Höchster Medizinalbeamter von St. Pancras): „Weder Chemie noch Biologie können dem Vegetarismus gegnerisch gesinnt sein. Eine vernünftig kombinierte Pflanzenkost ist, chemisch gesehen, die vollkommen Richtige." *Dr. Alexander Haig, F. R. C. P.* (Der führende Arzt eines großen Londoner Hospitals): „Daß wir ausschließlich von Pflanzenerzeugnissen leben können, braucht für Physiologen keine Beweise. Der größte Menschheitsteil beweist es unaufhörlich. Meine Untersuchungen zeigen, daß Pflanzenkost in jeder Weise stark vorzuziehen ist und überlegene Geistes- und Körperkräfte schafft." Der *Vorsteher des Jefferson-Medizinischen Kollegs von Philadelphia:* „Die Getreidearten enthalten ausreichende Bestandteile, um das Leben in seinen höchsten Formen zu erhalten. Nationen leben und gedeihen von ihnen und Früchten allein. Fleisch ist völlig überflüssig."

Diese Aussprüche angesehener Forscher zeigen, daß mehr und gesündere Nährstoffe in einer gleichen Menge Pflanzensubstanz als in einem Tierleichenteil enthalten sind.

ZWEITER PUNKT: Der Krankheits-Aspekt

Viele Krankheiten stammen aus dieser häßlichen Gewohnheit. Wieder werden Wissenschaftler zitiert. *Dr. Josias Oldfield,* M. R. O. C., L. R. O. C.: „Fleisch ist eine unnatürliche Nahrung und schafft deshalb leicht funktionelle Störungen. Es ist in großem Maß mit schrecklichen, übertragbaren Krankheiten infiziert, wie Krebs, Tuberkulose und Wurmkrankheiten. Fleischessen ist *im Grund* eine der schwerstwiegenden Krankheitsursachen." *Sir Edwin Saunders:* „Bei zunehmendem Vegetarismus werden wir viel weniger von Gicht, Leber- und Nierenleiden *und* von rohen Verbrechen hören." *Sir Robert Christison,* M. D.: „Die Zeit naht, wo der Gedanke an Tierkost den kultivierten Menschen empören wird." *Dr. A. Kingsford* (Universität von Paris): „Fleisch und Sekrete der Tiere sind oft so giftig, daß ihre Verzehrer dadurch zu schweren Leiden neigen, wie Entzündung des Verdauungskanals oder Karbunkeln." *Prof. Gamgee* (im Staatsrat von England): „Tierfleisch erzeugt viele schmerzhafte Krankheiten, wie Skrofulose." (Das Wort stammt von skrofo = Sau, also eine Krankheit der Schweine.) *Dr. M. F. Coomes:* „Ein riesiger Prozentsatz des Fleischkonsums stammt von Tieren im Zustand übler Krankheiten." *Dr. J. Kellog:* „Fleischprodukte erzeugen Rheuma, Blutandrang, Schlaganfälle, Migräne." *Ein angesehener Chirurg in Frankreich:* „Tierfleisch ist unrein, weil stark mit giftigen Substanzen kotischer Art vermischt, den natürlichen Resultaten des Tierlebens. Die Gewebe der Tiere können ihre Tätigkeiten nur fortsetzen, weil sie beständig von dem nie-endenden, inneren Blutstrom reingewaschen werden, der die Gifte so rasch wie sie entstehen, fortschwemmt. Die Ausscheidung dieser Giftstoffe endet mit dem Tod, obwohl aber ihre *Entstehung* noch für einige Zeit *fortgesetzt* wird." *Baron Cuvier:* „Bouillon ist eine wahrhafte Lösung von Giften."

All diese Aussprüche stammen nicht von direkten Vegetariern, doch sie haben den Gegenstand streng-wissenschaftlich studiert. Tierfleisch kann ja nichts Gesundes sein, weil die Verwesung im Augenblick des Todes beginnt. Wo bleibt hier unsere „Kultur"?

DRITTER PUNKT: Der Mensch ist von Natur kein Fleischesser
Wieder sollen Wissenschaftler zitiert werden. *Professor Ray:* „Die natürliche Nahrung des Menschen besteht – nach seiner Struktur – aus Früchten, Wurzeln und Gemüsen." *Sir Richard Owen*, F. R. C. S.: „Der Mensch war gewiß niemals zu einem fleischfressenden Tier bestimmt." *Prof. William Lawrence* (Mitglied der Royal Society): „Die Menschenaffen ernähren sich von Früchten und Nüssen, auch Körnern. Die Analyse zwischen ihrem Körperbau und dem menschlichen beweist seine früchteessende Natur." *Dr. Spencer Thompson*, F. R. C. S.: „Zähne und Verdauungsorgane des Menschen ähneln keineswegs denen der fleischfressenden Tiere, dagegen genau denen der früchteverzehrenden Geschöpfe." Sogar in der *Bibel* heißt es, daß GOTT Adam und Eva im Garten Eden gebot, sie sollten über die Tiere herrschen, nicht aber, sie zu verschlingen: „Siehe, ich habe euch gegeben allerlei grünes Kraut, das sich besamt und allerlei fruchtbare Bäume zu eurer Speise." (Mose 1) Es ist sehnlichst zu hoffen, daß die Menschen durch das Aufhören mit ihren schrecklichen Eßgewohnheiten bald wieder zu den „Eden"-Zuständen emporsteigen und nicht nur von feiner, edler Kultur reden! *Dieses* Reden – verbunden mit den entsetzlichen Schlachthausgreueln – bildet einen schreienden Kontrast!

VIERTER PUNKT: Größere Körperstärke
In vielen athletischen Wettkämpfen erweisen Vegetarier sich als die stärksten, ausdauerndsten Sportler. Bei Radrennen nehmen sie oft die höchsten Plätze ein. Viele Teste ergeben, daß sie sieg- und erfolgreich waren. Auch hier rangieren die Tatsachen auf *einer* Seite. *Dr. J. D. Craig* schreibt: „Fleischesser brüsten sich oft mit Körperkraft, doch sie haben mindestens nicht die Ausdauer von Vegetarieren. Der Grund: Tierfleisch ist schon auf dem abbauenden Weg der Auflösung, seine Energie ist daher rasch verbraucht. Ein starker Fleischesser kann viel

Arbeit in einer kurzen Zeit verrichten, doch sehr bald wird er wieder hungrig und müde. (Siehe die sehr trägen Raubtiere.) Vegetabilien werden langsam verdaut, sie enthalten alle Urstoffe ohne Gifte. Ihre Auflösung geschieht viel langsamer, und man kann sehr lange ohne Schwäche arbeiten." Dies war auch in der Antike bekannt. Der stärkste, ausdauerndste Griechenstamm waren die von einfacher vegetarischer Kost lebenden Spartaner. Dies gilt auch für die Athleten der Olympischen Spiele. Wer in klassischen Zeiten die anderen überragte, lebte von Feigen, Nüssen, Mais und Käse. Die Kost der römischen Gladiatoren bestand wohlweislich aus Gerstenkuchen und Öl. Die Sage vom Kraftspender Fleisch ist ein schlimmer Irrtum!

Charles Darwin berichtete: „Die am stärksten arbeitenden Bergleute in den Minen von Chile leben nur von Pflanzenkost, mit viel Hülsenfrüchten." *Sir Francis Head* schreibt: „In den Kupferminen von Chile ist es bei den Arbeitern üblich, zwölfmal täglich Lasten von ein-zweihundert Pfund zu tragen. Sie leben vegetarisch – früh Feigen und Brot, mittags meist Bohnen, abends gerösteten Hirsebrei." Ein anderer Wissenschaftler, *Mr. F. T. Wood*, erzählt (in „Discoveries of Ephesus"): „Die türkischen Lastträger haben – bei bescheidener, vegetarischer Kost – oft dreihundert Pfund auf dem Rücken. Ihre Stärke ist ungewöhnlich groß." Hier kommt noch die Alkohol-Abstinenz dazu. *C. W. Leadbeater* erzählte von den unfaßbaren Lasten der Tamil-Kulis Süd-Indiens. Einmal beobachtete er mit einem Dampfer-Kapitän von Bord aus einen Kuli, der eine riesige Kiste ruhig zum Schuppen trug. Der Kapitän sagte: „Für dieselbe Kiste mußte ich in den Londoner Docks vier englische Arbeiter nehmen." Ein anderer Kuli trug ein großes Piano allein eine erhebliche Strecke. Diese Menschen leben vegetarisch, meist von ungeschältem Reis und Tamarindefrucht. Der Forscher *Alexander Haig* schreibt: „Als ich mich von der harnsäurehaltigen, vergiftenden Fleischkost befreit hatte, wurden meine Kräfte wieder wie vor 15 Jahren. Ja, ich hätte damals die gleichen Anstrengungen nicht mit der jetzigen Erschöpfungslosigkeit machen können." Dieser hervorragende Arzt blieb auch deshalb Vegetarier, weil ein Wandel aus gereizter Nervosität zu ruhiger Gelassenheit in ihn eintrat. Auch im Tierreich sind Vegetarier am stärksten, wie die den Menschen dienenden Pferde, Maulesel, Ochsen, Elefanten, Kamele. Löwen und Tiger ermatten sehr rasch.

FÜNFTER PUNKT: Weniger animalische Leidenschaft
Fleischessen führt zu zügellosem Trinken und anderen, speziell sexuel-

len Lastern. Ein Wissenschaftler, *Mr. H. P. Powler*, der 40 Jahre lang die Trunksucht studiert hat und darüber viele Vorlesungen hielt, sagt darüber: „Durch die beständige Reizung des Nervensystems entstehen im Fleischesser andere unmäßige Gewohnheiten. Je mehr Fleisch, desto mehr z. B. Trunksuchtgefahr. Denn alle niederen Triebe werden dadurch gestärkt." Nach einer starken Fleischmahlzeit hat der Mensch ein unbehagliches Mangelgefühl und nervöse Spannungen. Denn die Körpergewebe können aus diesem armseligen Material nicht richtig erneuert werden. Um dieses vage Verlangen zu stillen, wird Zuflucht zu Reizmitteln genommen. Alkohol, Tabak, Kaffee sollen die erregten, erschöpften Nerven beruhigen. Trunksucht beginnt meist mit dem Versuch, jenen dumpfen Mangel dieser nährstoffarmen „Nahrung" durch alkoholische Stimulanzen zu mildern – mit all den Folgen von Krankheit, Verbrechen, Geistesstörungen, Armut. Vergebens wird man einen vegetarischen Trinker oder Raucher suchen. *Mr. Booth*, Gründer der „Heilsarmee", sagte darüber: „Vegetarische Kost ist erforderlich zur Beherrschung aller häßlichen und gefährlichen Triebe. Die Zunahme des Fleischkonsums ist eine der Haupt-Ursachen für die Zunahme des Alkoholismus, sowie für Energiemangel, Verdauungsstörungen und viel anderes Elend." Er stellte auch fest, daß Ekzeme, Hämorrhoiden und Wurmbefall sehr oft durch Fleischgenuß entstehen, und daß das starke Ansteigen von Tuberkulose und Krebs im letzten Jahrhundert dadurch entscheidend begünstigt wurde.

SECHSTER PUNKT: *Billigkeit*
Die Ernährung durch Getreide, Hülsenfrüchte, Gemüse, Obst und Nüsse stellt sich um fünfmal billiger als Fleischkost. Bei Hinzunahme von Butter und Käse kostet sie auch nur noch ein Drittel der üblichen „gemischten Kost". Alle schwachbemittelten Menschen könnten ohne die riesigen Ausgaben für Tierfleisch, Alkohol und Tabak sehr behaglich und heiter leben. Denn sie sparen sich ja die letzteren wahrhaft „vom Mund" ab, das heißt, von den wirklichen, kostbaren Nahrungsmitteln.

SIEBENTER PUNKT: *Der ästhetische Gesichtspunkt*
Dieser springt eigentlich ganz unmittelbar ins Gesicht, denn alle Fleischesser – besonders wenn sie *sonst* schönheitsliebende, zartfühlende oder sogar poetische Naturen sind – müssen ja beim Wahrnehmen der blutigen Tierleichen und des Verwesungsgeruches in den Schlachterläden in einer Art von frappierender Schizophrenie gewalt-

sam alle feineren Gefühle vernichten. Sonst könnten sie nicht zur täglichen Teilnahme an solchen ekligen Greueln imstande sein.

ACHTER PUNKT: last not least – *volkswirtschaftliche Tatsachen*
Die Bevölkerungszunahme schafft große Befürchtungen. Wie kann die Ernährung gesichert werden? Die echt-entscheidende und wirksamste Lösung ist ganz einfach die vegetarische Ernährung! Es wurde (von nicht-vegetarischen Experten) berechnet, daß die zur Ernährung eines Gemischtköstlers erforderliche Landfläche 66 Ar beträgt. Eine gute vegetarische Ernährung (mit etwas Milchprodukten) kann leicht mit 15 bis 20 Ar erzielt werden. Eine Fläche kann also ganz bedeutend mehr Menschen ernähren, wenn sie sorgfältig angebaute Gemüse, Baum- und Feldfrüchte, Getreide und Nüsse *unmittelbar* zu sich nehmen, anstatt der Bodenerträge durch Weiden und Futtermittelanbau auf dem enorm verschwenderischen Umweg über viele Tierleiber. (Siehe Kap. 12 und 13)

Nun wollen wir *als zweites* – nach den Gründen der rein-praktischen Seite – die *ethischen Aspekte* erwägen.
Der erste ist die große Sünde der unnötigen, massenhaften Tiermorde! Bewohner von Chikago sprechen aus, daß dieses unaufhörliche, den Weltmarkt versorgende, grausige Schlachten in ihrer Mitte alles Geld daraus quasi mit Blut befleckt. Alles das ist – ohne jede Rechtfertigung – aus der skrupellosen Geldgier derer am Werk, die sich durch die Leiden der Tiere bereichern, um den unnatürlichen Gelüsten der breiten Menschenmasse Vorschub zu leisten. Es ist (zumal total sinnlos) ein riesenhaftes Vergehen. Alle Fleischesser, die ja das Gewerbe jener Fabrikanten *finanzieren, teilen* deren Schuld an all den unbeschreiblichen Elend. Auch das Gesetzbuch sagt: „Was ein Mensch durch einen anderen tun läßt, tut er selber." Oft hört man sagen: „Es würde nichts an all dem Greuel ändern, wenn ich allein damit aufhörte!" Das ist unsinnig, denn nach kurzer Zeit täglicher kleiner Mengen ist ja das Gewicht eines Tieres erreicht! Es handelt sich hier wirklich um die Mitschuld an einem Massen-*Verbrechen!* Jedoch wenn es um die Begierden eines Menschen geht, denkt er meist unehrlich und weigert sich, den Tatsachen gegenüberzutreten, daß dieses unausgesetzte Blutbad wahrhaft etwas Entsetzliches ist! Dazu kommen die grausame, fabrikmäßige Tierhaltung (siehe Kälber- und Hühner-„Silos") und die mit dem Transport dieser elenden Geschöpfe verbundenen Brutalitäten. Oft toben sich dabei sadistische Triebe aus. Manche sagen, man be-

mühe sich ja jetzt schon, die Tiere so rasch und schmerzlos wie möglich zu transportieren und zu töten. Jedoch Zeitungsberichte beweisen immer wieder, wie wenig solche halben, unkontrollierten Vorschriften (wegen Kosten und Mühen) befolgt werden. Übrigens ist auch die erfreuliche Tierschutzarbeit *ohne Vegetarismus* eine Art Schizophrenie. Die unzähligen Landschlachtungen zerstören gräßlich den Frieden der Natur, sie lassen feinere Charaktere vor Bauernhöfen zurückschrecken. Als weiterer Aspekt zählt hier gewaltig das *Vorbild,* das gerade auch einflußreiche Personen in allen Lebenssparten durch Vegetarismus geben würden und dadurch alle, von denen sie geschätzt werden, zum Nachdenken veranlassen könnten. Jedoch geschieht das erst noch selten!

Ein weiterer Gesichtspunkt ist die Sünde, in den Schlächtern eine so erniedrigende Entartung zu verursachen. Wenn sehr viele Menschen selbst Messer, Axt oder andere Mordgeräte benutzen müßten, um das Tier niederzumetzeln, würden sie sich weigern! Würden die beefsteakverzehrenden „zarten Damen" ihre Söhne als Metzger sehen wollen? Wenn nicht, so haben sie kein Recht, es Söhnen anderer Mütter zuzumuten! Was wir selbst entsetzt von uns weisen, dürfen wir nie und nimmer anderen aufbürden! Durch Teilnahme an diesen schlimmen Eßgewohnheiten schafft jeder den Bedarf, daß andere sich zu roher Gefühllosigkeit degradieren. Diese neigen meist dazu, auch sonst brutal zu werden. Viele Mörder verwandten die spezielle Messerdrehung des Schlächters. Es ist offensichtlich, daß dieser eine sehr abscheuliche Arbeit verrichtet und daß jeder, der sie durch Fleischessen nötig macht, ihn zu etwas veranlaßt, wovor er selbst zurückschaudert.

Wir alle erwarten ein langsam nahendes Goldenes Zeitalter universalen Friedens und verstehender Liebe, ohne Krieg und anderes Blutvergießen. Muß denn nicht auch das Tierreich daran teilnehmen? Dieser furchtbare Alpdruck der Massenschlächtereien kann ja keinen Platz darin haben! Manche wirklich zivilisierte, östliche Nationen wissen das viel besser! Die Nation, in der wir leben, ist im Ganzen noch sehr „jung", sonst könnte sie nicht darin verharren! Trotz all unserer großartigen Entdeckungen und Maschinerien werden spätere Geschlechter unser Zeitalter als *nur teilweise* zivilisiert und in vieler Hinsicht als nur wenig vom Wildenzustand entfernt ansehen. Einige treffsichere Argumente werden sein: Das industrielle Massengemetzel freier oder dafür unnatürlich gezüchteter Tiere und die Erniedrigung eines „Berufs"-Standes, der zum Schlachten mißbraucht wird.

Nach den Feststellungen über die gesundheitlichen, wirtschaftlichen, ethischen und ästhetischen Seiten des Problems wenden wir uns nun der *okkulten Bedeutung* zu. Wir verlassen das Feld der physisch-beweisbaren Begründungen und geben denen das Wort, welche die „Verborgene Seite" des Lebens erforschen. Auch hier gibt es zwei Gründe für den Vegetarismus: Erstens den, der unsere eigene Entwicklung betrifft, und zweitens den mit dem weiten Ausblick auf die gesamte Evolution.

Auch bei dem ersten liegen die beweiskräftigen Argumente eindeutig nur auf der *einen* Seite. Es gibt allerdings „Zaungäste" des Höheren Okkultismus, die noch nicht all seinen Konzeptionen folgen möchten, besonders wenn ihre gewohnheitsmäßigen Wünsche betroffen sind. Solche behaupten etwa, die Ernährungsfrage sei, weil physisch, wohl nicht so wichtig. Jedoch das Urteil aller echten höher-okkulten Geistesschulen (früher und jetzt) ist in diesem Punkt immer einmütig und kompromißlos. Für *jeden* spirituellen Fortschritt ist – ganz abgesehen von dem Haupt-Gebot der *Barmherzigkeit* – die reine, unblutige Lebensweise selbstverständlich! In der höher-okkulten Literatur erscheinen viele Erklärungen über die riesige, unsichtbare Welt um uns, über die sieben Natur-Ebenen und unsere, denen entsprechenden höheren Vehikel. Diese werden durch die physische Nahrung entscheidend beeinflußt. Denn die physische Materie ist so eng mit der astralen und mentalen Substanz verbunden, daß die eine stets ein direktes Duplikat der anderen ist. Es gibt viele Typen und Dichtigkeitsgrade im Astralstoff – so daß *ein* Mensch einen aus groben, rohen Partikeln erbauten Astralkörper haben kann und ein *anderer* einen zarteren und verfeinerteren. Da der Astralkörper das Vehikel der Gefühle ist, wird jemand mit einem groben Astralkörper leichter den roheren Leidenschaften zugänglich, wogegen die Partikel eines feineren Empfindungsleibes bereitwillig auf höhere, edlere Gefühle reagieren. Der Mensch, welcher mit der Nahrung grobe, schmutzige Substanzen in seine Physis einbaut, zieht dadurch automatisch unangenehme Substanztypen als Gegenstücke in seinen Astralkörper, mit entsprechender Wirkung.
Eine bekannte Folge zügellosen Fleischverzehrens ist, dem Betreffenden ein grobes, vulgäres Aussehen zu geben. Doch nicht nur der physische Leib kommt dann in einen so häßlichen Zustand, sondern auch jene unsichtbaren Astral- und Mentalkörper. So erschafft der Mensch, der sich einen groben, unreinen Körper erbaut, gleichzeitig grobe, unreine Astral- und Mentalkörper mit den entsprechenden Eigenschaften!

Dies liegt dem Blick eines hellsichtig-geschulten Menschen offen. Er sieht die Wirkungen der physisch-erzeugten Unreinheit auf die höheren Körper als große Neigungsunterschiede. Ein esoterisch-Strebender muß für seine Zwecke all seine Vehikel zu möglichst vollendeten Instrumenten für seine unsterbliche Seele machen. Der erste Schritt ist, keinen der Seele widersprechenden Gedanken, kein unreines Gefühl in ihnen leben zu lassen. Astral- und Mentalkörper sollten im höchstmöglichen Zustand sein: stark, rein, schön und fleckenlos. Das kann natürlich nur äußerst unvollständig der Fall sein, wenn der Mensch niederziehende Elemente in seinen physischen Tempel einbaut und so beständig seine Evolutionsstufe verleugnet und unterschreitet.

Langjährige Vegetarier nehmen sogar im Geschmacks- und Geruchs-Sinn feinere Nuancen wahr. Dies gilt noch stärker für die Sinne der höheren Körper. Alles Grobe, Unreine – besonders Fleisch, Alkohol und Tabak – trübt und belastet sie und stumpft sie ab – so daß die Seele sie nur mühsam und schwach benutzen kann. Dies war stets wohlbekannt. Die, welche in früheren Zeiten in die „Mysterien" der höheren Grade aufgenommen wurden, mußten natürlich diese völlige Reinheit zeigen.

Strebende Nicht-Vegetarier werfen sich unnötige, verhängnisvolle Schwierigkeiten auf ihren Weg der Höherentwicklung. Natürlich ist die Reinheit von Herz und Seele noch wichtiger, relativ gesehen. Jedoch ist selbstverständlich *beides* zu pflegen! Seelische Reinheit *muß* ja logischerweise die andere einschließen! Das ist ein uralter Weisheitssatz. Es gibt wahrhaft genügend viele Schwierigkeiten auf dem Weg der Höherentwicklung; und es ist mehr als töricht, noch freiwillig ein schwerwiegendes Hindernis hinzuzufügen, welches bald – auch wegen dann mangelnder Inspiration von Oben – wirkliche Erfolge ausschließt. Ein reiner, unbelasteter Körper ist hier enorm wichtig! Niemand ist spirituell so vorgeschritten, daß er es sich – abgesehen von der *absoluten ethischen Notwendigkeit* – leisten könnte, diese mächtige Stütze zu ignorieren. Fleischkost macht zweifellos den Körper zu einem sehr schlechten Instrument der Seele.

Weiter ist folgendes einschneidend: Der Mensch, der sich durch falsche Ernährung einen groben, unreinen Astralkörper schafft, verbringt in diesem degradierten Vehikel den ersten Teil seines Jenseitsleben. Widerwärtige, dämonische Wesen werden dann magnetisch zu ihm getrieben, hängen sich peinigend an ihn oder lassen sich direkt in seinem Astralkörper nieder und schüren seine „Tantalusqualen". Er wird also durch das Fleischessen nach dem „Tod" akut leiden. Auch hier bestätigt das höher-okkulte Wissen die physischen Argumente. Denn es enthüllt noch viel eindringlicher, wie das Verzehren von Tierleichenteilen alles sehr verstärkt, was einem am dringlichsten loszuwerden nottut, und was also vom Standpunkt des gewollten geistigen Fortschreitens sogleich und für immer weggeworfen werden müßte. Jeder Höherstrebende sollte sogleich für ein paar Stunden ein Schlachthaus aufsuchen! Er würde dann wohl den letzten Rest vom Hängen an diesem Massenlaster voll Entsetzen verlieren.

Jedoch noch bedeutender ist die *zweite Seite* des Problems: die unserer Pflicht gegen die Welt-Evolution in der All-Natur. Jede Religion, jede idealistische Philosophie lehrt, daß der Mensch sich auf die Seite der vergeistigenden, höheren Entwicklung stellen soll, gegen Stillstand und Rückgang. Dahin gehört die Erkenntnis von dem grundsätzlich-Bösen der Lebenzerstörung. Das Leben hinter den Tieren ist Göttlich wie das unserige. Sie sind wahrhaft unsere „jüngeren Brüder", die sich *jetzt* durch ihr physisches Dasein entwickeln sollen wie wir. Wir haben nicht das mindeste Recht, sie zur Befriedigung falscher Wünsche umzubringen und ihnen dabei (und vorher) Qualen zu verursachen. Die Menschen haben es so weit gebracht, daß wegen ihrer Jagd-Leidenschaft und ihrer Massen-Schlächtereien alle freilebenden, harmlosen Tiere instinktiv angstvoll vor ihrem Anblick fliehen. Ist das die Universale Bruderschaft aller Wesen? Ist dies unsere Vorstellung vom kommenden Goldenen Zeitalter weltweiter Güte, daß alle Geschöpfe entsetzt vor dem Menschen entweichen wegen seiner von ihnen gefühlten, mörderischen Gefühle? Fortwährend schwebt ein unheimlicher Einfluß über uns. Denn jedes der gemetzelten Tiere empfindet in seinem Jenseits schockhafte Entrüstung, ein intensives Gefühl von böser Ungerechtigkeit. Die ganze Atmosphäre ist davon erfüllt. Oft berichten sensitive Leute von dem grausigen Dunstkreis z. B. von Chikago. Obwohl nicht alle seine Bewohner sich direkt jener Schwingung von Entsetzen, Furcht und Zorn bewußt werden, leiden sie unbewußt daran. Denn ein speziell-scheußlicher Einfluß hängt beständig wie eine Pestwolke über Chikago. Viele Tausende hilfloser Geschöpfe werden dort *täglich* gemein überwältigt! Jedes ist ein Wesen, das ein längeres Leben auf der Astralwelt hat. Bedenken wir, daß *jedes* Tier seine Entsetzensgefühle über die ihm zugefügten Brutalitäten hinausstößt! Denken wir an die überall ausgedehnte, gräßliche Atmosphäre über sämtlichen Schlachthäusern der Welt! Hellsichtige Menschen sehen die ungeheuren Scharen der umhertreibenden Tierseelen. Sie kennen deren ungestümen Groll und wissen, wie alles auf die Menschheit zurückprallt – am meisten auf ihren schwächsten Teil, die Kinder, denn sie sind noch sensitiver als die verhärteten Erwachsenen. Die physische und psychische Atmosphäre von Chikago z. B. ist mit Blutdünsten und allem daran Klebenden erfüllt.

Ein Zeitungsartikel erklärt, daß der von den Schlachthäusern aufsteigende Gestank keineswegs der tödlichste Einfluß aus dieser christlichen Hölle für Tiere ist. Denn sie bilden nicht nur eine Pesthöhle für die Körper, sondern noch mehr für die *Seelen!* Viele jugendliche Menschen werden mit empörender, grausamer Arbeit dort beschäftigt; ihre Gedankenrichtung wird auf Schlagen und Töten eingestellt. Manchmal zeigt sich einer zu empfindlich, um den grausigen Anblick und das Schreien der wehrlosen Geschöpfe auszuhalten. Ein Knabe, dem ein *Pfarrer* eine Stelle in einem Schlachthaus besorgt hatte, kam – nach Zeitungsberichten – jeden Tag bleich und krank nach Hause, ohne essen und schlafen zu können; und er sagte bald jenem Priester des Barmherzigen CHRISTUS, daß er keinen Tag länger in Blut waten könne. Viele jungen Menschen werden dazu gezwungen, bis sie so verhärtet und gefühllos sind, daß sie bald aus nichtigen Gründen einen Menschen statt Lämmer umbringen und dann dafür Strafen erhalten, die ihren Erziehern gebühren! Die Kinder in solcher Nähe kennen keine anderen Spiele als schlachten und auch keine anderen Beziehungen zu Tieren. Sogenannte „Christen" geben überall ihren Kindern eine solche direkte „Erziehung" im Morden und wundern sich dann empört über die Zahl und Brutalität der *Menschen*-Morde. Jedoch sie singen ruhig ihre Gebete und Choräle weiter und lauschen frommen Predigten, als ob all diese Greuel nicht mit ihrer Billigung, also mit ihren Wünschen als „Fleischfresser," verübt würden. Das gewohnheitsmäßige Leichenverzehren hat sie unheimlich abgestumpft! Überall wachsen Kinder in solch gräßlichen Umgebungen auf; und diese Einflüsse wecken und verstärken Grausamkeit und Gewissenlosigkeit aller erdenklicher Arten.

Der geschulte Okkultist sieht, welch furchtbare Zentren von Laster und Brutalität die Menschen mit ihren Schlachthäusern und sonstigen Mordstätten (Höfe, Küchen usw.) schufen; und wie die Verseuchung sich von dort rastlos weiter verbreitet und die ganze (ansatzweise schon schöne) Zivilisation vergiftet. Viele Kinder fürchten sich vor Unerkennbar-Schrecklichem im Dunkeln, ohne zu wissen, daß dies meist aus der Feindseligkeit der Heerscharen von täglich geschlachteten Tieren stammt. Die Evolutionsstufen hängen eng zusammen; und man kann nicht dieses tägliche Massengemetzel an den jüngeren Brüdern der Menschen begehen, ohne schlimme Wirkungen, besonders auf daran unschuldige Kinder.

Ganz gewiß wird einmal eine menschenwürdigere Zeit kommen, wo man sich von diesem Schandmal auf unserer Zivilisation, dieser schlimmen Verleugnung ethischer Grundsätze und elementarer Ästhetik befreit haben wird. Und dann werden sprunghaft wunderbare kulturelle Fortschritte möglich werden, weil allmählich alle Menschen zu einer edleren Bewußtseinsstufe aufsteigen und von der Belastung durch die instinktiven Haßgefühle der Tiere und die widerliche Leichennahrung erlöst sein werden. Das könnte *bald* geschehen, denn der durchschnittliche Mensch ist keineswegs ein Rohling. Nur: er denkt nicht nach, er lebt seinen Tag und gesteht sich nicht ein, daß er fortwährend an einem scheußlichen Verbrechen teilnimmt. Jedoch aus Tatsachen gibt es kein Entweichen. Jeder Fleischesser hilft dauernd, den Bedarf an Schlachtungen zu schaffen und teilt voll die Verantwortung. Es ist ja töricht, zu sagen: „Was können wir als Einzelne tun in der siedenden Menschheitsmasse?" Von jeher sind höhere Kulturstufen für die Gesamtheit *nur* durch Einzelne geschaffen worden, die sich bewußtmutig über die Menge erhoben. Auch hier!
Esoterisch Strebende haben besonders die Pflicht, das Kommen des Goldenen Zeitalters zu beschleunigen, wo die Menschheit auch endlich ihre *jüngeren Brüder* nicht mehr hinmordet, sondern ihnen freundliche Hilfe und Erziehung erweist und dann keinen angstvollen Haß mehr, sondern Liebe, Hingabe und willige Dienste von ihnen empfängt. Dann werden alle Wesen miteinander auf das große Ziel unseres Schöpfungs-Planes hin-arbeiten – in Anerkennung der Universalen Bruderschaft nicht nur der Menschen, sondern aller fühlenden Wesen. Denn alle sind ja Kinder des gleichen All-Vaters. Wir sollten uns von der Komplizenschaft mit jenen Vergehen lossagen, da sie Grundlage und Voraussetzung zu allen anderen Blutsünden und so auch zu *allen Kriegen* – jenen schlimmsten Wahnsinnstaten – darstellen.
Um jene strahlende Ära von Frieden und Barmherzigkeit rascher herbeiführen zu helfen, sollten wir Handeln, Denken, Fühlen und Nahrung ganz rein halten! Wir können durch Beispiel und überzeugende Anregung mächtig viel dazu beitragen, der Herrschaft alles Terrors ein Ende zu bereiten und die Morgendämmerung des „Reiches Gottes" voll Gerechtigkeit und Liebe einzuleiten, sodaß dann „der Wille un-

seres Göttlichen Vaters nicht mehr nur im Himmel, sondern auch auf Erden geschieht!"

Literaturnachweis:
Prof. Wilhelm Brockhaus „Das Recht der Tiere in der Zivilisation"
C. W. Leadbeater „Vegetarianism and Occultism"

40. C. W. Leadbeaters Bericht über ein von ihm erforschtes astrales Drama (allen Psychikern zur Warnung)

Während meiner okkulten Forschungszeiten erhielt ich (C. W. Leadbeater) viele darauf bezügliche Anfragen – darunter die von einer sensiblen Dame betreffs einer langen, eindrucksvollen Reihe von astralen Visionen. Zur Ergründung des wirklich Geschehenen mußte ich all die Faktoren, welche die seltsame Gesamtwirkung erzeugt hatten, erforschen.

Jene Dame hatte – unzufrieden mit den kirchlichen Dogmen – eifrig einige theosophische Bücher gelesen, vor allem Teile aus H. P. Blavatskys „Geheimlehre". Dann stieß sie auf Vivekanandas Buch über Raja-Yoga und praktizierte mehrere dort geschilderte Atem-Übungen. Als Folge wurde sie etwas hellsehend und begann bald, unter Diktat astraler „Kontrollgeister" „automatisch zu schreiben". Sie empfand damals gerade tiefes Mitleid für einen hingerichteten Mörder aus der Nachbarschaft, der nun – mit anderen seines Schlages – ebenfalls bei ihr erschien. Sie bemühte sich, ihm durch esoterische Belehrungen zu helfen, wurde aber stattdessen von ihm unterjocht – so daß sie an Leben und Verstand gefährdet wurde und deshalb fortwährend verzweifelt um Rettung flehte.

Endlich kam ein hilfreicher Jenseitsbewohner, der sich ihr als verordneten „Führer" vorstellte – mit der Eröffnung, sie solle wegen ihrer „hohen Entwicklung" und mächtigen Gebetskraft gewisser, ungewöhnlicher Begünstigungen gewürdigt werden. Er lobte sie so intensiv, daß sie schließlich verwundert fragte: „Aber wer bin ich denn eigentlich?" Die verblüffende Antwort war: „Du bist ein künftiger Buddha". Sie fragte: „Und wer bist du?" Seine Antwort: „Ich bin jetzt Christus und will dich in Obhut nehmen". Sie war zwar (auch noch im Astralen) vernünftig genug, diese Behauptungen abzuweisen, nahm aber trotzdem aus Wißbegier versuchsweise seine „Führung" an.

Zuerst teilte er mit, sie solle nach dem Durchschreiten einer vorbereitenden Einweihung vor den „Hohen Rat des Himmels" zugelassen werden, welcher gerade im Begriff stünde, zu entscheiden, ob die in der Schwebe hängende Welt vernichtet oder ihr noch eine Rettungs-Chance gewährt werden könne, so daß die Dame also, wenn sie sich mit der Vorbereitung beeilte, noch ihre wichtige Stimme *für* die Errettung der Welt geben könnte. Sie nahm diese verstiegene Geschichte nicht ganz an, glaubte aber halb, hier wäre vielleicht doch ein großes Werk im Gange, und unterzog sich dem Experiment. Zuerst forderte er sie auf, mit dem Yoga-Atem des Vivekananda fortzufahren, weil ihre vorigen Bemühungen schon das „Schlangenfeuer" (siehe Kap. 37) bis zum Solar-Plexus gebracht hätten und es jetzt unter seiner Leitung zum Gehirn emporsteigen müsse. Sie verglich die folgenden Schmerzgefühle mit „Wehenschmerzen" und merkte, daß eine „Geburt" im Gehirn stattfinden solle. Oft wurde es so qualvoll, daß sie das Ringen aufgeben wollte und nur durch das flehentliche Drängen des „Führers" standhielt, der ermutigend und leitend über ihr schwebte. Endlich kam ein Sieg; und der „Führer" rief erleichtert aus: „Gott sei Dank, es ist vorüber!" Diese teilweise Kundalini-Erweckung leitete eine Reihe von erstaunlichen, zwölf Tage und Nächte dauernden Visionen ein. Diese waren teilweise von persönlichem Charakter und teils von allgemeinbelehrender Art.

Der persönliche Teil bestand aus ihrer einsetzenden Beziehung zu jenem „Hohen Rat des Himmels", sowie aus einigen Visionen, worin ihr bekannte Personen die Rolle der zu „rettenden" Welt spielten und der ihr feindliche „Satan" auftrat. Dies, obwohl sie schon längst im *normalen* Zustand den Glauben an einen Teufel und die exoterisch-kirchliche Erlösungsidee aufgegeben hatte.

Die allgemeine „Belehrung" trug jedoch viele theosophische Züge und behandelte meist Weltenschöpfung und Entwicklung der Wurzelrassen. Sie beschrieb den Anfang so:

„Ich sah eine wundervolle Vision von einer ungeheuren, lange brütenden Finsternis. Dann begann eine leichte, wie von träumendem Denken geleitete Bewegung darin. Wechselnde Formen erschienen im Chaos. Das Bemühen, Ordnung darin zu schaffen, schien von einem gewaltigen, verantwortlichen Götter-Wesen auszugehen, welches in feierlicher Würde darüber waltete. Dann sah ich eiförmige Seelen mitten im Chaos schweben, die von den skurrilen Formen absorbiert wurden. Später änderte sich dieses Panorama allmählich; und die Welt nahm eine vertrautere Gestalt an. Sehr viele kosmische und mythologische Symbole zogen vorüber, zum Beispiel folgende: Ich sah eine riesige, berghohe Kuh, welche mir als die den Erdplaneten darstellende ‚Kuh der Demeter‘ bezeichnet wurde. Ein die Menschheit darstellender Mann stieg langsam auf einer Leiter zu ihr hoch. Oben angelangt, faßte er besitzergreifend ihre Hörner.“

Gleichzeitig wurde die Dame dem „Hohen Rat des Himmels“ zugeführt, der aus einer Anzahl von kolossalen Figuren bestand. Diese redeten ungeduldig von einer Vernichtung der Welt. Doch *sie* ersuchte nun äußerst beredsam um eine nochmalige Rettungschance und bot sich in ihrem Plädoyer, inständig bittend, zur opferbereiten Hilfe an, weil sie ja schon oft im Dienst der Welt gelebt habe und gestorben sei. So entstand Meinungsverschiedenheit im „Hohen Rat“, aber schließlich gab die Mehrheit ihren Bitten nach und versprach ihr und ihrem „Führer“ Beistand und mildes Abwarten.

Nachdem gingen die theosophisch gearteten Visionen weiter, zum Beispiel: „Ich sah ein Tal, in dem, dunkel und umschattet, die Menschheit lag, und darüber ein Schwarm von weißgekleideten, doch nicht leuchtenden, menschlichen Wesen. Ich stürzte herbei, um die Menschheit zu erwecken, wurde aber von den weißgekleideten Wesen entschlossen gehindert. Ich erkannte sie als die vielen täuschenden, selbst-ernannten Lehrer und Priester der Erde, die ihre Brüder energisch niederhielten. Ab und zu erwachte unten eine Seele aus der Menschenmenge. Sie leuchtete von innen her und ging über die schlafende Welt hin, bestrebt, andere zu wecken. Ich beobachtete nun von einem hohen Berg, wie manche dieser strebenden Seelen sich zu Flammen entfachten. Dabei wurden auch die Gipfel der umgebenden Berge wie von zartem Sonnenlicht vergoldet. Die weißen Gestalten flohen beim Anblick dieses zunehmenden goldenen Glanzes, blieben jedoch bemüht, meine Bemühungen zur geistigen Hilfe der Welt zu vereiteln.

Nach dieser Nacht voll Visionen weckte mein ‚Führer‘ mich auf, damit ich mich nicht etwa ganz vom Körper löste, um ‚drüben‘ zu bleiben. Ich war wie betäubt, aber dennoch in einem wundervollen Zustand.

Engel schienen um mich her Dankeslieder zu singen. Ich ging hinaus und wandte mein Gesicht zum Südwesten. Von überirdischen Wesen umgeben, stimmte ich mit ihnen eine herrliche Hymne zu Gottes Lob und Preis an – ähnlich der bei ‚Mariä Himmelfahrt‘. Ein süßer Duft durchdrang die Atmosphäre, und mein ‚Führer‘ sagte, die Engel verbrennten ätherischen Weihrauch.

Am folgenden Tag erblickte ich wieder Schöpfungsvorgänge, doch von anderer Art. Ich sah nacheinander die Entstehung der Rassen. Während sie auftauchten und entschwanden, sagte mein ‚Führer‘ jedesmal feierlich: ‚So ward aus Abend und Morgen der erste Tag‘ und so fort. Die Fünfte Rasse wurde am vierten Tag geboren und schien von spezieller Bedeutung. Sie wurde mir – voll-flügge – auf den Händen eines gewaltigen Wesens ausgestreckt gezeigt. Ich sah, daß bis dahin noch wenig Ordnung im Menschenreich regierte, aber jetzt wurde die Menschheit gleichgestimmter und begann, mehr in Harmonie zu arbeiten. Ich sah auch, daß diese Rasse als Ganzes eine geschlossene, kreisförmige Gestalt annahm wie eine Phalanx, daß ein riesiges Band um sie geschlungen wurde von einem Menschen zum anderen, und daß keiner sich daraus entfernen konnte. Beim Scheiden dieser Rasse wurde die Gesamt-Menschheit plötzlich zu einer aurahaften, eiförmigen Gestalt zusammengeschlossen. Die Entwicklungstendenz in der Sechsten Rasse war aufstrebender und alles wunderbar beschleunigt. Und da sah ich wieder, aber diesmal sehr stark, weithin-leuchtend, das Sonnenlicht die Berggipfel vergolden. Die ganze Rasse tauchte jetzt aus Schatten zur Helle auf; und als die rassische Abschiedsstunde wieder schlug, befanden sich die zahllosen Seelen in inniger Verbundenheit miteinander. Hier verließ mich mein ‚Führer‘ mit der dringenden Mahnung, alles zu überdenken und nicht etwa mein physisches Leben aufgeben zu wollen, denn davon hinge ja mein Erfolg zur Errettung der Welt ab, wofür alles geschähe. Von nun an kamen schreckliche ‚Feuerproben‘ zu diesem Zweck. Beim Erblicken der letzten Rasse bemerkte ich, daß das erwähnte Band nun unzerbrechlich alle drei – die Fünfte, Sechste und Siebente Rasse – umfaßte. Es waren jetzt große Höhenflüge in jeder Richtung bemerkbar; und die Gesichter dieser Siebenten Rasse leuchteten zunehmend in einem blendend-lebendigen inneren Licht.

Ich bat um etwas Ruhe, doch vergebens. Jetzt kamen viele furchtbare Erlebnisse, die zu ihrem Ertragen äußerste Seelenanstrengung forderten. Ich weiß nur noch, daß ich fest versprach, Gottes Botschaft unter allen Umständen weiterzugeben. Einmal wies ich sogar die Visionen ab, obwohl sie immer prächtiger wurden. Da hörten sie auf, und ich glaubte mich nun in der Gewalt des Satan. Eine Zeit hielt ich das für eine Bestrafung für Versagen oder Fehler und dachte: ‚Offenbar habe ich mich nicht bewährt, und die Welt ist als Folge davon verloren und verdammt'. O, wie ich da rang und betete! Um alles wieder gutzumachen, schwor ich, nicht nur mein Leben, sondern auch das meiner Kinder und sogar das ewige Leben meiner Seele zur Errettung der Welt hinzugeben. Gegen Morgen strömte ein stark-lebendiger Hauch in meinen Körper und flutete die Wirbelsäule auf und ab. Es war, als würde dabei eine herrliche Hymne gesungen; und es endete in einer Art mystischer Ekstase, die mich mit Gott vereint fühlen ließ. Dieser Zustand war hoch-beglückend. Nachdem erschienen eine Reihe von Visionen – keine Formen mehr, nur Farben-Glorien, jede immer glänzender als die andere. Zuletzt erstrahlte ein überirdisch-schönes Violett, das mich in unaussprechlicher Schönheit umleuchtete. Mir wurde gesagt, ich könne nun noch weiter gehen und vielleicht Gott schauen! Ich fragte, ob ich von dort wieder zurückkommen könnte – was verneint wurde. Da erklärte ich aufs neue, wie bei anderen Prüfungen: ‚Ich muß leben, um die Welt zu retten!' Da ging die physische Sonne auf; und ich dachte angesichts meiner herrlichen Visionen, wie matt doch diese Sonne sei – bis dann alles versank. Um die Zeit wurde ich nachts in einem Grab auf ein Kreuz gelegt. Mein Herzschlag wurde aufgehalten, und ich erlitt qualvolle Schmerzen. Aber das Glück meiner Seele in den gleichzeitigen schönen Visionen war noch mächtiger als die Pein dieses ‚Opfergeschehens'. Die mich später befallenden Ereignisse sind mir zum Teil verschwunden. Eine Idee blieb permanent bestehen – daß ich für ein großes Werk vorbereitet würde – sowie eine gewaltige Vorstellung von Involution und Evolution. Als ich endlich aus all dem hinausglitt, sah ich meine tief besorgte Familie an meinem Bett versammelt, die mich während dieser fast bewußtlosen zwölf Tage für sterbend gehalten hatte. Ich fühlte mich ganz todesmatt und überhaupt nicht mehr zur Erde gehörig. Als ich endlich trotzdem wieder zum normalen Bewußtsein erwachte, war die Stimme meines rätselhaften ‚Führers' verschwunden und auch die Visionen hörten auf. Aber seitdem bin ich mir, besonders in der Meditation, eines neuen Lebens und eines neuen, unirdischen Zustandes bewußt und meine, daß mir dennoch – trotz der tödlichen Gefahren und der bleibenden störenden Geschwächtheit – etwas Förderndes widerfahren ist."

Und jetzt spricht wieder C. W. Leadbeater:
Ich habe dieses erstaunliche Erlebnis okkult untersucht und entdeckte

darin verschiedene zusammenwirkende Komponenten. Viele eindrucksvolle Visionen erwiesen sich als *selbsterschaffen*. Wenn ein ungeschulter, psychisch veranlagter Mensch stark über bestimmte Gegenstände nachdenkt und wenn er dadurch eine Reihe lebendiger Gedankenformen erschafft, kann folgendes geschehen: Wenn er im Schlaf oder Trance aus seinem Körper hinausgleitet, tauchen diese Formen vor ihm auf und dramatisieren sich zu seltsamen Begebenheiten. Im vorliegenden Fall gab es jedoch auch Züge, die nicht ihrem eigenen Denken, sondern fremden Einflüssen entstammten. Da unsere Dame glühend den Ursprung ihrer Visionen (mit für mich hoch-interessanten Aspekten) begreifen wollte, unternahm ich eine gründliche Erforschung des Ganzen. Zu dem Zweck mußte ich eine enge, psychische Verbindung mit ihr herstellen und alle im Erlebnis enthaltenen Faktoren untersuchen. Nur durch geduldiges Entwirren *all* der Fäden traten dann die Hintergründe und Ursachen deutlich hervor.

Ich stelle den Fall kurz dar: Die Dame hatte sich – wie viele andere Wißbegierige – schwere Plagen durch ungeeignete Atemübungen zugezogen. (Bei anderen geschieht das durch spiritistische oder Pendelexperimente oder Buchstabenübungen). Die schädlichen Folgen werden oft ins nächste Leben hinübergenommen in Form eines „porösen" Schutzgewebes, was dann unerwünschte, täuschende Astraleinflüsse durchläßt. Die verzweifelten Anstrengungen unserer Dame, den Folgen, vor allem dem toten Mörder, zu entfliehen, erregten die Aufmerksamkeit eines jenseitigen Mannes, der diesen „toten" Mörder verjagte. Jedoch er hatte *eigene,* einer kuriosen Selbsttäuschung entspringende Ziele und hoffte, hier ein mächtiges Instrument für deren Förderung zu gewinnen. Er änderte prompt seinen Plan, gab ihr eine prominente Rolle darin und stürzte sie so unbewußt in äußerst gefahrvolle okkulte Erlebnisse. Viele Resultate hatte er keineswegs erwartet und konnte sie dann nicht mehr umbiegen. Schließlich verließ er sie, weil er bestürzt über den unvermuteten Verlauf war, und weil er sein „Werkzeug" auch nicht so wie erhofft benutzen konnte. Das Ende des Abenteuers war relativ noch gut zu nennen – aber nur infolge eines äußerst-seltenen, günstigen Karmas. Denn die Risiken waren ganz enorm; und nach jeder *denkbaren* Voraussicht bestand keine Möglichkeit, daß sie aus einem solchen Erlebnis heil am Leben und Verstand entkommen konnte.

Zunächst dieser „Führer": Er war ein ernster, doch unwissender, fanatisch-protestantischer Farmer gewesen und hatte – ohne andere Lektüre – an den Winter-Abenden immer nur über der Bibel gebrütet, bis seine Natur von seinen grob-materiell-mißverstandenen Bibelvorstellungen erfüllt war. Da seine wenigen Nachbarn nicht mit seinen religiösen Ansichten sympathisierten, wurde er bald zum Einsiedler, ließ seine Farm großenteils verkommen und widmete sich immer brennender diesen Studien. Dieses starke, unausgesetzte Brüten versetzte ihn endlich in einen Zustand religiösen Wahns, der ihn glauben machte, er sei der jetzige erkorene Welt-Erlöser, welcher der Erde nochmals eine vor 2000 Jahren nur teilweise gelungene Rettungs-Chance bieten sollte. Ein hervorstechender Zug seines Planes war die Bekehrung der nichtchristlichen Menschheit durch den Einfluß früherer großer, religiöser Führer, woraus dann der „Hohe Rat des Himmels" entstand. Während der Farmer so von seinen fanatischen Täuschungen besessen war, starb er und befand sich auf der Astralebene zunächst inmitten der teils vorgefundenen, teils selbsterschaffenen primitiven Gedankenformen vom „Goldenen Jerusalem", worin er eine bestimmte Ecke für sich gebaut hatte. Seine von irregeleiteten, *hier* noch verstärkter Gefühlskraft getriebenen Bemühungen, die Beschreibungen der Apokalypse nachzubilden, waren sehr erfinderisch. Zum Beispiel bemerkte ich sein Gedankenbild von den „Vierundzwanzig Ältesten", die unaufhörlich vor dem Göttlichen Thron ihre goldenen Kronen niederwarfen, welche unaufhörlich auf ihre Köpfe zurückkehrten. (Er verstand natürlich die Symbolik nicht.) Sein Bild von dem „mit Feuer durchmengten gläsernen Meer" gelang schlecht und glich einem seltsamen Vulkan-Ausbruch. Seine Vorstellung vom „All-Vater" war ein strengblickender, alter Mann mit weißen Vollbart. Auf Erden hatte er sich auch ein Christusbild gemacht, das übliche Kruzifix mit einem fahnetragenden Lamm. Aber da er sich später einredete, er sei selbst ein Heiland, war es schon damals blaß und inaktiv geworden. Seine stärkste Gedankenform war jener in den Briefen der Dame auftretende „Hohe Rat des Himmels". Er gründete sich auf seine und eines anderen „Toten" Vorstellung, daß eine Auswahl von zehn bedeutenden biblischen Charakteren (Elias, Moses, Petrus, Paulus und andere) zwecks Beschlußfassung zusammengetreten sei. Sie wurden von pompösen Gestalten dargestellt, die, im Halbkreis sitzend, auf hochlehnigen, goldenen Sesseln thronten, welche den Kirchenstühlen in Gotischen Kathedralen nachgeahmt schienen. „All-Vater" selbst residierte hoch über seinen „Ratsherren". Natürlich waren alle nichts als Gedankenformen, jedoch mittlerweile waren drei davon von wirklichen Wesen „besetzt" und belebt worden – und zwar zwei von „toten" Menschen. Der eine war ein deutscher Schuhmacher von ähnlichem Typ wie der Farmer gewesen und hatte die Paulus-Gedankenform in Beschlag genommen. Auch er hatte auf Erden voll vager, mystischer Träume ausschließlich die Bibel studiert und glaubte *auch*, der Welt eine spezielle Offenbarung anbieten zu sollen. Er aber hielt (etwas vernünftiger) die mystische Vereinigung Christi mit seiner „Braut", der Kirche, für das Einzigbedeutende im Christentum. Für ihn war Christus nicht historisch wichtig, sondern als der lebendige Geist der Kirche, den jeder Christ in sich erwecken müsse. Leider bildete er sich aber ein, daß alle Welt seine Idee bei ihrer bloßen Verkündigung begeistert aufnehmen, von den Sünden erlöst und sogleich ins volle Licht der Wahrheit und Vollkommenheit versetzt werden müsse. Er hatte schon auf Erden mit Bekehrungspredigten begonnen; und beim Eintreffen im Astralen verstärkte sich sein Fanatismus. Dann traf er den Farmer; und jeder glaubte nun, schlau berechnend, er könne den anderen für seine Pläne nutzbar machen.

Der Schuhmacher hielt den Farmer nicht für einen Heiland, aber – nach seiner Theorie – für einen vom Christusgeist Beseelten, obwohl sie sich gegenseitig für egozentrisch hielten. Der Farmer erwartete vage, jetzt jemand zur Mitarbeit für die Rettung der Welt gefunden zu haben. Unterstützt durch einige vorgefundene Gedankenbilder, entstand aus ihrer beider Vorstellung jener seltsame „Hohe Rat des Himmels", mit dem sie in enger Beziehung zu stehen glaubten. Diese Gedankenformen wirkten plump und unvollständig. Moses zum Beispiel war bedenklich unvollendet. Er saß, steif und starr, wie an seinen unbequemen, goldenen Stuhl geheftet, bestand aber nur aus Gesicht und schwacher Vorderfront. (Ähnliches ist oft im astralen „Sommerland" zu finden, wo Mütter solche sonderbar unvollständigen Kinder liebkosen. Die Schöpferinnen solcher Formen bemerken die Mängel nicht und sind glücklich mit solchen „Puppen", deren Leben nur aus dem in sie hineingelegten Wunschdenken besteht und die sich daher – als plastischer Astralstoff – genau nach dem Wollen ihrer Hersteller verhalten.) Petrus war eine andere unwirksame „Person" des „Konzils", aber er trug wenigstens einen riesigen Schlüsselbund, dessen Rasseln seinen Hauptbeitrag im „Hohen Rat" bildete.

Während also die Mehrzahl dieses „Konzils" von diesem leblosen Typ war, erschienen die *belebten* Gedankenformen – 1. die des Paulus (durch den Schuhmacher), 2. die des Elias, und 3. die des „All-Vaters" – natürlich viel bestimmter und origineller. Die des Elias überraschte durch ihre Aktivität. *Sie* wurde von einem „toten" Walliser als Sprachrohr benutzt, der nach seiner Bekehrung nach Amerika ging und dort starb. Während seines irdischen Lebens hatte er stets leidenschaftlich religiöse Erlebnisse gesucht und auch an Neger-Erweckungsversammlungen teilgenommen. Untermischt mit seiner Religion waren merkwürdige, sozialistische Neigungen und sein Traum war ein goldenes „Tausendjähriges Reich" – halb ein gefühlsseliges Christentum und halb ein materialistischer Sozialismus. Er wollte nun auch vom Astralen her die physische Welt beeinflussen und suchte Berührung mit ihr. Als er den Farmer traf und bemerkte, daß dieser in unserer Dame ein irdisches „Medium" für seine Zwecke gefunden hatte, beschloß er, sich der beiden zu bedienen. Dies erschien ihm als ein erster Schritt zu seinen Zielerreichungen. Es gelang ihm, sich der Gedankenform des Elias zu bemächtigen, wodurch er sich auf einer den Respekt der anderen sichernden Basis einführte. Es erschien ihm – ohne schlechte Absicht – als eine glückliche Fügung. Doch jetzt geschah etwas Unerwartetes: Auf Grund seiner Maskerade als Elias versuchte er beständig, ihn zu imitieren und sich den entsprechenden alttestamentarischen Anstrich zu geben. Er begann, sich ganz als diesen Charakter vorzustellen und erwog allmählich in seiner verwirrten Natur, ob er nicht *wirklich* Elias sei. So wird er ein chronischer Monomane werden. Zur Zeit meiner Forschung kannte er sich noch als einen neuzeitlichen Walliser, aber bald wird es ihm ebenso sicher erschienen sein, daß er Elias sei – wie dem Farmer, daß er ein Heiland sei. Er hatte sich den anderen „Ratsmitgliedern" auch noch nicht als den Walliser vorgestellt, weil er hoffte, als respektgebietender Elias ihre Entschlüsse besser lenken zu können.

Es ergab sich daher das verblüffende Schauspiel eines „Konzils", dessen einzige, wirksame Angehörige drei gestorbene Männer waren, von denen jeder die anderen für seine Zwecke zu handhaben glaubte. – *Nur in der Astral-Welt* kann solch ein verrücktes Bündnis zustandekommen – und zwar, weil dort alle irdisch-exakten, mentralen Kontrollen fehlen

Jedoch das *Erstaunlichste* folgt jetzt: Ich erwähnte schon, daß man den „All-Vater" über den „Ratssitzungen" präsidieren sah. Er war natürlich auch nur eine konstruierte Gedankenform, aber gelegentlich benahm er sich plötzlich höchst ungöttlich und unpassend – was die Gegenwart eines *ganz andersartigen* Wesens anzeigte. Und zwar beobachtete ich folgendes: Ebenso wie die Paulus-Gedankenform von dem Schuhmacher und die des Elias von dem Walliser beseelt wurde, war *diese* Gedankenform des „All-Vaters" von einem fröhlichen Natur-

296

geist in Besitz genommen worden! Es ist bekannt, mit welchem Vergnügen solche Deva-Geschöpfe theatralische Spiele unter sich aufführen. Mit spezieller Wonne suchen sie aber durch Maskeraden die ihnen ja entwicklungsmäßig überlegenen Menschen zu schrecken oder zu täuschen. *Hier* gab es nun also vom Gesichtspunkt eines mutwilligen Naturgeistes eine einzigartige Gelegenheit. Er konnte drei menschliche Wesen, die sich so großartig gaben, einen mächtigen Schabernack spielen; und man kann sich vorstellen, was für herzerquickende Geschichten er dann nachher immer triumphierend seinen bewundernden Kameraden erzählte!

Das alles geschah nicht etwa aus Unehrerbietigkeit – diesen Begriff kannte er auf seiner Stufe garnicht – das Ganze war für ihn nur eine beispiellose Gelegenheit zu einer wirklich umwerfend-prächtigen Fopperei. Er verstand überhaupt nichts von den Beratungen und bewahrte daher meist ein sehr wirkungsvolles, geheimnisvolles Schweigen. Irgenwie hatte er sich einige zu seiner Rolle passende biblische Sätze angeeignet, die er in Abständen papageienhaft von sich gab: „So spricht der Herr" – „Amen, so sei es!" – „Ich bin der Herr, dein Gott, du sollst keine anderen Götter haben neben mir!" – „Ich will die Erde mit meinem Fluche schlagen" – dies waren einige Perlen aus seiner Sammlung. Ab und zu wurde der Spaß ihm aber zu viel und die Zurückhaltung lästig. Dann verließ er für kurze Zeit die Gedankenform, um seine unterdrückten Gefühle außerhalb der Sicht des „Konzils" durch wildes Tanzen und Gelächter zu befreien (wie es die Art solcher Wesen ist). Wenn das passierte, war es interessant zu sehen, wie die verlassene Gedankenform dann ja in eine reglose Starrheit verfiel, welche von den unglücklichen menschlichen „Ratsherren" für den viel zitierten und am Ende von ihnen verursachten „Göttlichen Grimm" gehalten wurde.

Vor diesem „Hohen Rat des Himmels" also plädierte unsere ehrfürchtige Dame. Natürlich konnten die *nicht*-belebten sieben „Ratsherren" nicht mitwirken, sondern nur zeitweilig durch die in sie projizierte Denkkraft der anderen eine Art von Zustimmung von sich geben.

Betreffs der von der Dame gesehenen theosophisch-gearteten Gedankenformen folgendes: Sie war aus einer veräußerlichten Form des Christentums im Atheismus gelandet. Dann verlor sie ein geliebtes Kind, was ihr Herz tief aufrührte. In der Zeit kam sie in Kontakt mit der Theosophie und begann ihr Studium (leider) gleich mit der „Geheimlehre". Unerschrocken arbeitete sie glühend-eifrig daran und schuf dabei unbewußt viele starke Mentalbilder aus den Schilderungen der diesem Werk zugrundeliegenden „Stanzen des Dzyan" – der Kosmischen Genesis.

Auch die Einweihungsidee mit den gefährlichen Grabes- und Feuerproben der Antike faszinierte sie – ebenso die Aufeinanderfolge der Rassen, was von ihr mit christlichen Erinnerungen vom „Jüngsten Gericht" verbunden wurde. Gleichzeitig öffneten sich ihr aber auch die glänzenden Horizonte der großen orientalischen Religionen. So kam es, daß sie sich unbewußt mit einer riesigen Menge von starken Gedankenformen theosophieartigen Charakters umgab und dadurch gewisse okkulte Gesetze in Bewegung setzte. Denn sie zog dadurch andere, ähnliche Gedankenbilder an. Etwa 800 km entfernt befand sich eine theosophische Loge, die gerade die „Geheimlehre" studierte; und unsere Dame war bald mit diesen gleichgearteten Gedankenformen in Kontakt. Vielleicht haben auch dortige Mitglieder ihr Suchen bemerkt und ihr astral zu helfen gesucht. Auf jeden Fall war sie bald von einer enormen Masse Gedankenformen dieses Typs umringt und befand sich in sensitiver Gemütsstimmung.

In dieser Periode begann sie, jene Atemübungen auszuführen und öffnete sich damit für astrale Einflüsse. Ein tiefes Mitleid ließ sie den toten Mörder suchen, was mit zu „automatischem Schreiben" führte. Der Mörder wollte sich unbedingt seinen gewonnenen, physischen Halt bewahren und machte sie etwas besessen. Nun rang sie verzweifelt nach Befreiung von ihm. Durch ihre energischen, ungestümen Anstrengungen machte sie sich zu einer sehr auffallenden, erregenden Erscheinung in der Astralwelt. Dieser Tumult zog den umherwandernden Farmer an und seine „Christus"-Pflicht veranlaßte ihn zum Vertreiben des Mörders. Er hatte noch niemals einen so leuchtenden Astralkörper gesehen – mit so eindrucksvollen Gestalten um ihn herum – wie bei seinem Schützling. Es waren ja riesige Figuren, die mit kosmischen Prozessen zusammenhingen, ebenso solche von orientalischen „Göttern" und Religionsgründern, von Engeln, Adepten und ähnlichen ihm unbekannten Begriffen. Er konnte nicht wissen, daß dies alles nur Gedankenformen waren, sondern hielt sie für wirkliche, lebendige Wesen. Kein Wunder, daß er – in seiner beständigen Erwartung himmlischer Hilfe – glaubte, hier wäre ihm gewiß eine helfende Person für sein Werk geschickt worden, die für die Orientalische Welt das werden könnte, was er sich für den Okzident anmaßte! Sofort ergriff er die Gelegenheit und erklärte sich als ihren ernannten „Führer". Eine komische Tatsache war, daß er, trotz seiner Führerpose, stark von den

298

Gedanken der Dame beeinflußt wurde und ihr diese oft in anderer Sprache zurückgab. Zum Beispiel wußte er nichts vom „Schlangenfeuer", hielt es aber für eine Art von Göttlicher Energie; und als er sah, daß durch seinen Beistand eine Erweckung derselben mit übersinnlichen Resultaten möglich wäre, tat er sein Bestes dazu. Ihren vereinten Anstrengungen gelang es, einige äußere Kundalinischichten zu aktivieren, obwohl es – zum Glück für unsere Dame – ihnen nicht möglich war, die *Tiefen* dieser rätselhaften Kraft aufzurühren. Sonst wäre ihr Körper bestimmt zerstört worden. Ferner kannten sie nicht deren *richtigen* Verlauf an der Wirbelsäule entlang, welcher „ununterbrochenes Bewußtsein" herbeiführt, und verfehlten diese Möglichkeit.

Aber die Schilderungen ihrer schrecklichen Leiden sind überraschend präzis. Die Schmerzen bei diesem *illegalen* Experiment und das Entsetzen der Familie über ihren schlimmen Zustand zeugen deutlich für die überstandene tödliche Gefahr!

Das ganze Drama ist eine einzige mächtige Warnung!

Betreffs ihrer theosophisch-gerichteten Visionen waren sie gewiß für die „Seherin" sehr interessant und erhebend. Jedoch sie stellten *nicht* die wirklichen Evolutionsgeschehnisse dar, sondern die Kombinationen vieler Gedankenbilder und Symbole. Gewisse Züge, wie die Hymnen von Engeln, entstammen der christlichen Denkrichtung ihres „Führers". Er beobachtete das Entstehen der Visionen, verstand aber wenig davon. So verwechselte er auch die aufeinanderfolgenden Wurzelrassen mit den „Schöpfungstagen" und den Stämmen Israels und versuchte, die biblische „Siegelung der Hundertvierundvierzigtausend" hineinzuzwängen. Seine das ganze Erlebnis überschattende Überzeugung, daß von seinem Erfolg und von dem der Dame die Errettung der Welt abhinge, ist typisch für viele sektiererische „fixe Ideen" und charakteristisch für viele Mitteilungen aus der Astralwelt. Viele okkulte Sekten (und Einzelpersonen) glauben den Versicherungen ihrer astralen Partner, daß dieselben große Adepten, „aufgestiegene Meister" (meist ein Kennwort für Unechtheit) oder auch Erz-Engel seien. Sehr oft stehen schwarzmagische Einflüsse dahinter, die in den Suchenden dadurch einen verwirrt-absurden, okkulten Hochmut herbeiführen wollen. Eine der verbreitetsten Täuschungen „toter" Fanatiker, die sich blasphemisch hohe Namen geben, wurzelt darin, sie brauchten nur ein Medium zu finden, um das gesamte Denken des Planeten durch das Herabschicken einiger religiöser Allgemeinplätze zu revolutionieren. Doch der hier beschriebene Fall war besonders schwerwiegend. Der arme Farmer glaubte fest-überzeugt, die Welt sei rettungslos und endgültig verloren, wenn sie ihn nicht akzeptierte. Und er legte diese Theorie eines Tages im „Rats-Konzil" gläubig und eindrucksvoll dem „All-Vater" vor. Der gerade in dessen Gedankenform steckende Naturgeist hatte natürlich keine klare Vorstellung vom Sinn der Frage, begriff aber, daß eine Zustimmung von ihm erbeten wurde, die er in seiner hochtrabenden Art erteilte. Dadurch wurden die Illusionen des Farmers zu seiner beherrschenden Idee. Ohne diesen suggestiven Einfluß wäre unsere, im Normalzustand sehr gesund und bescheiden denkende Dame nie auf solche Verstiegenheiten gekommen. Die abergläubische, ihrem wirklichen Denken fernliegende Personifizierung der Welt und des „Teufels" durch menschliche Wesen wurde ihr in diesem erschöpften Zustand ebenfalls von ihrem „Führer" aufgedrängt. Die entsetzliche Nervenüberspannung bei den vielen verwirrenden Visionen, durch die sie gehetzt wurde, muß unbeschreiblich gewesen sein, und sie führte auch zu gefährlichen Halluzinationen. So beschrieb sie unter anderem, daß Tiere ihr Ehrfurchtsbezeugungen gemacht hätten. Jedoch meine Erforschung zeigte das Verhalten der Tiere als ganz normale Instinkthandlungen.

Speziell interessant war der Fall durch die Art, in welcher eine Anzahl von unabhängigen, typisch-astralen Faktoren sich zu einem dramatischen, imposanten Ganzen kombinierten. Die beherrschende Kraft war die außerordentlich starke Selbsttäuschung dieses „Führers".
Doch alles das wäre bei unserer Dame wirkungslos geblieben, wenn sie sich nicht so waghalsig astralen Einflüssen geöffnet hätte. Die Geheimlehre-Studien jener Loge mit ihren Gedankenformen, die „toten" Menschen auf jenem eingebildeten „Konzil", der scherzfreudige Naturgeist und anderes – sie alle spielten ihre Rollen. Beim Fehlen eines von ihnen hätte das Drama sich unvollständiger oder auf anderen Linien abgespielt.

Der große Wert dieses Erlebnisses ist, daß es die erstaunliche, unkontrollierte Fruchtbarkeit und Fülle in den Tätigkeitsmöglichkeiten der Astralwelt zeigt, sowie die zwingende Notwendigkeit jenes vollen, erklärenden Wissens darüber, welches durch höher-okkulte Schulung, aber auch durch gründliches Studium der theosophischen Literatur zu gewinnen ist.

Wir sehen hier durchweg wohlmeinende Leute, die sich – eben aus dem Mangel an diesem Wissen – erbarmungswürdig selbst betrügen und sich in solche Situationen versetzen, daß riesige Täuschungen unvermeidlich waren. Hier muß man allerdings voraussetzen, daß es für sie alle irgendwie nötig war, in einer harten Erfahrungsschule über solche Dinge Wissen zu gewinnen. Jedoch keine Prüfung von so gravierender Natur tritt ohne angemessene Vorbereitung an jemand heran. Niemand, der z. B. die Bibel so intensiv studiert hat wie unser Farmer, konnte deren viele Warnungen vor Täuschungen durch falsche Christusse und Lügen-Propheten übersehen; und auch in jenem Buch von Vivekananda findet sich eine dringende Mahnung vor allem verfrühten und unterscheidungslosen Gebrauch seiner Lehren über Atemtechnik (was ihn nicht genügend entschuldigt, weil sein Buch ja öffentlich herausgegeben wurde).

Unglücklicherweise wenden die Leute ja auch solche Vorsichtswarnungen niemals auf sich an, sondern nur auf andere Suchende und auf Gegner.

Das End-Ergebnis war für *unsere* Dame – trotz bleibender, sehr schädigender Geschwächtheit – noch relativ günstig zu nennen. Jedoch, wie schon gesagt, *nur* wegen eines ganz speziellen Karmas und ihrer verhältnismäßig hochentwickelten, sehr opferbereiten Natur.

Die gesehenen Gedankenformen waren meist illusorisch, aber die dabei erweckten edlen Gemütsbewegungen – Ehrfurcht und hoher Enthusiasmus – brachten einige bleibende, gute Folgen hervor, welche ihr bei dem dann einsetzenden echten theosophischen Leben etwas zugute kamen.

Die grenzenlose Begeisterung für spirituelles Wirken, das selbstlose Verlangen, sogar mit größter Selbstaufopferung Hilfe zu erweisen, dies sind an sich machtvolle Kräfte, die – wenn einmal erzeugt und, wie hier, auf unnatürliche Weise verstärkt – eine Erwiderung aus viel höheren Bereichen herabrufen als vom Bewußtsein der Dame in den fragwürdigen Visionen selbst erreicht werden konnte. Aber *diese* Erwiderung wurde durch ihr zum Teil echtes, spirituelles Fühlen veranlaßt, obwohl es sich zeitweise so tragisch-falsch betätigte. (Z. B. das Leben ihrer Kinder opfern zu wollen, zeugt deutlich von schwarz-magischem Einfluß!)

Während wir also unserer Dame gratulieren können, daß sie nicht sehr viel stärker beschädigt aus Gefahren herausgekommen ist, die viel furchtbarer waren als sie ahnen konnte, ist dennoch zu hoffen, daß die daraus gewonnene seelische Erhebung sich als ein dauernder Besitz erweisen möge. Das tiefe Erleben einer Art von Gottesvereinigung, das ihr solches Glück brachte, war zweifellos eine echte Berührung der unteren Buddhi-Regionen und daher wohl teilweise ihre erduldeten Leiden wert.

Jedoch jeder Theosophie-Schüler weiß genau, daß solche – aber unvergleichlich viel kostbarere – Gewinne *ohne* die grausigen Schmerzen und *ohne* das fürchterliche tödliche Risiko erlangt worden wären, wenn sie die gleichen Energie-Aufwendungen in die *legalen* PFAD-Methoden investiert hätte, welche sich in allen Zeit-Äonen als im höchsten Maß *weise* und *gesichert* erprobt haben.

Wer sich ohne Leitung eines hohen, übermenschlichen Lehrers einen Weg in solche unbekannte, unheimliche Bereiche erzwingt – ob willentlich oder unwillentlich – beschwört so gut wie immer katastrophales Unheil herauf, welches weit über das jetzige Leben hinaus wirkt. Es ist eine unvermeidliche und grausame Gefahr, der niemand sich auszusetzen braucht; denn der *legale* URALTE HEILIGE PFAD zur Vollkommenheit ist immer geöffnet – heute speziell in völlig-reiner Klarheit durch die *klassische* theosophische Literatur gewiesen. Der wunderbare Ausspruch des MEISTERS HILARION behält seine Geltung in allen Zeiten:

„Wenn der Schüler bereit ist, wird auch der Meister bereit sein!"

(Nach einer Schilderung in „The Hidden Side of Things" von C. W. Leadbeater)